지구촌과
세계시민

세계시민 되기

시민교육 연구총서 4

지구촌과 세계시민

세계시민 되기

이동수 편

인간사랑

차례

서문

오늘날 시민은 자신이 어디에 살고 있든 상관없이 단지 일국의 시민인 것만은 아니다. 지구화 시대에 살고 있는 현대인은 국경의 경계를 넘어 경제적으로나 문화적으로 이미 서로 얽혀있으며, 정보화시대의 도래로 인해 우리는 세계 곳곳의 일들을 실시간으로 접하고 있다. 그런 점에서 우리는 모두 세계시민인 것이다.

그러나 세계시민이라고 해서 모두 동질적이거나 보편적인 것은 아니다. 우리가 살고 있는 현지의 역사적·문화적 전통, 정치적·경제적 환경은 각자 다르며, 우리가 믿고 있는 가치관이나 개진하는 의견들 또한 각자 다르다. 세계시민이란 우리의 삶을 공유한다는 의미에서만 공통분모를 가지며, 반드시 같은 생각을 하거나 같은 정체성을 지니는 것은 아니다.

하지만 이는 너무도 당연한 일이다. 일국의 시민사회를 이루는 시민들이 다양한 사람들이듯이, 세계시민사회를 이루는 세계시민들도 다양한 것이다. 다만 일국의 경우엔 시민사회의 다양성이 설사 충돌을 야기하더라도 국가가 이를 조정하고 사회를 유지시킬 수 있는 반면, 세계시민사회에서 다양성이 충돌할 때 이를 조정하거나 통제할 수 있는 강제력은 존재하지 않는다. 바로 이 점이 세계시민사회 형성의 장애가 된다.

그런 점에서 세계시민에게 필요한 것은 연대와 공감이다. 혹자는 세계시민의 윤리나 양심을 강조하기도 한다. 즉 사회적인 강제성이나 통제가 없는 세계시민사회에서 우리는 설사 서로 다른 생각을 갖고 있는 개인에서 출발하더라도, 이제는 내가 사는 지역사회뿐만 아니라 지구 전체가 하나의 공동운명체이며 그것을 단위로 생각할 수 있는 정신의 확장성이 필요한 것이다. 이를 통해 우리는 지구촌의 다양한 일들을 우리 공동의 관심사로 느끼게 된다. 빈곤과 질병, 환경과 자원, 전쟁과 평화 등과 같은 문제는 서로 다른 지구인들에게 인류 공통의 관심사이며, 다른 지구인들과의 연대와 협력을 요하는 문제이기도 하다. 이런 정신의 확장과 공감, 연대와 협력을 통해 우리는 세계시민이 된다.

이 책은 2011년도부터 2014년까지 진행된 한국연구재단 토대기초연구지원 사업인 〈한국 대학교육에서 '시민교육' 연구 및 자료 총서〉(NRF-2011-322-B00003) 프로젝트의 일환으로 출판하게 되었다. 각 장들은 이 프로젝트에 참여하는 분들이 각각의 전공에 맞추어 집필하였으며, 특히 매달 진행된 세미나와 워크숍 그리고 여러 차례의 중간발표회를 통해 전체적인 통일성을 기하였다. 항상 모임에 참석하여 장시간에 걸친 열띤 토론과 진지한 고민을 함께 해준 연구자들에게 진심으로 고마움을 느낀다. 그리고 이 책의 출판을 지원해준 한국연구재단과 사명의식을 갖고 출판을 기꺼이 수락해준 도서출판 인간사랑 출판사 관계자들, 그리고 책 교정에 도움을 준 김은순 선생에게 깊은 감사의 말씀을 전한다.

2016년 10월

경희대학교 NGO국제연구소장 이동수

1장

환경위기와 생태*

이동수

1. 환경위기와 자연에 대한 재성찰

근대의 출발은 흔히 인간의 발견에서 비롯된다고 말한다. 고대에는 창조주이며 초월적 존재인 신이 중심이 되는 세계였는데, 이것이 근대로 접어들면서 인간의 존엄성을 제고하는 인간중심의 세계로 이

---

* 이 글은 2012년 녹색성장위원회 연구용역 『국내 녹색성장체제 발전방안 연구』에서 필자의 졸고 「인간과 자연의 조화: 환경론의 변천에 관한 이론적 고찰」을 수정·보완하여 작성하였다.

행하게 되었다. 특히 근대는 인간 삶의 편익을 도모하기 위해 지리상의 발견, 과학기술의 발전, 산업의 발달 등을 성공적으로 이루어냈다. 이러한 근대화(modernization)는 오늘날까지도 계속되고 있으며, 특히 개발도상국에게는 아직도 꿈과 이상으로까지 여겨지기도 한다.

하지만 일찍이 근대화를 경험한 서구에서는 20세기 후반부터 인간중심의 세계를 추구하는 근대화에 대한 비판이 일기 시작하였다. 특히 과학기술의 발전에 따라 진행된 산업화의 비인간화와 자연파괴 현상은 근대화가 도대체 무엇을 위한 근대화인가에 대한 의문을 던지게 하였다. 이 가운데 비인간화 현상은 사회문제로 제기되었고, 자연파괴 현상은 환경문제로 대두되었다.

특히 환경문제는 산업화가 진행될수록 가시적이면서도 심각하게 다가왔으며, 이는 근대화를 지속시키는 데 있어서도 큰 걸림돌이 되었다. 따라서 환경문제는 전 지구적 관심사가 되어 인간중심적 근대화를 성찰하고 자연의 소중함을 다시 깨닫는 계기가 되었다. 특히 1972년 로마클럽의 첫 번째 보고서인 『성장의 한계』는 인류의 미래를 우울한 것으로 진단하고 '운명의 그날'이 멀지 않았다고 예측하였다. 이 보고서는 전 지구적으로 가속화되는 산업화, 급속한 인구증가, 광범위한 영양실조, 재생 불가능한 자원의 고갈, 그리고 환경파괴와 같은 상황이 도래했으며, 이런 가운데 인류의 미래를 보전하기 위해서는 '정신의 코페르니쿠스적 전환'이 필요하다고 역설하였다. 또한 그 보고서가 출판된 직후에 전 세계의 공식 대표들이 UN 주최로 스톡홀름에서 '인간환경회의'를 개최하여 인류가 환경위기에 처해 있음을 깊이 인식하기 시작하였다.

이런 분위기에서 자연을 다시 생각하는 생태주의가 태동하였다. 생태주의는 그동안 근대인들이 인간중심적 자연관에 사로잡혀 자연을 인간을 위한 도구 혹은 정복대상으로 삼아 무분별하게 개발한 것을 반성하고, 우리의 인식을 자연 그 자체를 중심으로 하는 자연관으로 전환하여 자연을 보존해야 한다고 생각하였다. 이때 인간은 자연의 일부이며 탈산업화의 추진을 통해 생태주의적 삶을 지향해야 한다고 주장하면서, 삶에 지친 현대인들에게 공감을 불러일으켰다.

생태주의(ecology)라는 용어는 가정을 뜻하는 그리스어 oikos에 그 어원을 두고 있다. 이 용어는 1866년 독일의 생물학자 헤켈(Ernst Haeckel)이 생물체들 간의 상호의존성을 표현하기 위해 처음 사용하였다. 하지만 이 연구가 활성화되기 시작한 것은 환경문제가 하나의 사회운동으로 자리 잡기 시작한 이후부터이다. 오늘날 생태주의는 생물과 그것을 에워싼 계(系)의 관계를 다루는 종합적인 학문으로서 생물과 그 환경과의 상호관계 특히 인간과 자연환경과의 상관관계를 논하는 학문으로 여겨진다.

이러한 생태주의가 단순히 하나의 학문으로서가 아니라 사회적 이슈로 대두되기 시작한 것은 앞서 말했던 『성장의 한계』 보고서가 공업화에 따른 환경오염과 식량생산 및 천연자원의 고갈로 인해 지구의 성장이 백년 이내에 한계에 도달할 것으로 예견했기 때문이다. 혹자는 인류가 앞으로 황폐화된 지구 위에서 새로운 야만상태로 전락할 것이라고 예언하기도 하였다.

생태주의자들은 자연은 그 자체 내재적인 고유한 가치를 지니고 있기 때문에 단순히 인간의 도구가 아니며, 따라서 인간은 어떤 이유에서든지 자연의 고유한 가치를 침해할 권리가 없다고 생각한다. 또한 자연에 거주하는 동물이나 식물, 생태계로 구성되는 자연 자체가 도덕적 고려의 대상이 되어야 한다고 본다. 더 나아가 인간 본성까지도 생물학적인 다양성을 지닌 어떤 질서에 그 뿌리를 내리고 있다고 판단하여, 어떤 생물 종의 완전한 멸종은 인간 삶을 약화시키는 것이라고 평가한다. 동물학대나 사냥은 곧 인간 본성에 대한 잘못된 이해에서 비롯된 것이며, 이는 결국에 인간 삶의 질도 저하시킨다는 것이다.[1]

여기서 알 수 있듯이 생태주의의 기본 입장은 서구전통의 사유체계인 인간중심주의적 세계관과 자연관에 대한 비판적 시각에 두고 있다. 생태주의자들은 인간중심주의가 환경문제의 근본적인 원인이라고 확신하며, 더 나아가 인간중심주의는 어떤 이유에서도 정당화될 수 없다고 주장한다. 인간이 아닌 다른 자연 존재자, 특히 동물에 대한 인간의 우월의식은 노예에 대한 귀족의 우월의식, 흑인에 대한 백인의 우월의식, 여성에 대한 남성의 우월의식만큼이나 근거가 없다는 것이다. 생태주의자들이 보기에, 인간중심주의자들은 인간의 우월의식의 근거로 이성을 내세우고 있지만, 다른 동물들은 인간이 갖고 있지 않은 다른 능력을 가지고 있고 각각의 자연존재자들은 자신의 존재를 펼쳐 나가기에 좋은 나름대로의 독특한 종적 존재방식이 있는 것이다.

생태주의는 생태중심주의(ecocentrism), 심층생태주의(deep ecology),

---

1 박필배, 「인간중심주의와 생태주의: 환경문제 해결을 위한 새로운 대안 모색」, 『칸트연구』 제20집 (2007), 220-221.

사회적 생태주의(social ecology), 여성주의적 생태주의(feminist ecology) 등으로 세분되기도 한다. 하지만 이 입장들은 서로 경쟁관계에 있는 것이 아니라, 생태주의 패러다임에서 각자 어느 것이 중요하다고 생각하는지에 따라 다르게 표현된 것이라 할 수 있다. 하지만 정도의 차는 있어서, 생태중심주의는 생태주의 좌파라고 불릴 만큼 급진적인 입장을 취하고 있으며, 심층생태주의는 생태주의적인 문제의식과 이를 토대로 한 치열하고 근본적인 반성적 사유를 강조한다.

먼저 급진적 생태주의인 생태중심주의[2]는 전 지구적, 전 인류적 관점에 입각해서 "신의 피조물들 간의 민주화"[3]를 토대로 삼는다. 따라서 생태중심주의는 환경에는 최소한의 피해만 가도록 하는 선에서 사회적 생산이 지속되도록 하자는 전략을 택하고 있는 환경(개량)주의에 대해서는 신랄한 비판을 가한다. 생태중심주의 입장에서는, 인간은 자연에 있어서 필수적인 존재가 아니지만 자연은 인간에 있어서 필수적인 존재이다. 따라서 인간은 다른 유형의 자연과 마찬가지로 생물학적 법칙에 순리적으로 따라야 하며, 전체 생태계와의 조화를 통해 자연의 안정에 기여해야 한다. 이는 환경보호주의의 목표인 자연현상을 보호하거나 회복하는 것 이상으로 생태계의 상호연관성 즉

2 급진적 생태주의인 생태중심주의는 그것이 극단화될 때 생태지상주의(ecotopia), 생태파시즘(ecofascism), 인간혐오증(misanthropobia) 등으로 나타나기도 한다.

3 David Pepper, *The Roots of Modern Environmentalism* (London: Routledge, 1984), 27.

인간과 자연 사이의 상호작용에 관계되기 때문에, 단순히 환경보전 정책뿐만 아니라 정치, 경제, 사회구조, 교육제도, 보건, 문화적 표현 그리고 영성에 대한 새로운 제도를 만들어야 한다. 요컨대 생태중심주의는 인간중심의 현 체제를 근본적으로 바꾸어야 한다고 주장한다.

또한 이러한 근본적 해결을 위해서는 보다 근원적이고 영적인 접근이 필요하다고 본다. 따라서 생태중심주의는 동양적 신비주의, 초자연주의, 영성을 주장하는 사람들과 연계를 갖는다. 그리고 이른바 '신과학운동'의 흐름과도 많은 점에서 공통분모를 갖는데, 이 운동은 대체로 물리학의 불확정성의 원리와 상보성 원리, 생물학의 시스템이론에 근거한 전일적, 유기체적, 생태적 세계관을 바탕으로 경제의 소규모이론과 정치권력의 분산론을 내세운다.

한편 심층생태주의는 생태주의의 철학적 토대에 보다 주목한다. 심층생태주의의 대표적 주자인 네이스(Arne Naess)는 생태주의와 관련하여 단계를 나누어 설명한다.[4] 먼저 자연과 인간의 관계를 근원적으로 서로 의존하는 관계 즉 일종의 공생을 위한 조화와 협력의 동반자적 관계로 본다. 관점에 따라 강조점은 다를 수 있지만, 생태주의 철학의 핵심은 조화와 평형이고, 그 공통된 실천지점은 '인간중심주의'에 대한 반성인 것이다.

다음으로 네이스는 현대의 환경보호론을 대별하는 유용한 기준

---

4 이덕연, 「생태철학과 심층생태주의의 헌법적 함의」, 『연세 공공거버넌스와 법』 제2권 1호 (2011), 35.

으로 생태주의의 깊이를 제시한다. 이에 따르면, 우선 표층생태주의(shallow ecology)는 생태계의 보호와 환경보전의 명제는 공유하지만 인간중심적인 세계관과 가치질서를 고수하는 입장이다. 즉 자연이 그 상위의 중심 또는 바깥에 있는 인간을 보필하는 것으로 보는 인식틀 속에서 인간을 모든 가치의 유일한 근원으로 전제한다. 이러한 가치질서 하에서 자연은 주체로서의 인간의 생명과 삶을 위한 객체와 수단으로서의 효용만 인정될 뿐이다.

이에 반해 심층생태주의는 기본적으로 인간과 자연환경이 분리되어 있는 것으로 보지 않는다. 이른바 주체와 객체의 전통적인 인식틀을 해체하고, 전체적인 관점에서 생태계를 유리된 객체들의 집합체가 아니라 서로 연결되어 있고 의존하는 현상들의 관계망으로 이해한다. 모든 살아있는 존재의 내재적인 가치를 인정하면서, 인간도 생명의 망(web of life) 전체 속에 있는 하나의 홑줄에 불과하다는 것이다.

이를 바탕으로 하여 심층생태주의의 핵심적인 내용을 정리하면 다음과 같다. 첫째, 전부는 서로 연결되어 있다. 이것은 인간을 포함한 모든 생물의 상호의존관계를 나타내며, 물질과 에너지와 생명과의 연결된 인식을 표현한 것이다. 둘째, 모든 것은 어디엔가 남아 있다. 이것은 인간이 자연계에 투입한 오염물질은 그 양이 많으면 자연계의 균형을 어지럽힌다는 인식의 표현이다. 셋째, 공짜는 없다. 이것은 인간의 모든 활동은 에너지의 방출이라는 대가를 지불한다는 뜻이다. 넷째, 자연이 가장 잘 알고 있다. 이는 또한 야생세계에의 동경을 드러낸다.

다른 한편 사회적 생태주의는 생태적 질문이 사회적 질문으로 진전되면서 나타난다. 사회적 생태주의자들은 단순히 자연을 보호하자는 의미의 환경주의가 자연적인 것과 사회적인 것을 분리시키고 이로부터 자연사와 사회사를 별개로 보는 발상에 근거한다는 점에서 비판을 가한다. 그리고 환경위기에 대한 생태주의적 접근을 우리의 황폐한 시장사회를 비위계적이고 자연과 조화를 이루는 협동사회로 변화시키는 생태주의 운동이라 칭하면서, 순수생태주의가 보통의 환경주의에 생태주의란 이름을 붙여줌으로써 생태주의의 풍부한 의미를 왜곡시켰다고 주장한다. 그리하여 신비주의적, 영적 접근을 하는 순수생태주의에 반대하면서, 기존의 철학적, 사회학적 전통 등으로부터 합리적 정신을 끌어들이고 궁극적으로 자연과 인간의 조화로운 공생을 추구한다. 이때 사회적 생태주의는 윤리적으로는 인본주의에 입각하면서 정치적으로는 무정부주의적 경향을 띤다.

대표적인 사회적 생태주의자들로는 바로(Rudolf Bahro)와 북친(Murry Bookchin)이 있다. 먼저 북친은 사회가 자연으로부터 분리될 수 없음을 강조하고, 자연과 사회관계 사이의 이론적 통합을 추구한다. 북친은 생태위기의 뿌리가 맬더스주의자들처럼 인구성장에 있다거나 환경주의자들처럼 기술에 있다고 생각하지 않는다. 그는 현대사회에 팽배해 있는 인간이 자연을 지배하거나 착취해야 한다는 생각은 인간에 의한 인간의 지배 관념에 있으므로 이를 극복하기 위한 생태운동은 사회운동이 되어야 하며, 이 운동은 지배와 위계질서를 생산하는 인간사회에서의 도덕적인 변화, 나아가서는 제도적인 변화까지도 추구해야 한다고 주장한다. 생태위기의 해결은 그 전제조건으로서 자본주의 위계질서만이 아니라 인류역사 속의 모든 위계질서를 제거하는

데 있다는 것이다. 왜냐하면 위계질서는 정치제도뿐만 아니라 우리의 의식, 경제제도, 생활양식, 그리고 삶의 의미에 대한 해석 등에 확산되어 존재하기 때문이다.

바로는 생태위기가 아예 자본주의 사회의 종말을 가져올 것이라고 주장한다. 그리고 자신의 녹색당 활동의 주된 목적은 사회주의 세력을 반자본주의, 인간해방, 그리고 생태위기 해결에 근거하여 통합하는 것이며, 이로부터 생태운동은 궁극적으로 공산주의적 퍼스펙티브를 좇아야 한다고 주장한다. 그러나 그는 노동자계급의 중심성과 계급투쟁을 포기하고 다시 유토피아적 사회주의로 귀환하였고, 정치적으로는 노동계급중심주의에서 민중주의적으로 전환하였다. 결국 사회적 생태주의는 독일을 비롯한 유럽 국가에서 녹색당 운동으로 발전했으며, 마르크스주의를 생태문제와 연관시켜 생태사회주의(ecological socialism) 혹은 생태마르크스주의(ecological Marxism)[5]로 이어지기도 하였다.

결론적으로, 생태주의는 인간의 삶이 자연과 밀접하게 연관되어 있으며, 따라서 인간중심주의적 사고에서 벗어나 자연주의적 혹은 생태주의적 삶을 살아야 한다는 것을 강조한다. 이를 위해 기존의 인간중심주의적 질서, 즉 근대적 사회 및 정치제도, 자본주의 경제 체제,

---

5 어떤 사람들은 생태주의와 사회주의 간의 결합을 환경위기를 해결할 수 있는 전망으로 제시하기도 하고, 혹자는 마르크스주의를 생태주의의 선구자로 여기면서 마르크스주의 입장에서 생태문제를 다루기도 한다. 이 둘은 엄밀히 말하면 서로 다르지만, 생태주의를 사회주의와 연결 지어 발전시키고 있다는 측면에서는 동일한 성질을 지니고 있다.

그리고 이것들과 연관된 각종 자본주의적 문화를 폐기하고 그 대안으로 자연주의적 삶을 살 것을 권고한다. 이는 환경위기에 봉착한 현대인들에게 자기반성의 계기를 마련해준다. 그런데 대부분의 생태주의 기본 원칙들이 완전히 새로운 것은 아니며, 산업사회 이전의 전자본주의 사회로 회귀하는 듯한 인상을 준다. 하지만 그 사회는 이미 지나온 과거이며 파괴된 예전의 자연적 세계를 온전히 다시 소생시킬 수는 없다. 인류는 이미 그 단계를 지나 왔으며, 지금은 현 상태에서 어떻게 자연과 더불어 살 것인가를 고민하는 데 힘이 모아져야 한다.

2. 생태주의와 근대화의 결합

앞서 언급한 바와 같이, 1970년대 환경위기가 대두되면서 생태주의는 주목받기 시작했다. 이에 영향을 받아 서구에서는 환경운동이 활발하게 전개되었고, 특히 울리히(Otto Ulrich), 바로(Rudolf Bahro), 코모너(Barry Commoner)와 같은 생태주의자들은 환경악화가 근대 프로젝트의 종말을 고하는 증거라면서 근대화와 산업화를 폐기하자는 탈근대화와 탈산업화를 주장하였다.

하지만 1980년대 접어들면서, 독일과 네덜란드 등에서는 환경파괴 문제를 근대화의 틀 내에서 흡수하여 경제성장과 환경보호를 동시에 달성하고자 하는 노력들이 등장하기 시작했다. 그동안 적대적 관계로 인식되어 온 경제성장과 환경보호가 산업적 근대성의 틀 안에서 통합될 수 있으며, 양자가 서로 이익이 되는 윈윈 관계에 놓여 있다는 것이다. 이런 논의를 생태근대화론(ecological modernization)이라 부른다.

이는 환경문제의 구조적 특성을 인정하면서 환경이슈를 기존의 정치, 경제, 사회제도의 틀 내부로 수용하여 환경보전과 경제성장의 조화를 도모하려는 시도이다.[6] 요컨대 이 입장은 자본주의 경제구조 하에서 환경을 배려하고 환경적 외부효과를 내부화함으로써 환경개선과 경제성장이 동시에 이루어질 수 있다고 전제하거나,[7] 경제성장과 환경보호가 양립 가능할 뿐만 아니라 기업들도 환경보전적 산업 활동을 하면 결국엔 이득을 얻을 수 있다고 상정한다.[8]

따라서 생태근대화론은 반근대화(anti-modernization) 혹은 과거로의 회귀나 자본주의 경제구조의 폐기가 아니라, 자본주의 정치경제를 환경을 중심으로 한층 더 근대화하는 방식으로 재구성함으로써 환경문제를 해결하면서도 건전하게 경제성장을 달성할 수 있다고 보는 입장이다. 윌(Albert Weale)은 "환경위기는 기존 제도를 더욱 근대화시킴

6 M. A. Hajer, "Ecological Modernization as Cultural Politics," S. Lash and B. Szerszynski, eds. *Risk, Environment and Modernity* (London: Sage Publisher, 1996), 249.

7 F. H. Buttel, "Ecological Modernization as Social Theory," *Geoforum* 31 (2000).

8 John Dryzek, *The Politics of the Earth: Environmental Discourses* (Oxford: Oxford University Press, 2005).

으로써 극복할 수 있고 또 그래야 한다"[9]고 말한다. 생태계의 한계가 실제로 존재한다 하더라도 질적으로 다른 형태의 성장을 꾀함으로써 그와 같은 한계에 직면하지 않을 수도 있다는 것이다.

일반적으로 생태근대화론은 세 단계로 구분된다.[10] 먼저 첫 번째 단계는 1980년대 서북유럽을 중심으로 생태근대화론이 태동한 시기를 말한다. 생태근대화론은 1985년 후버(Joshep Huber)에 의해 처음에 독일어로 제안된 개념이다. 후버는 당시 초산업사회(super-industrialization)라는 개념을 사용했으며, 환경친화적인 산업사회를 만들기 위해서는 정부의 개입뿐만 아니라 환경운동의 역할도 어느 정도 필요하다고 생각하였다. 또한 그는 생태근대화가 산업화의 태동기(1789-1848)에서 구현기(1848-1980)를 거쳐 나타난 산업사회의 필연적 단계라고 인식하고 환경보호적인 산업기술의 필요성을 역설하였다. 특히 후버는 경제발전과 환경개선을 동시에 달성하기 위해서는 공해를 유발하거나 공해를 수동적으로 억제하는 과거의 기술 대신, 공해를 배출하지 않는 새로운 기술의 개발과 보급이 필요함을 이론적으로 증명하고 있다.

두 번째 단계는 1980년대 후반부터 1990년대 중반까지를 일컫는

---

9 Albert Weale, "Ecological Modenization," John Dryzek and David Schlosberg, eds. *Debating the Earth: The Environmental Politics Reader* (Oxford: Oxford University Press, 1998).

10 Arthur Mol and D. A. Sonnenfeld, "Ecological Modernization around the World: An Introduction," *Environmental Politics* 9/1 (2000).

데, 이 시기는 초기에 비해 기술혁신에 대한 강조가 점차 줄어들고 생태적 전환에 있어서 국가와 시장의 역할에 대한 균형 잡힌 시각을 강조한다는 데 그 특징이 있다. 또한 제도와 문화적 역학관계에 대한 관심이 커지고, OECD 국가를 중심으로 국가별 비교연구가 진행되었던 시기이다. 이때 환경과 경제정책의 통합이 독일과 네덜란드를 중심으로 실제로 등장하기 시작했다. 즉 환경성과가 미흡했던 영국이나 미국과 달리 이 두 국가에서는 정책을 통해 1980년대에 재활용율을 높이고 폐열을 회수하며 자원소비를 줄이는 등의 성과를 거두었던 것이다. 그런데 이런 환경성과의 상당 부분은 정부의 개입이 있었기에 가능했다. 이 기간 동안 독일, 네덜란드, 일본, 스칸디나비아 국가들은 OECD 평균 이상의 환경성과를 보여주었으며, 경제성장과 환경오염 간의 상관관계가 깨지는 현상을 보여주었다.

예컨대 독일의 경우, 1986년 체르노빌 원전사고를 계기로 위험사회론이 광범위한 담론으로 발전하면서 생태주의 담론이 확장되고 있었다. 그런데 독일은 제2차 세계대전 이후에 다시 선진국으로 진입하기 위해서는 단순히 생태주의에만 머무르지 않고 근대화를 지속해야 할 상황에 놓여 있었다. 따라서 1980년대부터 독일 정당들은 생태적 근대화를 환경정책 프로그램에 차별적으로 반영하기 시작하였다. 녹색당과 사민당도 생태적 근대화를 표명하기 시작하였다.[11] 녹색당의 실용주의자들은 산업시스템의 생태적 변형을 주장한 반면, 사민당은

11 정연미, 「독일의 원자력정책과 생태적 근대화」, 『환경정책』 제19권 3호 (2011), 116.

생태적 재건을 주장했다. 보수 정당들도 1980년대 말에 생태적 시장경제를 주장하기 시작했다. 생태적 근대화가 혁명적인 체제변혁보다 체제 내에서의 개혁을 전략으로 내세움에 따라 독일 정부의 환경정책의 기조가 생태근대화론을 받아들여 정책을 수립하게 된 것이다.

세 번째 단계는 1990년대 중반 이후를 지칭하는데, 이 시기는 소비의 생태적 전환을 포함해서 생태근대화론이 확장되는 시기라고 할 수 있다. 이 시기에는 지리적 확장이 진행되면서 유럽 이외의 국가들, 예컨대 아시아와 아프리카 국가들에 대한 연구와 세계화에 대한 연구가 활발히 전개되었다. 또한 생태근대화론의 한계와 이론적, 실증적 논의를 진행하고 있다.

생태근대화론은 많은 국가에서 실제 정책에 적용되면서 정책적 중요성을 갖게 되었다. 특히 독일은 1980년대 중반부터 환경 분야에서 미국보다 많은 환경예산을 투입해 경제성장과 환경오염 간의 상관관계를 깨트렸다. 이들은 생태적 근대화를 위해서는 자원의 생산성 향상을 통해 자원증가와 분리된 성장이 가능함에 대해 사회적 합의가 있어야 하며, 또한 법률적, 정치적, 문화적 요소들이 작동해야 한다고 보았다. 그 후 네덜란드, 미국, 스웨덴, 덴마크, 일본 등의 선진국에서 정책으로 채택되어 1990년대 중반까지 이어졌으며, 1990년대 말부터는 아시아와 같은 개발도상국들에게도 확대 적용되기 시작하였다. 1997년 호주에서 개최된 '환경정의회의'에서도 생태근대화론이 21세기에 가장 주목해야 할 개념 중 하나로 지목되기도 하였다.

한편 예니케(Martin Jaenicke)는 약한 생태근대화와 강한 생태근대화로 나누어 생태근대화론이 의미가 있으려면 강한 생태근대화론이 되어야 한다고 주장한다. 먼저 예니케에 따르면, 환경정책의 발전단계는 크게 4단계로 나뉘는데, 사후적 환경정책을 다루는 1, 2단계가 있으며, 사전예방적 환경정책에 중점을 두는 3, 4단계가 있다. 여기서 1단계는 파괴된 환경에 대한 보상이고, 2단계는 오염부담을 분배하는 데 초점을 둔다. 하지만 3단계에서는 자원사용량을 억제하고 기술경제 구조를 조정하여 오염을 방지하고, 4단계에 이르면 경제 및 인구 크기를 조절하는 거시적 재구조화를 진행한다. 이는 강한 생태근대화론이 되려면, 1, 2단계에서 3단계로 그리고 궁극적으로는 4단계로 나아가야 한다는 것이다. 그런 점에서 생태근대화론은 단순히 경제와 환경의 절충이 아니다. 환경보전을 위해 경제구조를 바꾸면서도 경제성장이 멈추지 않는 전향적인 전략을 의미한다.

생태근대화론은 정부주도적인 측면이 있다. 즉 환경과 경제를 조화시키기 위해 정부가 적극적으로 개입하여 환경오염을 방지하고, 그것에 경제적인 혜택이 가도록 정책을 추진하는 것이다. 그런데 생태근대화론을 추구하는 국가들에서는 정부가 관료적이고 하향적이라기보다 분산적이고 유연하며 합의를 도출하는 방식을 지향하여 주요 정책이 핵심적 행위자들 간의 합의에 의해 결정되고 이행된다. 그리고 이러한 합의의 과정에 환경운동 진영이 참여하는 것을 보장함으로써 이들이 제도 밖의 비판자에서 생태개혁을 위해 제도 안의 비판적 참여자로 변화된다. 아울러 정부는 경제활동이 유발하는 환경적 외부효과를 내부화하기 위해 시장에 적극적으로 개입하여 시장을 설계하는 방식을 취하는데 생태적 세제개혁과 같은 경제적 수단을 선호한다. 또한 사전 예방을 환경정책의 주요 원칙으로 택함으로써 사후처리적 기술보다는 사전예방적 청정기술을 중시한다.

하지만 생태주의자들은 생태근대화론이 여전히 근대화의 신화에 발목이 잡혀 생태문제를 근본적으로 다루고 있지 못하다고 비판한다. 생태근대화론은 근대 자본주의적 사회의 유지를 목표로 할 뿐이라고 폄하하면서 근대화론의 아류로 치부한다. 경제성장을 위한 환경보호는 결국 변명일 뿐이며, 환경보호로는 자연 그 자체의 보전은 어려워진다.

또한 네오마르크스주의자들도 생태근대화론에 대해 매우 비판적이다. 생태근대화론에서는 녹색자본주의의 가능성, 현실성, 필요성을 강조하는 반면, 네오마르크스주의 진영에서는 이에 대해 반대 입장을 취하고 있다. 네오마르크스주의자들이 보기에, 생태근대화론자들은 자연에 대한 자본주의적 착취를 강조하며 환경위기의 근원을 파악하지 못하고 있다. 생태근대화론에서는 권력의 개념이 배제되어 있으며 해방적 관점이 부재하기 때문에, 궁극적으로 인간해방의 목표를 달성하지 못할 것이라고 진단한다.

한편 생태근대화론은 지속가능발전론(sustainable development)과도 불편한 관계를 갖고 있다. 1992년 시민사회의 지지 속에 리우회의를 통해 공식화된 지속가능한 발전이라는 개념은 이후 진보의 상징으로 자리 잡고 전 세계로 확산되었다. 그러나 차츰 지속가능한(sustainable)이라는 개념은 지속적인(continuing)이라는 용어로 대체되었으며, 발전은 경제성장(economic growth)으로 대체되는 경향을 보였다.[12] 이는 지속가능발전론이 점차 생태근대화론에 흡수되는 듯한 인상을 준다. 하지만 지속가능발전론은 생태근대화론이 경제성장과 환경보호만 강조할 뿐이지, 그것들만큼 중요한 요소인 사회정의 실현 측면에서는 부족하다고 비판한다. 즉 생태근대화론은 지속가능발전론만큼 충분히 진보적이지 않다는 것이다.

하지만 생태근대화론자들은 자본주의가 지속될 수밖에 없다고 보고 그 문제점을 보완하고 지속성을 갖게하는 데 더 관심을 둔다. 그들이 보기에, 생태근대화론은 다음 세 가지 측면에서 자본주의 시스템에 유용할 수 있다.[13] 첫째, 자본주의는 끊임없이 변화하고 있으며, 이런 변화의 가장 중요한 요인이 환경문제이다. 즉 자본주의는 현재 심각한 환경문제에 직면해 있는데 이를 해결하지 않고서는 결코 지속될 수 없다는 것을 일깨워준다.

둘째, 환경적으로 건전한 생산과 소비는 다른 생산관계 하에서 가능하고, 각각의 생산양식들은 자신의 환경혁신 프로그램을 갖고 있다. 즉 기존의 환경파괴적 생산양식 외에도 환경중시적인 자본주의적 생산양식이 존재하며, 이 속에서 생산과 소비가 가능하다는 것을 인식시켜 준다.

셋째, 자본주의 경제질서에 대한 기존의 대안 논의들은 사회, 환경, 경제적인 측면에서 실현가능성이 없음이 입증되고 있다. 따라서 생태근대화론은 시장 자본주의를 전환하고 재구조화 하는 데 관심을

12 Matti Kamppinen, "Citizenship and Ecological Modernization in the Information Society," *Futures* 33 (2001).

13 진상현, 「생태근대화론에 기반한 한국의 에너지정책에 대한 연구」, 『환경정책』 제16권 3호 (2008), 63.

갖고 있으며, 이에 적합한 접근법이라는 것이다. 따라서 생태근대화론도 환경파괴를 현실제도적 구조 하에서의 피할 수 없는 결과로 받아들이기보다는 사회-기술적, 경제적 개혁을 요구하는 도전 요소로 받아들이고 있으며, 환경적 개선을 위해 과학과 기술, 국민국가, 정치 및 시장과 같은 근대적 제도들을 변형시킬 것을 강조함으로써 충분히 진보적인 성격을 갖는다고 볼 수 있다.

3. 환경, 경제 그리고 사회

1980년대에는 생태근대화론과는 별도로 지속가능발전론이 다른 한편에서 대두되기 시작했다. 이 역시 1970년대 제기되었던 생태주의의 급진성에 반대하면서도 UN을 중심으로 여기에 참여하는 세계 각국들이 시민단체들과 협의해 발전시킨 개념이다. 즉 생태근대화론은 서구 국가들이 정부 주도 하에 환경을 보호하면서도 경제성장을 추구하는 정책적 차원 속에서 제기된 반면, 지속가능발전론은 각 국가와 시민단체들이 UN이라는 초국적 틀에 모여서 환경, 경제, 사회를 세 축으로 하는 발전을 선언적으로 제기한 것이다.

지속가능한 발전은 1980년대 초 UN환경계획(UN Environment Program: UNEP)이 '생태주의적 발전'(ecological development)을 제창하면서 발아하기 시작했다. 그 후 생태주의적 발전은 자연과 천연자원을 위한 국제연맹(The International Union for the Conservation of Nature and Natural Resources)에 의해 살아있는 자원의 보전을 통해 지속가능한 발전을 달성하려는 전반적인 목적에 기초한 범세계적 자연환경보전 전략을 채택하면서 용어가 사라지고 점차 이를 대체했다.

그 후 1987년 세계환경개발위원회(World Commission on Environment and Development: WCED)에서 '우리 공동의 미래'(Our Common Future)라는 보고서가 발표되었는데, 여기서 처음 '지속가능한 발전'(sustainable development)이란 용어가 사용되었다. 이 보고서는 일명 브룬트란트 보고서(Brundtland Report)라고도 하는데, 그 핵심적 내용은 환경문제는 불평등과 고난을 일으키는 힘의 결과라고 생각하고, 환경과 경제발전은 통합된 하나의 실체로 접근해야 한다는 데 있다. 따라서 전 지구적 차원에서 빈곤과 국가 간 불평등을 일으키는 근본 원인에 대한 광범위한 검토 없이 환경문제를 다루는 것은 의미가 없다는 것이다. 이러한 입장에 기초하여 WCED는 환경과 경제발전의 관계에 대해 모든 유형의 경제발전은 자연자원에 의존하고 있으며, 그 결과 점차 자연자원이 고갈되어 가고 있고, 이것은 다시 경제발전을 침식시킬 수 있다고 보았다. 따라서 인간의 욕구충족을 목표로 하는 모든 경제활동은 자연자원을 보존하기 위해 시간적으로는 세대를 초월하고 공간적으로는 국가를 초월하여 지속될 수 있도록 해야 한다는 결론에 도달하였다. 즉 지금 인류에게 필요한 것은 지속가능한 발전이며, 이는 미래세대가 그들의 필요를 충족시킬 능력을 저해하지 않으면서 현 세대의 필요를 충족시키는 것이라고 정의하였다. 요컨대 경제발전과 자연보존의 조화를 추구해야 한다는 것이다.

WCED의 이런 입장은 1992년 브라질 리우데자네이루에서 열린

UN환경개발회의(UNCED)(이하 리우회의)에서 재확인되고 그 의미 또한 강화되었다. 또한 지속가능한 발전을 달성하기 위한 실천사항으로 '의제21'까지 채택되었다. 그런데 리우회의는 지속가능한 발전 개념을 구체적으로 정의하지는 않았다. 다만 '의제21'의 내용을 보면 WCED와는 달리 '지속가능한'의 의미를 자연보전뿐만 아니라 사회 및 경제 발전에 모두 적용시키고 있다. 즉 자연이 오염 파괴되지 않고 자기조절체제를 유지하면서 생태적 지속가능성을 유지해야 하고, 사회와 경제도 지속적으로 발전해야 한다는 것이다. 달리 말하면, 자연의 생태체계를 유지시키는 환경용량의 범위 내에서 인간의 물질적 삶의 질을 향상시키는 것이 지속가능한 발전이라는 것이다. 그리고 같은 해 UN은 지속가능발전위원회(UNCSD)를 설치하고, 각 국가에 지속가능한 발전을 위한 추진체계를 구축하도록 권고하였다.

지속가능한 발전 개념의 특징은 환경보전과 경제 및 사회발전에 대해 구체적인 내용을 강조하기보다 추상성을 높였다는 데 있다. 따라서 처음엔 무엇이 지속가능한 발전에 포함되는지에 대한 내용적 합의가 부진했다. 하지만 오랜 기간 동안 많은 연구가 이루어지고 각종 국제회의에서 논의를 통해 의견을 수렴한 결과 어느 정도의 합의가 이루어졌다. 특히 2002년 남아프리카공화국 요하네스버그에서 열린 지속가능한 발전에 관한 세계정상회의(WSSD)에서는 지속가능한 발전의 주요 요소로 '경제, 환경, 사회'라는 세 축에 대한 합의가 이루어졌다. 보다 구체적으로, 지속가능한 발전이란 경제성장(economic growth), 환경보호(environmental protection), 사회통합(social integration)의 세 차원을 두루 균형적으로 고려하는 것을 의미한다는 것이다.

지속가능한 발전 개념에서 사회통합이 중요한 요소로 첨가된 것은 시민사회의 영향이 컸다. 원래 1992년 리우회의에서 지속가능한 발전 개념이 채택되는 과정에서도 시민사회의 참여 및 파트너십이 존재했다. 그 회의에서는 '리우선언,' '의제 21,' '기후변화협약,' '생물다양성협약,' '산림원칙' 등이 채택되었는데, 이 과정에서 시민사회단체들의 활약이 있었다. 당시 정부대표들의 모임과는 별도로 시민사회단체들이 따로 모여 '지구환경회의'(Global Forum 92)를 개최하고 '지구헌장'을 비롯하여 '세계민간단체 환경협약'을 채택하며 정부대표들의 실천의지 천명을 촉구하였다. 그 결과 리우회의에서 '의제21'이 합의되었고, 이를 계기로 지속가능한 발전에서 시민사회단체들의 중요성이 확인되었다.

또한 지구 차원의 상위 개념인 '의제 21'을 지역사회의 광범위한 파트너십을 바탕으로 지역의 실정에 맞게 설정하고 실천하기 위해 하위 개념인 '지방의제 21'(Local Agenda 21)이 설치되었는데, 여기서는 지방정부-지역기업-지역시민사회 사이의 거버넌스를 강조하면서 지역의 지속가능한 발전의 협력자로서 NGO의 역할을 강조하고 있다. 즉 지속가능한 발전이 점차 하위단위로 내려갈 때, NGO들의 역할이 더 중요해진다는 것이다. 이는 1992년 브룬트란트 보고서에서도 드러난다. 거기서도 빈곤과 착취의 제거, 민주화를 포함한 제도 변화, 그리고 효과적인 시민참여를 강조함으로써 지속가능한 발전이 단순히 환경과 경제의 문제뿐만 아니라 사회적 문제해결과 이를 위한 시민사회의 참여를 강조하고 있다.

그러나 문제가 환경과 경제라는 두 축으로부터, 환경-경제-사회라는 세 축으로 확대됨에 따라 상황은 더 복잡하게 되었다. 생태근대화론에서는 서로 모순되어 보이는 환경보호와 경제성장을 통합하고자 하면서 그로부터 여러 어려움이 파생되기도 했는데, 지속가능발전론에서는 여기에 덧붙여 사회통합이라는 또 다른 상이한 요소가 첨가됨으로써 문제해결을 더욱 어렵게 만드는 측면이 있다. 물론 이 세 가지 축이 모두 달성되면 최상의 결과를 얻을 수 있다. 그리고 설사 모두를 충족시키지 못하더라도 그것을 충족시키려는 노력 속에서 어느 정도 소기의 목표를 달성할 수도 있을 것이다.

그러나 필자가 보기에, 이런 상반된 세 축에 대한 강조는 상징적 의미를 갖는다고 여겨진다. 즉 이는 이상적인 형태로 존재하면서 이에 견주어 우리가 노력하도록 유도하는 목적상징적 역할을 한다는 것이다. 따라서 이 세 축의 해석에 있어서는 어느 정도 여지가 있으며, 이것이 지속가능한 발전이라는 추상성이 높은 목표를 설정한 이유이기도 하다.

이러한 목적상징성 때문에 즉 추상성이 높음으로써 해석의 여지가 많은 개념이기 때문에, 지속가능한 발전은 애매해 보이며 상반된 해석이 가능해 보인다.[14] 즉 어떤 측면에서는 이를 보수적인(conservative) 경제전략으로 해석할 수도 있고, 다른 한편 급진적인 사회전략으로 해석할 수도 있다. 먼저 각국 정부와 기업에서는 경제발전의 지속성을 위해 환경을 보전하고 사회통합을 추진하는 것으로 해석하며,

14 M. Jacobs, "Sustainable Development, Capital Substitution and Economic Humility: A Response to Beckerman," *Environmental Values* 4 (1995).

반대로 생태주의자들이나 환경운동가들은 환경보전과 사회통합을 위해 경제를 제한하는 개념으로 받아들인다.

그러나 지속가능한 발전은 기본적으로 생태주의의 급진성의 문제로부터 파생되어 나온 것으로서 경제발전의 중요성을 더 강조하고 있는 것처럼 보인다. 물론 환경운동가나 급진주의자들의 입장에서는 지속가능한 발전의 사회통합 개념이 민주주의 발전이나 빈부격차 해소 등과 같은 의미를 담고 있다고 생각하지만, 그렇다고 해서 지속가능 발전론이 생태주의와 같이 무조건적인 자연 생태계의 보전을 추구하는 것은 아니다. 앞서 살펴본 생태근대화론이 환경보전보다 경제발전의 중요성을 강조하기 위해 근대화라는 용어를 계속 사용하면서도 환경론자들의 동의를 구하고 있듯이, 지속가능발전론도 환경주의자들이 동의할 수 있는 어젠다로서의 환경과 사회문제를 언급함으로써 경제발전을 포기하지 않으려는 고심의 결과로 나타난 것이다.

그런 점에서 지속가능한 발전이 갖는 함의는 다음과 같이 정리될 수 있다.[15] 첫째, 인간의 욕구는 충족되어야 한다. 이것은 경제발전의 목표이다. 둘째, 인간의 욕구충족은 자연을 통해 가능한데 이를 위한 과정에서 자연이 훼손되며, 이러한 자연훼손은 인간의 욕구충족을 불가능하게 만드는 악순환의 고리 속에 있다. 이것은 자연보전의 목표이다. 셋째, 따라서 위 둘을 종합하면 지속가능한 발전은 경제발전과 자연보전의 조화에 두고 있다. 넷째, 지연훼손을 억제해야 하는 이유

15 정대연, 「지속가능한 발전의 사회학적 고찰」, 『환경영향평가』 제12권 1호 (2003), 59.

는 미래세대도 현세대처럼 경제발전이 지속되도록 해야 한다는 데 있기 때문에 자연의 지속가능성보다는 경제발전의 지속가능성에 더 초점을 두고 있다. 즉 지속가능한 발전은 생태중심적 개념이라기보다는 인간중심적 개념이다. 다섯째, 지속가능한 발전을 추진해야 하는 이유는 공간적으로는 나라 간 형평성, 시간적으로는 세대 간 형평성을 강조하고 있다. 이것은 형평성의 사회적 목표이다.

우리나라에서도 그동안 지속가능한 발전에 대한 논의가 계속되어 왔다. 특히 1999년에는 시민단체와 언론, 학계, 경제계 등 사회 각층에서 지속가능한 발전에 관한 국가기구를 설치할 것을 정부에 건의하였다. 정부는 이를 긍정적으로 검토하여 2000년 8월 지속가능발전위원회규정을 대통령령으로 공포하고, 지속가능발전위원회를 발족시켰다. 그 후 2007년 8월에 〈지속가능발전기본법〉을 제정하여 2008년 그 시행령을 공포한 후, 2008년 5월 국가지속가능발전위원회라는 새로운 기구를 출범시켰다. 그런데 〈저탄소녹색성장기본법〉이 제정되고 대통령직속 녹색성장위원회가 설립되자, 국가지속가능발전위원회는 환경부 산하의 지속가능발전위원회로 위상이 변하게 되었다. 그러자 지속가능한 발전을 진보적으로 해석하는 입장에서는 우리나라가 지속가능한 발전을 포기한 것처럼 여기게 되었다. 하지만 지속가능발전론을 보수적으로 해석하는 입장에서는 녹색성장이라는 보다 구체화된 실천전략으로 전환했다고 보기도 한다.

하여튼 분명한 것은 지속가능발전론 역시 급진적으로 자연중심적인 생태주의를 제한하면서 인간중심적인 경제성장을 지지하는 입장이라고 볼 수 있다. 그런 점에서 생태근대화론과 유사한 측면이 있다.

다만 생태근대화론은 정부가 정책으로 채택하여 실제적인 결과를 산출한 실천적인 것인 반면, 지속가능발전론은 사회의 목표로 설정되는 목적상징성을 갖는 것으로서 시민사회의 지지가 있다는 장점이 있다.

4. 인간과 자연의 조화

한편 우리나라에서는 2008년 이후 지속가능발전론을 생태근대화론과 다시 연계시켜 독특한 녹색성장론(green growth)을 제창하기 시작하였다. 녹색성장론은 지속가능발전론의 연장선상 위에 있는 것으로서, 아직 경제발전이 중요한 덕목으로 여겨지는 저개발국들이 빈곤탈출을 위해 서구적 기준인 지속가능발전론보다 이를 수정해 경제에 좀 더 중심을 두는 녹색성장을 추진해야 한다는 주장이다.

이 용어가 처음 나타난 것은 1999년 말 출판된 에킨스(Paul Ekins)의 저서 *Economic Growth and Environmental Sustainability: The Prospects for Green Growth*에서 비롯된다. 에킨스는 책의 부제에 녹색성장을 위한 전망이라는 것을 내세움으로써 경제성장과 환경의 지속가능성을 위한 녹색성장이 필요하다는 것을 역설하였다. 그 후 2005년 서울에서 열린 제5차 아태환경개발장관회의(MCED)에서 한국이 이 문제의 타당성을 제기하였고, 이에 대해 UN아태경제사회이사회(UNESCAP)가 지지를 표명하였다. 녹색성장론은 아시아, 아프리카 국가들, 그리고 후에 덴마크를 비롯한 서구국가들이 지지하면서 중요한 담론으로 자리 잡았다. 그리고 최근 열린 2012년 리우+20회의에서 녹색 경제(green economy)란 개념이 등장하는데도 역할을 하였다.

녹색성장론이 부각된 것은 특히 2005년 제5차 아태환경개발장관 회의인데, 여기서는 빈곤해결을 위해 성장할 필요가 있는 아태지역 저개발 국가들이 경제성장의 필요성과 환경보전의 필요성을 어떻게 조화시킬 것인가가 중심 의제가 되었다. 이 논의과정에서 당면한 빈곤 문제를 해결하기 위해 경제성장을 추구하면서도 환경을 훼손하지 않도록 하는 상생 방안을 모색한다는 의미에서 '지속가능한 발전' 대신 '녹색성장'이라는 용어가 사용되었다. 또한 UN아태경제사회이사회는 이런 용어의 변화를 긍정적으로 생각했는데, 그 이유는 녹색성장 개념이 지속가능한 발전 개념보다 환경적으로 지속가능한 경제성장이라는 의미를 보다 명확히 전달할 수 있다고 보았기 때문이다.

이 과정에서 볼 수 있듯이, 녹색성장은 지속가능한 발전을 부정하지 않는다. 오히려 녹색성장은 지속가능한 발전을 저개발 국가들의 현실에 맞게 구체화시키기 위한 실천전략이라고 볼 수 있다.[16] 특히 녹색성장은 '서울 이니셔티브' 선언을 통해 과거 한국의 고도성장에 따른 환경훼손의 경험을 토대로 새로운 경제성장 모델을 제시함으로써, 아태지역 저개발 국가들을 비롯하여 이미 고도로 발전된 선진국과 다른 길을 걷고 있는 많은 국가들에게 공감을 불러일으켰다. 따라서 녹색성장은 지속가능한 발전을 대체하는 개념이 아니라 그것을 현실

16 미래기획위원회 편, 『녹색성장의 길』(서울: 중앙북스, 2009), 42.

에 맞게 실현하기 위한 실천전략으로 이해할 수 있다.

그런 점에서 녹색성장론은 앞서 설명한 생태근대화론(ecological modernization)과 유사한 점이 있다. 생태근대화론은 자연을 전혀 훼손하지 말자거나 자본주의를 폐기하자는 것이 아니라, 환경을 중심으로 자본주의를 한층 더 근대화시키는 방식으로 재구성함으로써 환경문제를 해결하면서도 건전하게 경제성장을 추진하자는 논리를 편다. 특히 경제성장과 환경보호가 양립가능하며, 친환경적 경영을 통한 경제성장을 도모하기 위해 과학기술의 역할이 중요하고, 경제성장에 반대하는 환경운동을 제도권 안으로 끌어들여 그들과의 합의를 도출해야 한다고 주장한다. 요컨대 생태근대화론은 경제성장만을 강조하는 '성장지상주의'나 환경보전만을 강조하는 '생태중심주의'에 반대하면서, 이 둘 사이의 타협을 통해 환경을 고려하면서도 성장을 추진하고자 하는 것이다.

그런데 녹색성장은 이런 생태근대화론을 보다 진전시켜 환경보호와 경제성장 사이의 선순환구조를 만드는 부분을 첨가하고 있다. 우리나라의 〈저탄소녹색성장기본법〉에 따르면, 녹색성장이란 에너지, 자원을 절약하고 효율적으로 사용하여 기후변화와 환경훼손을 줄이고 청정에너지와 녹색기술의 연구개발을 통하여 새로운 성장 동력을 확보하며 새로운 일자리를 창출해나가는 등 경제와 환경이 조화를 이루는 성장을 말한다. 이는 성장과 환경 사이의 단순한 타협을 추구하는 것이 아니라, 에너지와 자원 문제를 고려하여 환경을 보호하면서도 또한 이를 실천할 수 있는 기술개발을 통해 새로운 경제성장 동력과 고용을 창출함으로써, 환경보호와 경제성장 사이에 선순환 구조를 만들고자 하는 고도의 복합적인 개념이라고 할 수 있다. 요컨대 녹색성장은 경제와 환경 사이의 절충이 아니라, 그 둘 사이의 조화와 선순환 구조의 확립을 목표로 한다.

하지만 녹색성장이 지속가능발전론과 다른 점은 사회통합의 측면이 간과되고 있다는 점이다. 녹색성장론에는 녹색기술개발과 이를 통한 신성장 동력창출, 이에 따른 일자리창출 및 시장개척 등과 같은 경제전략이 포함된다. 또한 에너지효율성제고, 신재생에너지개발, 에너지절약 등과 같은 환경전략도 포함되어 있다. 다만 아쉬운 것은 이런 전략들의 효과를 극대화하기 위해 시민들의 이해와 협력을 구하고 시민사회의 활동들을 적극적으로 활용하는 시민사회전략이 미흡하다는 점이다.

앞서 지적한 것처럼, 지속가능한 발전의 세 축에도 경제성장과 환경보호 외에 사회통합이 포함되어 있는데, 이 중 사회통합은 시민사회전략과 깊은 연관이 있다. 지속가능한 발전에서 사회통합은 빈곤퇴치를 위한 사회적 정의를 포함하고 있는데, 이는 결국 사회구성원들의 통합을 목표로 하는 것이며 이를 위해서는 시민사회를 포용하고 시민사회의 도움을 필요로 하기 때문이다. 고도로 복합적인 전략인 녹색성장은 그 목표의 다양성 때문에 정부 혼자만의 이니셔티브로 목적을 달성할 수 없다. 기업은 녹색기술개발과 신재생에너지개발 등을 통해 새로운 기술과 시장을 개척해야 하며, 시민은 비록 비용이 증가한다 할지라도 친환경적인 제품을 구매하는 문화의식을 지녀야 한다. 또한 정부는 이런 선순환구조를 안정적으로 만들 수 있도록 법과 제도를 정비하고 지원해야 한다. 따라서 정부-기업-시민사회 모두가 협력해야 하며, 그런 점에서 녹색거버넌스의 확립이 중요하다. 특히 환경보호와 사회통합의 목표는 시민들의 관심과 참여가 성공의 결정적인 관건이 된다.

특히 녹색성장에서 시민사회의 중요성이 요청되는 것은 다음과 같은 이유에서이다. 첫째, 녹색성장이 단순히 경제적 목적만 갖고 있는 것이 아니라 '녹색사회로의 이행'이라는 패러다임 변화와 생활의 변화를 추구하는 목적을 갖고 있다면, 시민들이 녹색성장의 주역이 되어야 하기 때문이다. 둘째, 녹색성장이 저개발 지역의 환경보호 및 빈곤퇴치와 성장을 위한 것이라면 그 수혜는 대부분 시민들에게 돌아갈 텐데, 그렇다면 수혜자인 시민들은 적극적인 참여와 협력을 통해 녹색성장의 주체가 되어야 하기 때문이다. 셋째, 녹색성장은 시민과 더불어 기업의 협조를 필요로 하는데, 이윤을 추구하는 기업이 비협조적일 때 이를 감시하는 역할을 시민사회가 할 수 있기 때문이다.

우리와 비교해 볼 때, 일본의 녹색성장정책에는 시민사회의 중요성이 잘 나타나 있다. 먼저 일본 정부는 '교토의정서'의 온실가스 배출 감축목표 달성을 위해 1999년 〈온난화대책추진법〉을 제정하여, 이후 2002, 2005, 2006년에 개정을 거쳐 오늘에 이르렀다. 그런데 이 법의 특징은 처음부터 저탄소사회 구축에 있어서 시민사회의 위상과 역할을 강조한다는 데 있다. 이 법에 따르면, 일반 시민은 정부나 지방자치단체의 온실가스 배출억제 등을 위한 시책에 협력하지 않으면 안 된다고 명기되어 있으며, 반면 지방자치단체가 실행계획을 세울 때 사전에 주민의 의견을 반영하기 위해 예컨대 협의회 설치와 같은 필요한 조치를 강구하도록 되어 있다.

또한 2008년 각의에서 결정된 〈저탄소사회 구축 행동계획〉에는 목표실현을 위해, 첫째 혁신적 기술개발과 기존 선진기술의 보급, 둘째 일본 전체를 저탄소화로 이끄는 기제 마련, 셋째 지방 및 국민의 참여 지원이 포함되어 있다. 시민들의 생활양식을 변화시키기 위해 에너지 절약이나 IT 활용과 더불어 NGO와 지역의 활동에 대한 지원을 명시하고 있는 것이다. 요컨대 일본 정부는 지구온난화 대책으로서의 저탄소사회 실현을 위해서는 정부차원의 대응만으로는 한계가 있으며, 전 국민의 인식변화와 일상의 생활양식 변화 등 사회 전반에 대한 변혁이 불가피하다는 점을 인식하고, 따라서 시민사회의 협력이 필요하다는 것을 절감하고 있는 것이다.[17]

예컨대 교토시는 2009년 '환경모델도시'로 선정되어 지역의 저탄소화 실현을 위해 다양한 시책을 실시 중이다. 교토는 저탄소사회 실현을 위해서는 지역사회의 뒷받침이 필요하다고 인식하였다. 즉 자치조직, 지정협력위원, 지역단체, 어젠다21포럼 등의 협력이 중요하다고 생각하면서, 시는 이를 포괄적으로 '지역력'이라고 표현한다. 지구온난화문제는 시민생활이나 사업활동에도 직접적으로 관련되는 만큼, 이러한 시책의 실시는 행정뿐만 아니라 시민이나 사업자와의 굳건한 파트너십에 의해 추진하는 것이 불가피하다고 밝히고 있다. 이를 위해 추진체계에서 보더라도 4대 추진주체로 행정기관 내 연계체제, 대학 및 지역기업 지적 자원활용, 국제연대와 함께 지역주민과의 연계체제

17 정성춘 외, 『일본의 저탄소사회 전략에 관한 연구』(대외경제정책연구원, 2009), 371.

를 명시적으로 제시하고 있다. 여기엔 3개의 분야, 즉 상징적 프로젝트 추진을 위한 시민회의 설립, 시민사업자 등과의 파트너십에 의한 추진체제, '교토시 미래도시 만들기 100인 위원회'와의 연계 등을 포함한다. 이와 같이 일본에서 녹색성장은 사회통합의 측면까지도 잘 고려하고 있는 것이다.

이에 비하면, 한국의 녹색성장론은 경제성장 중심이며, 이를 위한 녹색기술을 강조하는 입장이다. 지속가능발전론에 비하면 환경보전 부분이 부족하며 또한 사회통합을 위한 측면이 상당 부분 간과되고 있다. 한국의 환경운동단체들은 여전히 생태주의에 입각해 있거나 지속가능발전론 정도는 받아들이고 있는 형편이지만 생태근대화론이나 녹색성장론에 대해서는 비판적이다. 물론 녹색성장이 추구하는 환경문제 자체에 대해서는 반대하지 않는다. 하지만 녹색성장이 경제성장을 중시한 나머지 환경보전의 희생을 감수하고 있으며, 또 다른 목표인 사회통합은 목표로 삼고 있지 않다고 비판한다. 그런 점에서 녹색성장이 우리나라에서의 지속가능한 발전을 후퇴시켰다는 것이다. 특히 정부의 '4대강 살리기 사업'과 '원자력발전소 건설사업'이 녹색성장이 추구하는 주요 사업이라고 보고, 그 최종목표가 환경을 보존하는 녹색국가가 아니라 개발을 추진하는 토건국가라 비판하면서 정부와 빈번히 충돌하고 있다.[18]

이런 현실을 고려해 볼 때, 녹색성장론은 현 단계에서 수정·보완

18 한 예로 2011년 12월 14일 환경운동연합이 주최한 〈토건성장체제 극복 위한 2012 녹색의 도전〉 워크샵을 들 수 있다.

되어야 할 필요가 있다. 생태근대화론보다는 경제적인 측면에서 신성장 동력 확보나 재생에너지산업 및 녹색기술의 발전 등과 같이 진일보한 측면이 있지만, 지속가능발전론에 비해서는 환경보전의 측면이나 사회통합의 측면에서는 부족한 면이 엿보이는 것도 사실이기 때문이다.

지금 우리는 근대화에 대한 반성에서 시작된 '생태주의'를 거쳐 '생태근대화론,' '지속가능발전론,' '녹색성장론'에까지 와 있다. 이 노력들은 인간중심주의에서 자연중심주의로 이동한 생태주의를 다시 인간과 자연의 조화, 경제와 환경의 조화를 이끌어내려는 시도로 진행되었음을 보여준다. 그런데 이 논의들은 서로 공통점과 차이점을 동시에 지니고 있다. 예컨대 생태근대화론은 근대화의 지속을 위해 사전에 환경문제를 제도적으로 고려하자는 것이고, 지속가능발전론은 근대화 개념보다는 사회통합에 초점을 두어 환경과 경제를 논하자는 것이다. 한편 녹색성장론은 환경을 침해하지 않으면서도 경제발전을 도모할 수 있는 새로운 과학기술의 중요성을 강조한다.

이러한 논의들의 특징을 정리하면 다음과 같다.

〈표 1-1〉 비교도

	근대화론	생태주의	생태근대화론	지속가능발전론	녹색성장론
중심축	인간	자연	인간+자연	자연+인간	인간+자연
중심 요소	경제+과학	환경	경제+환경	환경+경제+사회	경제+과학+환경

그런데 현재 한국에서 진행되는 있는 논의들은 많은 부분 지속가

능발전론을 지지하고 있는 형편이다. 지속가능발전론은 리우회의의 정당성과 그 이후 지난 20년간 진행된 성과, 그리고 환경과 경제 및 사회문제를 동시에 고려한다는 점에서 높은 점수를 받고 있다. 다른 한편 생태주의에 대한 지지도 소수이기는 하나 여전히 존재하고 있는 실정이다. 최근 환경운동들은 생태중심주의로부터는 탈피했지만 생태근대화론이나 녹색성장론 등에는 격렬히 반대하면서 환경중심주의적 태도를 보이고 있다. 하지만 일반시민들의 지지를 어느 정도 받고 있는지는 의문이다. 또한 최근 대두된 녹색성장론은 지속가능발전론보다 생태근대화론에 더 가깝다고 할 수 있는데, 따라서 지속가능발전론자들이나 환경운동가들의 비판에 직면해 있다. 하지만 세계적으로는 지지를 더욱 확대해 가고 있다.

일반적으로 한국의 환경운동단체들은 환경문제를 제1순위로 생각한 나머지 건전하고 지속가능한 경제성장이라는 측면은 도외시하는 경향이 있다. 그러나 환경훼손에 대해 문제를 제기하면서 그 대안을 제시하지 않고 성장이라는 또 다른 문제를 고려하지 않는다면, 그것은 '환경을 위한 환경'에 지나지 않는다. 생태주의를 제외하고 생태근대화론이나 녹색성장론, 심지어 지속가능발전론까지도 단순히 환경만 보존하는 것이 목적이 아니라 '인간과 자연의 조화'를 목적으로 삼는다.

다만 이 목표를 달성하기 위해서는 정부나 기업뿐만 아니라 일반시민들의 동의와 협조를 필요로 한다. 그리고 환경운동단체들이 제기하는 문제들에 대해서도 적극적으로 대응하고 해답을 내놓을 수 있어야 한다. 특히 2011년 일본 후쿠시마 핵발전소 사고 이후, 시민들의 핵발전소에 대한 두려움과 공포심은 증가되고 있다. 그런 점에서 원자력발전을 청정에너지 문제로만 국한시킬 것이 아니라 핵발전소의 안정성 문제와 핵폐기물 처리문제 등에 대해 분명하게 짚고 넘어가야 한다.

한편 생활운동단체들의 경우엔 '인간과 자연의 조화'라는 목표에 공감하고 그것이 초래하게 될 녹색생활의 실현을 위해 적극적으로 협조하는 태도를 보인다. 예컨대 소비자운동을 하는 시민단체들의 경우엔 녹색소비가 생산자보다 소비자에게 이롭다는 것을 잘 알기 때문에, 친환경적 운동 활성화에 적극 동참한다. 또한 여성운동이나 에너지운동을 하는 시민사회단체들도 부족한 전기문제를 해결하기 위해 에너지 절약 운동이나 겨울철 내복입기 운동 등을 통해 정부와 긴밀히 공조하기도 한다.

따라서 실천적으로 필요한 것은 단순히 지속가능발전론이 맞는지 혹은 녹색성장론이 맞는지 아니면 생태주의가 맞는지를 따지는 것이 아니라, 실제로 녹색생활을 실천하는 일이다. 즉 일반 시민들의 생활에 직접적인 연관이 있으며 이들을 이롭게 하기 위한 생활운동에 접목된 녹색시민운동이 필요하다는 것이다. 이런 시민운동은 단순히 환경보전만 주장하지 않는다. 오히려 생활세계를 살고 있는 시민들의 실생활에 있어서 웰빙을 추구한다. 이러한 웰빙은 단순히 자연주의적 삶만으로 달성되는 것은 아니다. 경제가 발전하고 기술이 뒷받침되고 녹색생활이 이것들과 선순환되어야만 가능한 것이다. 그런 점에서 앞으로 요구되는 것은 경제발전과 환경보호, 그리고 시민들의 공감과 참여라고 할 수 있다. 지속가능발전은 환경, 경제, 사회의 세 축을 고려함으로써 이에 근접해 보인다. 하지만 여기서 사회의 요소를 어떻게 해석할 것인가에 대해서는 새로이 고민해야 한다. 상징적이고 선언적인 사회목표가 아니라 보다 실생활에 적합하며 일반시민들이 실천할 수 있는 목표 설정이 필요한 것이다.

참고문헌

미래기획위원회 편. 2009. 『녹색성장의 길』. 서울: 중앙북스.

박준건. 1993. 「올바른 자연이해를 위한 반성과 모색: 생태학과 사회철학」. 『시대와 철학』. 제4권 1호.

박필배. 2007. 「인간중심주의와 생태주의: 환경문제 해결을 위한 새로운 대안 모색」. 『칸트연구』 제20집.

안병옥. 2012. 「저탄소 녹색성장의 성과, 한계 그리고 대안」. 〈저탄소 녹색성장 4년: 성과와 한계〉 세미나 발표문.

윤순진. 2009. 「저탄소 녹색성장의 이념적 기초와 실재」. 『ECO』 제13권 1호.

이덕연. 2011. 「생태철학과 심층생태주의의 헌법적 함의」. 『연세 공공거버넌스와 법』 제2권 1호.

정대연. 2003. 「지속가능한 발전의 사회학적 고찰」. 『환경영향평가』 제12권 1호.

정성춘 외. 2009. 『일본의 저탄소사회 전략에 관한 연구』. 대외경제정책연구원.

정연미. 2011. 「독일의 원자력정책과 생태적 근대화」. 『환경정책』 제19권 3호.

진상현. 2008. 「생태근대화론에 기반한 한국의 에너지정책에 대한 연구」. 『환경정책』 제16권 3호.

환경운동연합 편. 2011. 〈토건성장체제 극복 위한 2012 녹색의 도전〉 워크숍 발표집.

Bahro, Rudolf. 1984. *From Red to Green*. London: Verso.

Bookchin, Murray. 1980. *Toward an Ecological Society*. Montreal: Black

Rose Books.

Buttel, F. H. 2000. "Ecological Modernization as Social Theory." *Geoforum* 31.

Dryzek, John. 2005. *The Politics of the Earth: Environmental Discourses*. Oxford: Oxford University Press.

Ekins, Paul. 1999. *Economic Growth and Environmental Sustainability: The Prospects for Green Growth*. London: Routledge.

Hajer, M. A. 1996. "Ecological Modernization as Cultural Politics." Eds. S. Lash and B. Szerszynski. *Risk, Environment and Modernity*. London: Sage Publisher.

Jacobs, M. 1995. "Sustainable Development, Capital Substitution and Economic Humility: A Response to Beckerman." *Environmental Values* 4.

Kamppinen, Matti. 2001. "Citizenship and Ecological Modernization in the Information Society." *Futures* 33.

Mol, Arthur. 1999. "Ecological Modernization and Environmental Transition of Europe. *Journal of Environmental Policy & Planning* 1/2.

Mol, Arthur and D. A. Sonnenfeld. 2000. "Ecological Modernization around the World: An Introduction." *Environmental Politics* 9/1.

Naess, Arne. 2010. *The Ecology of Wisdom. Writings by Arne Naess*. Eds. Alan Drengson and Bill Devall. Berkeley: Counterpoint Press.

Pepper, David. 1984. *The Roots of Modern Environmentalism*. London: Routledge.

Weale, Albert. 1998. "Ecological Modernization." Eds. John Dryzek and David Schlosberg. *Debating the Earth: The Environmental Poli-*

tics Reader. Oxford: Oxford University Press.

2장
자원갈등과 지속가능성

이명원

1. 자원위기의 구조화

지구촌에서 살아가는 오늘의 세계시민이 직면하게 된 문제 가운데 자원위기의 구조화는 매우 중요한 쟁점이다. 맬서스가 『인구론』(1789)에서 예측한 인류의 위기는 21세기 현재 부정할 수 없는 현실이 되었다. 이 책에서 그가 개진한 의견은 다음과 같이 간명하다. 인구는 기하급수적으로 증가하는 반면, 물자는 산술급수적으로 증가하기 때문에 과잉인구로 인한 빈곤화는 필연적이라는 것이다.

자원위기의 근본적인 원인은 폭발적인 '인구증가'에 있다. 2050년

이 되면 지구의 총인구는 거의 90억 명에 육박한다는 예측도 있다. 폭발적인 인구증가에 대응하기 위해서는 식량과 에너지의 증산이 필요조건일 터이지만, 식량의 생산증가는 여러 이유로 인해 정체되고, 화석연료는 특정 시점에서 생산정점(peak oil)에 도달해 자원을 둘러싼 세계적인 분쟁 가능성은 경향적으로 고조될 확률이 높다. 특히 후발 개발도상국의 경우 인구증가와 산업화에 기반을 둔 경제발전 전략에 따른 자원소비는 폭발적으로 증가되는 추세인데, 이는 중국을 포함한 이른바 브릭스(BRICs) 국가들의 경우만 보아도 쉽게 확인할 수 있다.

이 장에서는 자원위기의 구조화를 초래한 원인과 현황, 이에 대한 세계시민사회의 다양한 대안적 모색에 대해 살펴보고자 한다. 특히 미래사회에서 식량자급과 에너지자급을 가능케 하는 대안에 대해 생각해 보는 것이야말로, 오늘날 지구촌에서 세계시민으로 살아가는 우리 모두의 생존과 번영을 위해 긴급한 사안이 아닐 수 없다.

2. 자원위기의 현황과 쟁점

지구촌의 자원위기의 현황과 쟁점을 파악하는 데는 다음과 같은 세 가지 문제에 대한 분석을 통해 분명해 진다고 생각한다.

첫째, 자원위기의 근본적 원인이 무엇인가에 대한 분석이다. 필자의 생각에 그것은 자연적인 '인구증가'와 함께 근대 이후 급속하게 전 지구적으로 확산된 산업화의 문제를 고려해야 한다고 생각한다. 산업화를 통한 생산력의 증대는 불과 150년 사이에 인류의 삶의 조건을 풍요로 인도한 것과 동시에, 그것의 역방향에서 식량자원에 대한 드높은 요구와 재생 불가능한 화석 에너지원의 급격한 소비를 낳았다.[1]

둘째, 산업화에 따른 급속한 인구증가와 화석연료의 소비는 생태평형을 불가능케 하는 온실가스의 무분별한 배출에 따른 기후변화를 초래했고, 이것은 다시 식량자원의 재생산을 불가능케 하는 여러 형태의 환경재앙을 초래했다. 토지생산성의 하강에 따른 식량생산량의 정체, 식량소비량의 증가에 따른 식량부족 현상, 후발 개발도상국의 산업화에 따른 에너지 수요의 증가와 이에 따른 온실가스 배출량의 증가, 그 결과로 초래된 기후변화가 초래하는 자연재해의 증가와 식량생산의 양극화와 악순환 등이 그것이다.

셋째, 초국적 자본에 의한 식량과 에너지 거래의 집중, 식량 및 에너지 자원의 안보화 문제 역시 검토되어야 한다. 자유시장 경제체제에서 인간의 존속에 필수적인 식량과 에너지 역시 선물시장에서의 투기와 거래의 대상으로 전락한지 오래다. 식량자원의 경우 구미의 초국적기업들이 종자, 화학비료, 곡물유통에 막강한 카르텔을 형성, 개별 국민국가들의 식량안보를 위협하고 있다. 에너지 생산체제 역시 화석연료의 수요증가에 따른 고갈 가능성과 비용 증가뿐 아니라, 산

1 산업화와 인구증가가 폭발적으로 증대한 시기는 제2차 세계대전 이후이다. 이 시기에는 기존에 서구열강의 식민지였던 아시아, 아프리카, 라틴 아메리카들이 독립하여, 민주주의와 경제성장을 견인하고자 했다. 저개발국 또는 개발도상국의 경제성장론에 대해서는 군나르 아르발, 『빈곤에의 도전』(서울: 현암사, 1977)을 참조할 만하다.

유국들이 가격담합 등을 통해 에너지를 안보무기화 한다면 21세기형 오일 쇼크 역시 장담할 수 없는 실정이다. 물론 현재의 자본주의 체제는 저성장 국면으로 전환하여 화석에너지 수요가 감소되는 방향으로 나아갈 수도 있지만, 그렇다고 하더라도 화석에너지 보존량의 절대적 감소추세는 지속될 것이기 때문에 에너지 공급 위기는 결코 피하기 어려운 실정이다.

1972년에 출간된 로마클럽의 보고서 『성장의 한계』[2]에서 공저자들은 2020년에서 2050년 사이에 모든 측면에서의 자원고갈이 일어나 더 이상의 성장이 불가능할 것으로 예측했다. 이들은 구리, 망간, 철 등의 천연자원의 고갈, 인구증가를 따라 잡지 못하는 식량부족의 위기, 산업발전에 따른 에너지 자원의 고갈, 환경오염에 따른 물 부족 등을 예측했다. 현재의 시점에서 보자면, 이들의 비관적 예측이 상당 부분 현실화되고 있다고 판단된다. 2016년 현재 『성장의 한계』의 저자들이 제기했던 위기는 현재진행형이 되고 있다는 사실을 부정하기 어렵다.

먼저 이러한 위기의 근본적인 원인으로 제시되고 있는 인구증가의 현실을 다음의 〈표 2-1〉에서 확인해 보도록 하자.

2 도넬라 H. 메도스 외, 김병순 역, 『성장의 한계』(서울: 갈라파고스, 2012).

〈표 2-1〉 세계주요국 인구증가 추이[3]

(단위: 백만 명, %)

순위	1950년			2009년			2050년		
	국가명	인구	누적비	국가명	인구	누적비	국가명	인구	누적비
	세계	2,529		세계	6,829		세계	9,150	
1	중국	545	21.5	중국	1,346	19.7	인도	1,614	17.6
2	인도	372	36.2	인도	1,198	37.2	중국	1,417	33.1
3	미국	158	42.5	미국	315	41.9	미국	404	37.4
4	러시아	103	46.5	인도네시아	230	45.2	파키스탄	335	41.2
5	일본	83	49.8	브라질	194	48.1	나이지리아	289	44.4
	한국(24)	19		한국(26)	49		한국(46)	42	

위의 표에서 알 수 있듯, 2050년이 되면 지구촌의 인구는 90억 명이 넘을 것으로 예측되고 있다. 특징적인 것은 선진국들의 인구증가가 둔화되거나 한국과 같이 감소추세로 전환되는 경향이 나타나는 데 반해, 후발 산업화 국가인 개도국들의 경우 급격한 인구증가가 나타나는 인구분포의 비대칭 현상이 나타나고 있다는 점이다. 세계적인 차원에서의 급속한 인구증가도 문제지만, 한국이나 일본을 포함한 OECD 국가들의 경제 인구감소는 그것 자체로 여러 형태의 위기를 초래할 가능성이 높다.[4]

---

3 통계청, 「7월 11일 세계인구의 날을 즈음한 세계 및 한국의 인구현황」(2009. 7. 9).

4 高橋乘宣, 『人口減少パニック』(PHP研究所, 2006)은 "인구감소 패닉"이란 표현에서 알 수 있듯, 일본에서의 급격한 인구감소의 위험성을 여러 차원에서 예측하고 있다. 최근의 한국 역시 노령화와 인구감소 추세가 일본과 유사하게 동

인구가 감소한다는 것은 자본제 경제의 관점에서 보면, 사회적 총수요가 감소한다는 것을 의미하고, 이것은 즉각적인 것은 아니지만 거시적 측면에서 생산부문과 시장의 축소를 초래할 것이다. 이때 기업은 축소된 국내의 총수요에 대응하기 위해 비용절감의 수단으로 고용을 축소시키거나 생산설비를 해외로 이전하게 되는데, 이것이 실업과 저임금 노동을 증가시키는 요인이 될 것이다. 급격한 인구감소는 부동산 경기 역시 하강시키게 될 것이고, 이런 제반의 축소된 경기하강 국면을 견뎌내기 위해 시민들은 소비를 억제하게 될 것이다. 그렇게 되면 경기하강은 더욱 가속화되어 디플레이션이 장기화되고, 이에 따른 제반 문제들이 더욱 복잡화되어 일종의 악순환을 겪게 되는 것은 능히 유추할 수 있다.

그러나 지구 전체적으로는 선진국의 인구감소 추세에도 불구하고, 총 인구증가 추세자체는 억제되지 않기 때문에, 또 후발 산업국의 경제성장 기조는 변치 않을 것이기 때문에 이에 따른 자원부족 문제는 역시 심각한 난제로 우리에게 던져진다. 급속한 인구감소나 인구증가 모두 세계시민의 인간다운 삶의 보존에 있어 여러 형태의 어려움을 초래하게 되는 것이다.

인구증가의 문제로 다시 돌아가 보도록 하자. 인구증가 추이에서 특징적인 것은 산업혁명 전후인 1850년대와 제2차 세계대전 이후 인구증가폭이 커졌다는 것이다.

시에 나타나 많은 문제를 낳고 있다.

산업혁명기를 거치면서 인구의 폭발적인 증가가 나타난 원인은 무엇일까. 일차적으로 생활조건의 개선이라는 면도 있겠지만, 종래의 농업적·수공업적 단계의 상황을 넘어서는 공장과 대도시의 형성이 큰 영향을 미쳤을 것으로 판단된다. 농업과 수공업의 비교적 완만하고 순환적인 자족적 시장질서는 산업혁명과 동시에 제국주의와 연동하여 확대된 원료시장인 식민지와 식민본국인 산업화된 국가에서 큰 규모의 노동수요와 시장수요를 견인해냈을 것이다. 이에 대응하여 사회와 국가는 노동력을 보충하기 위한 인구증가를 국가정책을 통해 촉진하고, 이렇게 확대된 인구가 생산과 소비 부문에서의 내수시장의 성장과 확장을 이루어내는 데 중요한 요인이 되었을 것이다.

제2차 세계대전 이후는 그간 유럽 열강의 식민지로 종속되었던 아시아, 아프리카, 라틴 아메리카 각지에서 독립된 주권국가들이 출현하고, 산업화에 의한 경제발전이 거의 모든 국가들의 국가목표가 되었던 시점이다. 이와 함께 미국과 소련의 체제대결을 핵심으로 하는 냉전시대는 자기 체제의 우월성을 강조하기 위해 공업화에 의한 경제성장을 촉진했다. 이런 과정 속에서 인구 역시 큰 폭으로 증가했을 것이다. 동시에 의학의 발전에 따른 국가보건체제의 진전은 유아사망률을 포함한 인구감소에 영향을 미쳤던 요인들을 축소했을 것이다.

인구의 증가는 일차적으로 사회적 총수요를 끌어올려 시장을 확대시킨다는 분명한 장점이 있었다. 그러나 동시에 급격한 인구증가는 여러 형태의 문제점도 낳을 수밖에 없다. 이 장의 주제와 관련해 먼저 살펴볼 수 있는 것은 급속한 인구증가에 조응할 수 있는 식량 생산량의 문제일 것이다. 급속한 인구증가는 그에 비례하여 식량수요의 폭증을 초래한다. 식량수요의 충족문제는 기후와 자연과 인간 노동이 결합된 복합적 문제이지만, 유한한 생태환경 속에서 인간이 설사 식량증산에 요구되는 여러 방식의 기술적 수단을 혁신한다고 할지라도, 토지생산성을 무한히 높일 수 없다는 문제는 여전히 남는 것이다. 이것은 일찍이 맬서스가 『인구론』에서 예측했던 난제이기도 하다.

〈그림 2-1〉 세계 식량 총생산량과 소비량 추이[5]

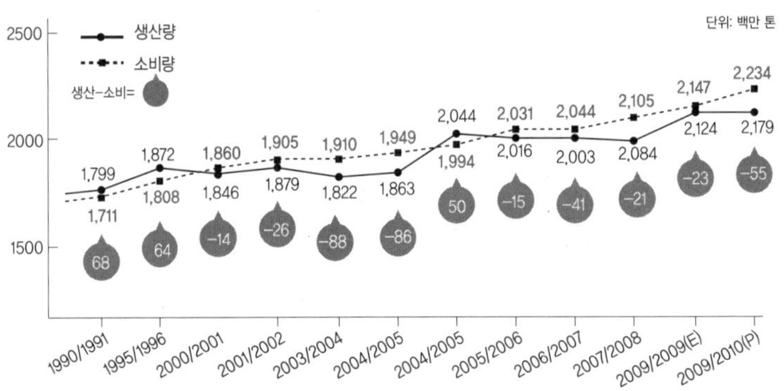

위의 자료에서 알 수 있듯, 2000년을 기점으로 식량 수요를 충족할 수 없는 공급 부족상황, 즉 식량부족이 구조적으로 심화되고 있다는 점을 알 수 있다. 지구적 차원에서 나타나는 이러한 식량부족의 일차적인 원인은 물론 폭발적인 인구증가 때문일 것이다. 그러나 이것

5 미국 농무성(2009); 장경호, 「식량위기의 대안, 친환경농업의 주역」, 『살림이야기』, 제48호 (2013년 3월호)에서 재인용. http://www.salimstory.net/renewal/sub/view.php?post_id=793.

말고도 식량부족 현상을 초래하는 원인들은 여럿이다.

첫째, 기후변화에 따른 식량생산성의 저하의 문제를 들 수 있다. 지진, 태풍, 화산활동, 강우량의 변화 등을 포함한 기후변화는 농업생산의 토대인 토양의 침식과 사막화를 더욱 심화시키고 있다. 물 부족 현상 역시 시간이 갈수록 심화되고 있는데, 이 역시 식량 증산의 어려움을 가중시키는 중요한 요인이다.

둘째, 개발도상국의 산업화에 따른 농지 및 농업인구의 감소. 기존의 개도국이 급격하게 산업화되는 과정 속에서 농지 및 농업인구가 축소되는 것은 보편적 현상이다. 특히 농업생산에 의존하던 개도국들이 공업화를 촉진하게 되고, 농업 부문 역시 환금성이 높은 특용작물의 단작체제로 전환되면, 주식 및 곡물생산의 국내수습뿐 아니라 세계적인 곡물 수급체제에도 악영향을 끼치게 되는 것이다.

셋째, 개도국의 급속한 인구증가 역시 식량부족의 원인일 것이다. 산업화는 인구증가와 도시화를 이끌어내는데, 급속한 인구증가를 보충할 수 있는 식량생산이 지체될 때, 지구적 차원에서의 식량부족이 구조화되는 경향을 볼 수 있다.

식량자원의 부족도 큰 문제이지만, 인류의 존속과 관련하여 에너지 자원의 수급불균형 문제 역시 심각한 실정이다.

〈그림 2-2〉 연도별 세계 석유생산량 예측[6]

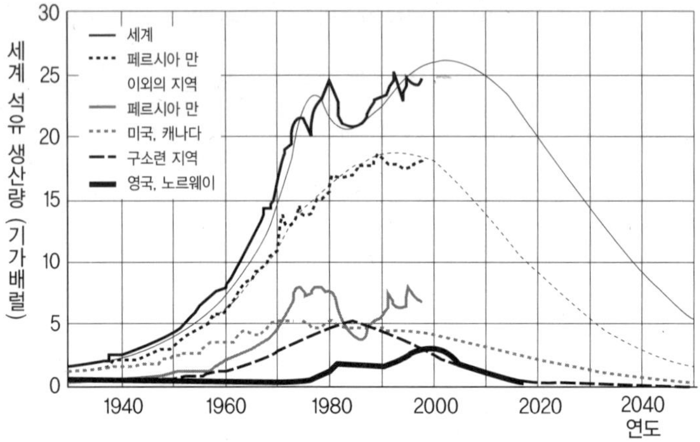

위의 그림은 세계 석유생산량의 시기별 추이를 보여주고 있다. 이른바 석유의 생산정점이라 할 수 있는 피크 오일(peak-oil)이 2000년을 기점으로 이미 도래하였음을 위의 그림은 보여주고 있다. 지역에 따른 편차에도 불구하고 이러한 경향적 추이의 구조적 유사성은 에너지 자원을 둘러싼 위기가 지구촌의 세계시민의 존속에 있어 매우 중대한 조건으로 우리에게 나타났다는 것을 의미한다. 학자들의 따라 견해가 다소 차이가 나지만, 이른바 화석연료의 채굴 가능년도가 짧게는 40년(석유)에서 길게는 230년(석탄)에 불과하다는 사실은 이 위기의 심각성을 더욱 강렬하게 제기하고 있는 문제이다.

에너지 문제의 심각성을 타개하기 위해 인류는 핵의 평화적 이용,

---

6 한국에너지관리공단 홈페이지(2015), http://www.kemco.or.kr/web/kem_class/middleschool/middleschool0301.asp.

즉 원자력 발전을 통해서 화석연료에 기반을 둔 에너지 체제의 한계를 극복하고자 하는 시도도 하고 있다. 그러나 원자력 발전소의 건설을 통한 에너지 공급체제의 개선 역시 한계가 있었는데, 이것이 가장 극적인 계기로 나타난 것은 2011년 일본 후쿠시마 현에서의 대지진 이후의 원자력 발전소 폭발사건에서였다. 이 사건 이후 세계는 원자력 에너지의 평화적 이용에의 희망이 배반당하는 경험을 뼈저리게 자각하게 되었다.

에너지 자원뿐만 아니라 식량자원의 위기 역시 구조화되는 경향을 나타내고 있다. 환경오염과 기후변화에 따른 문제 말고도, 식량이 자유무역 체제의 투기적 상품으로 교환되는 경향을 초국적 기업이 추동하고 있다는 점 역시 비판적으로 검토해야 할 부분이다.

1990년대 중반 이후 국제무역기구(WTO)의 우루과이 라운드와 양자간 자유무역협정(FTA)의 결과로 식량생산국이었던 개발도상국들이 제조업 부문으로 산업체제를 급속히 전환시켰다. 이에 따라 개도국들의 농민과 농업의 비중은 급속하게 축소된 반면, 구미와 호주, 중국 등은 농업생산물의 자본거래를 확대시켰다.

여기에 초국적 기업들이 농산물의 무역과 선물투자에 영향력을 발휘하기 시작하면서 식량자원, 그 가운데 쌀, 대두, 옥수수, 밀과 같은 곡물자원들이 투기상품화 되고 가격이 상승하는 경향은 거스를 수 없는 상황이 되었다.

〈그림 2-3〉 국제식량 및 곡물가격 지수 추이[7]

(단위: 포인트, 2002~2004년 평균을 100기준으로 산정)

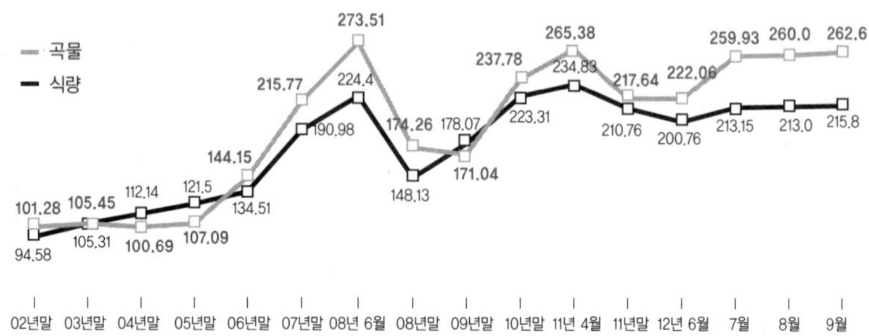

위의 그림에서 알 수 있듯, 곡물과 식량의 국제 거래가격이 경향적으로, 때로는 급속하게 상승하고 있음을 우리는 발견할 수 있다. 여기에는 세계 곡물의 총생산량과 총소비량의 수급 불균형에서 오는 자연적 가격상승 요인도 작동하고 있지만, 자유무역체제에서 곡물자원이 증권화되어 선물시장에서 투기상품화되는 요인 역시 고려될 필요가 있다.

농업 부문 역시 증권화된 자유무역의 대상이 됨으로써 나타나는 문제점은 심각한데, 특히 구미지역의 국가는 유력한 식량수출국이 되고, 과거 수출국이었던 비서구 지역의 개도국들이 식량수입국으로의 전락하게 되는 추세는 많은 경우 자유무역체제가 초래한 비극적 결과라는 점에서 식량문제를 둘러싼 남북 간 양극화의 심화를 생각하게

7 유엔식량농업기구; 「곡물가 뛰고 세계 곳간 텅텅....내년 식량위기 온다」, 《세계일보》(2012. 10. 14)에서 재인용.

만든다.[8] 특히 자유무역체제는 기존의 식량생산국이었던 개도국의 농민들에게 국가로부터의 농업보조금을 더 이상 지원받지 못하게 되는 상황을 초래했고, 농업을 통한 생활의 자립기반을 유지하는 것을 포기하게 만들었다. 아프리카의 농업상황에 대한 아래의 인용문은 그것을 잘 보여준다.

> 요약해 보면, 아프리카는 무역자유화로 인해 밀려드는 수입물결에 시장을 개방하였고, 소규모 농민들의 생계를 책임지던 최소한의 공적 방어막이 무너져 국내외의 정치적·경제적 충격에 농민들이 맨몸으로 부딪치게 만들고 말았다. 정부는 농민들을 단순히 자신의 일터에서 쫓겨나도록 만드는 대신 다른 대책을 마련해야 했다. 결국 항상 그렇듯 작은 규모의 농장을 운영하는 가난한 농민들의 고통만 가중되었다. 멕시코와 마찬가지로 아프리카의 농민들도 자신의 농장과 농장의 작물을 떠나 또 다른 수입원을 찾아 나서야만 했고, 그들의 생산성과 삶의 질은 떨어지게 되었다.
>
> 농산물 수출은 한때 아프리카 국가들의 농가수익 증대를 위해 괜찮은 방법이었지만, 이제는 공급과잉에 이른 세계시장 속에서 지정학적·사회적 불평등의 원인으로만 작용하고 있다. 아프리카 국가들은 구조조정프로그램과 WTO라는 시장개방 환경 속에서 농업 경쟁력을 잃게 되었다. 그럼에도 불구하고 지구 반대편

8 민승규·모리시마 마사루, 『기아와 포식의 세계식량』(삼성경제연구소, 1997) 참조.

> 에서 밀려드는 값싼 농산물과의 경쟁은 나날이 치열해지고 있다. 외국산 수입농산물의 시장점유율 증가와 함께 지역 농산물이 설 곳을 잃어가는 등 아프리카 농산물 자유화 역시 결국 멕시코와 유사한 결과를 가져오고 말았다.[9]

위의 인용문에서는 아프리카의 농업문제를 조명하고 있지만, 가령 북미 자유무역협정(NAFTA)의 결과로 멕시코의 농민 역시 심각한 타격을 입었다. 아프리카나 멕시코 모두 자유무역협정의 결과 농업이 심각한 위기에 빠졌다는 점은 공통적이다. 농업부문에서의 자유무역협정은 국가에 의한 어떠한 형태의 농업보조금 지급도 철폐할 것을 요구했다. 이는 이전까지 정부보조금에 의해 농업을 지탱할 수 있었던 이 지역의 농민들이 싼 가격에 수입되는 외국산 농산물이 시장을 지배하는 상황 앞에서 결국 농사를 포기하는 결과를 낳았다는 것을 보여준다.

3. 식량자급과 에너지 전환의 가능성

식량과 에너지가 자원갈등의 핵심적인 이슈로 등장하고 있는 것

---

9 피터 로셋, 김영배 역, 『식량주권』(서울: 시대의 창, 2008), 110-111.

은 낯선 일이 아니다. 그것은 국가의 존속과 인류의 존속 모두를 보증하는 근본적인 토대에 해당하는 것이기 때문이다. 그런 까닭인지는 몰라도 식량과 에너지 문제를 안보라는 차원에서 검토하는 시각이 최근 들어 더욱 설득력을 얻고 있다. 전통적인 안보개념과는 다른 새로운 안보 관념의 일환으로 식량과 에너지 문제가 논의되고 있는 것이다.[10]

반면, 오늘날 식량 및 에너지의 생산과 소비의 장은 비대칭적인 구도를 보여주고 있다. 가령 한국의 경우로 축소시켜 보자면, 식량 자급률의 측면에서는 20여%에 불과한 실정으로 국제 식량시장에서 가격이 폭등할 경우 그것에 대응하기는 매우 어려운 실정이다. 오늘날 세계의 선진국들은 식량자급을 일종의 국가안보의 문제와 결부시켜 여러 형태의 가용한 정책적 수단을 가동시키고 있다.

이런 관점에서 식량자급의 문제는 매우 중대한 사안이지만, 한국이 속해 있는 OECD 국가만 보더라도 식량자급률의 편차는 매우 심각한 상황이다.

---

10 유호근, 「비전통안보 이슈로서 식량안보: 한국적 함의」, 『OUGHTOPIA』 제29권 2호 (2014): 권용대, 「21세기 동북아 식량안보문제와 지역간 협력방안」, 『농업과학연구』 제27집 2호 (2000); 이정필 외, 『에너지 안보』(서울: 이매진, 2015) 참조.

〈그림 2-4〉 주요국 식량 자급률 비교[11]

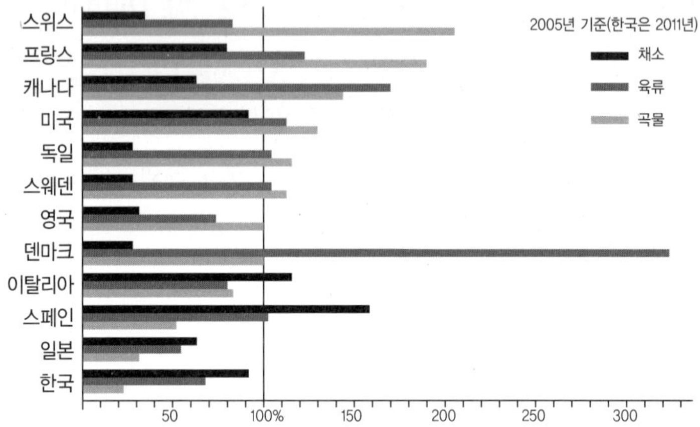

자료: 농촌경제연구원 식품수급표

위의 자료에서 알 수 있듯, 한국의 식량자급률은 OECD 국가 가운데 최하위 권에 속해 있다. 쌀 자급률이 거의 90%에 이르는 것을 제외하면, 밀, 옥수수, 콩 등과 같은 곡물자급은 매우 낮은 수준이다. 그러나 쌀 시장 역시 우루과이 라운드 협정의 결과로 2016년부터 수입자유화 품목으로 개방됨에 따라, 한국의 식량자급률은 현재 상황보다 더욱 악화될 가능성이 높다. 이는 식량안보라는 관점에서 매우 심각한 위기 요인을 심화시키고 있다고 보아도 과언이 아니다.

반면, 구미의 선진국들이 산업적 차원에서 보면 1차 산업 중심의

11 《한겨레신문》, 「식량자급률 23% 날개 없는 추락」(2013. 1. 29).

농업국가로 분류되고 있음은 매우 놀라운 일이다. 프랑스의 경우는 식량자급률이 무려 329%이고, 북유럽의 복지국가인 스웨덴 역시 139%이다. 정치경제 양 차원에서 초유의 강대국이라 할 수 있는 미국 역시 식량자급률이 125%로, 최대 식량 수출국의 한 축을 담당하고 있다. 앞에서 언급한 국가들의 잉여농산물들은 자유무역을 통해 저개발국으로 수출된다. 이것은 식량의 공급과 소비의 영역에서도 양극화 현상이 나타나고 있다는 것을 명백하게 보여주는 현상이다.

식량자급은 오늘의 현실에서는 국가안보의 가장 중요한 축의 일부이다. 에너지가 안보무기화한 것은 1970년대의 오일쇼크를 통해 분명해졌지만, 식량 문제에 대해서는 그 중요성을 망각하는 경우가 많다. 특히 산업화를 통한 경제성장주의를 추구하는 개도국일수록 식량문제의 중요성은 간과되는 경향이 갈수록 강화되고 있는데, 이는 잠재적 안보위협이라는 관점에서 근본적으로 성찰할 필요성이 있는 사안이다.

그런데 더 큰 문제는 오늘날 식량 생산과 무역에 있어 명백하게 '보이는 손'의 역할을 하고 있는 초국적 곡물기업의 압도적 지배력 문제이다. 이것은 선진국과 개도국 간의 식량무역의 비대칭성과 함께, 인류생존의 근본적 토대가 투기적 시장경제의 압도적인 영향력에 좌우될 수도 있다는 매우 우울한 전망을 가능케 하고 있다.

브루스터 닌의 저서 『누가 우리의 밥상을 지배하는가』에 따르면 1990년대까지는 미국계 기업인 카길(Cargil), 아처 대니얼스 미들랜드(ADM), 콘아그라(Conagra), 콘티넨탈 그레인(Continental Grain)과 프랑스의 루이 드레피스(LDC), 아르헨티나의 벙기(Bunge), 스위스의 앙드레(Andre) 등이 7대 곡물메이저로 꼽혔다. 그러나 콘티넨탈 그레인은 1998년에 곡물사업 부문을 카길에 매각하고 식품가공 분야에 집중하고 곡물유통 부문은 자회사인 피비(Peavea)에 맡김으로서 그 비중이 매우 낮아졌다. 그래서 최근에는 카길, ADM, 벙기, 앙드레를 꼽아서 5대 곡물메이저로 부르고 있다.

이들 곡물메이저가 국제 곡물시장에서 행사하는 지배력은 가히 절대적이다. 세계 곡물 총생산량 가운데 약 12-15퍼센트에 이르는 2억 5천만 톤 내지 3억 톤 정도가 국제 곡물시장에서 무역으로 거래된다. 그런데 이 거래량의 약 80%를 5대 곡물메이저가 장악하고 있을 정도로 절대적이다. 곡물메이저 중에서도 카길의 시장지배력은 단연 압도적이다.[12]

곡물시장뿐만 아니라 비료와 종자 시장 역시 초국적 기업들의 과점체제로 구성되어 있다. 이들 초국적 기업들은 농업에 필수적인 세계 화학비료 시장을 사실상 과두체제로 지배하고 있다. 미국의 카길 모자이크(Cagil Mosaic)는 인산염, 캐나다의 포태시(Potashi)가 칼륨 시장을 독점하는 식이다. 1910년에 창립 이후 세계 46개국에 진출한 종자회사 몬산토 역시 유전자 변형종자(GMO)를 특허화 해 전 세계에 수

12 장경호, 「식량의 지배자, 곡물메이저」, 《민중의 소리》(2013. 7. 12).

출함으로써 막강한 시장지배력을 보여주고 있다.[13] 이런 실정이기 때문에, 곡물과 종자, 비료를 수입에 의존하고 있는 한국을 포함한 지구상 대다수의 국가들은 산업화에 따른 농업인구의 급격한 감소뿐만 아니라, 식량자원의 대외종속과 농민층의 빈곤률 역시 가파르게 증가하고 있다.

에너지 자원의 지구적 수급 불균형 역시 심각한 상황이다. 한국의 경우 석탄과 석유, 천연가스와 같은 화석연료는 전면적으로 수입에 의존하고 있는 실정인데, 이는 에너지 공급체계가 불안정한 상황에 떨어지게 되면, 이것이 한국경제 및 시민들의 삶에 근본적인 위협이 될 수 있음을 의미한다.

그렇다고 해서, 대체 에너지원으로 원자력 발전이 명백한 대안이기에는 그 위험성이 크다는 것이 문제다. 후쿠시마 사태에서도 확인할 수 있듯, 핵의 평화적 이용이라는 원자력 에너지 체제의 이상은 잠재적 위협의 통제 불가능성과 원자력 발전소의 유지·관리 및 사용 후 핵폐기물의 처리 문제의 어려움 때문에 누적적인 관리 비용증가를 피할 수 없다.[14]

현재 시점에서 보면, 세계적으로 에너지 발전설비 비율은 가스와

---

13 마라 모니크 로뱅, 이선혜 역, 『몬산토』(파주: 이레, 2009) 참조.

14 히로세 다카시, 김원식 역, 『원전을 멈춰라』(서울: 이음, 2005); 로버트 융크, 이필렬 역, 『원자력 제국』(서울: 따님, 2002); 오시카 야스아키, 한승동 역, 『멜트다운』(서울: 양철북, 2013)에는 체르노빌, 후쿠시마 사태 등에서 나타난 원자력 발전과 에너지 이용의 위험에 대해서 상세하게 밝히고 있다.

석탄이 압도적인 비중을 차지하고, 원자력 발전의 비율은 전체 발전 설비 대비 7%를 차지하고 있다. 2035년을 기준으로 중국을 제외한 OECD 국가들은 석탄과 가스 등의 비율을 낮추는 대신 태양광, 풍력, 수력 등의 신재생 에너지의 비율을 높일 것으로 전망되고 있다.

이 부분에서 특징적인 것은 원자력과 석탄발전 비율을 점차적으로 낮추려는 시도다. 앞에서 언급했듯 에너지원 가운데 석탄은 200여 년의 가채년을 지닌 것으로 평가되고 있기는 하지만, 화력발전에 따른 온실가스 등 그 부작용이 만만치 않은 상황이다. 원자력 발전 역시 통제될 수 없는 위험성 때문에, 중국과 같은 개발도상국을 제외하면 신규 발전소의 증설은 억제하는 대신, 가동기간이 종료된 발전소는 자연 폐로시키는 방향으로 선진국의 정책이 진행되고 있다.[15]

이런 단기적·장기적 추세를 고려하자면, 기존의 화석에너지나 원자력 에너지 의존도를 낮추고 신재생 에너지나 친환경 에너지 체제로 에너지 전환하는 것이 세계적 추세라는 사실을 알 수 있다.[16] 더불어 생산정점에 다다른 화석연료 경제체제를 급진적으로든 완만한 수준에서든 전환시키는 지구촌의 지혜와 대안적 삶의 방식의 모색이 필요한 시점이다. 이를 통해서 지속가능한 세계, 지속가능한 경제를 모색

15 독일의 경우는 2011년 후쿠시마 사태 이후 모든 원자력 발전소를 폐로시키기로 결정했다. 원전제로 정책이라 할 수 있는데, 일본의 경우도 시민사회를 중심으로 탈원자력 정책을 강력하게 촉구하고 있는 실정이다. 이에 대해서는 原子力 市民委員會, 『脫原子力政策大綱』(宝島社, 2014).

16 정연미·한재각·유정민, 「에너지의 미래를 누가 결정하는가?: 한국사회 탈핵 에너지전환 시나리오 모색」, 『경제와 사회』 (2011년 겨울호).

하는 게 오늘날 우리에게 주어진 과제라고 할 수 있다.

4. 지속가능한 사회와 자원

인간사회의 생존과 지속가능성을 가능케 한 것은 식량과 에너지와 같은 자원의 풍요 때문이었다. 그러나 산업혁명 이후 150여년의 짧은 시간 동안 인류는 유한한 지구자원을 빠른 속도로 소모시켜 왔다.

에너지원인 화석연료의 경우 일단 연소되고 나면 그것을 재생할 수 있는 방법은 존재하지 않는다. 유한하며 재생불가능한 자원의 배분을 둘러싸고 지구촌이 갈등의 격화와 분쟁을 겪을 가능성은 높으며, 이것은 지구촌에 부와 빈곤의 양극화를 초래할 가능성 역시 상당하다. 더구나 후발 산업화 국가의 에너지 소비의 급격한 증가는 에너지 자원의 급격한 감소로 지구적 상황을 이끌고 갈 것이다. 지구적 차원에서의 에너지 정책이나 이에 대한 글로벌 컨센서스가 강제되지 않는다면, 그것은 인류에게 치명적인 위협으로 작용할 확률이 높다.

식량자원 역시 무한하게 증산될 수 없다는 사실을 우리는 인식해야 한다. 반대로 식량생산은 기후환경의 변화와 토양오염과 침식에 따라 일정 시점에서 감소추세로 전환할 가능성이 높다는 점 또한 인식해야 한다. 동시에 제한된 식량을 둘러싼 각국의 이익추구는 그것이 시장 자본주의와 결합하면서 일종의 안보무기로 활용될 가능성 역시 농후하다. 그렇다고 한다면 개별 국가들이 식량자급률을 높이면서도, 기후변화에 적절히 대응하는 가운데 지속가능한 농업모델을 설계하는 것이 필요하다.

결론적으로, 지속가능한 사회를 유지하기 위해서는 재생 불가능한 화석연료에 대한 의존도를 줄이면서도 안전하면서 기후환경보존에 적합한 대체에너지원을 찾고, 식량자원의 경우도 자급의 기반을 가능케 하기 위한 제반 국면에서의 대안적 자립정책을 모색해야 한다. 이를 위해서는 여러 형태의 파행을 초래하고 있는 신자유주의에 기반한 정책노선을 거시적으로 전환하려는 노력이 뒤따라야 할 것이다.

참고문헌

권용대. 2000.「21세기 동북아 식량안보문제와 지역간 협력방안」.『농업과학연구』 제27집 2호.

김종철 편. 2012.『녹색평론선집1』. 서울: 녹색평론사.

로뱅, 마라 모니크. 이선혜 역. 2009.『몬산토』. 파주: 이레.

로버츠, 폴. 김선영 역. 2010.『식량의 종말』. 서울: 민음사.

로셋, 피터. 김영배 역. 2008.『식량주권』. 서울: 시대의 창.

맬서스, T. R.. 이민수 역. 1982.『인구론』. 서울: 박영사.

메도스, 도넬라 H. 외. 김병순 역. 2012.『성장의 한계』. 서울: 갈라파고스.

민승규·모리시마 마사루. 1997.『기아와 포식의 세계식량』. 서울: 삼성경제연구소.

아르발, 군나르. 1977.『빈곤에의 도전』. 서울: 현암사.

오시카 야스아키. 한승동 역. 2013.『멜트다운』. 서울: 양철북.

유호근. 2014.「비전통안보 이슈로서 식량안보: 한국적 함의」.『OUGHTOPIA』 제29권 2호.

융크, 로버트. 이필렬 역. 2002.『원자력 제국』. 서울: 따님.

이강후. 2013.『화석에너지의 종말』. 서울: 코리아프린테크.

이정필 외. 2015.『에너지 안보』. 서울: 이매진.

장경호. 2013.「식량의 지배자, 곡물메이저」.《민중의 소리》(2013. 7. 12).

정연미·한재각·유정민. 2011.「에너지의 미래를 누가 결정하는가?: 한국사회 탈핵 에너지전환 시나리오 모색」.『경제와 사회』 2011년 겨울호.

히로세 다카시. 김원식 역. 2005.『원전을 멈춰라』. 서울: 이음.

高橋乗宣. 2006.『人口減少パニック』. PHP研究所.
原子力 市民委員會. 2014.『脱原子力政策大綱』. 宝島社.

3장

빈곤과 질병

이명원

1. 양극화와 사회적 고통

세계화가 진행되는 과정 속에서 오늘날의 인류가 직면한 위험들은 여러 가지겠지만, 경제적 격차의 확대에 따른 부의 양극화 문제는 심각해 보인다. 1980년대를 거치면서 신자유주의 체제는 전 지구적 차원에서의 무역자유화를 진행시켰는데, 이 와중에 불평등이 지구적으로 심화되었다. 세계에서 가장 잘 사는 나라의 사람들은 더욱 부유해졌지만, 가난한 나라의 사람들은 더욱 가난해진 것이다.[1] 지구적 차원에서의 양극화에 따른 경제적 격차 심화는 여러 형태의 사회적 고

통을 낳는다.[1]

사회적 고통은 정치적, 경제적, 제도적 권력이 인간에게 미치는 영향력에서 비롯된다. 바꿔 말하면 위에서 언급한 사회적 힘이 인간에게 파괴적인 상처들의 원인과 결과가 될 때, 이것을 우리는 사회적 고통이라 말한다.[2] 특히 한 사회에서 여러 형태의 불평등이 증가할 때 사회적 고통은 심화된다. 현대 세계에서 우리들이 직면하게 되는 불평등 가운데 경제적 불평등의 문제는 여러모로 심각하다.

경제적 불평등의 심화는 특히 고용문제와 관련해 청년세대에게 집중적으로 나타나는 경향이 있다. 산업자본주의가 금융자본주의로 재편되고, 산업적 생산양식이 정보화 생산양식으로 변화하고, 인간노동이 자동기술화의 결과 점차 축소되는 한편, 노동시장의 세계화 경향에 따라 저임금의 이주노동자들이 증가하는 현상을 우리는 지구촌 도처에서 확인하고 있다. 이러한 변화는 청년들의 노동시장 진입에 있어서도 여러 형태의 제약을 초래하는 원인이 되고 있다.

청년세대의 빈곤은 이미 지구적 현상이 되고 있다. 한국의 '88만원 세대'나 유럽의 '100유로 세대,' 일본에서 회자되었던 '워킹푸어'라는 표현이 의미하는 것이 바로 이것이다. 설사 청년들이 고용시장에 진입한다고 할지라도, 정규직과 비정규직 간의 임금격차는 갈수록 심화되는 경향을 보이며, 단기계약직이나 임시직 등 비정규직의 경우 점

---

1 피터 싱어, 『세계화의 윤리』(서울: 아카넷, 2000), 117.

2 아서 클라인만·비나 다스 외, 안종설 역, 『사회적 고통』(서울: 그린비, 2002), 9.

증하는 임금격차가 결국 빈곤, 질병, 우울증, 폭력 등의 여러 형태의 사회적 고통을 심화시키는 결과를 낳게 된다.

아마도 사회적 고통 가운데 가장 심각한 것은 빈곤과 질병일 것이다. 빈곤은 질병의 원인이 되고, 사회보장이나 의료 보건 제도로의 경제적 접근이 경제적·제도적 이유로 제한될 때, 설사 그것이 죽음과 같은 극단적인 결과에 이르지 않을지라도, 당사자는 사회적 관계의 점진적인 파괴와 고립, 우울증을 포함한 여러 형태의 사회적 고통에 직면하게 되는 것은 필연적이다.

신자유주의적 경제질서와 윤리관이 극단적으로 강조되는 곳에서는 이 모든 것들이 '자기책임'으로 돌려지며, 스스로를 경멸하게 만들어 시민적 가치가 훼손되고 심화되는 경향도 나타나고 있다. 시민적 자유의 기초는 정치적 차원에서의 자유를 의미할 뿐만 아니라, 경제적 차원에서의 정의가 보장될 때 실질적으로 가능해진다. 시장에서의 정의와 공정, 공공선을 요구하는 공동체주의적 가치가 중요한 것은 이것이 사회적인 삶을 가능케 하는 시민의 실질적인 기본권이기 때문이다.

경제적 불평등 또는 박해상태 때문에 자기존중을 불가능케 하는 삶의 조건이 변화 불가능한 것이 된다면, 이런 상황에 포위된 주체는 사회를 향해 정당한 요구를 하지 못하게 된다고 페터 울리히는 주장하며, 가난이나 물질적 궁핍이란 자기실현의 기회, 즉 자기 삶을 정당하게 영위할 실질적 자유를 앗아간다고 발전경제학자인 아마르티아 센은 지적하고 있다.[3] 이것은 빈곤과 질병과 같은 사회적 고통의 문제가 시민적 기본권의 침해에 중대한 요인이며, 따라서 지구촌의 차원에서 이 문제를 해결하는 것이 매우 중요하다는 사실을 우리에게 환기시킨다.

본고는 이러한 관점에서 현재 지구촌에서 나타나고 있는 양극화에 따른 사회적 고통을 빈곤과 질병이라는 주제를 중심으로 검토하고, 이에 대한 세계시민적 차원에서의 대안과 윤리를 모색할 때 염두에 두어야 할 사항을 환기해 보고자 한다.

2. 빈곤문제의 현황과 쟁점

지구적 차원에서 나타나는 빈곤의 현황을 검토하기에 앞서 우리는 먼저 빈곤이 가지는 정치적 의미는 무엇인가에 대해 논할 수 있어야 한다. 한 사회와 나라 안에서 빈곤의 문제는 표면적으로는 경제적이고 사회적인 현상이지만, 이것이 가지는 실질적 함의는 정치적인 것이다. 무엇보다 빈곤문제는 한 사회 안에서의 정의의 작동 문제를 우리에게 상기시키는데, 다음과 같은 이유 때문이다.

> 현대사회에서 분배의 문제는 정의의 문제이다. 현대사회는 협력해서 생산하는 것이 더 많은 이익을 창출하고 그 몫을 공정하게 나누는 데 이해관계가 있는 체계라고 보자. 이때 생산의 문제에서

---

3 페터 울리히, 이혁배 역, 『신자유주의 시대 경제윤리』(서울: 바이북스, 2010), 99.

는 갈등할 것이 많지 않다. 서로를 신뢰하고 협력할 때 더욱 많은 생산을 할 수 있다. 그러나 분배에 이르면 이야기가 달라진다. 분배가 정당하지 않으면 사람들은 즉시 갈등에 빠지게 된다. 서로 반목하고 질시하고 마침내는 서로를 죽이는 상태에 이르기도 한다. 이런 점에서 볼 때 분배야말로 정의가 다루어야 할 문제가 되며, 상식이 아닌 정교한 분배철학이 뒷받침되어야 할 문제가 된다.[4]

바꿔 말하면 한 사회나 나라 안에서 양극화에 따른 경제적 불평등, 즉 빈곤의 증대는 정의가 훼손된 부정의 상태를 의미한다. 경제적 불평등의 심화나 빈곤의 증대는 시민적 연대와 협력의 근거인 정의 개념을 위기에 빠뜨림으로써 사회적 갈등을 야기하고 심화시키는데, 이러한 상황이 완화되거나 극복되지 않는다면 많은 경우 공동체의 안정을 위협하는 요소로 작동할 가능성이 높다.

동시에 빈곤의 심화는 빈곤상태에 빠져 있는 개인의 시민적 자유를 훼손시킨다는 점에서도 문제적이다. 한 사람의 시민이 정치적 세계에 참여하기 위해서 일정 수준의 경제적 안정은 필수적이다. 경제적 빈곤은 정치적 무기력으로 연결되는데, 왜냐하면 빈곤상태에 빠져 있는 개인의 이해관계는 오로지 자기보존이라는 유기체의 상태로 축소될 수밖에 없기 때문이다. 한 사회나 나라 안에서 빈곤이 양극화된다

4 김만권, 『불평등의 패러독스-존 롤스를 통해 본 정치와 분배정의』(고양: 개마고원, 2004), 41-42.

는 것은 시민적 자유와 기본권 역시 그것을 수호할 수 있는 계층과 이로부터 박탈된 계층으로 양극화된다는 것을 의미한다. 따라서 빈곤의 원인을 찾고 이것의 해결책을 모색하는 일은 시민적 자유와 기본권을 실현하는 데 있어서도 매우 중요한 문제라고 볼 수 있다.

경제적 불평등의 문제로서 빈곤문제를 생각할 때 참고할 만한 자료는 유엔개발계획의 1992년 판 『인간개발 보고서』를 들 수 있다. 이 보고서에는 세계의 극단적인 불평등을 시각적으로 묘사하기 위해 샴페인 잔을 그려놓고 있는데, 이에 따르면, 샴페인 잔의 머리 부분은 세계의 가장 부유한 나라들에 살고 있는 20%의 사람들이다. 이들은 세계 소득의 82.7%를 차지하며 이에 상응하는 양의 자원을 소비하고 있다. 반면, 가장 가난한 20%의 사람들은 세계 총소득의 1.4%로 살아가고 있다고 말한다. 상층부의 소득 20%에 속한 사람들의 소득 합계는 하층부 20%에 속한 소득 합계의 60배에 이르는데, 이 격차는 시간이 지나면 지날수록 지속적으로 심화되고 있다는 것이다.[5] 지구적 양극화와 빈곤의 심화는 지구적 차원에서뿐만 아니라 개별 국민국가 내부에서도 동일한 구조로 나타나고 있다.

그렇다면 이러한 경제적 불평등으로서의 빈곤의 양극화의 원인은 무엇인가. 데이비드 코튼은 이러한 지구적 양극화에 따른 빈곤의 증대가 신자유주의의 교리인 자유기업 자본주의와 자유시장의 확대와 연관되어 있다고 주장한다. 신자유주의는 관세장벽의 철폐와 자본의

5 데이비드 코튼, 「세계경제와 지속가능한 사회」, 김종철 편, 『녹색평론 선집 2』(서울: 녹색평론사, 2008), 244.

자유로운 이동을 촉진하는데, 이 과정 속에서 선진국과 후진국 사이의 경제적 격차가 증대되고, 저임금의 노동자들이 확대되며 복지국가의 이념에 입각한 국가개입이 축소 내지는 약화된다는 것이다.[6]

『21세기 자본』에서의 토마 피케티의 거시적인 분석에서도 결과는 비슷하게 나타난다. 토마 피케티는 경제 불평등의 문제를 거시적인 추이분석을 통해 접근하는데, 그의 핵심 주장은 다음과 같다. 불평등의 문제를 분석하기 위해서는 자본소유의 불평등과 노동소득의 불평등 문제를 종합해야 하는데, 역사적 추이를 보면 자본소유의 불평등이 노동소득의 불평등보다 더욱 심각했다는 것이다. 그런데 1980년대를 경과하면서 노동소득의 경우에서도 이른바 슈퍼경영자 등이 등장하는 미국에서 보이는 것처럼, 임금불평등 역시 빠른 속도록 심화되고 있는 점이 21세기 자본주의의 특이성이라는 것이다. 그는 이러한 미국사회의 특성을 '초(超)능력주의' 사회라고 부른다.

> 높은 수준의 불평등이 생겨나는 두 번째 방식은 비교적 새로운 것으로, 주로 지난 수십 년 동안 미국에서 나타났다. 이 경우 매우 높은 수준의 총소득 불평등은 초능력주의 사회(어쨌든 최상위층 사람들이 초능력주의라고 표현하기 좋아하는 사회)의 결과일 수 있다. 이런 사회를 '슈퍼스타의 사회'(혹은 다소 다른 성격이긴 하지만 '슈퍼경영자'의 사회)라고 부를 수도 있을 것이다. 다시

---

6 데이비드 코튼, 「세계경제와 지속가능한 사회」, 245.

> 말해 이 사회는 매우 불평등하긴 하지만 물려받은 부보다는 노동 소득이 가장 높은 사람들이 소득계층의 정상을 지배한다.[7]

위에서 피케티가 풍자적으로 말하고 있는 초능력사회나 슈퍼경영자의 사회란 현대의 소득불평등이 임금불평등에 의해 심화되는 사회를 의미한다. 한국이라고 해서 예외는 아닌데, 이러한 경향은 신자유주의가 지구적으로 확대된 1990년대 이후에 더 커진다.

슈퍼경영자가 있다면 그 반대편에는 워킹푸어(working poor) 상황 아래 빈곤화에 직면하는 청년과 노인층이 존재한다. 워킹푸어란 신조어는 일본에서 나온 것인데, 우리 식으로 표현하자면 근로빈곤으로 번역될 수 있을 것이다. 노동을 하면 할수록 빈곤해진다는 것은 일종의 역설인데, 이러한 역설이 가능한 것은 고용과 임금의 불평등 때문이다. 경영자와 노동자, 정규직과 비정규직 사이의 임금격차는 오늘날 그 어느 때보다 현격하게 벌어지고 있다. 동시에 고용되지 않은 혹은 고용을 단념한 청년 니트(NEET)[8]나 단기 파트타임 노동에 종사하는 저임금의 프리터(Freeter)[9]족 역시 빠른 속도로 증가하고 있다.

니트족이나 프리터족의 출현은 크게 보면 세계경제의 저성장 국

---

7 토마 피케티, 장경덕 외 역, 『21세기 자본』(파주: 글항아리, 2013), 318.

8 not in education, employment or training의 약자. 고용되지도 않고 교육받지도 않는 청년층을 일컫는 용어다.

9 프리터족이란 자유롭다는 'free'와 일이라는 독일어 'arbeiter'라는 용어의 조합어로, 정규직 이외의 파트타이머로 일하는 사람을 일컫는 말이다.

면에 따른 고용시장의 악화와 비정규직 고용구조가 고착화되면서 나타나는 현상이다. 이러한 현상은 특히 청년층에게서 집중적으로 나타난다.

일본 총무성의 1982년부터 2012년까지 〈연령계급별 완전실업률의 추이〉라는 통계에 따르면, 1990년대 이후 전반적인 실업률의 증가와 동반해, 특히 15-24세의 청년실업률이 8-10%에 달했다.[10] 이것은 전체 고용시장에서 청년층의 실업률이 가장 높다는 것을 보여준다. 프리터라든가 니트족이 급증하는 것은 고용구조가 장기고용을 보장받을 수 없는 단기계약직, 임시직 등의 비정규직이 확대되고 있기 때문이다. 따라서 고용시장으로의 진입을 시도하는 청년층은 이러한 노동시장의 비정규직화가 증대되는 국면에서, 여러 단기계약직을 전전한 끝에 결국 노동시장으로의 편입을 단념하게 되는 것이다. 이것이 청년층의 빈곤화를 심화시키는 근본적인 원인이 되고 있다.

한국의 경우도 일본과 다르지 않다. 1997년 아시아 금융위기의 결과 한국 역시 국제통화기금(IMF)의 구제금융 지원에 따른 구조개혁과정에서 고용과 임금의 양극화가 심화되었다. 현재 가장 큰 타격을 입고 있는 것은 청년층인데 이는 실업률에서도 잘 나타난다. 통계청의 자료에 따르면 2009년 현재 한국의 공식 실업률은 3.6%인데 비해, 15-29세까지의 청년실업률은 12.6%로 매우 높은 수준이다.[11] 평균 실업률에 비해 무려 3배 이상 높은 수치이다. 고용된 청년이라고

---

10 武田晴人, 『脫·成長神話』(朝日新書, 2014), 170.

11 지주형, 『한국 신자유주의의 기원과 형성』(서울: 책세상, 2011), 446.

해서 사정이 좋은 것은 아니다. 설사 이들 청년세대들이 노동시장에 진입했다고 할지라도, 2008년 이후 비정규직의 비율이 급속하게 증가하고 정규직과의 임금격차 역시 매우 심화되었기 때문에, 소득양극화에 따른 빈곤화 경향은 더욱 확대되고 있다.

청년실업과 빈곤의 확대는 일종의 악순환의 구조를 띤다. 사회적 배제의 상황에 처한 청년들은 그들의 미래전망이 폐색되면, 결국 이에 대한 여러 형태의 저항을 초래할 수밖에 없다. 2007-8년의 글로벌 금융위기 이후 중동과 북아프리카뿐만 아니라, 미국에서도 '점령하라' 운동 등을 통해 사회적 불평등에 대한 청년들의 분노가 폭발했다. 중동과 북아프리카의 경우는 이것이 민주화라는 정치적 요구와 결합되어 독재체제에 대한 분노로 승화되기도 하고, 시리아의 경우처럼 내전으로 변질되기도 했다. 미국의 '점령하라' 운동은 월 스트리트로 상징되는 금융자본주의의 지구화에 대한 반발인 셈이었는데, 각각의 케이스는 다르지만 동아시아에서도 홍콩, 대만, 일본, 한국 등 선진국과 신흥국을 막론하고 청년들이 기성 제도와 질서를 공공선 또는 정의의 관점에서 비판하고 교정하고자 하는 시도는 지속적으로 나타나고 있는 실정이다.

3. 질병문제의 현황과 쟁점

경제적 불평등의 문제는 빈곤으로만 귀결되지 않는다. 이것은 건강한 상태로 인간다운 삶의 품위를 유지하면서 존엄한 죽음을 맞을 권리까지를 위협한다. 신자유주의가 지구화되는 과정에서 청년들이 노동시장에의 진입이 어려워 고통을 겪는다면, 이와 유사한 측면에서 우리가 검토해야 하는 것은 고령화 사회의 진전이 초래하는 문제이다.

지속적인 경제성장과 고도성장이 가능하리라고 믿었던 시기에는 고령화 사회의 문제가 크게 의식될 필요가 없었다. 전체 인구 비중에서 노인들이 차지하는 비중이 낮았다는 점도 있겠지만, 복지국가적 이념이 정부의 재정부문에서 은퇴 이후의 노년들의 삶을 적극적으로 지원했다는 점도 중요하다.

한국보다 앞서 고령화 문제에 직면한 일본의 경우를 예로 들어 이 변화를 검토해 보도록 하자. 일본 역시 한국과 마찬가지로 1990년대 들어 신자유주의 체제가 일반화되었다. 고령화 역시 빠른 속도로 진전되어 전체 인구에서 65세 이상 노령인구가 차지하는 비율이 2016년 현재 3할을 넘어섰고, 2050년이 되면 4할을 넘어설 것으로 예측되고 있다. 생산가능 인구는 축소되고 연금생활자인 고령자가 증가한다는 것은 이들의 건강하고 문화적인 삶을 가능케 하려면 결국 정부가 투입해야 될 재정이 증가해야 한다는 것을 의미한다.

그러나 신자유주의 정책을 밀어붙이면서 일본 정부는 공공부문의 민영화와 법인세 삭감 등의 정책기조 속에서 정부재정 부문은 지속적으로 악화되어 재정파탄을 염려하는 상황이 되었다. 고도성장 경제라면, 또 생산가능 인구수가 지속적으로 증가한다면, 고령화는 별다른 문제가 될 수 없을 것이다. 그러나 현재의 인구추이에서 보면 생산가능 인구는 빠른 속도로 축소되는 반면 고령인구는 급속히 증가하는 추세이기 때문에, 또 이를 감당할 재정적 수단이 별반 없는 상황이라면 이는 지속가능성의 측면에서 커다란 문제가 될 수 있는 것이다.

가족구조의 변화 역시 고령화 사회의 미래를 어둡게 하는 상황이다. 과거와 같이 확대가족이 일반적인 상황 속에서는 설사 정부의 의료·복지재정이 투입되지 못한다고 할지라도, 노년층의 건강과 문화적인 여생을 지원하는 일종의 가족복지라고 하는 것이 존재할 수 있었다. 그러나 현재는 급속하게 핵가족화가 진전되고 있을 뿐만 아니라, 청년세대의 경우 취업, 결혼, 출산, 육아 등의 문제를 경제적 빈곤의 이유로 포기하는 경우도 늘어나고 있다.

이것은 노인 인구가 가족경제 안에서 노후를 설계할 수 있는 가능성을 상실하게 만드는 악조건을 더욱 심화하게 만들며 노인 빈곤을 구조화하는 요인이다. 현재의 일본의 상황을 보면 부부로 구성된 노인층 단독가구가 빠른 속도로 늘고 있는데 더해, 배우자의 사망 이후 단독 세대주로 거주하는 독거 노인인구가 2010년 현재 전체 인구의 3할을 점하고 있는 실정이다.[12] 이른바 독거노인의 문제가 심각한 상황인데, 이것은 한국 역시 경향적으로 유사한 궤도를 그리고 있다.

이러한 경향은 한국에서도 마찬가지 상황일 것으로 판단되는데, 노후의 삶을 가족경제 안에서 지탱할 수 있는 조건이 악화되면 악화

12 武田晴人, 『脱·成長神話』, 163.

될수록, 노인들에 대한 지원은 의료 및 사회복지 제도를 매개로 한 공공서비스로 전환될 수밖에 없는 것이다. 문제는 가처분 소득이 존재하지 않는 이 노년세대들을 지원할 수 있는 재정확보를 과연 현재의 정부가 충분하게 감당할 수 있는 재정상황에 있느냐 하는 점이다.

일본과 비슷한 상황에 처해 있는 한국의 상황을 검토해 보면, 1997년 이후 신자유주의적 구조개혁의 과정 속에서 정부의 국가채무는 지속적으로 증가해 왔지만, 그것의 원인은 금융기관과 수출대기업 그리고 고소득자에 대한 감세를 통한 정부의 지원 증가 때문이었다. 반면, 의료를 포함한 사회복지 지출 비중은 OECD 국가 가운데서도 여전히 최하위권에 머물렀다.

> IMF 위기 이후 국가의 사회정책과 노동정책은 신자유주의적 개혁이라는 경제 프로젝트에 종속되었고 그 성과는 제한적이었다. 다시 말해 사회복지정책은 그 확대에도 불구하고 절대 수준이 서구의 신자유주의 국가 수준에도 크게 미치지 못할 뿐 아니라 기본적으로 신자유주의적 경제정책과 노동정책을 관철시키기 위한 보조 수단에 가까웠다. OECD 국가 중에서 2007년 한국의 복지 지출 수준은 GDP 대비 10.2%로 멕시코(7.4%) 다음으로 낮으며 끝에서 두 번째로 최하위권이었다. 더구나 2011년 한국개발연구원 발표에 따르면 한국의 사회복지지출은 OECD 회원국 비교 대상 31개국 가운데 멕시코(30)보다 낮은 꼴찌를 기록했다.[12]

이러한 상황은 일본 역시 유사한데, 정부에 의한 의료 및 사회복지 예산이 확대되지 않는다면, 자산소득과 금융소득이 부재하는 은퇴 후 노인들의 질병과 고통, 빈곤의 심화는 피할 수 없는 일이 된다. 실제로 한국이나 일본에서 노인 빈곤이나 고독사의 문제는 갈수록 악화되고 있는 추세여서, 이미 사회적 문제가 되고 있는 것이다.[13]

신자유주의적 경제정책이 민간부문을 활성화하고 공공부문을 축소시키는 경향은, 노인들의 의료, 보건, 복지와 관련된 부문에서도 중요한 쟁점이 될 가능성이 크다. 노년의 인간다운 삶을 보장하기 위한 의료, 요양, 돌봄, 복지 등 의료와 사회복지 예산이 충분히 확대되지 않는다면, 고령화 추세 속에서 인구의 30% 이상을 초과할 노년층들의 삶은 매우 고통스럽고 고립된 채로 방치하게 된다.

그런데 신자유주의적 구조개혁 속에서 재정적자가 지속적으로 증가하고 있는 일본 정부는 오히려 노인들의 의료·복지 부문을 민영화해 새로운 성장 동력으로 삼겠다는 정책 아이디어를 제시하는 등 이러한 상황에 역행하는 태도를 보여주고 있다. 2014년 6월 일본 정부는 〈일본 재흥 전략〉의 개정판에서 의료·보험 부문에서의 신성장 전략의 목표를 제시했는데, 그 내용을 요약하면 다음과 같다.

> (1) 일본의 공적 의료보험의 지급범위를 축소 또는 고정화하고, 그 지급 범위 밖에 있는 부분을 민간의료부문과 다른 관계 서비스산업의 새로운 시장으로 하기 위한 정책을 강구한다. (2) 현재

13 지주형, 『한국 신자유주의의 기원과 형성』, 421.

로서는 원칙적으로 비영리로 운영되고, 의사 개인만이 출자자가 될 수 있는 의료기관 경영에의 출자자격의 완화를 도모하는 정책을 시도한다. (3) 의료·돌봄 분야에서의 빅 데이터의 활용 등 ICT(정보통신기술) 서비스 산업의 시장 확대정책을 시도한다.[14]

위에서 아베 정부가 추진하고 있는 의료 돌봄 부문에서의 신성장 방향은 한국에서도 비슷한 방식으로 추진되고 있는데, 이 정책기조를 해석해 보면 다음과 같은 결과를 확인하게 된다.

(1)의 경우 한국에서의 의료급여의 문제와 관련해 논의될 수 있다. 즉 정부는 보험급여 지급예산을 동결하거나 축소하겠다는 것인데, 이것은 시민 편에서 보자면 공공 의료급여의 축소와 민간 의료급여 비용의 막대한 증가를 초래하게 된다. 특히 여러 형태의 노인질환이나 수술 및 장기요양을 필요로 하는 성인병에 필연적으로 직면할 수밖에 없는 노년 세대에게 의료비용의 증가는 매우 심각한 건강권의 박탈로 작용할 개연성이 높다.

(2)의 항목이 지시하는 것은 의료인이 아니더라도 의료기관 경영에 참가할 수 있게 한다는 것이다. 바꿔 말하면 공공성의 영역인 의료제도를 산업화해 시장질서에 맡기겠다는 것인데, 미국 주도의 환태평양 경제동반자협정(TPP) 가입 등을 통해서 의료시장을 완전 개방하고자 하는 아베 정권의 태도를 염두에 볼 때, 이는 결국 공공의료제

14 坂口一樹, 「日本の医療お取り巻く外患·内憂」, 『世界』(2014. 8), 101.

도의 제도적 기반이 침식되는 결과를 낳을 것으로 판단된다. 건강보험 역시 민간보험에 의해 결과적으로는 무력화될 가능성이 높다.

(3)의 경우 역시 (2)와 연동되는 것으로, 일차적으로 문제가 되는 것은 환자의 의료정보와 치료 정보를 수집·분류·빅데이터로 만들어 원격진료를 포함한 의료산업에 활용하겠다는 내용이다. 이것은 개인의 민감한 의료정보를 수집·분류한다는 점에서 일차적으로는 정보인권의 침해라는 부분과 함께, 특히 시장에서 해당 정보를 본인의 의사와 무관하게 거래할 수 있게 한다는 점에서 우려되는 바가 매우 크다.

질병이라는 것은 노화에 의한 필연적인 인간조건이지만, 한 사회가 그것을 어떻게 인식하고 관리하는가 하는 문제는 정치 및 민주주의와 관련된다. 질병에 빠진 인간을 단지 생산영역에서 배제된 잉여로 간주하는 사회는 결코 품위 있는 사회도 아니며 민주주의가 높은 수준에서 충족되는 사회라고 볼 수도 없다.

4. 빈곤·질병 퇴치와 세계시민사회

앞에서 빈곤과 질병의 문제를 일본과 한국의 사례를 들어 설명했지만, 사실 이 문제는 지구적 양극화의 문제라는 시점을 놓치면 안 된다. 요컨대 하나의 세계(One World)에서 살고 있는 세계시민의 관점에서 이 문제에 대한 책임과 의무를 생각해야 한다는 것이다. 인류 혹은 세계시민이라는 관점에서 이 문제를 검토하지 않고, 이슈를 국지화하여 국내 문제로 환원시킨다면, 결국 이것은 이해관계가 상충하는 지구촌에서 국익을 중심으로 한 내셔널리즘으로 환원될 수밖에 없다.

오늘날 세계시민이 직면해 있는 여러 문제들은 국지적 처방만으로는 해결될 수 없는 문제가 많다. 인류의 원초적인 생존과 문명을 가능케 하는 식량·에너지의 문제가 그렇고, 국가 간의 경계를 뛰어넘는 무역과 노동력의 이동 문제 역시 마찬가지다. 오늘날 빈곤이나 질병을 세계시민이 고민하고 해결해야 할 문제로 간주해야 하는 것은 이 지구적 불평등의 문제가 완화되거나 해소되지 않을 때, 그것이 여러 형태의 갈등과 분쟁, 때로는 테러와 전쟁 상태와 같은 극단적인 폭력적 수단의 해결에 호소하는 경향을 높이기 때문이다.

왜냐하면 오늘의 빈곤과 질병을 둘러싼 남과 북, 선진국과 후진국 간의 비대칭 상황은 자연적인 것이라기보다는 역사적이고 문명적인 변화과정 속에서 구조화된 측면이 크기 때문이다. 기후변화의 문제만 거론하더라도, 그것은 선진산업국가들에 의한 산업화 및 에너지 소비와 이후 개발도상국의 산업적 발전이 가열되는 데서 나타난 현상이기 때문이다.

동시에 오늘의 세계는 인간이 생산하는 모든 것을 자유시장의 교역상품으로 교환하고 있는 체제이다. 이른바 저개발 국가로 흔히 간주되는 아프리카와 남미 오지의 농부들이 환금성이 높은 단일작물 재배 탓에 주식과 곡물의 부족에 시달리게 되는 것은 개별 농민들의 게으름 때문이 아니라, 자유무역 체제라는 구조화된 세계화의 논리가 낳은 비가시적인 결과인 것이다.

그런 차원에서 지구적인 양극화의 결과로 초래되는 빈곤과 질병을 포함한 여러 문제들은 그것에 책임이 있는 세계시민들이 국지적인 이해관계를 넘어서 해결하고 극복해야 될 문제임에 틀림없다. 이 세계의 비대칭적인 풍요와 비참의 대립을 극복해야 하는 것이다. 그럴 때 우리는 세계화 시대의 윤리라는 문제에 대해 생각하게 된다. 가령 다음과 같은 문제 앞에서 세계시민은 어떻게 윤리적으로 대응할 수 있을까에 대해 생각해 보자.

> 이 12억의 인구(하루 1달러 미만으로 살고 있는 사람들) 중에서 약 8억 2,600만 명이 적절한 영양을 공급받지 못하고 있고, 8억 5000만 명이 문맹이며, 거의 전부가 가장 기본적인 위생 시설마저도 사용할 수 없다는 것은 놀라운 일이 아니다. 잘사는 나라에서 100명당 1명 미만의 어린이가, 못사는 나라에서는 5명당 1명의 어린이가 5세 이전에 사망한다. 다시 말해서 막을 수 있는 원인으로 매일 3만 명의 어린이가 사망한다. 잘사는 나라에서 평균 기대수명은 77세인데, 아프리카의 사하라 이남에서는 48세이다.
>
> 이것이 바로 "인간으로서 최소한의 품위도 유지할 수 없을 정도의 영양실조, 문맹, 질병, 불결한 환경, 높은 유아 사망률, 낮은 기대수명으로 특징되어지는 삶의 상태"라고 정의되어 온 절대빈곤이다. 이와 대조적으로, 세계에서 가장 잘 사는 나라들(세계인구의 15%도 안 된다)의 1인당 평균소득은 2만 7500달러이다. 세계인구의 15%도 안 되는 이들이 세계가 생산하는 부(富)의 80%를 나누어 가지고 있다. 반면에 46%에 달하는 세계의 극빈자들의 재산은 기껏해야 세계 전체의 부의 1.25%에 달할 뿐이다. 1999년의

『인간개발보고서』는 세계 부의 분배에 있어서의 최극단적 불평등을 상징적으로 드러낸 바 있는데, 자주 인용되는 그 보고서의 지적인즉, 세계에서 가장 부유한 개인 3명의 재산이 전부 6억 인구가 있는 모든 후발 개발도상국들의 국민총생산을 합한 액수를 능가하고 있다는 것이다.[15]

위의 인용문은 매년 유엔개발계획(United Nations Development Program, UNDP)이 소득, 기대수명, 교육 수준 등을 결합한 지표들을 토대로 하여 인간개발지수(Human Development Index)를 통해 각국의 선진화 정도를 발표한 자료를 피터싱어가 분석하고 있는 내용이다.

세계은행 역시 전 지구적인 차원에서 국제 빈곤선 이하로 살고 있는 사람들의 수가 1987년 이후 약간 늘어났다고 추산하고 있는데[16], 그것의 원인에 대해서는 시장 개방과 자유무역에서 찾는 경향도 있고, 반대로 지구적인 차원에서의 절대빈곤은 약화되고 있다는 반대 의견도 만만치 않게 제기된다. 절대적 빈곤의 축소라는 관점에서 보면, 실제로 지구촌은 그러한 변화를 보여주는 것처럼 보인다. 그러나 불평등이라고 하는 관점에서 지구촌을 살펴보면, 선진국과 후진국 사이, 그리고 하나의 국민경제 안에서의 구조적 불평등은 점차 심화되고 있으며, 실제로 이것이 가장 큰 문제라고 피터 싱어는 지적한다.

그렇게 본다면, 빈곤과 질병과 같은 불평등의 극복을 위한 세계시

---

15 피터 싱어, 『세계화의 윤리』, 116-117.

16 피터 싱어, 『세계화의 윤리』, 123.

민사회의 대응은 다음과 같은 몇 가지 차원에서 논의될 수 있다고 생각한다. 첫째, 지구적 차원에서 현실적으로 존재하고 있는 양극화와 구조적 불평등을 해소하거나 극복하기 위한 세계시민사회의 실천적 개입이 그것이다. 둘째, 불평등의 문제를 세계시민적 윤리의 차원에서 어떻게 분석하고 정립할 것인가의 문제가 그것이다. 셋째, 그것은 그 것대로 진행하면서도 이 불평등의 근본적인 원인을 밝혀내고 이를 해결하기 위한 해법을 모색하는 것이 필요하다.

첫 번째 문제와 관련해서는 유엔을 중심으로 한 저개발 국가에 대한 국제원조를 통해 빈곤과 질병을 퇴치하는 국제사회의 다자간 협력 체제를 가동시킴으로써 문제를 해결하고자 하는 흐름이 오랫동안 지속되고 있다. 한국의 경우도 한국국제협력단(KOICA)에 의한 공적개발원조(ODA)를 시행하고 있다. 공적개발원조 말고도 민간차원(NGO)에서의 국제원조 및 구호에 참가하는 방법도 활성화되고 있는데, 이러한 정부기구나 민간 NGO를 통해 지구적 차원에서의 불평등의 문제를 해결하기 위한 노력을 지속적으로 펼칠 필요가 있다. 다만 선진국에 의한 공적원조가 원조를 받는 국가와 주민들의 경제적 자립을 가능케 하는 협력적 노력이 필요하다고 생각한다.

두 번째, 지구적 불평등의 문제를 국제협력을 통해서 실질적으로 약화시켜 나가는 노력도 필요하지만, 이 문제를 세계시민적 윤리의 차원에서 명료하게 인식하는 노력도 필요하다고 판단된다. 이럴 경우 분배 정의의 문제를 도덕적 보편주의(moral universalism)의 관점에서 세계시민주의의 근거로 삼아야 한다는 포거(Thomas Pogge)의 주장을 참조할 수 있다. 포거는 이 세계에 만연한 빈곤의 문제를 해결하기 위해서는 우리가 공통된 인간성을 공유한 인간으로 다른 개인들의 권리 보호에 책임이 있다는 세계시민주의의 관점에 서야 된다고 지적한다.[17] 따라서 불평등의 극복이라는 문제가 국익이라는 관점에서 차별적으로 작동되는 것이 아니라 보편주의적 정의의 관점에서 실천되어야 한다는 것이다.

셋째, 불평등의 근본적인 원인을 분석하고 이를 어떻게 극복할 것인가의 문제도 중요하다. 거시적인 범주에서 보면 지구적 차원에서의 불평등은 산업화와 제국주의로부터 출발하여 오늘의 신자유주의 체제로부터 비롯되고 심화된 것이다. 지구적 차원의 경제성장주의가 이 시기에 확고한 경제공리로 자리 잡았다. 그러나 1972년에 발간된 로마클럽보고서인 『성장의 한계』를 참조해 보면, 성장을 측정할 수 있는 요소들, 즉 세계인구, 비재생 가용자원, 1인당 산업생산물, 1인당 서비스, 환경오염 등 다섯 가지 항목 등을 고려할 때, 성장시대의 종언이 불가피하다는 점을 우리는 확인하게 된다.[18] 경제적 인식의 전환이 필요한 것이다.

이런 세 가지 사항을 검토한 후 그렇다면 우리들이 세계시민적 차원에서 취해야 할 태도는 어떤 것이 있을까. 국제협력적 원조나 세계시민적 실천을 통해 지구적 불평등을 극복해가려는 태도는 물론 유익한 것이다. 윤리적 보편주의의 관점에서 분배 정의의 문제를 의제화하고, 이에 기반을 둔 국제협력을 취하는 것 역시 중요한 것이다.

---

17 김만권, 『불평등의 패러독스-존 롤스를 통해 본 정치와 분배정의』, 264.

18 김종철, 「성장시대의 종언」, 『녹색평론』(2012. 7-8), 8.

그러나 더욱 중요해 보이는 것은 지구경제의 상황이 과거와 같은 고도성장을 목표로 기능하기는 어려워졌다는 점에 대한 현실적인 인식과 전환의 태도가 필요하다고 판단된다. 그럴 경우 우리는 '성장시대'로부터 '탈성장 시대'로의 패러다임 전환이 필요하다고 생각한다.

탈성장 시대의 조건은 분명해 보인다. 빠른 속도로 지구의 총인구는 증가하는 반면, 식량과 에너지의 생산량은 그것을 충족시키지 못하는 상황에 있다. 식량의 경우는 기후변화에 따른 토양침식에 따라 토지의 산성화와 토양침식이 심화되고 있는 상황이다. 에너지의 경우 인류의 경제성장을 지탱했던 화석연료의 가채년(채굴 가능한 연수) 또는 생산정점을 이미 지나고 있는 실정이어서 안정적인 공급이 어려워질 전망이다. 에너지전환을 통한 재생에너지가 확충되지 않는 한 거시적으로 에너지 공급체계는 교란될 것이다. 대안적 에너지 체계로 한국을 포함한 여러 국가에서 상정하고 있는 원자력 발전체계는 후쿠시마 원자력 발전소 폭발사건에서 확인되듯, 근본적인 위험을 인류가 현재로서는 통제할 수 없다는 이유 때문에 선용될 수 있는 상황은 아니다.

또한 노동의 종말이라는 상황을 세계시민사회는 고려해야 한다. 노동의 종말은 자본주의의 저성장 국면 또는 제로성장 국면에서 일자리가 인구증가를 충족시키지 못한다는 점과 함께, 기술자동화와 정보화 생산양식으로의 변화가 인간노동을 빠른 속도로 축소시키고 있다는 점에도 기인하는 현상이다. 이렇게 될 경우 노동소득에 절대적으로 의존하고 있는 대다수 시민들의 경제적인 삶은 위기에 봉착할 가능성이 높다.

이러한 모든 요소들은 인구, 자원, 기술, 자본의 현격한 낙차가 존재하는 현 세계에서 양극화를 더욱 빠른 속도로 심화시킬 수 있는 위험요소이다. 분배 정의의 관점에서 이 문제를 해결하기 위해서는 국가의 재분배 장치가 치밀하게 작동될 필요가 있으며, 우리 근대 경제학에서 공리로 삼았던 여러 문제들을 재검토하는 일이 필요해진다.

노동의 경우 임금노동에서 배제된 많은 사람들은 보이지 않는 그림자 노동을 수행하고 있다. 정보통신산업이 발전하면서 오늘의 인류들은 네트(NET) 상에서 다양한 커뮤니케이션을 하고 있고, 이것의 경제적 산출물은 개인에게 가는 것이 아니라 플랫폼을 만든 기업이 빨아들이고 있다. 이런 점에서 이 보이지 않는 그림자 노동에 대한 배당이 필요하고, 이것이 기본소득(basic income)이라는 개념 속에서 활발하게 논의되고 있는 것도 사실이다.

양극화가 초래하는 경제적 빈곤과 질병 등의 사회적 고통을 해결하는 힘은 결국 사회적 연대로부터 가능해지며, 이것은 일국적 차원을 넘은 지구적 협력체계를 필요로 한다. 우리가 세계시민이 된다는 것은 이러한 분배상의 정의를 도덕적 혹은 윤리적 보편주의의 관점에서, 타자를 어떻게 대우할 것인가의 문제로 연결된다. 타자를 나와 같은 존재로 대우하기 위해서는 그것을 가능케 하는 윤리도 윤리겠지만, 정치, 경제, 문화, 법과 같은 사회시스템을 세계시민사회라는 관점에서 변형시키려는 새로운 사유와 실천이 필요하다.

참고문헌

김만권. 2004.『불평등의 패러독스-존 롤스를 통해 본 정치와 분배정의』. 고양: 개마고원.

김종철. 2012.「성장시대의 종언」.『녹색평론』(2012. 7-8).

싱어, 피터. 김희정 역. 2003.『세계화의 윤리』. 서울: 아카넷.

울리히, 페터. 이혁배 역. 2010.『신자유주의 시대 경제윤리』. 서울: 바이북스.

지주형. 2011.『한국 신자유주의의 기원과 형성』. 서울: 책세상.

코튼, 데이비드. 2008.「세계경제와 지속가능한 사회」. 김종철 편.『녹색평론 선집 2』. 서울: 녹색평론사.

클라인만, 아서·비나 다스 외. 안종설 역. 2002.『사회적 고통』. 서울: 그린비.

피케티, 토마. 장경덕 외 역. 2013.『21세기 자본』. 파주: 글항아리.

武田晴人. 2014.『脱·成長神話』. 朝日新書.

坂口一樹. 2014.「日本の医療お取り巻く外患·内憂」.『世界』(2014. 8).

4장
글로벌 경제와 불평등

김윤철

1. 세계경제의 전개

세계경제란 무엇인가? 이매뉴얼 월러스틴에 따르면 '세계경제'(world-economy)는 15세기 말에서 16세기 유럽에서 생겨났다. 세계란 말이 지금과 같이 지구상에 존재하는 모든 정치경제적 단위 혹은 영토, 영해, 영공을 포괄하는 것을 의미하지는 않는다. 이 때문에 월러스틴은 세계경제를 특별히 '유럽세계경제'(European-world-economy)로 지칭하기도 한다. 이 때문에 세계경제의 형성은 차라리 유럽을 중심으로 '경제의 세계'가 만들어지면서 생겨난 질서라고 하는 것이 훨씬 이해하기 쉽다. 세계경제의 등장 이전에 '세계'를 이루고 있었던 것은 경제가 아닌 정치였다는 점에서 특히 그러하다. 즉 세계경제는 제국, 도시국가, 민족국가 등과 같은 정치적 실체와 구별되는 경제적 실체의 성격을 갖는다. 단지 구별될 뿐만 아니라 세계경제는 그 안에 제국들, 도시국가들, 민족국가들을 품어 안고 있는 보다 큰 체제이기도 했다. 즉 세계경제는 출현 당시 사법상 규정된 그 어떤 정치적 단위보다도 더 컸던 것이다. 그리고 그 정치적 단위들을 잇는 기본적인 연결점을 경제적인 것으로 만들었다.[1]

월러스틴이 세계경제가 유럽에서 생겨났다고 보는 이유는 유럽만이 다른 세계경제들을 능가할 수 있는 자본주의적 발전의 길에 들어섰기 때문이다.[2] 이런 의미에서 세계경제는 근대세계가 발명한 것으로서, 근대 자본주의와 과학기술의 발달로 인해 제국이나 도시국가나 민족국가와 같은 통일된 정치구조를 별도로 출현시키지 않고도 번영하고 생산하고 팽창하는 일이 가능해졌기에 등장한 것이다. 바로 이 자본주의적 생산양식에 근거한 유럽 세계경제가 등장한 것이 16세기의 일이었던 것이다. 하지만 세계경제가 본격적으로 작동한 것은 자본주의가 하나의 경제체제 혹은 질서로 정착해가던 18-19세기에 들어서다. 이 시기를 거치며 자본주의적 시장질서가 만들어졌고, 자본주의 체제의 주역으로서 '경제적 인간'이라고 불리는 이들이 하나의 사회집단-부르주아 혹은 자본가 계급으로 형성되었다. 무엇보다

1 이매뉴얼 월러스틴, 『근대세계체제Ⅰ』(서울: 까치, 1999), 33.

2 이매뉴얼 월러스틴, 『근대세계체제Ⅰ』, 36.

도 자본주의 체제를 재생산하는 핵심 기제, 즉 근대 자본주의 국가가 등장한 것도 바로 이때이다.[3] 이것이 자본주의라는 용어가 19세기에 들어 등장하고 사용된 배경이다.[4]

세계경제의 개념과 분석기준을 어떻게 설정하는가에 따라 성립 시기에 대한 의견이 분분함에도 불구하고, 일반적으로 세계경제의 성립 시기를 산업혁명 이후로 보는 것도 바로 이 때문이다. 이 시각에서는 산업화–특히 공업화–와 자유무역의 결과로 나타난 세계경제 연계의 확대 및 심화에 주목해 1850년을 세계경제의 성립 기점으로 삼는다. 그런 가운데 1850–1914년까지의 시기를 '어제의 세계경제,' 그 이후의 시기를 '오늘의 세계경제'로 설정하기도 한다. 이들 중에서도 확산 측면을 강조하는 학자들은 대체로 1870년대를 기준으로 삼는데, 1870년–1913년 사이의 '제국주의적 세계경제' 하에서 자본주의 체제가 대규모 이민, 세계무역, 자본수출 등을 통해 전 세계로 전파되었다고 보기 때문이다. 발전 정도와 국가 간 관계에 주목한 학자들은 세계경제의 성립 시점을 1895년으로 잡기도 한다. 1895년에 경기상승이 도래했다는 점, 제1차 세계대전까지 비약적인 경제발전을 달성한 중서부 유럽 및 북미의 경제공간이 제국주의의 실현과정에서 다른 대

---

3 이와 관련해서는 잔 프랑코 폿지, 박상섭 역, 『근대국가의 발전』(서울: 민음사, 1995); E J. 홉스봄, 강명세 역, 『1780년 이후의 민족과 민족주의』(파주: 창작과 비평사, 1994); 바딤·비른봄 외, 최장집 외 역, 『국가형성론의 역사』(서울: 열음사, 1987) 참조.

4 Williams Raymond, *Key Words: A vocabulary of culture and society* (New York: Oxford University Press, 1983) 참조.

륙으로 확대되어 국민경제 간의 상호의존성이 심화되었다는 점이 그 근거이다.[5]

하지만 무엇보다도 주목해야 할 지점은 세계경제 범위를 확장시키고 연계성과 상호의존성을 심화시키면서 발전을 주도한 것이 자본주의 국가와 시장이라는 점이다. 자본주의 국가와 시장이 바로 세계경제를 움직이는 두 축인 것이다. 세계경제는 이 두 축 간의 '각축' 과정을 통해 전개되었다. 이 두 개의 축을 통해 세계경제가 어떻게 만들어졌으며, 어떻게 전개되어왔는지를 확인할 수 있다는 것이다. 즉, 세계경제는 자본주의 국가와 시장 양자 간의 역동적인 상호작용을 통해 전개되어왔다. 따라서 세계경제의 전개과정, 즉 세계경제의 역사를 이해하는 열쇠는 자본주의 국가와 시장이 상호작용하는 과정에서 어떻게 기능해왔고, 작동해 왔는지를 살피는데 있다. 이를 염두에 두고 볼 때, 세계경제는 자본주의 국가와 시장 사이에 우위 관계의 교체 과정을 거치며 시대에 따라 달리 전개되어왔음을 알 수 있는데, 시장 우위의 '고전적 자유주의'의 시대와 국가 우위의 '연계된 자유주의'의 시대가 바로 그것이다. 이 두 개의 시대가 글로벌 경제 이전의

---

5 근대적 의미에서 세계경제 개념은 독일에서 등장했다. 공업화와 자유화 그리고 교통혁명을 통해 가능하게 된 경제활동의 국제적 연계 강화를 근간으로 하는 새로운 경제관계를 새로운 개념으로 규정하는 과정에서 나타났다. 독일어권 밖에서는 그 후 한참 뒤인 20세기 중반에 이르러서야 이에 상응하는 개념, 즉 전 세계경제(world wide economy), '국제경제,' '세계경제' 등이 등장하였다. 이에 대해서는 이헌대·노언탁·최상오, 「19세기 세계화의 전개과정과 특징적 양상」, 『한국산업경제연구소 논문집』, 제19집 (2005) 참조.

시대를 이룬다고 할 수 있을 것이다.

고전적 자유주의 시대는 일명 팩스 브리태니카로 표현되는 19세기 세계경제 질서로서 가장 발전된 시장경제체제의 성격을 지녔다. 팩스 브리태니카는 영국이 주도한 국제질서로 경제적인 차원에서 자유무역과 금본위제 국제통화 질서에 기초해 있었다. 이 질서는 영국이 선발산업국가의 지위를 활용하여 만들어낸 것인데, 영국은 자국 시장의 개방 및 금본위제로의 결정 및 유지 등을 통해 자유주의적 질서를 점진적으로 확산시켰다. 즉 고전적 자유주의 질서는 영국이라는 패권국의 국력과 자본에 기초하여 세계 차원으로 점차 퍼져 나갔다는 특징을 가지고 있다.

고전적 자유주의 질서는 1860년 영국-프랑스의 콥든-슈발리에 조약 체결을 계기로 자유무역 기조가 확대되면서 형성되기 시작했다. 이 질서에서는 중앙은행이 보유한 금의 양에 따라 통화량이 결정되는 금본위제가 통화질서의 한 축을 이루었는데, 안정적 통화질서의 작동은 세계 자본주의 형성에 결정적 요인이 되었으며, 경제질서의 안정을 이루기 위한 핵심적 요건이 되었다. 이와 같은 통화질서가 가능했던 것은 영국에 의한 유동성의 지속적인 제공과 함께 흄의 '가격정화유동모델'[6]이 성공적으로 작동했기 때문이다.

---

6 가격정화유동모델은 무역을 하는 두 국가가 수출입을 통해 금의 유입과 유출에 따라 유입국에서는 인플레이션이, 유출국에서는 디플레이션이 발생하여 생산 및 상품 가격의 전환이 발생함에 따라 수출입 관계가 역전되고, 이에 다시 금의 유입 및 유출 관계가 역전되어 전체적으로 금의 양이 균형을 이룬다고 본 모델이다.

고전적 자유주의 질서는 1873년 1차 대공황으로 많은 국가들이 보호주의로 선회하면서, 일시 위기를 맞이했다. 하지만 영국이 여전히 수출시장을 개방하고 자유무역 기조를 유지함으로써 그 틀이 깨어지지 않았고, 새로운 금맥이 발견되면서 1900년에서 1914년에 이르는 기간 동안 고전적 자유주의는 절정기를 구가했다. 그러나 곧 고전적 자유주의 질서는 대내적으로는 정치적 자유주의와 민주주의의 확산과 노동계급의 성장이라는 저항에, 대외적으로는 후발 산업국가들의 제국주의적 팽창이라는 장벽에 부딪힘에 따라 근본적인 위기에 처하게 되었다. 그런 중 제1차 세계대전이 일어나 결국 영국을 중심으로 한 고전적 자유주의의 시대는 막을 내리게 된다.

영국은 제1차 세계대전으로 인해 더 이상 안정적 경제질서를 제공할 수 있을만한 경제적 능력을 상실했다. 한편 제1차 세계대전이 끝난 후 전시보상금 문제로 인해 독일은 하이퍼인플레이션을 겪게 되고, '독일→보상금→영국·프랑스→부채상환→미국→해외투자→독일'이라는 자본이동 구조가 만들어지면서 매우 취약하고 불안한 금융질서가 만들어진다.

제1차 세계대전 이후 선진국들은 전쟁 이전의 금본위제로 복귀하면서 일시적 호황을 맞았으나, 취약한 자동이동 구조와 킨들버그의 지적처럼[7] 영국의 능력 부족, 미국의 패권적 역할에 대한 의지부족 등의 문제로 인해 1929년 대공황을 겪게 되는 바, 대공황은 자유주의적

7 찰스 킨들버그, 박명섭 역, 『대공황의 세계』(서울: 부키, 1998).

질서를 완전히 바꿔놓는 거대한 충격이었다.

대공황은 대량의 실업자를 양산했을 뿐만 아니라, 정치적 불안을 가중시켰다. 이런 중에 각국은 극단적인 민족주의적 대응으로 보호주의로 무역정책을 전환하였고, 이에 따라 교역은 급속히 축소되고, 세계경제는 블록화의 경향을 띠었다. 세계통화질서 역시 경쟁적 평가절하로 인해 혼란스러운 양상을 보였다. 이는 칼 폴라니가 말했던 자기조정적 시장이 사회를 파괴하는 악마의 맷돌이 되었음[8]을 확인시켜 주는 것이었다. 따라서 이를 극복하기 위한 새로운 경제질서의 형성에 대한 요구가 거세지게 되었다. 그 새로운 경제질서가 바로 러기(Ruggie)가 명명한 '연계된 자유주의' 질서다.[9] 이 질서는 새로운 정치세력으로 부상한 노동자 계급, 케인즈주의적 개입 정책을 지지하는 세력, 국가 간 연합에 기초한 것이었다.

19세기를 풍미했던 고전적 자유주의가 방임적 자유주의였다면, 제2차 세계대전 이후 수립된 세계경제질서는 제한적이고 관리된 자유주의였다. 제1차 세계대전과 대공황을 거치며 등장했던 1930년대의 보호주의, 경쟁적 평가절하, 블록화와 같은 자국중심적 정책은 모두에게 피해를 가져왔다. 이는 서구 선진국들이 근린궁핍화를 되풀이해서는 안 된다는 공통적 인식을 갖게 하는 것이었다. 한편 냉전구도는

---

8 칼 폴라니, 박현수 역, 『거대한 변환』(서울: 민음사, 1991).

9 John G. Ruggie, "International Regimes, Transaction, and Change: Embedded Liberalism in the Postwar Economic Order," *International Organization*, 36-3 (1982).

서구 선진국들이 사회주의(권)에 대항해 자유주의적 경제질서를 복원해야 할 필요성을 증대시켰다. 미국이 제2차 세계대전 이후 자유주의 세계경제질서의 주도세력으로 나섰던 것은 바로 이 때문이었다.[10]

제2차 세계대전 이후의 자유주의 세계경제질서는 첫째, 제한적이고 관리된 자유주의라는 특징을 가졌다. 이는 시장의 파괴적 성격을 통제하기 위해 국가가 시장에 개입하는 것을 허용했다는 의미에서 그러하다. 한편 러기는 이 시기 자유주의 세계경제질서를 연계된 자유주의로 개념화했는데, 이는 자유주의적 세계경제질서가 국내 경제의 필요에 연계되어 있었기 때문이다. 즉 제2차 세계대전 이후의 자유주의 세계경제질서는 국내적 안정성과 국제적 안정성을 조화시키기 위한 것이었다.

둘째, 연계된 자유주의 질서는 미국의 패권에 의해 수립, 유지되었다. 제2차 세계대전 이후 미국의 국력은 어느 모로 보나 상승기의 패권국이었다. 또 연계된 자유주의 질서는 미국의 국익에도 부합하는 것이었기에 미국은 연계된 자유주의 질서를 주도해 나갔다.

셋째, 이 시기의 통화질서는 브레튼우즈 체제로 불렸다. 브레튼우즈 체제는 국제통화질서의 안정을 위해 금환본위제를 택하였으며, 고정환율제를 통해 경쟁적 평가절하를 방지했다. 다만 일시적, 구조적 국제수지 불균형을 해소하기 위한 환율조정을 허용함으로써 개별국가의 부담을 감소시키려 했다. 가격정화유동모델 하에서의 통화질서

---

10 백창재, 「미국의 패권과 제한적 자유주의 질서」, 국제정치경제연구회 편, 『20세기로부터의 유산』, (사회평론, 2000).

가 국제 통화질서의 안정을 보장하기는 하지만, 국내경제정책의 자율성은 존재하지 않았던 것과 달리, 브레튼우즈 체제는 국내경제정책의 자율성에 국제통화질서의 안정을 연계시켰던 것이다. 또한 브레튼우즈 체제는 자본의 흐름을 통제함으로써 개별 국가의 케인즈적 거시정책을 자율성을 보장하고 자유로운 자본의 이동이 야기하는 개별국가에 대한 압력요인을 제거하고자 했다. 즉 연계된 자유주의 시대는 국가의 정책 자율성, 안정적 통화질서, 자본의 유동성 중 국가의 정책적 자율성과 안정적 통화질서를 확보하고자 자본의 유동성을 규제했던 시기였던 것이다.

넷째, 이 시기 무역질서는 GATT 체제로 불렸는데, 이는 '보다 자유로운 무역'을 표방하는 것이었다. 즉 국내 고용효과가 큰 농업, 섬유 등의 산업에 대해서는 유예를 허용하는 자유무역 체제로서 제한적인 자유무역질서의 성격을 띠었다.

연계된 자유주의 질서는 1960년대 말에 들어 한계를 드러내기 시작했다. 브레튼우즈 체제는 '트리핀 딜레마'라는 근본적인 모순을 가지고 있었다. 국가의 정책 자율성, 안정적 통화질서, 자본의 유동성 세 가지를 동시에 보장할 수 없었던 것이다. 브레튼우즈 체제는 기축통화인 달러가 지속적으로 공급되어야 세계경제에 유동성을 제공할 수 있었는데, 이는 미국의 국제수지 적자 점증과 달러의 신뢰도 하락을 가져오는 것이었다. 또한 이를 막기 위해 달러의 유출을 축소하면 세계경제는 유동성 부족 사태에 빠져들 수밖에 없는 체제였다. 실제로 유럽 경제권의 성장으로 인한 유로 달러의 급증, 월남전으로 인한 폭발적인 전쟁비용의 증가, 석유시장에서의 달러의 환류 등으로 달러

유출량이 급격히 증대하면서 달러의 신뢰도는 하락하고, 프랑스가 금태환을 요구하는 상황이 벌어진다. 이에 대해 미국의 닉슨 대통령이 금태환 정지 선언을 하고 변동환율제를 채택하는데, 이는 브레튼우즈 체제의 근간이 무너졌음을 의미하는 것이었다. 특히 월남전 패전, 경기침체의 지속, 유럽과 일본의 성장 등으로 인해 미국의 패권적 지위가 약화됨으로써, 안정적 통화 및 무역 질서는 난관에 봉착했다. 케인즈주의적 복지국가 역시 수요중심의 국내 거시경제정책이 스태그플레이션의 심화로 인해 성장과 분배에 어려움을 겪게 되었다. 이 때문에 결국 국가의 자율성을 상당 수준 인정하고, 개별 국가와 세계경제질서를 연계시키고 시장의 파괴적 속성을 억제하고자 했던 연계된 자유주의 시대는 다시금 시장의 치유력과 조정능력에 대한 믿음에 기초한 새로운 자유주의 질서로 재편되기 시작했다.

2. 글로벌 경제로의 전환

세계경제는 고전적 자유주의 시대와 연계된 자유주의 시대를 마감하고 1980년대 이후 새로운 시대에 접어든다. '경제의 지구화' 혹은 경제의 세계화라고 지칭하기도 하는 글로벌 경제로의 전환이 이루어진 것이다. 글로벌 경제란 무역, 투자, 금융, 노동, 기술, 정보 등의 경제활동이 국민국가의 경계를 벗어나 지리적으로 확대되는 '경제활동의 초국경화'를 이루는 가운데, 세계경제의 상호의존성과 통합 수준이 심화되어 가는 현상을 의미한다. 그런 중에 생산, 유통, 소비 등의 모든 영역에서 세계경제가 지구적 차원에서 통합된 질서가 바로 글로벌 경제이다.

글로벌 경제로의 전환을 경제활동의 지리적 확대와 상호의존성과 통합 수준의 심화로 본다면, 그것은 결코 새롭지 않다고 보는 시각이 있다. 그와 같은 현상이 19세기에도 존재했다는 것이다. 세계시장, 자유로운 세계무역, 자본이동과 이민, 다국적 기업, 국제노동분업, 세계통화제도 등을 지표로 보는 경우 특히 그러하다. 이 때문에 경제학자들은 19세기말에서 제1차 세계대전까지의 시기를 제1차 전환으로, 최근의 시기를 제2차 전환으로 규정한다. 다만 1차 전환과 2차 전환은 그 성격이 대조적이다. 상품, 노동, 자본 시장에서 세계적 통합이 높아지는 현상을 글로벌 경제로의 전환이라고 할 때, 1차 전환기는 자본이동과 노동이동이 대단히 활발했던 반면 2차 전환기는 자본이동과 노동이동은 상대적으로 감소했고, 그 대신 상품무역이 대단히 활발하게 이루어지고 있다. 예를 들어 노동이동을 보면 19세기말에는 연평균 세계인구의 10%가 국경을 넘을 만큼 이동이 활발했으나, 최근에는 세계 전체의 인구 이동 규모가 연 1억 7천만 정도로 세계인구 대비 3%에 불과하다.[11]

글로벌 경제로의 전환을 두 차례가 아닌 태동기, 시발기, 도약기, 헤게모니 투쟁기, 불확정기 등 다섯 단계를 통해 진전된 것으로 보는

11 이정우, 「세계화, 불평등과 복지국가」, 『사회경제평론』 제30호 (2008), 158.

학자들도 있다.[12] 각 단계별 특징을 살펴보면 다음과 같다.

- 태동기: 유럽에서 18세기 중반까지 이루어진 중세체제의 해체와 국가사회의 배태로 특징지어진다. 태양중심설과 그레고리안 달력이 통용되며, 인본주의 사상이 나타난 시기이다.

- 시발기: 비서구지역에 대한 유럽의 제국주의적 침탈이 절정에 달한 1870년까지의 시기. 민족주의와 국제주의 사이의 논쟁이 나타나며 보다 동질적인 단일 국가관이 자리 잡는다. 초국가적 규제와 통신에 관한 기구가 나타나며 행사도 이루어진다.

- 도약기: 1920년대 중반에 이르기까지 개인, 인류, 국가, 국제사회에 대한 개념이 구체화되는 시기. 올림픽과 노벨상과 같은 국제 경쟁이 전개되면서 세계전쟁이 일어난다.

- 헤게모니 투쟁기: 신생독립국의 출현에 따라 제3세계가 형성되고 동서갈등과 남북문제가 심각해지는 1960년대 후반까지의 시기. UN이 출범하지만 국제분쟁이 격화되며 특히 미국과 소련 사이의 냉전과 열전이 교차한다.

---

12 임현진·신광영, 「세계화와 불균등 발전: 한국에 대한 함의」, 『한국사회학회 심포지엄 논문집』(2004. 8. 4), 10.

• 불확정기: 인권, 환경, 평화에 대한 국제적 관심이 고조된다. 미소 양극체제의 쇠퇴에 따라 세계질서가 다극화된다. 극소전자기술의 발달에 힘입어 세계적 규모의 통신망이 구성된다. 1990년대 초반에 이리는 이 시기에 노동운동이 약화되고 신사회운동이 활성화된다.

이 시각에서 볼 때, 글로벌 경제로의 전환은 단순히 범위의 문제가 아니다. 또한 글로벌 경제는 대조되는 두 개의 시기로 나눠지는 것이 아니라 연속적인 과정을 거쳐 이루어진 것이 된다. 글로벌 경제로의 전환이 세계경제의 전개 과정 속에 놓여 있는 것이다. 특히 주목할 것은 지금의 글로벌 경제를 가리키는 불확정기이다. 글로벌 경제로의 전환이 세계경제의 전개 과정 속에서 일어났지만, 그것이 과학기술의 발전과 세계질서 그리고 사회세력 관계의 시대적 변화에 기반을 둔 것임을 알려준다.

작금의 글로벌 경제로의 전환은 다른 무엇보다도 경제영역이 사회주의권의 해체로 인해 자본주의로 단일화되었다는 점에서 이전 시기–특히 헤게모니 투쟁기로 일컬어지는 시기–의 세계경제와 차별성을 띤다. 즉 1980년대 전후 냉전체제 붕괴 이래 자본주의가 오대양 육대륙 세계 전체를 석권하면서 가속화되었다는 점에서 이전과 획을 긋고 있다. 그런 가운데 글로벌 경제로의 전환은 이전과 달리 국가의 논리가 아니라 이윤실현을 확대하려는 자본의 논리로부터 추동되어 왔으며, 지식정보화가 그 인프라를 제공하고 있는 가운데 개인, 기업, 지역, 국가의 행위 모두가 국경을 넘어 이루어지는 경향을 보이고 있다.

특히 글로벌 경제로의 전환을 산업적 성격보다 금융적 성격을 더 강하게 띠는 초국적 자본주의가 주도하고 있다. 이 때문에 작금의 글로벌 경제는 산업생산에 대한 투자보다 자본시장에 대한 투기를 통해 움직이는 경향이 있다. 실제로 초국적 자본은 과학기술과 정보통신의 혁신에 따른 전 세계적 연결망을 토대로 24시간 실시간대로 움직이기에,[13] 전 세계 금융거래는 무역거래의 50배에 이르고 있다. 이 때문에 글로벌 경제로의 전환을 '카지노 자본주의'로 지칭하면서[14] 공장을 통한 자본가 정신이 퇴색하고 '종이 자본가 정신'이 신품으로 나오고 있다는 평가를 내리기도 한다.

글로벌 경제의 이러한 특징을 가져온 것이 바로 신자유주의적 질서라고 할 수 있는데, 이것에 기초해 있다는 점에서 작금의 글로벌 경제는 이전과 차이를 보이고 있는 것이다. 그럼 신자유주의 질서가 형성된 과정과 그 특징을 살펴보도록 하자.

1980년대에 들어 대처리즘과 레이거노믹스로 대표되는 시장 중심의 세계경제질서, 즉 신자유주의 질서가 새로이 등장했다. 신자유주의 질서는 국가개입의 비효율성을 지적하고 국가개입의 축소와 대외개방을 통해 대내외적으로 시장을 복원시켰다. 이는 개방화, 탈규제화, 민영화, 유연화를 통해 세계적 차원의 자유시장 경제를 확립하는 것이 개별국가의 차원과 세계적 차원에서 경제적 효율성을 높이고 복

---

13 임현진·신광영, 「세계화와 불균등 발전: 한국에 대한 함의」, 10.

14 수잔 스트레인지, 백창재 역, 「카지노 자본주의」, 김우상 외 편역, 『국제관계론강의 2』(파주: 한울, 1997).

지를 증대시키는 길이라는 주장에 기초한 것이었다.[15]

이런 신자유주의가 등장했던 배경은 연계된 자유주의의 타협과 대량생산-대량소비에 바탕한 포드주의적 조절체제의 위기 경향이었다. 즉 일국적 자본주의에 기반을 둔 케인즈주의의 비효율성이 심화된 것이다. 이러한 상황에서 국제적으로 자본의 유동성에 대한 규제가 철폐되었으며, 그에 따라 초국적 기업의 활동이 증대하였고 결국 기존의 세계경제질서를 지탱했던 GATT 체제의 문제점이 부각되면서 전 세계적으로 신자유주의가 확산되었다. 신자유주의가 전 세계적으로 확산되는데 기여한 요인들은 네 가지로 정리할 수 있다.[16]

첫째, 구조적 요인으로 더 이상 국가는 시장의 압력과 평가에 반응하지 않을 수 없게 되었다. 세계 전체를 휩쓸었던 금융위기를 통해 확인할 수 있듯이, 시장의 신호를 무시한 국가들은 예외 없이 그에 상응하는 처벌을 경험하였고, 국가들은 자본의 유치를 위해 초국적 기업들의 활동에 대해 최대한의 자유를 보장하는 정책-'바닥으로의 경쟁'-을 쓸 수밖에 없게 되었다.

---

15 개방화, 탈규제화, 민영화, 유연화는 신자유주의의 네 가지 기둥이다. 개방화(Liberalization)는 초국적 자본이나 세계 금융시장에 국경을 개방하라는 것이고, 탈규제화(deregulation)는 국가나 노조의 자본에 대한 간섭과 제한을 철폐하라는 것이며, 민영화(privatization)는 공공부문이나 국가 복지를 민간 자본에 넘겨 수익성 원리에 따라 재편하라는 것이고, 유연화(flexibilization)는 노동시장과 기업조직을 신축적으로 개편하라는 것이다. 강수돌, 「세계화와 삶의 문화: 사회경제적 차원에서」, 『아세아연구』 48(1) (2005), 29.

16 정진영, 「신자유주의의 확산과 국제경제질서의 미래」, 국제정치경제연구회 편, 『20세기로부터의 유산』(사회평론, 2000).

둘째, 탈규제, 민영화, 개방을 요구하는 국제적 압력의 증대이다. 미국과 영국을 중심으로 한 선진국에서의 신자유주의적 재편은 후발국들이 따라갈 수밖에 없는 압력요인으로 작용했다.

셋째, 초국적 세력의 증대이다. 이들은 미국 등 중심 국가들의 지배세력이 됨으로써 신자유주의를 세계적 차원에서 지배이데올로기로 만들었다. 즉 신자유주의 사조를 가진 세력들이 정치세력화를 이루어 케인즈주의와 같은 기존의 이념적 사고를 가진 세력들을 대체했던 것이다.[17]

넷째, 신자유주의가 케인즈주의의 위기를 해결하는 새로운 대안으로서, 그리고 시장이 효율적 자원배분과 경제성장에 유리한 기제라는 점에 대한 이념적 정당성이 확산되었다.

그러나 신자유주의 역시 한계를 내포하는 것이었다. 세 가지 측면에서 그 한계를 찾아볼 수 있다.

첫째, 신자유주의가 이상으로 삼고 있는 완벽한 자기조정 시장은 이론적으로도, 현실적으로도 가능하지 않다.

둘째, 시장기구가 작동하기 시작하면 독점과 사회 파괴를 동반하면서 시장 스스로 존립기반을 약화시키는 경향이 있다.[18]

---

17 주요 추진 주체는 일차적으로 초국적 자본이나 세계 금융시장이다. 그 뒤에는 IMF, 세계은행, WTO(세계무역기구)와 같은 국제기구가 있다. 또 그 앞에는 민족국가와 그 대리자인 파워엘리트가 있다. 또한 이에 동조하는 학자와 언론이 도처에 존재한다.

18 이 때문에 역설적으로 신자유주의 질서는 국가의 역할과 기능에 대한 고찰의 필요성을 키웠으며, 시장이 자기파괴적 속성을 억제하면서 자유로운 무역과

셋째, 신자유주의 질서 역시 미국의 주도로 작동하고 있다. 그러나 이 시기 들어 미국은 고전적 자유주의 시대의 영국, 연계된 자유주의 시대의 미국과 같은 일견 '자비로운 패권'과 다른 양상을 보였다. 후발국들은 예외 없이 신자유주의적 시스템의 도입을 강요받았고, 이에 저항하는 국가는 가혹할 정도의 처벌을 받았다.

이와 같은 한계 속에서 글로벌 경제가 직면한 현실이 바로 불평등과 경제위기이다. 글로벌 경제로의 전환 이후 국가 간에는 물론 국가 내부에 불평등이 심화되고, 전 세계 차원에서 경제위기가 주기적으로 반복되면서 만성화된 것이다.

3. 불평등과 경제위기

글로벌 경제로의 전환 후 가장 주목할 만한 현상은 국가 간에는 물론, 국가 내에서도 불평등이 심화되고 글로벌 차원에서 경제위기가 만성화되었다는 것이다. 그런 가운데 최근에 들어특히 2008년 미국 경제위기 이후-글로벌 경제로의 전환을 이끌었던 신자유주의 이념과 정책에 대한 비판과 반성이 제기되고 있으며, 심지어 글로벌리즘 자체에 대한 회의적인 태도마저도 등장하고 있다.

상호의존을 통해 성장과 분배가 효율적으로 진행되는 질서를 만들기 위한 국제적 차원의 협력을 부각시켰다.

불평등의 심화는 지구적 차원에서는 물론, 일국적 차원에서도 갈등과 반목을 키움으로써 글로벌 경제가 이룩한 성과의 의미를 축소, 약화시키고, 글로벌 경제 질서를 유지, 재생산하기 어렵게 만든다. 글로벌 경제 질서의 정당성과 효용성에 대한 의구심을 제기할 수밖에 없기 때문이다. 하지만 불평등이 심각한 문제인 것은 글로벌 경제 질서의 존립을 위협하고 있기 때문이 아니라, 다수의 보통 사람이 인간답고 시민다운 삶을 영위하기 어렵게 만들고 있기 때문이다. 우리가 글로벌 경제와 불평등을 논하는 이유도 바로 여기에 있다. 즉, 이 글은 기본적으로 글로벌 경제를 단지 지식과 앎의 대상이 아니라, 현실과 삶의 영역에서 접근해야 할 실질적인 문제로 전제하고 있는 것이다.

경제위기 역시 마찬가지다. 경제(economy)는 기본적으로 '가계'(oikos+nomia)의 의미를 갖는다. 가계가 불안정해서는 인간답고 시민다운 삶의 영위는 물론, 그런 삶에 대한 추구 자체가 어렵다. 이것이 경제를 삶의 토대라고 부르는 이유이다. 따라서 글로벌 경제 질서 하에서 만성화된 경제위기는 삶의 토대의 위기이다. 즉 경제위기는 단지 수치로 환산되는 부의 양적 생산과 축적의 관점에서 조망될 성질의 문제가 아니라, 인간과 시민적 삶을 꾸려가기 위한 물적 조건의 문제이다. 이는 경제위기의 진단과 극복을 계량적 수치의 측정과 회복에서 찾을 것이 아니라, 삶의 질을 개선하기 위한 조건의 붕괴와 구비에서 찾아야 함을 의미한다. 경제전문가의 관점이 아닌 시민의 관점에서 경제위기를 다루기 위해 유의할 지점이다.

글로벌 경제 질서 하에서의 불평등 문제를 살펴볼 때, 우선 짚고 넘어갈 것이 있다. 국가 간에도 그렇고, 국가 내에서도 그렇고 연구 및 조사 방법에 따라 불평등이 심화된 것이 아니라, 완화된 것으로 보는 입장도 있다는 점이다. 특히 불평등 심화가 글로벌 경제로의 전환에 따른 것인지 아닌지를 두고서는 여러 가지 다른 입장이 존재한다. 이는 글로벌 경제로의 전환이 대단히 다중적이고 복합적인 것임을 알려준다.[19]

우선 '정통적 세계화론자'로 불리는 학자들은 글로벌 경제로의 전환 이후 빈곤과 불평등이 감소되었다고 본다. 또한 일시적인 현상이 아니라 하나의 추세라고 판단한다. 그리고 불평등 감소의 원인을 글로벌 경제로의 전환을 통해 경제발전이 이루어졌기 때문이라고 설명한다. 이 때문에 이들은 글로벌 경제로의 전환에 대해 긍정적인 태도를 취하고 있다. 이런 입장의 대표적인 경우가 바로 IMF(국제통화기금)이다.

이들을 제외한 대부분의 경우는 글로벌 경제로의 전환 이후 빈곤과 불평등이 증가했거나, 지역에 따라 차이를 갖는다고 본다. 하지만 이들의 경우에도 글로벌 경제로의 전환을 바라보는 시각과 빈곤과 불평등 증가 요인에 대한 분석을 둘러싸고서 입장의 차이를 보인다. 비판적 세계화론자들과 현실주의적 회의론자들, 마르크스주의적 회의

19 최원석, 「세계화와 빈곤 그리고 소득불평등」, 『21세기정치학회보』 제25집 1호 (2015), 193. 이와 관련해서는 본문 중에서 다시 언급할 것이지만, 중국과 인도의 경제성장 그리고 구매력 기준으로 평가할 경우에는 빈곤과 불평등이 감소한 것으로 측정되기 때문이다.

론자들(반세계화론자)이 바로 그들이다.

비판적 세계화론자들은 글로벌 경제로의 전환 이후 빈곤과 불평등이 증가했다고 본다. 그러나 정통적 세계화론자들과 마찬가지로 글로벌 경제로의 전환을 하나의 거스를 수 없는 추세로 보고 수용하고 편승할 수밖에 없다고 본다. 즉 글로벌 경제로의 전환 자체에 대해 부정적인 입장을 취하고 있지는 않다. 다만 이들은 글로벌 경제로의 전환이 경제발전을 이루고 빈곤과 불평등을 해소하는 것으로 이어지기 위해서는 '선택적이고 관리된 자유화'가 필요하다고 말한다. 빈곤과 불평등이 증가한 요인을 글로벌 경제 질서에서 자본의 이동성 증가와 국제적 경쟁 압력이 국가의 복지와 분배능력을 억제한 탓이라고 파악하기 때문에, 그에 대한 조정이 필요하다고 보는 것이다. 한편, 이들은 글로벌 경제로의 전환이 빈곤과 불평등 해소에 기여하는 방향으로 나아가야 한다면서, 이를 '인간의 얼굴을 한 세계화' 또는 '계몽된 지구화'로 정의한다.

현실주의적 회의론자들의 경우에는 기본적으로 글로벌 경제로의 전환에 대해 회의적이다. 다만 이들은 빈곤과 불평등이 지역별로 국가별로 편차를 보인다는 점에 착안, 빈곤과 불평등의 증가가 추세가 아니라 국가의 정치적 선택 또는 국가 실패의 산물이라고 본다. 그리고 그 편차를 해소하기 위해 개별국가의 발전전략과 효율적인 경제적 거버넌스 구축이 필요하다고 주장한다.

마르크스주의적[20] 회의론자들은 글로벌 경제로의 전화에 대해 저항적이다. 이들은 글로벌 경제로의 전환 이후 빈곤과 불평등이 증가되었을 뿐만 아니라, 그것이 빈곤과 불평등의 역사적 구조를 강화했다고 본다. 그리고 빈곤과 불평등이 증가한 요인을 자본주의 축적 법칙에 고유한 불균등한 자본주의 발전 과정의 결과로 본다. 글로벌 경제는 이것의 현상태 혹은 작동 메커니즘일 뿐인 것이다. 따라서 이들은 글로벌 경제의 변형 혹은 글로벌 경제와의 단절을 빈곤 및 불평등 해소의 처방으로 제시한다. 이 때문에 이들은 반세계화론자들로 간주되기도 한다.

〈표 4-1〉 세계화에 대한 관점과 빈곤 및 불평등에 대한 시각[21]

<table>
<tr><th colspan="2" rowspan="2">구분</th><th rowspan="2">세계화의
진행정도</th><th colspan="2">빈곤과 불평등</th><th rowspan="2">처방 및 발전전략</th></tr>
<tr><th>추세</th><th>원인</th></tr>
<tr><td rowspan="2">세계화론자</td><td>정통적
세계화론자</td><td>세계화</td><td>빈곤과
불평등의 감소</td><td>세계화로 인해
빈곤과 불평등
감소</td><td>경제적
세계화를 통한
경제발전</td></tr>
<tr><td>비판적
세계화론자</td><td>세계화</td><td>빈곤과
불평등의 증가</td><td>자본의 이동성
증가와 국제적
경쟁 압력이
국가의 복지와
분배능력을 억제</td><td>세계경제와의
선택적이고
관리된
자유화와 통합</td></tr>
</table>

20 마르크스주의 전체가 세계화에 반대하는 것은 아니다. 마르크스주의 역시 내부의 다양한 이론-실천적 입장이 있다. 예를 들어 안토니오 네그리와 마이클 하트는 넓게 보면 마르크스주의 범주에 들어가는 이론가이지만, 세계화에 편승해야 한다는 입장을 갖고 있다. 이에 대해서는 안토니오 네그리·마이클 하트, 윤수종 역, 『제국』(서울: 이학사, 2001) 참조.

21 최원석, 「세계화와 빈곤 그리고 소득불평등」, 193.

회의론자	현실주의적 회의론자	세계화 의의에 대해 회의적	빈곤과 불평등 추세에 대해 중립적(지역적 차이 인정)	국가의 정치적 선택 또는 국가 실패의 산물	개별 국가의 발전전략과 효율적인 경제적 거버넌스
	마르크스주의적 회의론자 (반세계화주의)	세계화 의의에 대해 회의적 (반세계화)	빈곤과 불평등의 역사적 구조를 강화	자본주의 축적법칙에 고유한 불균등한 자본주의 발전 과정의 결과	세계경제의 변형 또는 세계경제로부터의 단절

글로벌 경제로의 전환 이후 심화된 불평등은 두 가지로 나누어 살펴볼 수 있는데, 하나는 국가 간 불평등이고, 다른 하나는 국가 내 불평등이다. 앞서 살펴본 바와 같이 여러 입장과 시각의 차이가 존재함에도 불구하고 글로벌 경제 질서 하에서 국가 간 불평등과 국가 내 불평등 모두 확대되었다는 진단이 지배적이다. 글로벌 경제로의 전환을 추동한 국제금융기구인 세계은행마저도 그러하다. 세계은행은 국가 간 불평등이 확대되고 있다면서 가장 부유한 20개 국가의 평균 소득은 가난한 국가의 평균소득의 37배가 되고, 이러한 비율은 40년 전과 비교하여 2배에 달하는 것으로, 이의 주요한 원인으로는 가장 가난한 국가들에서의 성장의 결핍에 기인하는 것이라고 말한다. 그리고 모든 국가들이 그런 것은 아니지만, 많은 국가들의 국가 내 불평등도 비슷한 증가를 보여준다고 한다.[22]

그렇다면 글로벌 경제로의 전환 이후 빈곤과 불평등이 감소되었

22 최원석, 「세계화와 빈곤 그리고 소득불평등」, 209.

다는 주장은 허위인가? 그렇지는 않다. 연구 및 조사의 기준 및 방법에 따라 빈곤과 불평등이 감소한 것으로 나오기도 한다. 특히 전 세계 차원에서의 빈곤율과 국가 간 불평등의 경우가 그러하다. 그런데 전 세계 차원에서의 빈곤율과 국가 간 불평등이 감소한 것으로 나타나는 것은 두 가지 이유에서 그러하다. 하나는 인구대국인 중국과 인도, 특히 중국의 경제성장 효과로 인해 전 세계 차원에서 평균을 내면 빈곤과 불평등이 감소한 것으로 나온다. 절대빈곤 인구수가 감소한 것으로 나타나 전체 차원에서 소득격차도 줄어드는 것으로 측정되기 때문이다. 일부 개도국의 경제성장도 영향을 미쳤다. 1980년대와 90년대를 거치면서 개도국의 성장률이 선진국을 앞서는 양상을 보이기도 하였다. 이는 국가 간 불평등이 감소하는 양상을 띠게 했다. 특히 인구가중치를 둔 경우 인구 대국인 중국과 인도의 영향력 정도가 더 커져 감소 양상이 뚜렷하게 나타난다. 다른 하나는 구매력평가기준 환율 효과 때문이다. 세계적 불평등 연구 대부분이 국제적 비교를 위해 구매력평가기준 환율(PPP)을 별도로 설정해 사용하는데, 구매력평가기준 환율은 빈곤국의 수입을 상승시키며, 선진국의 소득을 낮추어 불평등을 감소시키는 효과를 가진다. 하지만 현행 환율로 소득을 측정하면 소득불평등은 증가하는 경향을 보이게 된다.[23]

그러나 중국을 제외하고 인구가중치를 두지 않으면 빈곤율과 국가 간 불평등은 대체적으로 증가하는 경향을 보인다.[24] 가령 빈곤 기

---

23 최원석, 「세계화와 빈곤 그리고 소득불평등」, 209.

24 전 세계를 하나의 단위로 측정한 경우에도 불평등은 증가했거나, 완화의 경

준선을 1.25달러로 해서 중국을 제외하고 살펴볼 때, 빈곤 인구수는 1981년보다 2008년에 들어 더 늘어난 것으로 나타나고 있다. 게다가 선진국에서조차 빈곤 인구는 줄지 않고 있는 것으로 관측되었다. 가령 미국의 경우는 전체 인구의 12.1%에 해당하는 약 3천 5백만 명이 빈곤층으로 분류되었고,[25] 흑인 24%, 히스패닉계의 21.8%가 빈곤층이었다. 또한 부의 세대 간 이전을 통한 양극화도 분명하게 나타난다. 일본의 경우엔 '격차사회'란 말이 시사하듯이 빈부격차 심화가 큰 사회문제로 대두되었다. 한국도 마찬가지다. 중산층의 몰락과 부의 대물림 현상과 빈부격차가 심화되었다. 그런 가운데 세계식량불안 상황(SOFT) 보고서에 따르면 새천년개발목표(MDGs)의 달성에도 불구하고 여전히 8억 명 이상의 인구, 즉 세계 인구의 9명 중 1명이 기아에 시달리고 있으며, 이 중 아시아 인구가 5억 명에 달하는 것으로 나타났다.[26]

개별 국가들의 불평등, 즉 국가 내부의 불평등은 지니계수 변화 추이를 기준으로 할 때, 특히 최빈국들의 경우 국가별 또는 시기별로 차이가 크지만 대체로 증가하는 경향을 보였다. 에티오피아, 가나, 나이지리아와 같은 아프리카의 국가들과 네팔, 인도네시아, 방글라데시

향이 분명치 않은 것으로 나타나고 있다. 최원석, 「세계화와 빈곤 그리고 소득불평등」, 211.

25 미국의 공식적인 빈곤선은 미 농무부에 의해 선정된 적절한 식사를 제공하기 위한 최소 비용의 3배로 설정되어있다. 2002년 4인 가족 기준으로 $18.392이다.

26 최원석, 「세계화와 빈곤 그리고 소득불평등」, 207-208.

등이 그러했다. 다만 신흥경제성장국으로 간주되는 브릭스(BRICs) 국가, 즉 중국과 러시아와 브라질의 경우엔 불평등이 높으면서도 그 추세는 다소 완화되는 양상을 띠었다. 이는 개별 국가의 불평등의 경우 각국의 정책에 따라 차이를 보이는 것임을 알려주는 것으로서,[27] 이후 대안을 모색하는데 시사하는 바가 크다고 할 것이다. 즉 국가 정책의 목표와 방식을 어떻게 조정하느냐가 개별 국가의 빈곤과 불평등을 해소하는데 관건이 된다는 것이다.

글로벌 경제로의 전환 이후 특징적인 현상은 빈곤과 불평등이 증가됨과 동시에 경제위기가 만성화되었다는 것이다. 1992년의 유럽 외환위기, 1994년의 멕시코 외환위기, 1997년의 동아시아를 지나 브라질, 아르헨티나, 러시아로 이어진 외환위기, 2008년 서브프라임 모기지 사태와 2010년 이후 유럽 전역을 강타한 재정위기가 바로 그것이다.

이들 위기는 모두 글로벌 경제로의 전환 이후 두드러지게 나타난 세계금융자본의 과도한 유동성에 따른 금융시장의 불안정성으로 인해 발생한 것들이다. 눈여겨 볼 것은 이러한 위기가 개발도상국과 선진국을 가리지 않고 발생하고 있다는 것이다. 이는 금융산업을 중심으로 유동성과 연계성과 의존성이 높아져 있는 글로벌 경제 질서 자체가 불안정성을 띠고 있음을 의미한다. 이는 최근 서브프라임 사태가 유럽 전역의 재정위기로 이어지는 과정에서 확연히 드러난다.

---

27 최원석, 「세계화와 빈곤 그리고 소득불평등」, 210-211.

미국은 2000년도 말 IT 버블이 붕괴되자 6.5%에 이르렀던 기준금리를 낮추기 시작하던 중 9·11테러를 기점으로 미국 경제가 충격에 빠지자 기준금리를 1%로까지 낮추었다. 그 결과 신용도가 낮은 미국의 저소득층이 서브프라임 모기지론 대출을 통해 부동산을 구입함으로써 부동산 가격의 과도한 거품을 촉발하였다. 경기가 지나치게 과열되자, 연방준비제도이사회는 2004년 6월부터 총 17번에 걸쳐 금리를 5.25%까지 인상하였는데, 이것이 저소득층의 연체를 초래하였고, 그 결과로 서브프라임 업체들이 도산하였다. 이에 서브프라임의 대출채권을 구입해 주택저당증권과 부채담보부채권 등으로 변형하고 미국은 물론 전 세계의 투자자들에게 판매한 모든 기업들도 몰락하게 되었다. 그 결과 2008년 1월 1일부터 10월 24일까지 다우존스 산업지수는 36.8% 하락하였고, 파리의 주식시장은 43.1%, 일본의 닛케이지수는 50%나 추락하였다. 이 사태로 미국은 7,000억 달러, 유럽은 1조 7,000억 유로 이상의 역사상 유례를 찾아볼 수 없는 막대한 규모의 구제조치와 양적완화가 단행되었다.[28]

2010년 이후의 유럽 재정위기는 서브프라임 사태로 인한 불황을 극복하는 과정에서 발생하였다. 서브프라임 사태 이후 과도한 재정지출과 구제금융 신청과 투자금 회수 요구와 상환불능 사태 등이 이어지면서 유럽 전역이 위기에 빠져 들었다. 그리스의 구제금융으로 시작되어 스페인에 대한 투자금 회수로 비롯된 남유럽 국가의 재정위기가

---

28 한형근, 「자본주의의 통치성과 세계경제위기」, 『국제정치연구』 제16집 2호 (2013), 131-132.

프랑스 민간은행을 거쳐 이탈리아까지 전이되었던 것이다.[29]

글로벌 경제로의 전환 자체가 직접적으로 경제위기를 가져왔다는 것에 대해서는 이견이 존재한다. 하지만 글로벌 경제로의 전환이 외부 노출로 인한 취약성을 증대시키고, 이것이 경제위기를 가져왔다는 점에는 크게 이견이 없다. 또 경제위기로 인해 구제금융을 받게 되면 IMF 구조조정을 겪게 되고, 이에 따라 불평등이 심화되는 악순환이 이어진다는 것도 경험적으로 확인되었다.

이에 '헤지펀드의 대부'로 불리는 금융인 조지 소로스는 고삐 풀린 글로벌 경제가 가져올 파괴적 결과에 대해 경고하면서 그것을 규제할 새로운 국제기관과 규칙의 설립을 주장하기도 하였다. 끊임없이 자기 이해를 추구하는 시장논리에 근거한 자유방임 자본주의의 지구적 확산은 민주사회의 최대의 적으로서 현존 자본주의의 붕괴로 이어질 수 있음을 강조한 것이다. 빈곤과 불평등의 증가에 따른 정당성의 약화, 그리고 만성화된 경제위기에 따른 체제 유지와 재생산 능력의 결핍이 글로벌 경제를 위협하고 있는 것이다. 글로벌 대안경제를 모색해야 하는 상황에 도달해 있는 것이다.

29 한형근, 「자본주의의 통치성과 세계경제위기」, 132-134.

4. 글로벌 대안경제의 모색

글로벌 경제의 성과와 한계에 대한 평가는 논자의 관점에 따라 각기 다르다. 하지만 앞서 살펴본 바와 같이 크게 정통적 세계화론자, 비판적 세계화론자, 현실주의적 회의론자, 마르크스주의적 회의론자 등의 네 가지 범주로 정리할 수 있다. 이들은 글로벌 경제가 직면한 주요 문제, 빈곤과 불평등의 심화와 경제위기의 주기적 반복과 만성화를 해결하기 위한 처방과 발전전략도 각기 다르게 제시하고 있다. 하지만 글로벌 경제 질서가 갖는 다층적이고 복합적인 성격을 고려할 때, 각각의 처방과 발전전략은 그 타당성과 우위를 다툰다기보다는 서로 간에 보완적인 관계를 갖는다고 할 수 있다. 이를 감안해 여기서는 글로벌 대안경제의 모색을 위해 필요한 지점들이 무엇인지를 제시해보고자 한다. 이때 비판적 세계화론자들과 현실적 회의주의자들의 처방과 발전전략에 특히 기반을 두도록 할 것이다. 그 이유는 경험적으로 정통적 세계화론자들과 마르크스주의적 회의론자들의 처방과 발전전략은 크게 설득력을 갖기 어렵다고 보기 때문이다. 우선 정통적 세계화론자들의 경우 세계은행도 인정하고 조지 소로스도 이미 지적한 바와 같이 글로벌 경제의 한계와 문제점이 드러난 상황에서, 경제적 세계화를 더욱 강화한다고 해서 해결될 성질의 문제가 아니기 때문이다. 오히려 세계화의 방향과 성격을 조정하고 관리해야 하는 현실인 것이다. 또 마르크스주의적 회의론자들의 경우는 중국과 인도의 경우처럼 빈곤과 불평등의 감소 혹은 완화와 경제발전이 글로벌 경제와의 단절이 아니라 적극적인 편승을 통해 이루어졌다는 점[30]을 간과하고 있다는 점에서 한계를 갖는다고 할 수 있다. 또 자본주의로 단일화된 글로벌 경제 질서에서 개별 국가들이 단절을 감행할 수 있는지도 의문이다. 글로벌 경제 체제에서의 고립도 문제이지만, 개별 국가의 성원들이 고립을 선택할 가능성이 얼마나 있는지도 문제이다.

글로벌 경제체제에서의 빈곤과 불평등을 해소하고 만성화된 경제 위기를 극복하기 위해서는 유동성과 불안정성을 제어하기 위해 국가의 복지 기능을 복원 혹은 강화하고 글로벌 거버넌스를 (재)구축할 필요가 있다. 또한 이를 주도하고 운영해 갈 주체의 형성, 즉 세계시민의 양성을 필요로 한다. 글로벌 대안경제의 모색은 이 세 가지 요건에 기초할 때 가능하다.

국가는 기본적으로 지배계급의 도구라기보다는 상대적 자율성의 확보와 발휘를 통해 (자본주의) 사회경제 체제의 유지와 재생산을 위한 기제이다.[31] 이를 위해 국가는 지배계급의 과도한 단기적 이익 추구를 제어하고, 장기적 관점에서 지배계급을 비롯한 여러 사회집단들

---

30 세계은행의 경제학자인 밀라노비치(Milanovic)는 중국의 경제성장이 글로벌 경제로의 진입과 편승 그리고 신자유주의 때문이 아니라, 사회주의 체제 하에서의 중국 특유의 국유기업 및 향진기업의 성공으로 봐야 한다고 말한다. 이정우, 「세계화, 불평등과 복지국가」, 『사회경제평론』 제30호 (2008), 166. 하지만 밀라노비치의 강조점은 글로벌 경제보다는 신자유주의에 대한 비판에 있다. 또한 글로벌 경제라는 환경 자체를 부정하는 것은 아니다.

31 특히 자본주의 국가의 경우가 그러하다. 이에 대해서는 니코스 플란챠스, 홍순권·조형제 역, 『정치권력과 사회계급』(서울: 풀빛, 1986); 니코스 플란챠스, 박병역 역, 『국가·권력·사회주의』(서울: 백의, 1994) 참조.

에게 사회경제 체제의 유지 및 재생산에 필요한 비용을 공정하게 부과해야 한다. 이것을 '비용 분담'(burden sharing)이라고 한다. 또 비용 분담과 함께 사회경제체제의 정당성을 유지하거나 강화하기 위해 사회적 부와 권력 자원을 공평하게 배분해야 한다. 국가는 이러한 역할의 원활한 수행을 통해 정치적-혹은 정치권력의-정당성을 확보, 유지할 수 있다. 그리고 이를 통해서만 사회체제를 유지하고, 재생산할 수 있다.

국가가 체제유지와 재생산의 비용을 분담시키고 부와 권력 자원을 배분하는 역할을 수행하는데 있어 핵심적인 것이 바로 복지 기능이다. 특히 빈곤과 불평등을 해소하는 데 있어 그러하다. 제2차 세계대전 이후 전후 복구 시기를 거쳐 맞이했던 '자본주의 황금기'는 국가가 복지기능을 잘 수행했을 때, 즉 복지국가가 제대로 역할을 할 때였다. 글로벌 경제 역시 마찬가지이다. 복지국가는 글로벌 경제로의 전환을 가능케 하는 전제 조건이기도 했다. 복지국가에 의해서 소득안정이 보장되고 난 뒤에 비로소 정부는 통상정책 마련에 신축성을 갖게 되었기 때문이다. 더 나아가 글로벌 경제는 궁극적으로 사회정책에 의존한다고 할 수 있는데, 복지국가의 간섭을 가져오게 한 광범위한 사회적 불안정과 경제적 빈곤의 존재가 글로벌 경제질서 속에서도 여전히 존재하기 때문이다. 특히 앞서 3절에서 살펴본 바와 같이 빈곤과 불평등이 심각해진 상황에서는 복지국가의 기능을 더욱 강조할 수밖에 없다. 그렇지 않으면 글로벌 경제는 언제든지 보호주의 정책으로 회귀할 가능성이 있기 때문이다.[32] 제2차 세계대전 이전 선진국에서 GDP 대비 정부의 규모는 평균 21%에 불과했으나, 글로벌 경제로의 전환이 시작된 이후인 1990년대에 오면 이 비율은 47%로 상승한다. 특히 미국(9%에서 34%로), 스웨덴(10%에서 69%로), 네덜란드(19%에서 54%로)에서 두드러지게 나타난다. 미국은 물론 유럽의 개방형 소국에서도 정부의 규모가 커진 것은 국제경제의 힘에 노출됨으로써 발생하는 위험에 대해 정부의 안전핀 역할의 필요성이 더욱 커졌기 때문이다. 즉 사회적 복지국가와 개방경제는 동전의 앞뒷면과 같다고 할 수 있는 바, 복지국가가 확립된 유럽경제가 일본과 미국처럼 상대적 복지국가 후진국에 비해 훨씬 더 개방적이고 수출의존적인 것도 바로 이 때문이라고 할 수 있다.[33]

이때 짚고 넘어가야 할 지점이 있다. 글로벌 경제는 국가의 복지기능 수행을 제한한다는 혹은 글로벌 경제에서의 경쟁에서 살아남거나 승리하기 위해서는 복지 기능을 축소해야 한다는 시각에 대한 것이다. 이 시각에 따르면 글로벌 경제에서는 다른 나라에 앞서 보다 많은 해외투자를 유치하고 싶은 정부는 자본에 대한 과세를 최소화하려는 경쟁을 벌일 수밖에 없다. 만약 그리 하지 않으면 투자유치도 어려울 뿐만 아니라, 유치했다 하더라도 자본이 과세가 낮은 곳으로 이동할 것이기 때문이다. 이로써 국가는 복지기능을 수행할 비용을 확보하기가 어렵게 되어 복지를 약화시킬 수밖에 없게 된다. 하지만 이러한 시각은 경험적으로 맞지 않다. 실제로는 자본이동도 매우 드물게 나타났으며, 글로벌 경제의 도입과 운용을 선도한 선진국의 복지

32 이정우, 「세계화, 불평등과 복지국가」, 『사회경제평론』 제30호 (2008), 168.

33 이정우, 「세계화, 불평등과 복지국가」, 168-169.

지출은 오히려 증가했기 때문이다. 1980–1998년 시기에 OECD 국가 중 GDP 대비 사회지출의 하락을 보인 나라는 아일랜드와 네덜란드 두 나라였으며, OECD 전체 평균은 4% 상승하였다. 법인세를 인하한 경우도 드물었다. 인하한 경우도 그 전에 정부가 기업에 제공한 특별 인센티브나 특혜의 제거와 상쇄되는 경우가 많았다. 이는 법인세율이 다국적기업에 큰 부담이 되지 않은데다가, 어떤 나라에 일단 투자가 이루어지고 나면 자본이 다른 나라로 이동하기 쉽지 않은 여러 요인들이 존재하기 때문이다.[34] 이동을 하려고 해도 대상 국가의 사회문화적 특성과 제도에 적응하는 데에 필요한 비용이 추가로 드는데다가, 제도 변경 가능성도 대상 국가 내부의 정치사회적 이견과 갈등으로 쉽게 기대하기가 어렵다.

글로벌 경제 하에서 국가는 빈곤과 불평등을 완화하고 해소하기 위해서도 복지 기능을 복원 혹은 강화해야 하지만, 지속적인 성장을 위해서도 그리해야 한다. 시기와 국가와 사회지출 규모 등에 따라 차이를 보이기는 하지만, 복지국가일수록 경제성장이 더 빠르다는 것[35]을 감안할 때 그러하다. 고령화의 진전 등에 따라 국가의 사회지출 부담이 높아진데다가, 고령층의 생산잠재력이 상대적으로 떨어졌음을 고려할 때, 복지가 성장에 미치는 긍정적 효과가 감소하고 있다는 문제가 있기는 하다. 하지만 뉴질랜드처럼 교육 분야 등에서는 복지를

34 이정우, 「세계화, 불평등과 복지국가」, 170–171.

35 이정우, 「세계화, 불평등과 복지국가」, 183.

확대한 것과 같은 방식으로 상황을 극복해가야 한다.[36] 특히 소득수준에 비해 빈약한 복지제도를 갖고 있는 한국과 같은 국가의 경우가 그러하다.

사실 글로벌 경제에서 복지 축소를 위시로 한 국가의 역할 변경 혹은 그것에 대한 주장과 강조는 글로벌 경제 그 자체에서 기인하기보다는 국가 운영을 담당한 정치세력의 이데올로기와 정책에 따른 것이었다. 글로벌 경제 질서에 속해 있으면서도 개별 국가에 따라 복지 정책이 차이를 보이는 이유이다.

글로벌 경제의 폐해, 특히 국가 간 불평등의 심화와 자본의 유동성과 불안정성에 따른 경제위기의 반복이라는 문제를 극복하기 위해서는 글로벌 거버넌스 체제를 (재)구축할 필요가 있다. 여기서 거버넌스는 '협치'를 의미한다.[37] 이런 의미에서 글로벌 거버넌스란 국가 간 불평등과 자본의 유동성과 불안정성을 제어하기 위한 '협치 체제'라고 할 수 있다. 이것의 (재)구축이 필요한 이유는 자본의 유동성과 불안정성 같은 문제는 개별국가가 독자적으로 해결할 수 없는 문제이기 때문이다. 이 때문에 글로벌 거버넌스는 그 자체가 글로벌 경제로의 전환 과정에서 나타난 현상이기도 하다. 특히 일각에서 주장하는 세계정부는 실현 가능성이 없고 자유방임은 글로벌 경제의 후퇴로 귀결될 가능성이 높음에 따라 나타난 현상이다.

---

36 이정우, 「세계화, 불평등과 복지국가」, 183.

37 협치의 개념에 대해서는 최창현·최상수, 「협치(Givernance) 개념의 조작화와 국가 간 비교분석」, 『서울행정학회 학술대회 발표논문집』 (2003. 8) 참조.

글로벌 거버넌스에 대한 개념적 정의는 매우 다양하다. "개별국가가 독자적으로 해결할 수 없는 사회적, 정치적 이슈를 효과적으로 처리하기 위한 노력",[38] 각국의 정부, 국제기구 등 공적 기관과 다국적 기업, 초국적 NGO 등과 같은 "독립적 행위자로 구성된 국제사회에서 갈등을 해결하고 상호협조를 목적으로 하는 게임의 규칙을 정할 수 있는 사회제도를 수립하고 운영하는 것",[39] "개인과 제도, 공공부문과 민간부문에 걸쳐 공동관심사를 다루는 다양한 방법의 총화로서, 상호대립하는 다양한 이해관계를 해결하기 위한 협조적이고 지속적인 과정,"[40] "무정부적 동맹관계(anarchic alliance)"[41] 등이 바로 그것이다. 즉 글로벌 거버넌스는 글로벌 관련 문제를 해결하기 위한 실천과 그 과정, 그리고 그것을 작동시키는 관계의 총체인 것이다. 이는 일련의 제도 혹은 그것을 내장한 조직 및 기구 등의 형태로 존재한다.

이미 구축되어 있는 글로벌 거버넌스로는 UN, UNDP, UNESCO, OECD, ILO, WTO, WHO, World Bank, IMF 등이 있다. 특

---

38 L. Gordenker and Weiss, T.G, "Pluralizing Global Governance: Analytical Approaches and Dimensions," in Weiss, T. and L. Gordenker (eds), *NGOs, the UN, and Global Governance. Boulder* (CO: Lynne Reinner, 1996).

39 O. R. Young, *International Governance: Protetic the Environment in a Stateless Society* (Ithaca, NY: cornell University Press, 1994).

40 Commission on Global Governance, *Our Global Neighborhood* (NY: Oxford University Press, 1995).

41 D. A. Lake, "Anarchy, Hierarchy, and the Variety of International Relations," *International Organization*. 50: 1–33 (1996).

히 글로벌 경제와 관련한 것으로 우리가 잘 알고 있는 게 바로 WTO, World Bank, IMF이다. 이 중 글로벌 대안경제의 모색과 관련해 주목할 수 있는 실천이 바로 WTO 개혁이다. 특히 지역적 무역협정의 차별 행동으로부터 비참여국 일반을 보호하기 위한 조치를 강구하는 것이 중심으로 이루고 있다.[42] 하지만 보다 근본적인 개혁에 대한 목소리도 높다. 이들 기구들의 대표성과 정책결정과정을 민주화하고 UN이 실질적인 규제권한을 갖도록 하되, 특히 개도국의 주권을 침해하고 신자유주의 경제정책을 강요할 것이 아니라 경제개발을 지원, 촉진하는 본연의 역할을 회복해야 한다는 주장이 바로 그것이다.[43]

더 나아가 새로운 글로벌 거버넌스의 구축이 필요하다는 주장도 제기되고 있다. 특히 투기적 외환거래와 단기 자본이동에 대해 규제를 가하고, 유동성 부족으로 인한 금융위기를 막기 위한 국제유동성 확보와 심각한 환율 파동을 억제하는 글로벌 거버넌스의 구축을 강조한다. 또한 국가 간 불평등을 심화시키는 문제를 해결하기 위해 개도국들의 외채에 대한 근원적 해결책의 마련도 과제로 제시한다. 외국투자자늘에 의해 조장되고 대부분 부패정권이 외채를 떠맡은 결과 빈국들이 국제적인 채무노예상태에 처한 현실을 종식시켜야 한다는 것이다. 그 방안으로는 과다채무빈곤국의 외채를 탕감하고, 채무국을

42 양동휴, 「세계화의 역사적 조망」, 한국경제발전학회, 『경제발전연구』 제10권 제1호 (2004), 21-22.

43 J. Brecher, J, C. Tim and B, Smith, *Globalization from Below: The Power of Solidarity* (Cambrridge, MA:South End Press. 2000)

위해 영구지불불능메커니즘을 수립하되 수입의 일정부분까지만 외채 상환에 사용토록 하고, 경제개발과 사회적 안정망 지출의 여지를 허용하는 것이 제시되고 있다.[44] 다만 문제는 누가 이러한 글로벌 거버넌스를 구축하느냐이다. 이 물음에 대한 답을 구하기 위해 주목할 것이 바로 세계시민(global citizen)이다.

세계시민은 세계를 하나의 공동체로 인정하는 주체이다. 세계시민은 그린피스와 같은 국제 환경단체에 가입해 국가를 초월해 세계환경을 위해 애쓰는 사람, 이주 노동자를 위해 출신국의 시민단체와 연대하여 권리를 주장하는 사람을 예로 들 수 있다. 즉 국적을 초월해 정치적 실천을 하고 동료시민으로서 정체성을 가지고 있다면 세계시민이라고 할 수 있는 것이다.[45] 특히 글로벌 경제와 관련해서는 빈곤과 불평등의 심화와 같은 병리적 현상을 인식하고 초국가적 협력을 통해 앞서 제기한 글로벌 거버넌스의 과제를 수행하는 이가 바로 세계시민이라 할 수 있다.

세계시민의 형성과 실천을 위해 필요한 것, 즉 세계시민으로서의 정체성 획득에 필요한 것이 있는데, 세계시민주의가 바로 그것이다. 세계시민주의는 최근에 들어 부각된 것이지만, 그 유서가 매우 깊다. 세계시민주의를 명확히 표현했던 서구의 첫 번째 철학자는 기원적 4

44 심상용, 「코즈모폴리턴 공화주의 지구시민권구상의 실천전략에 대한 연구」, 『국가전략』 제19권 3호 (2013), 145-146.

45 손경원, 「세계화의 양면성과 세계시민주의의 전망」, 한국윤리학회, 『윤리교육연구』 제30집 (2013), 282-284.

세기 견유학파(cynics)의 디오게네스이다. 그는 어디서 왔느냐는 물음에 '나는 세계의 시민'이라고 답하며 자신의 출신지(시노프Sinope)에 기초한 정체성을 부정하고 세계시민임을 자처했다. 이를 정교화한 것이 스토아학파이다. 이들은 코스모폴리스(cosmopolis) 이념을 내세워 우주는 신과 인간의 공동체라고 선언하고, 우주를 법에 따라 완벽한 질서의 상태에 있는 것으로 보면서 우주를 하나의 폴리스이며 옳은 이성이라고 보았다. 그런 가운데 우주의 법에 따라 사는 모든 사람에게 최선을 다해 봉사하는 것이 좋음이라고 주장했다. 이를 이어받아 로마의 스토아학파는 합리성을 지닌 모든 인간 존재에게로 세계시민의 범위를 확장하였다.

18세기 계몽시대에 들어서서는 칸트가 모든 합리적 존재들이 단일한 도덕공동체의 구성원이 되는 세계시민주의를 주창하였다. 모든 존재하는 국가들을 폐지하고 모든 인간 개인들이 직접적으로 일원이 되는 단 하나의 국가 설립을 주창하는 무정부주의적 입장이 등장하기도 하였다. 19세기의 마르크스와 엥겔스가 주창한 "전 세계의 프롤레타리아여 단결하라"는 구호도 세계시민주의의 선상에서 조명할 수 있다.[46]

이와 같은 세계시민주의는 도덕적 세계시민주의의 전통으로 이어져 기아와 고통에 시달리는 이방인들을 돕거나 최소한 인간의 권리나 정의를 존중하고 증진하는 의무를 주장했다. 그리고 인간의 고통감소

46 손경원, 「세계화의 양면성과 세계시민주의의 전망」, 278-280.

의 기치 아래 국적에 관계없이 구호하는 노력을 펼치면서 국제적십사자 등의 기구가 제도화되어 지속되는 데 기여하였다. 또한 평화유지를 위한 노력의 기원이 되기도 했다. 칸트의 영구평화론에서 제안된 평화안은 20세기의 국제연합이나 UN의 기초 이념이 되기도 했다. 도덕적 세계시민주의와 함께 주목해야 할 것이 바로 정치적 세계시민주의이다. 이는 세계정부의 설립 혹은 제한된 권한을 지닌 국제정치제도의 창설을 주창한다. 대부분은 세계정부 설립의 비현실성을 들어 후자의 경우에 속한다. 문화적 세계시민주의도 있는데, 서로 다른 문화가 세계시민주의라는 동질성으로 수렴될 수 있다고 보는 관점이다.[47] 세계시민주의는 애국주의와 갈등을 빚고 있기도 하지만, 대체로 양립시켜야 한다는 관점이 우세를 점하고 있는 가운데, 지역화된 세계시민주의가 필요하다는 주장이 제기되고 있기도 하다. 지역에 뿌리를 내린 세계시민주의가 보다 실질적인 효과를 낼 수 있다고 보기 때문이다.[48] 이를 보다 체계화시킨 것이 세계시민적 공화주의로 이어지고 있기도 하다.[49] 다중적 정체성을 지닌 존재로서의 인간에 대한 이해[50]에 기반을 두어 개인-가족-국가-지역-세계인이라는 처지를 고

47 문화적 세계시민주의는 유럽 중심주의의 발로라는 비판을 받고 있으며, 최근 들어서는 다문화주의의 도전을 받고 있기도 하다. 도덕적 세계시민주의, 정치적 세계시민주의, 문화적 세계시민주의의 개략적 논의와 관련해서는 손경원, 「세계화의 양면성과 세계시민주의의 전망」, 281-282.

48 이에 대해서는 손경원, 「세계화의 양면성과 세계시민주의의 전망」, 284-287.

49 이에 대해서는 손경원, 「세계화의 양면성과 세계시민주의의 전망」, 287-292.

50 이에 대해서는 마사 누스바움, 오인영 역, 『나라를 사랑한다는 것: 애국주의

르게 감안해, 지배-피지배의 관계가 아닌 공존의 주체로서 균형과 조화를 이루며 공동체를 꾸려가는 '비지배의 원리'에 입각해 세계시민의 정체성을 구성해야 한다는 것이다. 세계시민적 공화주의는 세계공화국의 비현실성에 대한 비판에도 불구하고, 글로벌 대안경제를 모색하기 위한 주체로서의 세계시민을 양성함에 있어 유효한 사상적 자원이 되리라 본다. 특히 글로벌 대안경제의 모색이 단지 경제적인 것을 넘어서서 정치적, 도덕적, 문화적 요소를 갖출 때, 정당성을 확보해 장기적으로 지속할 수 있다는 점을 고려할 때 특히 그러하다.

와 세계시민주의의 한계 논쟁』(서울: 삼인, 2003).

참고문헌

강수돌. 2005.「세계화와 삶의 문화: 사회경제적 차원에서」.『아세아연구』 48(1).

네그리, 안토니오·하트, 마이클. 윤수종 역. 2001.『제국』. 서울: 이학사.

누스바움, 마사. 오인영 역. 2003.『나라를 사랑한다는 것: 애국주의와 세계시민주의의 한계 논쟁』. 서울: 삼인.

바딤·비른봄 외. 최장집 외 역. 1987.『국가형성론의 역사』. 서울: 열음사.

백창재. 2000.「미국의 패권과 제한적 자유주의 질서」. 국제정치경제연구회 편.『20세기로부터의 유산』. 서울: 사회평론.

손경원. 2013.「세계화의 양면성과 세계시민주의의 전망」. 한국윤리학회.『윤리교육연구』 제30집.

스트레인지, 수잔. 백창재 역. 1997.「카지노 자본주의」. 김우상 외 편역.『국제관계론강의2』. 파주: 한울.

심상용. 2013.「코즈모폴리턴 공화주의 지구시민권구상의 실천전략에 대한 연구」.『국가전략』 제19권 3호.

양동휴. 2004.「세계화의 역사적 조망」. 한국경제발전학회.『경제발전연구』 제10권 1호.

월러스틴, 이매뉴얼. 1999.『근대세계체제Ⅰ』. 서울: 까치.

이정우. 2008.「세계화, 불평등과 복지국가」.『사회경제평론』 제30호.

이헌대·노언탁·최상오. 2005.「19세기 세계화의 전개과정과 특징적 양상」.『한국산업경제연구소 논문집』 제19집.

임현진·신광영. 2004.「세계화와 불균등 발전: 한국에 대한 함의」. 한국사회학회 심포지엄 논문집.

정진영. 2000.「신자유주의의 확산과 국제경제질서의 미래」. 국제정치경제연구회 편.『20세기로부터의 유산』. 서울: 사회평론.

최원석. 2015.「세계화와 빈곤 그리고 소득불평등」.『21세기정치학회보』 제25집 1호.

최창현·최상수. 2003.「협치(Givernance) 개념의 조작화와 국가 간 비교분석」.『서울행정학회 학술대회 발표논문집』.

킨들버그, 찰스. 박명섭 역. 1998.『대공황의 세계』. 서울: 부키.

폴라니, 칼. 박현수 역. 1991.『거대한 변환』. 서울: 민음사.

폿지, 잔 프랑코. 박상섭 역. 1995.『근대국가의 발전』. 서울: 민음사.

플란챠스, 니코스. 홍순권·조형제 역. 1986.『정치권력과 사회계급』. 서울: 풀빛.

______________. 박병영 역. 1994.『국가·권력·사회주의』. 서울: 백의.

한형근. 2013.「자본주의의 통치성과 세계경제위기」.『국제정치연구』 제16집 2호.

홉스봄, E. J. 강명세 역. 1994.『1780년 이후의 민족과 민족주의』. 파주: 창작과 비평사.

Brecher, J. Tim, C. and Smith, B. 2000. *Globalization from Below: The Power of Solidarity*. Cambrridge, MA:South End Press.

Commission on Global Governance. 1995. *Our Global Neighborhood*. NY: Oxford University Press.

Gordenker, L. and Weiss, T. G. 1996. "Pluralizing Global Governance: Analytical Approaches and Dimensions." in Weiss, T. and L. Gordenker (eds), *NGOs, the UN, and Global Governance*. Boulder, CO: Lynne Reinne.

Lake, D. A. Anarchy. 1996. "Hierarchy, and the Variety of International Relations." *International Organization*. 50: 1-33.

Raymond, Wiliams. 1983. *Key Words: A vocabulary of culture and society.* New York: Oxford University Press.

Ruggie, John G. 1982. "International Regimes, Transaction, and Change: Embedded Liberalism in the Postwar Economic Order." *International Organization*, 36-3.

Young, O. R. 1994. *International Governance: Protetic the Environment in a Stateless Society*. Ithaca, NY: cornell University Press.

5장
주권과 국가이성:
유럽 종교전쟁 100여 년의 나락에서 국제정치적 평화를 창출한 지적 혁신*

이현휘

니체는 유럽 문명 근간 전체를 회의했습니다.
유럽 문명의 근본적 취약성을 고발한 것이지요.
우리 사회는 행복하지 않습니다.
문명의 틀을 다시 짜야 합니다.
–박승관

'근대 국제질서는 유럽의 마지막 종교전쟁으로 평가되는 30년 전

* 이 논문을 준비하는 동안 많은 분의 도움을 받았다. 먼저 필자의 다양한 질문에 적절한 답변을 제시해 주시고, 관련 자료까지 보내주신 미국 버지니아대학교의 잔프랑코 폿지(Gianfranco Poggi) 명예교수, 프랑스 국립과학연구센터(CNRS)의 히네르크 브룬스(Hinnerk Bruhns) 교수, 예일대학교의 필립 고스키(Philip Gorski) 교수, 에어프르트대학교의 안드레아스 안터(Andreas Anter) 교수에게 각각 감사의 말씀을 드린다. 아울러 이 논문을 완성하는 데 필요한 많은 자료의 수집을 도와주신 경희대학교 중앙도서관 참고열람실의 임소리 선생님, 경희대학교 공공대학원의 김지숙, 서준식 두 조교에게도 고마운 마음을 전한다.

쟁(1618–1648)을 약 5년 동안의 지난한 협상 끝에 종결시킨 베스트팔렌 평화조약을 기점으로 출현했다.' 1948년 레오 그로스(Leo Gross)가 처음 제시한 이 시각은[1] 이후 국제정치학 교과서에서 근대 국제질서의 출발을 소개할 때 거의 예외 없이 채택하는 표준적인 설명이 되었다. 예컨대 세계 주요 대학의 국제정치학 표준 교과서로 선전되는 존 베일리스 등의 『세계정치론』에서 베스트팔렌 평화조약의 국제정치적 의미는 다음과 같이 소개된다.

> 1648년 베스트팔렌(Westphalia) … 평화조약은[2] 근대 국가성(statehood)이 확립될 수 있는 법적 기초를 마련했고, 근대 세계정치의 기본적인 규칙 또는 헌법을 확립했다. … 베스트팔렌 합의의 핵심에는 유럽 통치자들 사이에 외부 간섭 없이 자기 영토를

---

1 Leo Gross, "The Peace of Westphalia, 1648–1948," *The American Journal of International Law*, Vol. 42, No. 1 (1948), 20–41.

2 밑줄 친 부분의 영어 원문은 "The Peace Treaties of Westphalia and Osnabrück(1648)…"로 되어 있다. John Baylis, Steven Smith, & Patricia Owens, *The Globalization of World Politics: An Introduction to International Relations* (Oxford: Oxford University Press, 2014), 23. 그리고 번역문은 "1648년 베스트팔렌(Westphalia)과 오스나브뤼크(Osnabrück) 평화조약은…"으로 되어 있다. 존 베일리스·스티브 스미스·퍼트리샤 오언스 편저, 하영선 외 역, 『세계정치론』(서울: 을유문화사, 2015), 41. 그러나 베스트팔렌 조약은 '뮌스터 조약'(the Treaty of Münster)과 '오스나브뤼크 조약'을 묶어서 부르는 총괄 개념이다. 베스트팔렌은 뮌스터와 오스나브뤼크 등을 아우르는 넓은 지역을 의미하기 때문이다. 따라서 여기서는 영어 원문과 번역문의 오류를 바로 잡아 "1648년 베스트팔렌 평화조약은 …"으로 인용한다.

다스릴 수 있는 권리를 인정한다는 합의가 있었다. 시간을 거치면서 이 합의는 주권 국가의 원칙으로 체계화되었다. … 주권국가의 원칙을 성문화, 합법화한 베스트팔렌 헌법은 근대 국가 체제로 발전했다. 그 헌법은 정당한 주권적 통치 개념과 영토성(territoriality) 관념을 용접시켰다. 베스트팔렌 주권은 최고의 법적, 정치적 권리를 영토적으로 한정된 국가에 위치시켰다. 주권(sovereignty)은 한정된 영토 안에서 배타적이고 무조건적이며, 최고의 통치에 정당한 자격을 부여한다. 주권은 어떤 통치자도 다른 국가의 주권적 문제에 간섭할 수 있는 권리를 가지지 않는다는 점에서 배타적이다. 그리고 국경 안에서 통치자가 신민들에 대해 완전한 권위를 가지고 있다는 점에서 무조건적이다. 또한 국가 상위의 어떤 법적, 정치적 권위도 없다는 점에서 최고권이다.[3]

그러나 이 설명은 현재 세계 학계에서 커다란 도전에 직면해 있다. 베스트팔렌 평화조약 체결 이후에도 주권은 확고하게 자리를 잡지 못했다는 것, 근대 주권 국가는 18세기경에 가서야 온전한 형태를 취할 수 있었다는 것, 다시 말해서 베스트팔렌 평화조약은 중세의 유산을 거의 극복하지 못했기 때문에 근대 국제질서의 기점으로 간주할 수 없다는 것, 그렇다면 국제정치학에서 유포한 베스트팔렌 평화조약에 관한 담론은 역사의 실상과 동떨어진 '신화'에 불과하다는 것

3 베일리스 외, 『세계정치론』, 41-42.

등등의 주장이 강력하게 제기되었기 때문이다. 예컨대 최근 브렌던 심스는 그의 동료와 함께 베스트팔렌 평화조약을 다음과 같이 비판했다.

> 베스트팔렌 평화조약의 본성과 함축은 지난 150여 년 동안 완전히 잘못 이해되었다. 그런 오해에 따르면 베스트팔렌 평화조약은 영주들의 주권을 인정함으로써 국가 주권의 평등성, 세력균형(balance of power), 주권 국가의 내정 불간섭주의(non-intervention in domestic affairs) 등에 기초한 근대 '베스트팔렌 체제'를 출범시켰다는 것이다. 현재까지 이런 오해는 수많은 교과서, 언론, 정치가, 그리고 국제정치학의 표준 교과서 등을 통해서 끊임없이 정설로 소개되고 있다. 그러자 정치학자, 국제법학자, 역사학자까지 그처럼 왜곡된 베스트팔렌 평화조약의 이미지를 무비판적으로 수용함으로써 대단히 고질적인 베스트팔렌 신화를 광범위하게 유포시키는 지경에 이르고 말았다.[4]

이런 수정주의적 주장은 주로 역사학과 사회학 쪽에서 지난 30여 년간 꾸준히 제기되었는데, 최근에는 국제정치학 쪽에서도 거의 수용하는 추세에 있다.[5]

---

4 Brendan Simms, Michael Axworthy, Patrick Milton, "Ending the New Thirty Years War," *New Statesman* (26 January 2016).

5 예컨대, Brendan Simms, *Europe: The Struggle for Supremacy, From 1453 to the*

그러나 베스트팔렌 평화조약의 성격을 정확하게 이해하려면 가장 먼저 16–17세기 유럽 전역에서 전개된 종교전쟁 100여 년의 역사에 착안해야만 한다. 베스트팔렌 평화조약의 가장 중요한 의미는 종교전쟁 100여 년의 나락에서 국제정치적 평화를 창출한 지적 혁신에서 찾을 수 있기 때문이다. 그래서 헨리 키신저는 주권, 국가이성(reason of State), 국가이익(national interest), 세력균형 등의 개념을 제도적으로 구현한 베스트팔렌 평화조약을 근대 국제정치의 지평을 개창한

Present (New York: Basic Books, 2014), 37–41. Benno Teschke, *The Myth of 1648: Class, Geopolitics, and the Making of Modern International Relations* (London: Verso, 2003). Benno Teschke, "Debating 'The Myth of 1648': State Formation, the Interstate System and the Emergence of Capitalism in Europe–A Rejoinder," *International Politics*, Vol. 43 (2006), 531–573. Nicholas Henshall, *The Myth of Absolutism: Change & Continuity in Early Modern European Monarchy* (New York: Longman, 1992). Derek Croxton, "The Peace of Westphalia of 1648 and the Origins of Sovereignty," *The International History Review*, Vol. 21, No. 3 (1999), 569–591. Andreas Osiander, "Sovereignty, International Relations, and the Westphalian Myth," *International Organization*, Vol. 55, No. 2 (2001), 251–287. Vivek S. Sharma, "The Impact of Institution on Conflict and Cooperation in Early Modern Europe," Ph.D. diss., New York University (2005). Daniel H. Nexon, *The Struggle for Power in Early Modern Europe: Religious Conflict, Dynastic Empires & International Change* (Princeton: Princeton University Press, 2009). Bejamin de Carvalho, Halvard Leira, John M. Hobson, "The Big Bangs of IR: The Myths That Your Teachers Still Tell You about 1648 and 1919," *Millennium: Journal of International Studies*, Vol. 39, No. 3 (2011), 735–758.

'천재적' 발상으로 평가하기까지 했다.[6] 따라서 베스트팔렌 평화조약은 무엇보다도 국제정치학적 시각에서 분석할 것을 요구한다. 하지만 베스트팔렌 평화조약의 성과를 비판적으로 평가하는 수정주의 시각은 주로 근대 국가의 '국내적' 조건들, 즉 특정 영토 내 무력의 독점 여부, 합리적 관료제의 작동 여부, 효율적인 조세제도의 존재 여부 등을 검토하면서 결론을 도출했다.[7] 물론 수정주의 시각의 타당성을 인정할 수 있는 부분이 없는 것은 아니다. 그러나 근대 국가는 어느 특정 시점을 기점으로 완성된 것이 아니라, 12–13세기의 이탈리아 혁명, 16세기의 네덜란드 혁명, 17세기의 영국 혁명, 18세기의 미국 혁명과 프랑스 혁명 등을 거치면서 대단히 점진적으로 형성된 것이었다.[8] 그렇다면 수정주의 시각의 주장처럼 18세기 이전의 유럽 정치사를 모두 전근대의 역사로 간주해서는 아니 될 것이다. 또한 16세기 이후 등장한 국가의 정치, 경제, 사회, 문화 등의 각 차원에서 근대성을 성취하는 속도는 상이했다. 따라서 각 차원별 근대성의 성취 수준 또한 상이하게 평가해야만 한다. 그렇다면 베스트팔렌 평화조약에 참여한 국가들 '내부의' 근대적 조건을 문제시하면서 베스트팔렌 평화조약의 '근대' 국제정치적 성과를 폄하해서도 아니 될 것이다. 국제정치적 성

6 Henry Kissinger, *World Order* (New York: Penguin Press, 2014), 20–31.

7 자세한 내용은, 임승휘, 「16–18세기 유럽 국가의 근대성에 대한 비판적 고찰: 새로운 패러다임을 찾아서」, 『서양사론』, 제116호(2013), 210–242.

8 Max Weber, *The Religion of China: Confucianism and Taoism*, trans. by Hans H. Gerth (New York: The Free Press, 1951), 62.

과는 국내정치적 관점이 아니라 국제정치적 관점에 입각해서 평가해야만 하기 때문이다.

이 논문은 근대 국가의 주권, 국가이성, 국가이익, 세력균형 등의 국제정치적 의미를 정확하게 해명하는 것을 목표로 삼는다. 그 목표를 효과적으로 달성하기 위해 먼저 국제정치적 평화를 가능하게 하는 조건의 이념형(ideal type)을 구성할 것이다.[9] 이어서 유럽의 종교전쟁이 국제정치적 평화의 조건을 거의 충족시키지 못함으로써 100년 이상 지속될 수밖에 없었다는 사실을 확인할 것이다. 그리고 그처럼 만성적 종교전쟁을 국제정치적 평화로 전환시킬 수 있었던 '비결'을 주권, 국가이성, 국가이익, 세력균형 등을 키워드로 해명할 것이다. 아울러 베스트팔렌 평화조약의 적실성을 20세기 몇몇 국제정치적 파국을 사례로 검증하고, 21세기 한반도 평화의 길을 여는 과정에서도 그런 적실성이 여전히 유지될 수 있다는 주장을 제기하고자 한다.

이 논문은 국제정치적 평화를 가능하게 하는 조건의 이념형에 입각해서 역사적 사실에 내포된 국제정치적 의미를 최대한 선명하게 파악하려는 하나의 시도라는 점에서 기존 연구와 질적 차별성을 보인다고 할 수 있다. 현재까지 국내외 학계에서 출간된 베스트팔렌 평화조약 관련 연구는 거의 예외 없이 국제정치적 평화를 가능하게 하는 조건의 이념형을 구성하지 않은 채 연구자 개인의 시각에 입각해서 역

9 이념형의 의미와 구성 방법에 관해서는, 이현휘, 「고대 중세 시민의 역사적 전개: '호모 폴리티쿠스'에서 '호모 에코노미쿠스'로」, 이동수 편, 『시민은 누구인가』(고양: 인간사랑, 2013), 38-45.

사적 사실을 해석하는 방식을 취했다. 그러다보니 역사적 사실에 내포된 국제정치적 의미를 국제정치학적 안목을 결여한 연구자 개인의 학문적 식견에 따라 '자의적으로' 해석하는 문제를 드러낼 수밖에 없었다. 앞에서 소개한 수정주의적 연구가 대표적 사례라고 할 수 있다. 따라서 이 연구는 기존 연구 방법에 대한 반성에서 출발하고자 한다. 그러면 국제정치적 평화를 가능하게 하는 조건의 이념형은 어떻게 구성할 수 있는가?

1. 국제정치적 평화의 조건: 정치 우위의 원칙과 책임윤리

필자는 다른 논문에서 국제정치적 평화를 가능하게 하는 조건의 이념형을 비교적 상세하게 구성한 바 있다.[10] 따라서 이 절에서는 이 논문의 논지를 전개하는 데 필요한 부분만을 추려서 간략하게 제시하는 형식을 취하고자 한다.

국제정치적 평화의 조건을 빠르게 이해하기 위해서는 칼 폰 클라

10 이현휘, 「전쟁과 평화: 미국 전쟁 수행 방식의 '반정치적' 성향을 사례로」, 『정책연구』, 국가안보전략연구원 (2015), 제2절, '정치윤리의 두 유형: 책임윤리와 신념윤리,' 제3절, '클라우제비츠의 군사전략과 책임윤리.' 이 논문은 절 번호와 내용을 약간 수정해서 이 책의 제6장에 다시 수록되었다. 제1절, '정치윤리의 두 유형: 책임윤리와 신념윤리,' 제2절, '클라우제비츠의 군사전략과 책임윤리' 참조.

우제비츠가 제시한 군사전략의 핵심과 막스 베버가 제시한 정치이론 및 정치윤리를 묶어서 검토할 필요가 있다. 클라우제비츠에 따르면 모든 전쟁은 극한 상태로 확전되는 속성을 지닌다. “전쟁은 무력을 행사하는 행위인데, 그곳에서 동원되는 무력의 양에는 논리적 한계가 존재하지 않는다. 따라서 특정 국가가 자국의 의지를 적국에 강제하면 적국 역시 동일한 방식으로 대응한다. 이론적으로 보면 이런 상호관계는 반드시 극단으로 치닫도록 되어 있다.”[11] 클라우제비츠는 이런 확전 과정을 거쳐 도달한 전쟁의 극한 상태를 ‘절대전쟁’(absolute war)으로 개념화했다. 하지만 절대전쟁은 추상의 지평에서 논리적 추론을 통해 설정한 것일 뿐, 실제 현실에서는 존재하지 않는다. 현실에서 발생하는 ‘실제전쟁’(real war)은 현실의 다양한 변수 때문에 절대전쟁과 다른 양상으로 전개되기 때문이다. 클라우제비츠는 현실의 다양한 변수를 총칭해서 ‘마찰’(friction)이라고 불렀다. “마찰은 실제전쟁을 종이 위에서 구상한 절대전쟁(war on paper)으로부터 구분시켜주는 요소들과 어느 정도 유사한 개념이라고 할 수 있다.”[12]

클라우제비츠는 모든 실제 전쟁의 가변적 외양 이면에서 존재하는 세 가지 핵심 요소(a paradoxical trinity)를 간파했는데, 전쟁 시 동물적 적대감에 휩싸이는 국민, 불확실한 전쟁터에서 활동하는 군인, 정치적 이성을 발휘해서 전쟁을 지휘해야 하는 정치 지도자가 각각 그

11 Carl von Clausewitz, *On War*, ed. and trans. by Michael Howard and Peter Paret (Princeton, New Jersey: Princeton University Press, 1989), 77.

12 Carl von Clausewitz, *On War*, 119.

것이다.[13] 클라우제비츠는 이 세 가지 요소 중에서 정치 지도자의 역할을 가장 중요하게 평가했다. 전쟁 그 자체는 목표가 될 수 없고 항시 정치적 목표를 달성하는 수단으로 '제한'되어야 한다고 판단했기 때문이다. "전쟁은 단순한 정치적 행위가 아니라 여타의 비군사적 수단과 함께 정치적 교섭을 계속하는 진정한 정치적 수단이다. … 정치적 목적이 목표이고, 전쟁은 정치적 목적을 달성하는 수단이다. 전쟁이란 수단은 그 어떤 경우에도 정치적 목적과 분리되어 고려될 수 없다."[14] 이처럼 전쟁이 정치적 목적을 달성하는 수단으로 제한되어야 한다는 원칙을 '정치 우위의 원칙'(the primacy of politics)이라고 부른다.[15] 다시 말해서 정치 우위의 원칙은 전쟁 시 정치 지도가가 정치적 이성을 발휘해서 전쟁터의 불확실성과 국민의 동물적 적대감을 정치적으로 통제하는 가운데 정치적 목표를 달성할 수 있어야 한다는 격률이다. 레이몽 아롱은 전쟁 시 정치 우위의 원칙이 준수되어야만 하는 까닭을 다음과 같이 설명했다. "사실상 정치 우위의 원칙을 견지할 경우 확전을 통제할 수 있고(the control of escalation), 적대적 감정이 폭발하여 무자비한 만행으로 끝없이 변질되는 것을 피할 수 있다. … 국가 간의 정치적 교섭의 목적을 공동체 구성원 모두의 생존, 공동의

13 Carl von Clausewitz, *On War*, 89.

14 Carl von Clausewitz, *On War*, 87, 605.

15 군사전략사상사에서 등장한 정치 우위의 원칙을 종합적으로 검토한 사례로는, Michael I. Handel, *Masters of War: Classical Strategic Thought*, 3rd. ed. (London: Frank Cass, 2004), 65–75.

번영, 그리고 인간의 목숨을 구제하는 쪽에서 설정할 경우에 한해서만 '신중하게' 선택된 정치적 행위는 '합리적' 행위가 될 수 있다."[16]

정치 우위의 원칙을 통해서 아롱이 기대한 정치적 효과를 거둘 수 있으려면 몇 가지 조건을 선결시켜야만 한다. 첫째, 정치 지도자는 반드시 '책임윤리'(the ethic of responsibility)를 실천해야 한다. 주지하듯 베버는 책임윤리와 신념윤리(the ethic of conviction)라는 두 개의 이념형을 구성해서 정치윤리를 설명했다. 베버에 따르면 정치는 여타 세계와 달리 '물리적 강제력'(무력)이란 수단을 합법적으로 동원할 수 있는 독특한 성격을 지녔다. 정치의 본성에 폭력이 내재하고 있는 것이다. 그래서 가장 적나라한 정치적 행위는 전쟁이다. 이처럼 정치의 폭력적 본성 때문에 정치의 독특한 윤리가 요청되는데, 책임윤리가 바로 그것이다. 책임윤리는 정치 지도자가 정치적 결정을 내릴 때 자신이 떠맡은 정치 공동체의 생존과 번영을 가장 우선적으로 고려할 것을 요구하는 윤리다. 반면, 신념윤리는 정치 지도자가 자신이 '절대적으로' 신봉하는 도덕적, 윤리적, 종교적, 추상적 가치에 대한 신념을 가장 우선적으로 고려하면서 정치적 결정을 내리는 윤리다. 그래서 신념윤리는 사실상 '종교윤리'와 동일하다. 책임윤리를 실천하는 정치 지도자는 정치 공동체의 생존과 번영에 대한 책임을 가장 중요시한다. 그러나 신념윤리를 실천하는 정치 지도자는 자신이 신봉하는 신념의

16 Raymond Aron, *Peace and War: A Theory of International Relations*, trans. by Richard Howard and Annette Barker Fox (New York: Doubleday & Co., 1966), 45.

순수성에 헌신할 뿐, 자신의 행위가 정치 공동체에 초래할 결과에 대해서는 전혀 책임을 지지 않는다.[17]

정치 지도자가 책임윤리로 무장해서 전쟁을 수행한다면 정치 공동체의 생존과 번영에 기여할 '구체적' 문제 해결을 정치적 목표로 설정한다. 그리고 전쟁을 통해 그 목표를 달성했을 경우 곧바로 전쟁을 종결시킬 수 있다. 즉, 전쟁은 구체적 문제 해결의 범위로 한정되는 '제한전쟁'(limited war)으로 수행되며, 그 구체적 문제가 해결되면 곧바로 전쟁을 끝낼 수 있기 때문에 '전쟁 종결'(war termination) 또한 용이하다. 하지만 정치 지도자가 신념윤리로 무장해서 전쟁을 수행한다면 정치적 목표는 그가 신봉하는 추상적 가치의 형태로 설정될 수밖에 없다. 그러나 전쟁 수단을 동원해서 추상적 가치를 실현하고자 할 때, 전쟁은 곧바로 제한전쟁의 수준을 넘어서 절대전쟁으로 확전될 수밖에 없고, 그런 와중에서도 추상적 가치를 실현하기가 어렵기 때문에 전쟁 종결은 끝없이 지연되는 문제를 야기한다. 또한 신념윤리로 무장한 정치 지도자는 자신이 떠맡은 정치 공동체의 생존과 번영에는 전혀 책임을 지지 않기 때문에 전쟁이 지속될수록 정치 공동체는 생존을 기약할 수 없는 위기 상황에 처하게 된다. 청교도적 신념윤리가 지배하는 미국의 십자군적 전쟁 수행 방식이 전쟁을 장기화시키는 가운데 미국의 쇠퇴를 꾸준히 강제하는 경우가 전형적 사례라고 할 수 있다.[18] 요컨대 정치 지도자가 신념윤리로 무장했을 경우 정치 우위의

---

17 막스 베버, 전성우 역, 『직업으로서의 정치』(파주: 나남, 2007), 103-140.

18 자세한 내용은, 이현휘, 「전쟁과 평화」(이 책의 제6장 수록 논문), 제3절, "미

원칙은 절대전쟁을 강제하는 원천으로 기능할 수 있을 뿐이다.

둘째, 정치 공동체는 그것의 관할 영역 내부의 무력을 모두 독점해야만 한다. 그래서 정치 지도자가 전시에 군 통수권자(Commander-in-Chief)의 역할을 수행할 수 있어야 한다. 이런 조건을 가장 이상적으로 충족한 사례로는 근대 국가를 꼽을 수 있는데, 베버는 그것의 이념형을 다음과 같이 제시했다. "… 특정 영토 내에서-이 점, 즉 〈영토〉는 현대국가의 중요한 특성 중 하나입니다-정당한 물리적 강제력의 독점을 (성공적으로) 관철시킨 유일한 인간 공동체는 곧 국가라고 봐야 할 것입니다. 왜냐하면 현대에 와서, 국가 이외의 다른 모든 조직체나 개인은 오로지 국가가 정하는 범위 내에서만 물리적 강제력을 행사할 수 있을 뿐이기 때문입니다. 즉, 오늘날 국가는 강제력을 사용할 〈권리〉의 유일한 원천입니다."[19] 막스 베버의 근대 국가 이론을 연구한 안드레아스 안터(Andreas Anter)는 "무력의 독점을 근대 국가의 가장 중요한 특성으로 평가했다."[20]

정치 공동체에서 무력을 독점하지 못할 때, 그래서 공동체 내부의 유력자들이 무력을 소유하고서 할거할 때, 그 공동체는 만성적 내전을 겪지 않을 수 없다. 또한 내전 과정에서 그런 유력자들이 정치

국의 전쟁 수행 방식과 신념윤리" 참조.

19 베버, 『직업으로서의 정치』, 20.

20 안드레아스 안터와의 인터뷰 (2016. 3. 19.) 안터가 저술한 베버의 국가사회학 연구로는, Andreas Anter, *Max Weber's Theory of the Modern State*, trans. by Keith Tribe (New York: Palgrave, 2014).

공동체 외부의 세력과 결탁할 경우 국제전으로 확전되는 것이 불가피하다. 1945년 일본의 패망 이후 한반도에는 통일 국가가 수립되지 못했다. 즉 한반도 차원에서 무력이 독점되지 못한 채 남한과 북한이 그 무력을 나눠 갖는 형국이 조성되었다. 이후 한국전쟁은 내전으로 시작되었지만 남한과 결탁한 미국, 북한과 결탁한 중국 등이 참전하면서 곧바로 국제전으로 확전되고 말았다. 반면, 미국 연방은 1860년 남부의 무력을 몰수하지 못함으로써 남북전쟁 발발을 방지할 수 없었지만 내전으로 끝냈다. 국무장관 윌리엄 시워드(William H. Seward) 등이 정치적으로 현명한 외교력을 발휘해서 유럽 강대국의 개입의지를 적극적으로 차단했기 때문이다.[21] 미국은 남북전쟁 이후 남북 간의 정치통합을 완성했고, 그래서 자본주의를 비약적으로 발전시키는 길을 걸을 수 있었다. 그리고 그것은 한국 현대사의 역정(歷程)과 극명하게 대조되는 길이었다.

셋째, 정치 지도자는 전쟁을 수행할 때 국민 다수의 지지를 확보해야 한다. 그리고 그러한 지지는 정치 지도자가 국민으로부터 전쟁의 정당성(legitimacy)을 획득할 때 비로소 확보할 수 있다. 그런데 정당성의 근거는 지배자(정치 지도자)의 '권력'이 아니라 피지배자(국민)의 '마음'에서 존재한다. 따라서 전쟁의 정당성은 지배자의 권력을 통해서 일방적으로 강제할 수 있는 것이 아니라, 피지배자의 자발적 복종

21 Norman B. Ferris, "William H. Seward and the Faith of a Nation" in Norman A. Graebner, ed., *Traditions and Values: American Diplomacy, 1790–1865* (Lanham, MD: University Press of America, 1985), 153–177.

을 통해서 형성된다.[22] 정치 지도자가 국민 다수의 지지를 받지 못함으로써 전쟁에서 패배한 고전적 사례로는 베트남 전쟁을 꼽을 수 있다. 린든 존슨은 의회의 승인을 요하는 선전포고를 생략하고서 베트남 전쟁을 시작했다. 그래서 미국 국민으로부터 베트남 전쟁의 정당성을 획득할 수 있는 정치적, 법률적, 심리적 근거 등을 마련하는 과제를 방기했던 것이다. 그러자 미국은 베트남 전쟁이 장기화되는 와중에서 미국 국민 다수의 반전운동에 봉착할 수밖에 없었는데, 이는 존슨 행정부가 견지해야 할 정치 우위의 원칙을 와해시키는 결정적 요인으로 작용했다.[23]

레이몽 아롱은 국제정치이론을 집대성한 『평화와 전쟁』에서 국제정치적 평화의 조건을 다음과 같이 간결하게 제시했다. "국제정치적 법칙은 그 본성상 다음과 같은 원칙을 따라야 한다. 평화 시 모든 국가는 최선을 다해 우호적으로 지내야만 한다. 하지만 전쟁이 불가피하게 발생했을 경우 적대국의 사활이 걸린 이익(genuine interests)을 훼손하지 않으면서 전쟁의 피해를 최소화할 수 있도록 노력해야 한다."[24] 아롱이 제시한 국제정치적 평화의 조건을 충족하는 전쟁을 수행할 수 있으려면 반드시 앞에서 검토한 정치 우위의 원칙을 준수해

---

22 베버, 『직업으로서의 정치』, 21. Max Weber, *Economy and Society: An Outline of Interpretive Sociology*, ed. by Guenther Roth and Claus Wittich (New York: Bedminster Press, 1968), 212–215.

23 자세한 내용은, 해리 서머스, 민평식 역, 『미국의 월남전 전략』(서울: 병학사, 1983), 36–60.

24 Aron, *Peaced and War*, vii.

야만 한다. 하지만 유럽의 종교전쟁이 100년 이상이나 지속되었던 까닭은 정치 우위의 원칙을 구성하는 세부조건을 모두 와해시켰기 때문이었다. 절을 바꿔서 이 문제를 구체적으로 검토해 보기로 한다.

2. 유럽 종교전쟁 100여 년의 역사: 정치 우위 원칙의 와해와 신념윤리의 충돌

16세기 종교개혁 이후 유럽 전역에서는 100년이 넘는 기간 동안 끊임없는 종교전쟁이 발생했다. 예컨대 슈말칼덴 전쟁(1546–1547), 프랑스 종교전쟁(1562–1598), 네덜란드 독립전쟁(1568–1648), 30년 전쟁(1618–1648), 영국의 청교도 혁명(1640–1660)과 명예혁명(1688–1689) 등이 그것이다. 그러면 종교전쟁이 그처럼 장기간 전개될 수밖에 없었던 까닭은 무엇인가?

유럽의 종교전쟁이 장기간 지속되었던 까닭을 이해하기 위해서는 먼저 근대 초기 유럽에서 존재했던 국가들의 존재양식을 검토할 필요가 있다.[25] 현재 학계에서는 근대 초기 유럽의 국가들을 왕조국가(dy-

25 Cf. Daniel Nexon, "Religion, European Identity, and Political Concentration in Historical Perspective" in Timothy. A. Byrnes and Peter. J. Katzenstein, eds., *Religion in an Expanding Europe* (Cambridge: Cambridge University Press, 2006), 266.

nastic state),[26] 합성국가(composite state)[27] 등의 용어로 지칭한다. 하지만 '왕조국가'는 당대 유럽 국가의 고유한 특징을 포착하는 데 한계를 보이는 비전문적 용어(non-technical term)라고 할 수 있다. 인류 역사에서 존재했던 대부분의 국가는 왕조국가의 성격을 지녔기 때문이다. 또한 합성국가는 베버가 제시한 '신분제적 가산제'(estate-type patrimonialism)에 온전히 포섭되는 개념이다.[28] 따라서 이 글에서는 분석 능력이 더욱 뛰어나다고 판단되는 신분제적 가산제 개념을 활용해서 근대 초기 유럽 국가들의 특성을 분석하고자 한다.

신분제적 가산제는 베버가 제시한 지배유형 중 '전통적 지배'(traditional domination)의 하위 유형에 해당한다.[29] 신분제적 가산제는 다양한 내용을 포함하고 있지만,[30] 베버의 다음과 같은 논의를 통해서

---

26 Richard Bonney, *The European Dynastic States 1494–1660* (Oxford: Oxford University Press, 1991).

27 합성국가의 개념에 관해서는, J. H. Elliott, "A Europe of Composite Monarches," *Past and Present*, Vol. 137 (1992), 48-71. 합성국가 개념을 활용해서 유럽 종교전쟁을 분석한 사례로는, Daniel H. Nexon, *The Struggle for Power in Early Modern Europe: Religious Conflict, Dynastic Empires & International Change* (Princeton: Princeton University Press, 2009). Vivek S. Sharma, "The Impact of Institutions on Conflict and Cooperation in Early Modern Europe," Ph. D. diss., New York University (2005).

28 잔프랑코 폿지(Gianfranco Poggi)와의 인터뷰(2016. 3. 18.) 히네르크 브룬스(Hinnerk Bruhns)와의 인터뷰(2016. 4. 1.) 안드레아스 안터(Andreas Anter)와의 인터뷰(2016. 4. 24.)

29 자세한 내용은, Weber, *Economy and Society*, 226-241.

30 신분제적 가산제의 의미를 정확하게 해설한 사례로는, 박성환, 『막스 베버의

그것의 핵심을 빠르게 파악해 볼 수 있다.

> 물적 행정수단의 전부 또는 일부가 통치자와 종속관계에 있는 행정 간부진의 수중에 있는 정치체제를 우리는 〈신분적으로〉 조직된 정치체제라고 부르고자 합니다. 예를 들어 봉건적 체제의 경우 가신은 봉토로 부여받은 영토 내의 행정과 사법업무의 비용을 스스로 부담했으며, 전쟁수행을 위한 장비와 식량도 스스로 조달했습니다. 그리고 이것은 그에게 종속된 하위가신들의 경우도 마찬가지였습니다. 이러한 상황이 가신들의 상전인 군주의 권력지위에 영향을 끼쳤음은 두말할 나위도 없습니다. 왜냐하면 군주의 권력지위는 오로지 가신과의 개인적 충성 동맹에만, 그리고 가신의 봉토 소유와 그의 사회적 명예의 〈정당성〉의 근거가 군주에게 있다는 사실에만 의거하고 있기 때문입니다. … 〈신분적〉 체제하에서 통치자는 자립적 〈귀족〉의 도움으로 통치를 하며, 따라서 귀족과 지배를 공유하는데 …[31]

한국사회론』(울산대학교출판부, 1999), 27-37. Hinnerk Bruhns, "Weber's Patrimonial Domination and Its Interpretation" in Daniel C. Bach and Mamoudou Gazibo, eds., *Neopatrimonialism in Africa and Beyond* (London: Routledge, 2012), 9-24.

31 베버, 『직업으로서의 정치』, 27-28. 서양 특유의 신분제적 가산제를 상세히 소개한 사례로는, 잔프랑코 폿지, 박상섭 역, 『근대국가의 발전』(서울: 민음사, 1995), 71-103. 폿지는 여기서 '신분제국가'(Ständestaat, the polity of Estates)라는 용어를 사용하고 있는데, 이는 서양 특유의 신분제적 가산제와 동일한 의미를 갖는다.(… the Ständestaat is a historically unique, purely Western form

위 인용문에서 가신, 귀족 등이 '신분'에 해당한다. 그리고 그 신분이 무력을 독자적으로 소유하고 있다는 점에 주목할 필요가 있다. 그것은 신분제적 가산제에서 통치자가 무력을 독점하지 못했다는 사실을 말해주기 때문이다. 그래서 그곳의 통치자는 정치 우위의 원칙을 독자적으로 실천할 수 있는 역량을 보유하지 못하고 있었다.

한편, 근대 초기 유럽의 통치자는 대부분 가톨릭 신앙을 갖고 있었다. 그런데 종교개혁 이후 가톨릭을 비판하는 루터주의와 캘빈주의는 통치자에게 정치적으로 적대적 입장을 취했던 신분에게 쉽게 다가갈 수 있었다. 신분 역시 개신교를 수용함으로써 통치자로부터 상대적 자율성을 확보할 수 있는 기회를 마련할 수 있었다. 하지만 무력을 독점하지 못한 통치자는 개신교로 무장한 신분을 정치적으로 통제하는 데 한계를 보였다. 이런 여건에서 개신교는 유럽의 다양한 신분을 매개로 점차 유럽 전역으로 확대될 수 있었다.[32]

그런데 문제는 가톨릭과 개신교에서 견지하는 정치윤리가 모두 '신념윤리'에 해당한다는 사실이다. 신념윤리는 곧 종교윤리라고 할 수 있기 때문이다. 그래서 양 진영은 상대방을 이단시하면서 어떤 형태의 타협과 조정도 허용하지 않았다. 예컨대 특정 정치 공동체 내의

---

of Estate patrimonialism). 잔프랑코 폿지와의 인터뷰(2016. 8. 23.)

32 Kissinger, *World Order*, 19. Daniel Nexon, "Religion, European Identity, and Political Concentration in Historical Perspective," 269. Menna Prestwich, "Introduction: The Changing face of Calvinism" in Prestwich, ed., *International Calvinism 1541–1715* (Oxford: Clarendon Press, 1985), 1–14.

통치자가 가톨릭적 신념윤리로 무장하고, 그 공동체 내부의 신분이 개신교적 신념윤리로 무장했을 때, '내전'은 거의 불가피했다. 그리고 신념윤리가 지배하는 내전은 종교전쟁의 성격을 지녔기 때문에 지체 없이 '절대전쟁'으로 확전될 수밖에 없었다. 그처럼 내전이 격화되는 과정에서 통치자는 통상 외국의 가톨릭 세력에게 지원을 요청했고, 신분은 외국의 개신교 세력에서 지원을 요청했다. 그런 요청에 따라 외국 세력이 참전할 경우 내전은 그 즉시 국제전으로 확전될 수밖에 없었고, 다시 그 국제전은 절대전쟁으로 질주할 수밖에 없었다. 다시 말해서 특정 정치 공동체의 국내정치와 대외정책을 구분하는 장벽(국경)이 무너지면서 내전이 유럽 전역으로 끝없이 확산되는 양상을 보였다.[33] 하지만 신념윤리가 지배하는 종교전쟁에서는 '전쟁 종결' 또한 어려울 수밖에 없었다. 요컨대 유럽 종교전쟁의 시기에는 특정 정치 공동체에서 준수해야 할 정치 우위의 원칙이 완전히 무너졌던 것이다. 바로 이것이 유럽 전역에서 종교전쟁의 참상을 100년 이상 지속시킨 국제정치적 논리였다.

프랑스 종교전쟁과 30년 전쟁을 사례로 상기 국제정치적 논리를 좀 더 구체적으로 검토해 보기로 하자. 프랑스 종교전쟁은 보통 1562년의 바시 학살 사건Massacre of Vassy)으로 시작해서 낭트칙령(Edict of Nantes)을 선포한 1598년에 끝난 것으로 간주되는데, 혹자는 1620년에 시작해서 알레 평화 조약(Peace of Alais)을 체결한 1629년까지를 포

33 Kissinger, *World Order*, 19–20.

함시키기도 한다. 이 기간 동안 총 9차례에 걸친 크고 작은 종교전쟁이 발생했다.[34] 종교전쟁이 발생한 주요 원인은 당시 신분제적 가산제로 운영되던 프랑스에서 정치 우위의 원칙이 총체적으로 와해된 데서 찾을 수 있다. 당시 허약한 권력을 갖고 있던 국왕은 신념윤리와 무력으로 무장한 신분들, 즉 가톨릭 세력과 위그노 세력 간의 극단적 적대감과 첨예한 갈등을 정치적으로 조정할 수 없었기 때문이다. 예컨대 가톨릭 강경파였던 루이 드 오를레앙(Louis D'Orléans)은 위그노 세력에 대한 적대감을 다음과 같이 천명했다. "만일 당신이 사랑하는 모든 사람, 예컨대 당신의 형제, 친구, 아내 중에서 당신의 가톨릭 신앙심을 박탈하고자 한다면 그들을 죽이고 목을 잘라 신에게 제물로 바쳐라." 가톨릭 세력은 가톨릭 공동체 전체를 구원하고, 신의 은총을 회복하기 위해서 위그노 세력과 싸워야 한다고 확신했기 때문이다.[35] 위그노 세력이 가톨릭 세력을 바라보는 시각도 마찬가지였다. 이처럼 가톨릭 세력과 위그노 세력 간의 신념윤리가 충돌하는 와중에서 예컨대 성 바르톨로메오 대학살(St. Bartholomew's Day Massacre, 1572)과 같은 참상이 발생했다. 그뿐 아니다. 국왕 앙리 3세는 이른바 바리케이드의 날(Day of the Barricades)로 지칭되는 1588년 5월 12일, 가톨

---

34 프랑스 종교전쟁을 빠르게 개관하려면, Nexon, *The Struggle for Power in Early Modern Europe*, 235-264. R. J. Knecht, *The French Wars of Religion 1559-1598*, 2ed. ed. (London: Longman, 1996) 등 참조.

35 Dalia M. Leonardo, "'Cut Off This Rotten Member': The Rhetoric of Heresy, Sin, and Disease in the Ideology of the French Catholic League," *The Catholic Historical Review*, Vol. 88, No. 2 (2002), 247.

릭 세력에 쫓겨 수도 파리를 떠나야만 했고, 1589년 8월 2일, 도미니크 수도회 수사였던 자크 클레망(Jacques Clément)에게 암살당하고 말았다. 이후 파리는 가톨릭 세력이 점령했다. 프랑스에 정치적 공백이 생긴 것이다. 1589년 8월 2일 앙리 3세의 후계자로 지명되었던 앙리 4세는 1590년 3월 파리를 포위했다. 파리를 수복하기 위해서였다. 그러자 프랑스의 가톨릭 세력은 가톨릭 국가였던 스페인 군대를 끌어들여 방어했는데, 이는 스페인이 프랑스에 영향력을 행사할 수 있는 계기를 제공했다. 예컨대 1593년 1월, 파리에서 개최된 삼부회에서는 새로운 국왕 선출을 논의했는데, 그때 스페인 국왕 펠리페 2세의 공주 이사벨라 클라라 에우헤니아(Isabella Clara Eugenia)를 유력한 후보로 거론했다. 만일 이 때 이사벨라가 국왕으로 선출되었다면 프랑스는 그녀와 앙리 4세에 의해 양분되고 말았을 것이다.[36] 개신교 신앙을 갖고 있던 앙리 4세는 가톨릭 세력의 저항을 완화시키기 위해 1593년 7월 25일 가톨릭으로 개종했다. 즉 앙리 4세는 자신의 영혼의 구원을 위한 신념윤리를 고집하는 대신, 자신이 떠맡은 정치 공동체의 평화를 우선시하는 책임윤리를 실천했다. 다시 말해서 종교적 결단이 아니라 정치적 결단을 내렸던 것이다. 이후 앙리 4세는 1594년 3월 22일 파리에 겨우 입성했다. 앙리 3세가 1588년 파리에서 쫓겨난 이후 6년 만의 일이었다. 또한 앙리 4세는 1598년 4월 13일 낭트칙령을 선포해서 가톨릭과 함께 위그노의 종교적 자유를 인정했다. 이후 프랑스

---

36 강석환, 「프랑스 종교전쟁기(1562-1598) 에티엔 파스키에를 통해서 본 '정치파' 사상의 형성과 그 성격」, 『서양사연구』, 제43집(2010), 141-142.

종교전쟁은 진정 국면에 들어서기 시작했다.

30년 전쟁 역시 신성로마제국에서 정치 우위의 원칙이 총체적으로 와해되었기 때문에 발생했다. 신성로마제국은 신분제적 가산제로 운영되었기 때문에 수많은 신분들이 할거하는 양상을 허용할 수밖에 없었다. 30년 전쟁의 빌미를 제공한 보헤미아는 1526년부터 합스부르크 왕조의 지배를 받았다. 하지만 보헤미아는 로마 가톨릭의 부패를 비판하다가 화형당한 얀 후스(Jan Hus)를 정신적으로 계승한 공동체였다. 따라서 그곳에서는 일찍부터 반가톨릭적 정신이 지배적 정서로 자리 잡았다. 그리고 그런 정신적 토양 때문에 루터와 칼뱅이 추구한 종교개혁의 정신 또한 쉽게 수용할 수 있었다.[37] 따라서 신성로마제국 황제가 보헤미아에 편재된 반가톨릭 정서를 완전히 부정하거나 가톨릭으로 개종시키는 일은 결코 쉬운 일이 아니었다. 그래서 루돌프 2세(Rudolf II) 황제는 1609년 '황제 칙서'(the Letter of Majesty)를 반포해서 개신교의 자유를 일정하게 보장했고, 그의 뒤를 이은 마티아스(Mattias) 황제 역시 온건파였던 멜키오르 크레슬(Melchior Klesl) 대주교의 조언에 따라 보헤미아의 법적, 종교적 지위를 어느 정도 허용하는 정책을 폈다.

하지만 1617년 보헤미아 왕으로 선출되고, 1619년 신성로마제국 황제로 등극한 페르디난트 2세(Ferdinand II)는 달랐다. 열렬한 가톨릭

---

37 C. G. 웨지우드, 남경태 역, 『30년 전쟁 1618-1648』(서울: 휴머니스트, 2011), 99-100. Ronald G. Asch, *The Thirty Years War: The Holy Roman Empire and Europe, 1618–1648* (London: Macmillan, 1997), 48.

신자였던 그는 개신교 그 자체를 인정할 수 없었다. 그래서 보헤미아 왕으로 선출된 직후부터 보헤미아의 개신교세력을 탄압하기 시작했다. 보헤미아의 신교세력은 곧바로 반발해서 이른바 '프라하 창문 투척사건'(Defenestration of Prague)을 감행했다. 아울러 페르디난트 2세를 보헤미아 왕에서 폐위시키고, 칼뱅주의를 신봉하는 팔츠 선제후 프리드리히 5세(Friedrich V)를 보헤미아의 새로운 왕으로 영입했다. 가톨릭을 맹신하는 페르디난트 2세의 신념윤리와 칼뱅주의를 신봉하는 프리드리히 5세의 신념윤리가 충돌하면서 '절대전쟁'으로 질주할 수 있는 길이 열린 것이다. 30년 전쟁은 그렇게 시작되었다. 그러나 30년 전쟁은 신성로마제국 내전으로 국한되지 않았다. 가톨릭 국가였던 스페인이 황제를 지원하고, 개신교 국가였던 네덜란드, 덴마크, 스웨덴 등이 반황제 전선에 가세하면서 전쟁은 유럽 전역으로 확대되는 국제전으로 전개되었기 때문이다. 그러나 유독 프랑스는 가톨릭 국가였는데도 불구하고 개신교 국가를 지원하면서 황제와 싸우는 노선을 선택했다. 그리고 그 대가로 30년 전쟁의 최종 승전국이 되었고, 이후 약 250년 동안 유럽 패권국의 길을 걸을 수 있었다.[38] 반면, 신성로마제국은 30년 전쟁에서 패배한 이후 지속적인 쇠락의 길을 걸었다. 그 길을 걷는 동안 민족 단위의 정치문화를 개발하지 못한 채 편협한 지방주의에 고착된 삶을 살아야만 했다.[39] 그러면 프랑스와 신성로마제국의 엇갈린 '운명'은 어디에서 연유한 것인가? 이 문제를 해명하는 것이

38 Kissinger, *World Order*, 23.

39 Henry Kissinger, *Diplomacy* (New York: Simon & Schuster, 1994), 65.

다음 절의 과제다.

3. 주권과 국가이성: 신념윤리를 책임윤리로 전환시킨 '천재적 발상'

유럽에서 100년 이상 치열하게 전개되던 종교전쟁을 가까스로 종식시키면서 국제정치적 평화를 창출할 수 있었던 '비결'은 무엇인가? 그것은 이른바 근대 유럽 특유의 지적 성취인 '주권,' '국가이성' 등에서 찾아볼 수 있다. 주권, 국가이성 등은 유독 16세기 전후 유럽에서만 출현한 개념이다. 조나단 해슬럼도 이렇게 말한다. "중국어, 러시아어, 아랍어 등에서 국가이성과 같은 용어가 존재하지 않는다는 사실은 참으로 놀라운 일이다. 그것은 오직 근대 유럽에서만 창출된 개념이었고, 또 그곳에서만 통용된 유서 깊은 개념이다."[40] 특히 국가이성은 신분제적 가산제가 지배하는 중세 국제정치의 질서를 돌파해서 합리적 계산이 지배하는 근대 국제정치의 지평을 새롭게 열어준 혁명적 개념이었다. 베버의 용어로 표현하면 국제정치의 '탈주술화'(disenchantment of the world)를[41] 가능케 한 '근대' 국제정치의 핵심개념이었

40 Jonathan Haslam, *No Virtue Like Necessity: Realist Thought in International Relations since Machiavelli* (New Haven: Yale University Press, 2002), 19.

41 베버는 근대성의 가장 중요한 특징 중 하나로 탈주술화를 꼽았는데, 그것의

던 것이다. 그러면 주권, 국가이성 등의 어떤 능력이 근대 국제정치의 혁명을 가능하게 했는가? 그것은 주권, 국가이성 등이 종교전쟁을 지배하는 신념윤리를 책임윤리로 전환시킨 일종의 '변환기'(convertor) 같은 역할을 수행했기 때문이다. 유럽의 종교전쟁은 주권, 국가이성 등이 개입하면서 점차 종교적 색채를 탈각하기 시작했다. 그러면서 책임윤리가 안내하는 국제정치적 평화의 길로 들어서기 시작했다. 그리고 그런 과정을 극적으로 제도화시킨 성과가 베스트팔렌 평화조약이었다. 근대 국제정치의 새로운 지평이 열리기 시작한 것이다. 주권과 국가이성 두 개념을 중심으로 위 내용을 구체적으로 검토해 보자.

프랑스에서 신념윤리로 무장한 가톨릭 세력과 역시 신념윤리로 무장한 위그노 세력이 사생결단의 종교전쟁을 전개하는 와중에서 '정치파'(the Politiques)로 불리는 제3의 소수파가 등장했다. 이들은 대체로 가톨릭 신앙을 갖고 있었지만, 성 바르톨로메오 대학살 등을 목격하면서 종교적 신념보다 정치적 평화를 우선시해야 한다는 입장을 견지했다. 따라서 이들은 자신의 종교적 신념을 타자에게 독단적으로 강제하는 대신, 그들과 소통할 수 있는 '관용'의 여지를 중시했다.[42] 그

키워드는 '합리적 계산'이다. "주지주의화와 합리화의 증대(는) … 우리의 삶에서 작용하는 어떤 힘들도 원래 신비스럽고 예측할 수 없는 힘들이 아니라는 것, 오히려 모든 사물은 – 원칙적으로는 – 계산을 통해서 지배될 수 있다는 것을 우리는 알고 있거나 또 그렇게 믿고 있다는 것을 뜻합니다. 이것은 세계의 탈주술화(脫呪術化)를 뜻합니다." 막스 베버, 전성우 역, 『직업으로서의 학문』(파주: 나남, 2006), 44–45.

42 한국 학계에서 정치파에 관한 연구는 충분히 축적되지 못했다. 하지만 정치파

리고 '주권'을 통해서 종교전쟁의 정치적 해결 가능성을 통찰한 장 보댕도 정치파 소속이었다.[43] 보댕은 주권을 다음과 같이 정의했다. "주권이란 국가의 절대적이며 영구적인 권력이다."[44] 그러면서 국가의 어느 한 곳에서 주권을 독점해야만 종교전쟁과 같은 만성적 갈등을 종식시킬 수 있다고 주장했다.

> 프랑스 사회에는 1598년 낭트칙령을 반포하기까지 약 반세기 동안 무정부와 폭력이 난무했는데, 17세기가 되어서도 그 여파가 여전히 존재했다. 3명의 허약한 왕은 군주의 명예를 크게 실추시켰고, 지방의 유력 귀족들은 제멋대로 권세를 부렸다. … 보댕은

가 종교전쟁의 와중에서 평화적 공존을 모색한 노력은 한국 정치에서 취약한 타협과 공존의 지평을 여는 데도 좋은 참고가 될 수 있다고 본다. 정치파 연구를 예시하면, 김응종, 「장 보댕과 관용」, 『인문학연구』, 46집(2012), 58-62. William F. Church, *Richelieu and Reason of State* (Princeton, New Jersey: Princeton University Press, 1972), 49-54. Edmund Morton Beame, "The Development of Politique Thought During the French Religious Wars (1560-1595)," Ph.D. diss., The University of Illinois (1957). 에티엔 파스키에를 중심으로 정치파의 성격을 자세히 고찰한 사례로는, 강석환, 「프랑스 종교전쟁기(1562-1598) 에티엔 파스키에를 통해서 본 '정치파' 사상의 형성과 그 성격」, 109-154. James H. Dahlinger, *Etienne Pasquier on Ethics and History* (New York: Peter Lang, 2007). James H. Dahlinger, *Saving France in the 1580s: Writings of Etienne Pasquier* (New York: Peter Lang, 2014).

43 Church, *Richelieu and Reason of State*, 52. 장 보댕의 관용 사상에 관해서는, 김응종, 「장 보댕과 관용」, 63-81. Ingrid Creppell, "The Genesis of Toleration as a Value," Ph. D. diss., The University of Chicago (1994), 158-208.

44 장 보댕, 임승휘 역. 『국가론』(서울: 책세상, 2005), 41.

종교전쟁의 참상을 겪으면서 문제를 가장 정확하게 통찰한 정치 사상가였다. 그래서 그는 무엇이 필요한지도 정확하게 간파했다. 보댕은 1576년에 출간한 『공화국』(*The Republic*)에서 국가가 제대로 통치되려면 국가의 어떤 기관에서 최고의 권력이나 주권을 확실하게 장악하고 있어야 하는데, 군주가 그것을 장악하면 더욱 좋다고 주장했다. 그러면서 주권을 "신민의 동의 없이 신민에게 법을 강제할 수 있는" 권력으로 정의했다. 보댕은 주권자 역시 신법과 자연법에 복종해야 하기 때문에 주권을 자의적으로나 변덕스럽게 행사할 수 있는 권력으로 간주하지 않았다. 그러나 보댕은 인간의 어떤 힘으로도 주권을 제약할 수 없으며, 따라서 주권은 "절대적" 능력이어야 한다고 주장했다. 또한 보댕은 주권을 예컨대 왕, 삼부회(Estates Generals), '고등법원'(*parlements*) 사이에서 나눠가질 수 없다고 주장했다. 주권은 반드시 한 사람이나 하나의 정치제도가 정당하게 독점해야 한다고 판단했기 때문이다. 지금까지 주권을 이처럼 명료하게 정의한 사람은 없었으며, 프랑스의 정치적 혼란과 종교전쟁의 유일한 치유책으로 주권을 그처럼 설득력 있게 주장한 경우도 없었다. 보댕이 제시한 프랑스 정치적 병폐의 처방책은 유럽 여러 국가의 선망의 대상이자 모범이었던 프랑스 절대 군주제에서 실현되었다.[45]

---

45 Joseph R. Strayer et al., *The Mainstream of Civilization since 1500*, 2nd ed. (New York: Harcourt Brace Jovanovich, Inc., 1974), 417–418.

보댕이 제시한 주권 개념은 1절에서 검토한 국제정치적 평화의 조건을 상당 부분 충족하는 장점이 있다. 첫째, 국가에서 주권을 독점한다는 것은 국가 내부의 다양한 신분들이 보유한 무력을 모두 몰수한다는 것을 의미한다. 그렇게 되면 신분들이 발호하는 내전 가능성을 원천적으로 제거할 수 있게 된다. 둘째, 국가의 주권 독점은 특정 영토 내 권력의 배타적 독점을 의미하기도 했다. 이 경우 외국 세력이 종교적 신념 등을 이유로 국가 내부의 신분들과 결탁할 수 없게 되고(non-intervention), 그래서 내전이 국제전으로 확전될 가능성을 차단할 수 있게 된다. 요컨대 주권은 베버가 제시한 근대 국가의 이념형, 즉 특정 영토 내 무력을 몰수한 인간 공동체를 구현할 수 있게 해주는 국가의 '무게중심'(center of gravity)이었으며, 내전과 국제전의 가능성을 동시에 차단함으로써 정치적 평화의 길을 열어줄 수 있는 일종의 '안전판'(safety valve)이었다.

한편, 국가이성은 보댕이 제시한 주권과 함께 근대 초기 국가이론의 양대 지주를 이루는 개념이었다.[46] 하지만 국가이성의 정확한 의미를 파악하기가 쉽지 않다. 많은 연구자가 국가이성의 의미를 정확하게 밝히지 않은 채 보통명사처럼 사용하는 경우가 많고, 의미를 밝히는 경우에도 연구자마다 상이한 설명을 간략하게 제시하는 경우가 대부분이기 때문이다. 그런 와중에서 주수만은 국가이성 개념을 비교적 정확하게 제시했는데, 필자는 그의 해석을 국가이성에 대한 하

46 곽차섭, 「17세기 국가이성 논쟁과 마키아벨리즘: 특히 주꼴로, 세딸라, 키아라몬띠를 중심으로」, 『역사학보』, 127집(1990), 117.

나의 이념형으로 간주할 수 있다고 본다.

일반적으로 국가이성(Staatsraison)이라는 관념은 자기목적적 존재로서의 국가를 유지하고 강화하기 위해서 지켜야 하는 법칙 또는 행동기준을 뜻한다. 그러나 이 용어 자체는 역사상 반드시 일정한 뜻을 가지고 사용된 것은 아니며, 사람에 따라서 강조하는 면이 다른 점도 있다. 국가이성의 구조를 살펴보면, (1) 국가의 생존, 강화라는 목적을 위해서는 권력은 법, 도덕, 종교보다 우위에 있지 않으면 아니 된다. 즉 권력은 법, 도덕, 종교의 제 가치를 무시하여도 좋다는 것이 아니라, 국가의 유지, 강화를 위하여 그것들을 수단으로서 이용하며, 그 한에서 그것들에 수단으로서의 가치를 인정한다는 말이다. (2) 그러나 국가권력의 유지, 강화라는 목적은 피치자뿐만 아니라 권력자 자신에게도 우월하다. 다시 말해서 피치자와 치자와의 윤리보다도 우월적인 지위에 있을 뿐만 아니라, 권력의 주체적 원천인 치자의 권력욕까지도 구속한다. 일단 획득된 권력은, 권력조직으로서 그 자체의 법칙을 가지며, 그의 유지 및 강화를 위해서는 고도의 목적합리성을 필요로 하는 것이기 때문에, 군주라 할지라도 자기의 격정, 욕망을 억제해서 국가의 이익에 복종하지 않으면 아니 된다. (3) 이와 같이 국가권력의 유지, 강화라는 목적은 법, 도덕, 종교뿐만 아니라, 치자의 인격에 조차 우선하는 것인 이상, 국가는 그의 생존의 논리적 근거, 다시 말해서 그의 존재이유를 자기자체 속에 가질 것을 요청한다. 국가를 초월하는 재판관은 존재지 않으며, 국가는 한층 더

높은 다른 목적을 위해서 존재하는 것이 아니라, 자기의 생존을 목적으로 하여 생존하는 것이다.[47]

국가이성은 보통 마키아벨리의 사상을 통해서 선구적으로 제시된 것으로 간주된다. 예컨대 프리드리히 마이네케는 마키아벨리가 서양 근대 지성사에서 국가이성을 본격적으로 숙고한 최초의 인물이었다고 평가했다.[48] 그러나 마키아벨리가 국가이성이란 용어를 명시적으로 사용하지는 않았다. 하지만 용어의 부재가 곧 사상의 부재를 의미하지는 않는다. "우리는 언어의 사용(language)과 사상의 실천(practice)을 구분할 필요가 있다. 어떤 언어와 문화에서 용어가 존재하지 않는다고 해서 그 용어가 지시하는 사상의 실천이 지금까지 존재하지 않았다거나 현재에도 존재하지 않는다는 것을 의미하지는 않기 때문이다."[49] 따라서 "우리가 여기에서 관심을 갖는 것은 사상 그 자체이지 마키아벨리가 사용한 언어가 아니다. 마키아벨리는 아직 '국가이성'에 관한 자신의 사상을 하나의 용어로 압축해서 사용하지 않았다."[50] 용어는 사상이 숙성된 연후에 붙여지는 것이 통례다. 마키아벨

47 이 해석은 주수만이 번역한 베버의 논문, 「국민국가와 국민경제 정책」의 본문에 나오는 '국가이성' 개념의 번역자 주석으로 추가한 것이다. 주수만 역, 『막스 베에버어의 政治思想』(경희대학교출판국, 1982), 41.

48 Friedrich Meinecke, *Machiavellism: The Doctrine of Raison d'État and Its place in Modern History* (New Haven: Yale University Press, 1962), 29.

49 Haslam, *No Virtue Like Necessity*, 20.

50 Meinecke, *Machiavellism*, 29.

리는 국가이성이란 용어를 사용하지는 않았지만, 서양 근대 지성사에서 비판적으로 계승한 국가이성 사상을 풍부하게 잉태했다.

마키아벨리는 자신이 살았던 르네상스 시기의 독특한 정치 풍조를 '전형적으로 수용하면서'(to epitomize) 자신의 사상을 숙성시켰다.[51] 따라서 마키아벨리가 잉태한 국가이성 사상을 이해하려면 먼저 르네상스의 독특한 성격을 이해할 필요가 있다. 주지하듯 르네상스 시기는 중세에서 근대로 이행하는 전환기였다. 따라서 르네상스 시기는 중세적 요소와 근대적 요소가 혼재되어 있었다. 그런데 국제정치 차원에서는 '근대적' 성격이 지배했다. 15세기 중반 이탈리아 반도에는 5개의 주요 도시국가, 즉 피렌체(Florence), 베네치아(Venice), 밀라노(Milan), 나폴리(Naples), 교황청(Papal State)이 각축했다. 이들은 유럽 근대 국제정치의 전형적 특성인 동맹과 세력균형 등을 통해서 국가권력과 국가이익을 추구했다. 또한 전문 외교관을 등장시켰고, 상주대사제도(resident embassies)를 도입해서 외교 협상을 지속적으로 전개할 수 있는 체제(a system of permanent diplomacy)를 마련했다.[52] 따라서 15세기 이탈

---

51 Louis J. Nigro, Jr., "Theory and Practice of Modern Diplomacy: Origins and Development to 1914" in J. Boone Bartholomees, Jr. ed., *U.S. Army War College Guide to National Security Issues*, Vol. I, Theory of War and Strategy, 5th ed. (Carlisle, PA: Strategic Studies Institute, 2012), 182.

52 Ibid., pp. 181–182. Federico Chabod, "Was There a Renaissance States?" in Heinz Lubasz, ed., *The Development of the Modern State* (New York: The Macmillan Co., 1964), 32–33. Garret Mattingly, *Renaissance Diplomacy* (Boston: Houghton Mifflin Co., 1955), Part Two, "The Italian Beginning of Modern Diplomacy." 근대 초기 이탈리아 반도의 개별 도시국가가 전개한 외교정책 스

리아 반도의 국제질서는 약 1세기 이후 유럽에서 등장할 근대 국제질서의 축소판(a microcosm of the European state system to follow)이었다.[53]

그러면 르네상스 시기의 국제정치가 근대적 성격을 선취할 수 있었던 까닭은 무엇인가? 이 문제를 이해하기 위해서는 먼저 르네상스 시기의 지배적 사유양식에 내포된 독특한 성격을 포착할 필요가 있는데, 그것은 중세의 지배적 사유양식과 비교해서 양자의 차이점을 추적할 때 선명하게 파악해 볼 수 있다. 우리는 보통 르네상스를 고대 그리스와 로마 학문의 부흥 운동으로 이해한다. 실제로 르네상스 시기에는 그리스와 로마의 수많은 고전을 읽고, 번역하고, 해석하는 노력을 경주했다.[54] 하지만 중세 시대에도 르네상스 시대 못지않게 그리스와 로마의 고전을 섭렵했다. 그러나 중세 시대와 르네상스 시대에서 그리스와 로마의 고전을 이해하는 사유양식은 완전히 달랐다. 중세 시대에 수행된 그리스와 로마 고전 연구는 궁극적으로 기독교 신에 다가서기 위한 '수단'이었다. 그래서 그 고전은 기독교적 메시지를 포장하는 장식(decorations) 이상의 의미를 가질 수 없었다. 하지만 르네상스 시기에는 그리스와 로마의 고전 그 자체를 이해하는 것이 연구

타일을 종합적으로 검토한 사례로는, Daniela Frigo, ed., *Politics and Diplomacy in Early Modern Italy: The Structure of Diplomatic Practice, 1450–1800*, trans. by Adrian Belton (Cambridge: Cambridge University Press, 2000).

53 Nigro, Jr., "Theory and Practice of Modern Diplomacy," 181. M. S. Anderson, *The Rise of Modern Diplomacy 1450–1919* (London: Longman, 1993), 2–4.

54 자세한 내용은, 야코프 부르크하르트, 이기숙 역, 『이탈리아 르네상스의 문화』 (파주: 한길사, 2003), 제3부, "고대의 부활."

의 목적이었다. 다시 말해서 기독교 신앙을 옹호하는 수단으로부터 탈피해서 고전 그 자체를 이해하는 것이 목적인 연구를 수행했던 것이다. 바로 이러한 '탈종교적' 사유양식이 르네상스 시기의 예술, 문학, 정치학, 역사서술양식 등의 다양한 분야에서 관철되었다.[55] 페데리코 샤보(Federico Chabod)는 르네상스 사유양식의 혁신적 성취를 다음과 같이 정리했다.

> … 예술, 정치학, 과학, 역사학 등이 완전한 자율성을 확보했다. 다시 말해서 그들 학문은 모두 중세의 전형적 세계관을 포기하기에 이르렀다. 중세의 세계관에 따르면 인간의 어떤 활동 분야도 종교적 삶의 전체적 맥락으로부터 독립된 존재로 간주될 수 없었다. 이와 달리 르네상스의 시대정신은 '예술을 위한 예술'(art for art's sake)이라는 유명한 격언으로 표현해 볼 수 있다. 중세의 세계관과 르네상스의 세계관은 근본적으로 다른 것이었다. 예술을 위한 예술, 정치를 위한 정치(politics for politics' sake), 요컨대 과학을 위한 과학(science for science's sake)–르네상스 시대의 사유양식은 바로 이런 구절을 통해서 잘 집약할 수 있는 것이었다. 사쏘페라또의 바르톨로(Bartolo of Sassoferrato)는 '수페리오렘 논 레코그노스켄테스'(superiorem non recognoscentes)[56] 공

55 Federico Chabod, *Machiavelli and the Renaissance*, trans. by David Moore (New York: Harper & Low, 1958), 170–184.

56 '어떤 상위 권위도 인정하지 않는다'(recognizing no higher authority)를 뜻한

식을 '국가'에 적용해서 국가의 완전한 자율성을 지적했는데, 이 공식은 르네상스 시기의 문화 활동 양식에도 적절하게 적용할 수 있는 것이었다.[57]

마키아벨리가 정치 그 자체의 자율성을 역설하면서 국가이성 사상을 잉태할 수 있었던 것도 페데레코 샤보가 정리한 르네상스 시대의 혁신적 사유양식을 전형적으로 수용했기 때문이었다.[58] 마이네케는 마키아벨리의 국가이성 사상을 가장 극적으로 보여주는 사례를 『로마사 논고』, 제3권, 제41장에서 찾았다.[59]

> 절대적으로 자기 조국의 안전이 걸린 문제일 때, 정당한가 정당하지 않은가, 자비로운가 잔혹한가, 칭찬을 받을 가치가 있는가 치욕스러운가는 전적으로 고려할 필요가 없(다.) 그 대신 모든 양심의 가책을 제쳐놓고 인간은 모름지기 어떤 계획이든, 조국의 생존과 조국의 자유를 유지하는 계획을 최대한 따라야 한다.[60]

다. 이 라틴어 구절의 해석과 우리말 표기를 도와준 동북아역사재단의 이병택 박사에게 감사드린다.

57 Chabod, *Machiavelli and the Renaissance*, 184.

58 Chabod, *Machiavelli and the Renaissance*, 180.

59 Meinecke, *Machiavellism*, 44.

60 니콜로 마키아벨리, 강정인·안선재 역, 『로마사 논고』(파주: 한길사, 2003), 제3권, 제41장.

많은 마키아벨리 연구자들은 위와 같은 구절을 마키아벨리의 '비도덕적'(amoral), '부도덕적'(immoral) 입장을 예증하는 사례로 파악했다. 더욱이 마키아벨리는 『군주론』, 제18장에서 그런 입장을 확증하는 것처럼 보이는 발언을 했다. "군주, 특히 신생 군주가, 사람들이 선하다고 평가하는 기준들을 모두 따를 수 없다는 점을 이해해야 한다. 왜냐하면 자신의 국가를 (또는 권력을) 유지하기 위해서는 정직, 자비심, 박애심과 종교에 반대되는 행동을 취할 필요가 종종 있기 때문이다. … 할 수 있다면 선(善)을 벗어나지 않아야 하지만 필요할 경우 악(惡)을 행할 수 있는 방법을 알아야 한다."[61] 그래서 에른스트 카시러 같은 경우는 마키아벨리가 사실과 가치를 분리시킨 근대 자연과학의 입장을 수용해서 정치생활의 '사실'과 도덕적 판단의 '가치'를 분리시킨 근대 정치학의 초석을 닦았다고 평가했다. 그러면서 마키아벨리는 '정치학 분야의 갈릴레오'(Galileo of Politics)로 간주할 수 있는 인물이라고까지 주장했다.[62]

그러나 마키아벨리는 앞에서 주수만이 얘기한 것처럼 가치를 전적으로 배척하지 않았다. 정치에서 가치가 차지하는 중요성을 잘 알고 있었기 때문이다. 예컨대 그는 『로마사 논고』, 제1권, 제11장에서

---

61 니콜로 마키아벨리, 박상섭 역, 『군주론』(서울대학교 출판문화원, 2011), 제18장.

62 Ernst Cassirer, *The Myth of the State* (New Haven: Yale University Press, 1946), 130. Cary Nederman, "Niccolò Machiavelli," Stanford Encyclopedia of Philosophy. http://plato. stanford.edu/entries/machiavelli/

종교의 중요성을 다음과 같이 역설했다. "… 로마의 역사를 잘 검토한 자는 종교가 군대를 통솔하고, 인민에게 영감을 주며, 사람들을 선량하게 만들고 사악한 자들을 부끄럽게 만드는 데 얼마나 커다란 도움이 되었는지를 알 수 있다. … 종교가 있는 곳에서는 평민을 무장시키기가 쉽지만, 무기만 있고 종교가 없는 곳에서는 평민을 무장시키기가 아주 어렵기 때문이다."[63] 다만 마키아벨리는 정치의 자율성을 중시했기 때문에 정치적 가치와 종교, 도덕, 법 등과 같은 여타의 비정치적 가치가 충돌할 때, 정치적 가치를 우선적으로 선택해야 한다고 역설했다. 베네데토 크로체의 용어로 표현하면 마키아벨리는 '분별력'(prudence), '통찰력'(shrewdness) 등과 같은 '정치적 덕성'(political virtue)을 개인의 '도덕적 덕성'(moral virtue)보다 우선시했던 것이다.[64]

정치적 덕성을 도덕적 덕성보다 우선시하는 입장이 바로 베버가 강조한 책임윤리였다. 베버는 마키아벨리를 인용하면서 책임윤리를 다음과 같이 설명했다. "… 성무(聖務) 금지령이 되풀이해 피렌체 시에 부과되었는데, 이 금지령은 그 당시 사람들과 그들의 영혼구원을 위해서는 칸트적 윤리적 판단의 … 〈냉정한 동의〉보다는 훨씬 더 큰 힘을 지니고 있었습니다. 그럼에도 불구하고 피렌체 시민들은 교회국가에 저항했습니다. 그리고 이런 상황을 염두에 두고 마키아벨리는 … 그가 쓴 피렌체 역사의 한 아름다운 구절에서 그의 주인공 중 하나의

63 마키아벨리, 『로마사 논고』, 제1권, 제11장.

64 Benedetto Croce, *Politics and Morals*, trans. by Salvatore J. Castiglione (New York: F. Hubner & Co., 1945), 64.

입을 빌려, 고향 도시의 위대함이 자신의 영혼의 구원보다 더 소중하다고 생각하는 시민들을 칭송하고 있습니다."[65] 레이몽 아롱은 이 구절을 다음과 같이 해석했다. "베버는 책임윤리의 상징으로 마키아벨리가 인용한 인물을 종종 예시했는데, 그는 자신이 사는 도시의 구원을 위해 자신의 영혼의 구원을 희생시킨 사람이었다(the man who sacrificed the salvation of his soul for the salvation of the city). 이는 정치가의 행동을 지배하는 도덕이 보통 사람의 도덕 보다 더욱 높은 차원에서 존재한다는 것을 의미한다. 그런 도덕은 공적 업무를 담당하는 인간이 자신의 사적 이익을 넘어선 목적, 즉 공동체 전체의 선(a supra-individual object, i.e. the good of the collectivity)을 자신의 진정한 목적으로 견지하는 경우에 한해서만 존재할 수 있다."[66]

앞에서 검토한 마이네케, 크로체, 베버, 아롱 등의 논의를 종합하면 국가이성을 실천하는 윤리가 바로 책임윤리라는 사실을 확인할 수 있다. 무엇보다도 베버 자신이 국가이성과 책임윤리의 관계를 그런 방식으로 이해했다.

> 베버는 젊은 시절부터 평화주의자의 윤리나 종교적 윤리와 분명하게 거리를 두면서 국가이성과 '국가질서'를 중시하는 입장

---

65 베버, 『직업으로서의 학문』, 134.

66 Raymond Aron, *Main Currents in Sociological Thought: Durkheim, Pareto, Weber*, Vol. II., trans. by Richard Howard and Helen Weaver (New York: Basic Books, 1967), 208.

을 선택했다. … 베버가 명시적으로 (개인의) 윤리적 관점과 거리를 두면서 국가이성과 민족을 자신의 중요한 정치적 판단의 기준으로 선택한 것은 우연이 아니었다. 베버는 항시 긴장을 노정하기 마련인 (개인의) 윤리와 국가이성이 충돌할 때, 반드시 후자를 선택해야 한다는 입장을 분명하게 천명했다. … 책임윤리는 국가를 위한 '윤리적 요구'(ethical demands)를 충족할 뿐만 아니라, 국가 질서에 영향을 줄 '예상되는 결과'까지 설명해준다. 따라서 책임윤리는 (개인의) 윤리적 요구와 국가이성 간의 긴장을 해소할 수 있는 유일한 윤리다. … 베버의 견해에 따르면 근대국가에서 실천 가능한 유일한 원리는 책임윤리다.[67]

국가이성은 16세기 말부터 '국가이익'(national interest)과 동의어로 사용되기 시작했다.[68] 그리고 그런 관행은 서구 근대 지성사에서 꾸준히 유지되었다. 예컨대 19세기에 활동한 베버 역시 국가이익을 국가이성과 동일한 의미로 사용했다. "베버의 시각에서 볼 때 국가이성과 국가이익(state interests)은 동일한 것이었다. 베버는 훗날 '국가이익'을 '당대의 편재된 정치질서 중에서 가장 중요한 이익'으로 간주했기 때문이다."[69] 17세기 중반 국가이익 개념을 가장 인상적으로 분석한

---

67 Anter, *Max Weber's Theory of the Modern State*, 134, 139.

68 Noel Malcolm, *Reason of State, Propaganda, and the Thirty Years' War: An Unknown Translation by Tomas Hobbes* (Oxford: Clarendon Press, 2007), 94.

69 Anter, *Max Weber's Theory of the Modern State*, 108.

앙리 드 로앙(Henri de Rohan)은 자신의 저서 서문을 다음과 같은 말로 시작했다. "군주는 백성을 지배하고, 국가이익은 군주를 지배한다. 국가이익에 관한 지식은 군주의 행동에 관한 지식보다 더욱 중요하다. 이는 군주가 백성 위에서 존재하는 것과 같은 이치다. 군주는 스스로 속을 수 있고, 군주의 참모 역시 부패할 수 있다. 그러나 오직 국가이익만이 국가의 실패를 피할 수 있게 해준다. 그러니 국가이익을 잘 이해하느냐 이해하지 못하느냐에 따라서 국가가 생존할 수도 있고 멸망할 수도 있는 것이다. 또한 국가이익은 항시 국가의 번창이나 최소한 국가의 생존을 추구하며, …."[70]

그러면 국가이성 내지 국가이익은 도대체 어떤 능력을 갖고 있기에 로앙이 강조한 '뛰어난' 정치적 성과를 거둘 수 있게 해주는 것인가? 그것은 국가이익의 '합리적 계산'(rational calculation)을 제약하거나 왜곡하는 일체의 장벽들, 예컨대 야심, 분노, 증오, 시기, 몽니, 맹신 등과 같은 인간 개인의 맹목적 감정은 물론, 종교, 윤리, 법률 등과 같은 비정치적 제도 내지 관습, 그리고 혈연, 학연, 지연 등과 같은 사적 유대를 철저하게 돌파한 데서 찾아볼 수 있다. 에띠엔 튀오(Etinenne Thuau)는 국가이성의 합리적 성격을 다음과 같이 해석했다. "국가 개념은 더 이상 우주의 신성한 질서로부터 파생된 것이 아니었다. 정치적 사유의 출발점은 더 이상 창조주의 세계가 아니라 주권 국가 그 자체에서 마련되었다. 국가이성은 전통적 가치질서를 전복시키는 것

---

70 Henri de Rohan, *A Treaty of the Princes and States of Christendom*, trans. by Hery Hunt (London: Ric. Hodgkinsonne, 1641), The Preface.

처럼 보였다. … 국가는 합리적 계산과 인간의 책략을 통해서 만들어진 영리한 기계이자 이성의 작품이었으며, 따라서 온갖 종류의 이교도적 기질을 품고 있었다."[71] 정치가 합리적 계산에서 도출된 국가이익에 따라 운영되었다는 사실은 베버가 근대성의 특성으로 주목한 정치의 '탈주술화'가 실현되었음 의미한다. 또한 베버가 분류한 지배양식의 이념형으로 표현할 경우 정치의 탈주술화가 실현되었다는 사실은 '전통적 지배'를 탈각하고 근대의 '합리적 지배'로 진입했다는 것을 의미한다.[72]

국가이성 내지 국가이익의 합리적 성격은 특히 '세력균형'을 통해서 국제정치적 평화를 추구할 수 있는 새로운 지평을 열어주었다. 합리적 국가이성에 입각해서 세력균형 문제를 선구적으로 사유한 인물도 마키아벨리였다.

> 마키아벨리의 세계관에서는 국가들이 '상호 각축하는 와중에서 스스로 안보를 책임져야만 한다는 것'이 하나의 보편적 법칙이었다. 마키아벨리가 15세기 이탈리아 국제체제를 바라보면서 싫어

---

71 Colin Gordon, "Governmental Rationality: An Introduction" in Graham Burchell, Colin Gordon and Peter Miller, eds., *The Foucault Effect: Studies in Governmentality* (Chicago: The University of Chicago Press, 1991), 9에서 재인용.

72 베버는 지배양식을 3가지 이념형으로 제시했는데, 전통적 지배, 카리스마적 지배, 합리적 지배가 각각 그것이다. 자세한 내용은, 베버, 『직업으로서의 정치』, 21-25.

> 했던 것은 결혼이나 동맹 등을 수단으로 국가의 정책을 수행하는 것이었다. 그런 수단은 정치 본연의 수단인 군사력 확충이나 국력 신장 등과 상충하는 성격을 지녔기 때문이다. 그럴 경우 세력균형 대신 무기력의 균형(balance of impotence)을 초래할 수밖에 없으며, 특히 외국 세력이 이탈리아에 침략하자마자 심각한 문제점을 적나라하게 드러낼 수밖에 없다는 것이 마키아벨리의 생각이었다. … 권력은 반드시 권력으로 대처해야 한다는 것(power must be met with power)이 마키아벨리의 분명한 생각이었다. … 마키아벨리는 실질적 평화문제나 잠재적 평화문제를 분석할 경우 항시 권력의 분포와 국가이익의 배열에 기초를 두었는데, 이는 기계론적 국제정치관과 유사한 시각이었다.[73]

국가이익의 합리적 분석을 시도한 로앙 역시 세력균형 문제를 고찰했는데,[74] 핵심 내용은 마키아벨리의 시각과 유사하다.

세력균형을 통해서 국제정치적 평화를 성취할 수 있으려면 지금까지 검토한 여러 요건들, 즉 주권, 국가이성, 책임윤리, 정치 우위의 원칙 등을 반드시 충족시켜야만 한다. 주권을 확보하지 못할 경우 내

---

73 Marco Cesa, "Introduction" in Marco Cesa, *Machiavelli on International Relations* (Oxford: Oxford University Press, 2014), 26–27.

74 임승휘, 「통치 원리로서 '국가의 이해관계': 앙리 드 로앙(Henri de Rohan)의 『크리스트교 국가와 군주들의 이해관계에 관하여』를 중심으로」, 『프랑스 연구』, 제22호(2010), 58–61.

전과 국제전의 착종을 피할 수 없고, 국가이성, 책임윤리 등이 부재할 경우 적대국과 유연한 협상이 불가능해서 세력균형 체제를 경직시키거나 전복시키는 문제를 야기하며, 정치 우위의 원칙을 확보하지 못할 경우 제한전쟁, 전쟁 종결 등의 과제를 해결하기가 쉽지 않기 때문이다. 하인즈 루버즈 역시 세력균형 체제의 평화적 작동 조건을 다음과 같이 설명하고 있다.

> … 국가가 타국에게 취하는 행동의 유일한 결정권자라는 주장을 반드시 타국 모두를 파괴하고, 전 세계를 지배하는 패권국 건설을 주장하는 것으로 해석할 필요는 없다. 그와 반대로 근대 국가는 사실상 주권 국가일 뿐만 아니라, 타국의 주권을 항시 존중하지는 않더라도 인정은 하는 국가이기 때문이다. 따라서 유럽에서는 16세기부터 20세기까지 대체로 세력균형 원칙을 견지하고, 국제법을 개발했는데, 그것의 목적은 전쟁을 아예 금지하는 것이 아니라 전시는 물론 평시에도 국가의 행동을 일정 범위 안에서 규율하는 것이었다. 세력균형의 원칙에 따라 전쟁이 발생하곤 했다는 사실이 세력균형의 원칙 그 자체를 부정하는 논거가 될 수는 없다. 세력균형의 원칙이 추구하는 것은 완전한 평화를 보존하는 것이 아니라, 수많은 주권 국가들이 공존할 수 있는 규율의 원칙을 제공하는 데 있기 때문이다. 이는 국제법의 경우도 마찬가지였다. 주권 국가의 자율성을 주장하는 것과 세계 패권국을 주장하는 것은 큰 차이가 있다. 타국을 타파하거나 패배시켜야 할 상대(adversary)로 간주하는 것과 완전히 정복하거나 파멸시켜야 할

> 원수(enemy)로 간주하는 것 사이에도 큰 차이가 존재한다. 이런 차이를 인정하는 것이 근대 국가체제에서 결정적으로 중요했으며, 또 그래야만 근대 국가가 그곳에서 권력의 단위로 생존할 수 있었다. 바로 이것이 제한전쟁(limited war)을 가능케 하는 토대였을 뿐만 아니라, 절제되고 질서가 잡힌 평화를 유지시킬 수 있는 토대였던 것이다. 요컨대 주권을 상호 인정하는 것이 근대 국가의 근본적 특징이었다.[75]

전시나 평시에 타국을 '상대'로 간주할 수 있으려면 반드시 책임윤리를 실천해야 한다. 만일 신념윤리를 실천할 경우 타국은 '원수'로 전락해 버리고 말기 때문이다. 전자에서는 세력균형 체제의 유연한 작동이 가능한 반면, 후자에서는 세력균형 체제의 경직 내지 전복이 불가피하다. 근대 유럽의 대외정책 정신은 대체로 전자에 가까우며, 특히 20세기 미국의 대외정책 정신은 대체로 후자에 가까운 모습을 보인다. 절을 바꿔 유럽과 미국 대외정책 정신의 대조적 성격을 눈여겨보도록 하자.

---

75 Heinz Lubasz, "Introduction" in Heinz Lubasz, ed., *The Development of the Modern State* (New York: The Macmillan Co., 1964), 3.

4. 국가이성의 실천, 베스트팔렌 평화체제 그리고 윌슨주의의 국제정치적 퇴행성

마키아벨리의 국가이성 사상은 유럽 지성사에서 약 100여 년간의 논쟁을 거치는 가운데 하나의 정치적 에토스로 정착할 수 있었다. 이제 국가이성은 단순히 사상으로 존재하는 것이 아니라, 유럽 정치 현장에서 정치인의 행위를 실질적으로 규율할 수 있는 힘을 발휘할 수 있게 된 것이다. 국가이성이 유럽 정치 현장에서 실천되자 신념윤리가 지배하는 종교전쟁을 국제정치적 평화로 전환시킬 수 있는 길이 열리기 시작했다. 그리고 그런 추세를 최초로 제도화시킨 것이 베스트팔렌 평화조약이었다. 물론 그 조약 이후에도 유럽에서 전쟁이 끊이지 않았지만, 적어도 종교전쟁은 현저하게 감소했다. 하지만 미국이 제1차 세계대전에 참전하면서 이른바 '윌슨주의'로 지칭되는 미국 특유의 국제정치관이 유럽 국제정치에 개입하게 되는데, 그 사건은 궁극적으로 베스트팔렌 평화체제를 전복시키고, 16세기 유럽 종교전쟁을 부활시키는 결과를 초래했다. 그리고 그렇게 틀 지워진 국제정치가 21세기 현재까지 지속되고 있다. 최근 국제정치학계에서 종교를 이론적으로 개념화하려는 노력이 점증하는[76] 까닭은 21세기 국제정치적

76 예컨대 Nukhet A. Scandal and Jonathan Fox, *Religion in International Theory: Interactions and Possibilities* (London: Routledge, 2013). Erin K. Wilson, *After Secularism: Rethinking Religion in Global Politics* (New York: Palgrave, 2012).

갈등 내지 전쟁이 종교적 성격을 지녔다는 사실을 예증하는 것이었다.

마키아벨리의 국가이성 사상은 기독교적 정서가 건재한 16세기 유럽 사회에서 극단적 반발을 불러일으켰다. 기독교적 신념을 부정하는 '이단'의 사상으로 간주되었기 때문이다. 결국 교황청은 1559년 마키아벨리의 모든 서적을 금서로 지정했다. 하지만 국가를 운영하는 군주의 입장에서 정치를 종교로부터 해방시킨 마키아벨리의 국가이성 사상은 필수적으로 요청되는 것이었다. 그래서 마키아벨리의 국가이성 사상을 생존시킬 수 있는 교묘한 책략을 모색했는데, 그것은 마키아벨리의 국가이성 사상과 기독교적 신념이 상호 배타적인 것이 아니라 상호 공존할 수 있는 것이라는 논리를 개발하는 방식으로 전개되었다. 예컨대 국가이성이란 제목의 책을 최초로 저술해서 국가이성 개념을 널리 알리는 데 기여했던 죠반니 보떼로(Giovanni Botero)는 마키아벨리의 국가이성 개념이 인간의 양심과 기독교적 가치를 도외시한 지극히 불경스런 개념인데도 불구하고 사람들 사이에서 끊임없이 회자되는 현실을 개탄했다. 그러면서 기독교적 가치를 복원시킨 양심적, 도덕적, 인간적 국가이성 개념을 새롭게 정립하고자 했다.[77] 그러

Jack Snyder, ed., *Religion and International Relations Theory* (New York: Columbia University Press, 2011).

77 Giovanni Botero, *The Reason of State*, trans. by P. J. and D. P. Waley (London: Routledge & Kegan Paul, 1956), xiii–xv. Aristotle Tziampiris, *Faith and Reason of State: Lessons from Early Modern Europe and Cardinal Richelieu* (New York: Nova Science Publishers, Inc., 2009), 38–41.

나 그런 저술 동기에도 불구하고 보떼로의 책은 마키아벨리의 국가이성 사상을 대폭 수용해서 저술되었다.[78] 따라서 보떼로의 책은 마키아벨리의 국가이성 사상을 기독교적 가치로 포장해서 후대에 계승시키는 역할을 수행했던 것이다.[79] "국가이성이 정치 현실에 적용되려면 보떼로가 만든 도덕적 제의(Botero's moral vestments)를 입고서 변장해야만 했는데, 마키아벨리 자신도 그런 변장을 용인했을 것이다. '실제로는' 마키아벨리적 군주이면서도 자신이 마키아벨리적 군주라고 공공연히 인정하는 군주는 아무도 없었다(No *real* Machiavellian prince ever admitted he was Machiavellian)."[80]

1589년 보떼로의 책이 출간된 이후 유럽 전역에서는 약 100여 년에 걸친 국가이성 논쟁이 전개되었으며, 그런 과정을 거치는 가운데 국가이성은 정치적 에토스로 정착하기에 이르렀다.[81] 예컨대 30년 전쟁에서 프랑스를 최종 승전국으로 이끄는데 결정적 역할을 수행했던 리슐리외는 정치 현장에서 마키아벨리의 국가이성 사상을 실천한 인물이었다. 리슐리외는 자신의 『정치유서』(*Political Testament*)에서 이렇게 말했나. "국가의 공적 이익(public interest)이 군주와 그의 고문관이 추

---

78 D. P. Walcy, "Introduction" in Botero, *The Reason of State*, viii.

79 곽차섭, 『마키아벨리즘과 근대국가의 이념』(서울: 현상과 인식, 1996), 65–93.

80 Kenneth C. Schellhase, "Botero, Reason of State, and Tacitus" in A. E. Baldini, ed., *Botero e la 'ragion di stato': Atti del Convegno in memoria di Luigi Firpo* (Florence: L. S. Olschki, 1992), 258.

81 국가이성 사상이 유럽 전역에 확산되어 정치적 에토스로 정착하는 과정을 자세히 고찰한 사례로는, 곽차섭, 『마키아벨리즘과 근대국가의 이념』, 95–137.

구해야 할 유일한 목적이어야만 한다. 다시 말해서 국가의 공적 이익이 군주와 그의 고문관의 마음에서 가장 중요한 위치를 차지해야 하며, 그들의 모든 사적 이익보다 우선시되어야 한다."[82] "국가와 관련된 일에서는 모든 수단을 동원해서 국가이익을 추구하는 것이 필요하다. 국가에 유용한 것이라면 어떤 것도 경멸해서는 안 된다."[83] 리슐리외의 얘기는 사실상 마키아벨리가 얘기한 국가이성과 동일하다. 키신저도 다음과 같이 평가했다. "(리슐리외는) 국가가 그 자체의 권리로서 존재하는 추상적, 영속적 존재라는 사상을 개발했다. 국가의 그런 존재방식은 군주의 개성, 왕실의 이해관계, 종교의 보편적 주장 등을 통해서 결정되는 것이 아니었다. 리슐리외가 구상한 국가의 존재원리는 계산 가능한 원리에 따라 도출되는 국가이익이었는데(its lodestar was the national interest following calculable principles), 이는 훗날 '국가이성'으로 알려진 것이었다."[84] 추기경이었던 리슐리외는 종교적 가치의 중요성을 부정하지는 않았지만, 종교적 가치와 정치적 가치가 충돌할 때는 늘 후자를 전자보다 우위에 두었다.[85] 그래서 그는 양심의 가책을 느끼면서 주저하는 왕에게 이렇게 말하기도 했다. "인간은 불멸의 존재입니다. 내세에서 구원을 받을 수 있기 때문입니다. 하지만 국가는 불

---

82 A. J. D. P. Richelieu, *The Political Testament of Cardinal Richelieu*, trans. by Henry Bertram Hill (Wisconsin: The University of Wisconsin Press, 1961), 76.

83 A. J. D. P. Richelieu, *The Political Testament of Cardinal Richelieu*, 100.

84 Kissinger, *World Order*, 22.

85 곽차섭, 「마키아벨리즘과 근대국가」, 『한국사 시민강좌』, 17(1995), 205-206.

멸의 존재가 될 수 없습니다. 국가는 오직 현세에서만 생존할 수 있으며, 내세에서 구원받는 일은 결코 있을 수 없기 때문입니다."[86] 리슐리외는 30년 전쟁의 와중에서 중부 유럽에 통일 국가가 들어서면 유럽 전역 또한 지배할 가능성이 높다고 전망했다. 따라서 중부 유럽에 통일 국가가 들어서는 것을 방지하는 것이 프랑스의 국가이익이라고 판단했다. "리슐리외는 중부 유럽의 혼란을 교회의 방어가 아니라 합스부르크 제국의 패권을 견제할 기회로 이해했다. 프랑스 왕은 14세기 이래 최고의 가톨릭 군주(Rex Catholicissimus, the 'Most Catholic King')로 칭송되었지만, 프랑스는 냉혹하게 국가이익을 계산해서 (스웨덴, 프러시아, 북부 독일 군주들로 구성된) 프로테스탄트 연합을 처음에는 은밀하게, 나중에는 공공연하게 지원했다."[87]

리슐리외가 실천한 국가이성은 그의 후임으로 활동한 마자랭을 통해서 베스트팔렌 평화조약으로 제도화되었다. 베스트팔렌 평화협상의 주역으로 활동한 마자랭은 리슐리외의 국제정치적 구상을 충실하게 계승한 인물이었기 때문이다. "마자랭은 리슐리외가 역설한 국가이성을 난호하게 실천했다."[88] 따라서 "리슐리외는 베스트팔렌 평화협상의 틀과 목적을 짰고, 마자랭은 그것을 충실하게 수행하는 책임

86 Strayer et al., *The Mainstream of Civilization since 1500*, 420.

87 Kissinger, *World Order*, 22–23.

88 Derek Croxton, "Peacemaking in Early Modern Europe: Cardinal Mazarin and the Congress of Westphalia, 1643–1648," Ph. D. diss., University of Illinois at Urbana–Champaign (1996), viii.

을 다했다고 할 수 있다. 요컨대 마자랭은 처음부터 리슐리외가 설정한 범위 안에서 활동했다."[89] 이제 국제정치는 주권을 가진 영토국가가 국가이성에 따라 합리적으로 행동하는 세계로 바뀌었다. 국가들의 합리적 행동이란 구체적으로 국가이익의 합리적 계산에 따라 동맹의 이합집산을 거듭하는 가운데 세력균형을 유지하는 것을 의미했다. 국제정치적 평화는 바로 그 세력균형의 유지를 통해서 실현되었다.[90]

베스트팔렌 평화조약은 '근대' 국제정치의 지평을 새롭게 연 정초적 사건으로 평가할 수 있다. 국가의 행동이 신분제적 가산제를 돌파하고 합리적 계산에 기초한 국가이익을 추구함으로써 탈주술화의 노선을 걸었기 때문이다.[91] 이는 베버의 지배유형으로 표현할 때 국제정치의 성격이 '전통적 지배'로부터 '합리적 지배'로 전환되었다는 사실을 명시적으로 보여주는 것이었다. 주지하듯 전통적 지배에서는 특정 인간을 상대로 복종이 이뤄지지만(obedience to some particular person), 합리적 지배에서는 인간이 아니라 비인격적 규범에 복종한다(obedi-

---

89 Geoffrey Treasure, *Richelieu and Mazarin* (London: Routledge, 1998), 76.

90 자세한 내용은, Gianfranco Poggi, "The Westphalian Design of the Modern State system" in Poggi, *Varieties of Political Experience: Power Phenomena in Modern Society* (Colchester: ECPR, 2014), 121–138.

91 Cf. Meinecke, *Machiavellism*, 194–195. James A. Nathan, *Solders, Statecraft, and History: Coercive Diplomacy and International Order* (London: Praeger, 2002), 16–17.

ence is … given to the norm rather than to the person).[92] 전통적 지배에서는 인간의 사적 유대가 해체되지 않은 반면, 합리적 지배에서는 그것이 완전히 해체되었기 때문이다. 물론 베스트팔렌 평화조약을 체결한 시점에서도 근대 국가의 국내적 조건들, 예컨대 무력의 독점, 합리적 관료제, 합리적 조세제도 등이 모두 완비된 것은 아니었다. 그러나 그처럼 미비한 국내적 조건이 국제정치 차원의 근대적 합리성을 크게 왜곡하지는 못했다는 사실에 유의할 필요가 있다. 내전이 국제전으로 확전되는 사례가 크게 줄었고, 종교적 신념이 전쟁의 목적을 더 이상 지배하지 않게 되었는데,[93] 이는 주권과 국가이성이 상당 수준 이상 효력을 발휘해서 정치 우위의 원칙을 지켜내지 못하면 실현될 수 없는 성과였다. 실제로 리슐리외는 귀족 간의 결투 관행을 금지함으로써 귀족의 권력과 자율성을 제한했고,[94] 라로셸 공성전(Siege of La Rochelle, 1627-1628)을 진압함으로써 영국이 프랑스 내부의 위그노 세력을 지원하면서 프랑스 내전에 개입할 가능성을 차단했다.[95] 또한 리슐리외는 베스트팔렌 평화조약을 체결하기 이전에 이미 국가이성을 실천해서 30년 전쟁을 승리로 이끌었다. 베스트팔렌 평화조약 체결 이

92 Weber, *Economy and Society*, 954.

93 Peter Wilson, "European Warfare 1450-1815" in Jeremy Black, ed., *War in the Early Modern World 1450–1845* (London: Routledge, 1999), 197. Isser Woloch, *Eighteenth–Century Europe: Tradition and Progress, 1715–1789* (New York: W·W·Norton & Co., 1982), 37.

94 Tziampiris, *Faith and Reason of State*, 58-62.

95 Tziampiris, *Faith and Reason of State*, 53-58.

후 발생한 18세기의 전쟁은 7년 전쟁(1756–1763)을 제외하면 모두 '제한전쟁'으로 치러졌다.[96] 필립 고스키(Philip Gorski)는 국제전으로 확대된 7년 전쟁을 사례로 베스트팔렌 평화조약의 근대적 성취를 인정하지 않았지만,[97] 7년 전쟁도 종교전쟁이 아니라 영토전쟁으로 치러졌다는 점에 주목할 필요가 있다. "1648년 이후, 특히 1689년 이후 종교는 여전히 정치를 전복시킬 잠재력을 갖고 있었지만 유럽의 국제정치적 갈등을 조장하는 공통분모로는 더 이상 작용하지 못했다. 1688년부터 1713까지 서유럽을 황폐화시키고, 1683부터 1721년까지 동유럽을 황폐화시킨 대규모 전쟁은 이전의 내전이나 반란보다 훨씬 큰 규모로 전개되었지만 기존 국제정치질서는 훨씬 덜 훼손시켰다. 그 전쟁은 모두 폭도나 종교적 신념으로 무장한 세력이 밑에서 획책한 것이 아니라, 군주와 군 장성이 위에서 정치적으로 관리했기 때문이다. 17세기 후반에 전개된 유럽의 전쟁은 1559년에서 1648년까지 전개된 종교전쟁을 종식시키고, 유럽의 주요 강대국 사이에서 더욱 안정적인 세력균형을 복원시키는 결과를 초래했다."[98] 요컨대 국가이성이 관철

---

96 Nathan, *Solders, Statecraft, and History*, ix–x. Russell F. Weigley, *The Age of Battles: The Quest for Decisive Warfare from Breitenfeld to Waterloo* (Bloomington: Indiana University Press, 1991), 167–168. Keith L. Shimko, *International Relations: Perspectives, Controversies and Readings*, 4th ed. (Boston, MA: Wadsworth, 2007), 6–7.

97 필립 고스키와의 인터뷰 (2015. 7. 24.)

98 Richard S. Dunn, *The Age of Religious Wars, 1559–1715*, second ed. (New York: W·W·Norton & Co., 1979), 2.

된 베스트팔렌 평화조약은 유럽의 국제정치를 안정시키는 데 기여했다.[99] 따라서 베스트팔렌 평화조약의 '근대' 국제정치적 성과를 부정하는 작금의 세계학계의 수정주의적 학설은 근본적으로 재고될 필요가 있다. 수정주의적 학설을 역설하는 학자들은 르네상스시기의 탈종교적 시대정신, 마키아벨리 이후 한 세기 이상 전개된 국가이성의 지성사, 국가이성의 실천을 통해서 성취한 유럽 근대 국제정치의 안정성 등을 통째로 부정하는 '몰역사적,' '몰국제정치적' 시각을 견지하고 있기 때문이다.

베스트팔렌 평화조약 이후 제1차 세계대전까지 전개된 유럽 근대사에서 국제정치적 평화는 대체로 세력균형을 통해서 성취되었다.[100] 물론 유럽 근대사에서 수많은 전쟁이 발생했다. 하지만 세력균형 원칙을 준수하면서 수행된 전쟁은 제한전쟁(limited war)으로 전개된 반면, 세력균형 원칙을 파괴하면서 수행된 전쟁은 무제한전쟁(unlimited war)으로 전개되었다는 점에 주목할 필요가 있다. J. F. C. 풀러는 제한전쟁과 무제한전쟁의 차이를 다음과 같이 설명했다. "전쟁은 두 가지 범주로 분류할 수 있는데, 제한된 정치적 목적을 추구하는 제한전쟁과 무제한의 정치적 목적을 추구하는 무제한전쟁이 각각 그것이다.

---

99 Theodore K. Rabb, *The Struggle for Stability in Early Modern Europe* (New York: Oxford University Press, 1975), 74–82. Heinz Schilling, *Early Modern European Civilization and Its Political and Cultural Dynamism* (Waltham, MA: Brandeis University Press, 2008), 65–86.

100 Nigro, Jr., "Theory and Practice of Modern Diplomacy," 186–190.

지금까지 승리자에게 유리한 전쟁은 후자가 아니라 전자였다."[101] 정치 지도자가 제한된 정치적 목적을 추구하기 위해서는 책임윤리를 실천해야 하는 반면, 무제한의 정치적 목적을 추구한다는 것은 신념윤리를 실천한다는 것을 의미한다.

유럽 근대사에서 제한전쟁과 무제한전쟁의 차이를 극적으로 대비시켜주는 사례로는 비스마르크 체제의 성립과 붕괴를 꼽을 수 있다. 고든 A. 크레익은 베버가 제시한 직업 정치가의 세 가지 자질, 즉 열정(passion), 책임감(a feeling of responsibility), 균형감각(a sense of proportion)을 모범적으로 충족한 인물로 비스마르크를 꼽았다. "베버가 비스마르크를 직접 언급하지는 않았지만, 직업 정치가의 세 가지 자질 얘기는 곧 비스마르크를 두고 하는 얘기였을 것이다."[102] 베버는 열정, 책임감, 균형감각을 직업 정치가의 필수적 자질로 꼽은 까닭을 다음과 같이 설명했다.

> 어떤 종류의 인물이라야 감히 자기 손으로 역사의 수레바퀴를 움직여도 좋은가(?) … 정치가에게는 주로 아래 세 가지 자질이 결정적으로 중요하다고 볼 수 있습니다. 열정, 책임감 그리고 균형감각이 그것입니다. 여기서 열정이란 하나의 대의 및 이 대의

---

101 J. F. C. Fuller, *The Conduct of War 1789–1961* (New York: Da Capo Press, 1992), 13.

102 Gordon A. Craig, *From Bismarck to Adenauer: Aspects of German Statecraft* (Baltimore: The Johns Hopkins Press, 1958), 15–16.

를 명령하는 주체인 신, 또는 데몬에 대한 열정적 헌신을 의미하며, 그런 이상 이 열정은 객관적 태도라는 의미를 지니고 있습니다. … 하나의 〈대의〉에 대한 헌신으로서의 열정이 우리를 정치가로 만들 수 있으려면, 그것은 헌신과 동시에 바로 이 대의에 대한 우리의 책임의식을 일깨우는 열정이라야 하며, 더 나아가 이런 책임의식이 우리의 행동을 주도하도록 만드는 열정이어야 합니다. 그리고 이를 위해서 필요한 것이 균형감각이며, 이것은 정치가의 매우 중요한 심리적 자질입니다. 균형감각이란 내적 집중과 평정 속에서 현실을 관조할 수 있는 능력, 즉 사물과 사람에 대해 거리를 둘 수 있는 능력입니다. 〈거리감의 상실〉은 그것 자체로서 모든 정치가의 가장 큰 죄과 가운데 하나입니다. 그리고 〈거리감의 상실〉은, 만약 이것이 우리 후배 지식인들에게서 육성될 경우, 이들을 필연코 정치적 무능의 길로 오도할 그런 태도 중의 하나입니다. 왜냐하면 거리감의 상실은 동일한 사람의 정신 속에 뜨거운 열정과 냉철한 균형감각이 공존하지 못하도록 하기 때문입니다. … 정치적 〈개성〉이 강하다는 것은 무엇보다도 위의 세 가지 자질, 즉 열정, 책임의식 그리고 균형감각이라는 자질을 소유하고 있음을 뜻합니다.[103]

비스마르크가 열정, 책임감, 균형감각을 두루 갖추었다는 사실은

103 베버, 『직업으로서의 정치』, 103–106.

우리의 논의의 맥락에서 재해석할 때 국가이성과 책임윤리를 실천하면서 세력균형을 유지하는 가운데 제한전쟁과 국제정치적 평화를 성취했다는 사실을 의미했다. 실제로 비스마르크는 보오전쟁(1866), 보불전쟁(1870-1871) 등을 승리로 이끌면서 독일통일을 성취했지만, 이후 해외 팽창을 억제하는 현상유지 정책을 견지했다. 1888년 비스마르크는 어느 열렬한 식민주의자가 아프리카 지도를 펼쳐놓고서 식민지 개척의 필요성을 주장하자 이렇게 말했다. "당신의 아프리카 지도는 매우 아름다운 것이오. 하지만 나의 아프리카 지도는 유럽에 있소. 여기 러시아가, 여기 프랑스가 있고, 우리는 그 가운데 있소. 이것이 내 아프리카 지도요."[104] 비스마르크의 판단은 유럽 국제정치의 특성과 독일 국력의 한계를 정확하게 통찰한 균형감각의 소산이었다. 또한 비스마르크는 유럽 강대국의 세력균형을 통해 유럽 국제질서의 안정을 유지하고자 했다. 오직 그래야만 독일의 안보가 확보될 수 있다고 판단했기 때문이다. 요컨대 비스마르크 체제는 유럽의 세력균형을 통해서 국제정치적 평화를 추구하는 국제질서를 의미했다.[105]

하지만 1890년 비스마르크가 실각하면서 비스마르크 체제는 붕괴되기 시작했다. 비스마르크 체제가 붕괴한 까닭은 비스마르크를 계승한 정치인들이 비스마르크가 견지한 정치적 자질은 전혀 계승하지

104 제바스티안 하프너, 안인희 역, 『비스마르크에서 히틀러까지』(파주: 돌베개, 2016), 72-73.

105 박상섭, 『제1차 세계대전의 기원: 패권 경쟁의 격화와 제국체제의 해체』(파주: 아카넷, 2014), 23-28.

못했기 때문이었다. 비스마르크를 실각시킨 빌헬름 2세는 낡은 군사주의(archaic militarism), 허황된 야심(vaulting ambition), 신경성 불안정(neurotic insecurity)을 한 몸에 구현한 인물이었다.[106] 빌헬름 2세는 독일의 신장된 국력에 걸맞은 강대국의 지위를 국제적으로 인정받고 싶어했다. 그래서 비스마르크의 현상유지 정책을 철회하고 세계패권(Weltmacht)을 추구하는 세계정책(Weltpolitik)을 추구했다. 그러나 그 세계정책은 호전적 수사(bellicose rhetoric)로 선언되었을 뿐, 대외정책의 구체적 목표로 뒷받침되지 못했다.[107] 이는 세계정책이 빌헬름 2세의 신념윤리의 산물이라는 사실을 단적으로 예증하는 것이었다. 또한 빌헬름 2세는 국제정치적 안목이 취약해서 대외정책 담당 관료를 정치적으로 통제하지 못했다. 그러자 역으로 대외정책 담당 관료가 빌헬름 2세를 끊임없이 교묘하게 조종하는 결과를 초래하고 말았다.[108] 비스마르크 실각 이후 외교는 프리드리히 폰 홀스타인(Friedrich von Holstein)이 맡았다. 그런데 홀스타인은 자신의 호오감정에 따라 대외정책을 수행하는 '반국가이성적' 성벽을 지녔었다. 예컨대 그는 비스마르크를 시기했고, 러시아를 극도로 혐오했다. 그래서 비스마르크가 실각하자마자 비스마르크 체제의 핵심 축이었던 독일과 러시아 간의 재

106 Michael Howard, *The First World War* (Oxford: Oxford University Press, 2002), 9.

107 Kissinger, *Diplomacy*, p. 170. 박상섭, 『제1차 세계대전의 기원』, 37.

108 Christopher Clark, *Kaiser Wilhelm II: A Life in Power* (New York: Penguin Books, 2009), 171–177.

보장조약(Reinsurance Treaty)을 갱신하는 과제를 방기했다(1890년 3월). 이는 비스마르크 체제의 세력균형을 결정적으로 와해시키는 조치였다. 재보장조약 갱신 포기는 홀스타인 파벌이 비스마르크 라인을 부정하는 일종의 파벌싸움의 산물이었는데, 국제정치적 안목이 부재한 빌헬름 2세는 그 파벌싸움을 정치적으로 통제하지 못했다. 주지하듯 독일은 재보장조약 갱신을 포기함으로써 프랑스와 러시아가 동맹을 체결할 수 있는 길을 열어주었다.[109] 그것뿐만이 아니다. 앞에서 검토한 것처럼 클라우제비츠는 전쟁이 정치적 목적으로 달성하는 수단으로 제한되어야 하며, 전쟁 그 자체가 목적이 될 수 없다는 사실을 일관되게 강조했다. 하지만 빌헬름 2세 시기 육군전략을 수립한 알프레트 폰 슐리펜(Alfred von Schlieffen)은 "정치적 요소를 전적으로 배제하고 순수 군사적 시각에서 전략을 수립했다. … 슐리펜은 전쟁의 위험에 비해 성공 가능성이 적다는 것, 따라서 독일 정책을 그처럼 심각한 현실에 부응하는 형태로 조정할 필요가 있다는 것 등을 황제와 수상에게 조심시키는 고도의 책임성을 전혀 고려하지 않았다. … 슐리펜 계획은 '국가이성'(state-reasoning)이 순수 군사적 사고방식을 통해서 왜곡된 전형적 사례였다. 그리고 그 결과는 대재앙이었다."[110] 요컨

109 Craig, *From Bismarck to Adenauer*, 37-45. Clark, *Kaiser Wilhelm II*, 169-170.

110 B. H. Liddell Hart, "Foreword" in Gerhard Ritter, *The Schlieffen Plan: Critique of a Myth*, trans. by Andrew and Eva Wilson (London: Oswald Wolff, 1958), 7, 9, 12.

대 빌헬름 2세는 비스마르크와 달리 정치 우위의 원칙을 전혀 유지하지 못했다. 그러자 비스마르크 체제는 붕괴의 길을 걸을 수밖에 없었는데, 그 길의 종착점에서는 제1차 세계대전이 기다리고 있었다.

1919년 파리 평화회담의 주역을 맡았던 우드로 윌슨은 칼뱅주의의 예정설을 신봉한[111] 목사 같은 인물이었다. 파리 평화회담의 프랑스 대표로 참석한 조르주 클레망소(Georges Clemenceau)는 언젠가 하우스 대령(Colonel House)에게 이렇게 말했다. "나는 당신과 말이 잘 통합니다. 당신은 현실적인 사람입니다. 그래서 나는 당신을 이해할 수 있습니다. 하지만 윌슨과 얘기하다보면 마치 예수 그리스도와 얘기하는 느낌을 받곤 합니다."[112] 윌슨이 예수와 비견되는 목사 같은 인물이었다는 사실은 윌슨의 정치적 행동을 신념윤리가 지배했을 거라는 추론을 가능케 한다. 실제로 윌슨이 수행한 전쟁은 '십자군 전쟁'의 성격을 지녔다. "(윌슨에게) 제1차 세계대전은 '전쟁이라는 악을 완전히 없애는 전쟁'(The War to End All Wars)이 되어야 하며, 미국은 '민주주의가 보장되는 세계'(A World Safe for Democracy)를 만들기 위해 참전하는 것으로 역사에 기록되어야만 했다. … 윌슨은 미국의 제1차 세계대전 참전을 고상한 십자군 전쟁으로 본 것이다. 이런 관점에서 보면 제1차

111 Walter A. McDougall, *Promised Land, Crusader State: The American Encounter with the World Since 1776* (New York: Houghton Mifflin, 1997), 126.

112 Norman A. Graebner and Edward M. Bennett, *The Versailles Treaty: The Failure of the Wilsonian Vision* (Cambridge: Cambridge University Press, 2011), 40. 권용립, 『미국 대외정책의 역사』(서울: 삼인, 2010), 308-309.

세계대전은 미국 특유의 전쟁관 즉 일단 전쟁이 시작되면 절대적 승리만을 목표로 삼는 십자군적 승패관이 세계정치에 적용된 계기다."[113] 윌슨이 십자군 전쟁을 수행했다는 사실은 유럽 근대 국제정치의 역사를 16세기 유럽 종교전쟁의 시기로 퇴행시키는 것을 의미했다. 그리고 그러한 국제정치적 퇴행은 마키아벨리 이후 약 500년간 축적된 국가이성과 세력균형의 성과를 근본적으로 부정하는 것이었다.

윌슨이 선도한 국제정치적 퇴행성은 파리 평화회담에서도 적나라하게 관철되었다. 윌슨은 파리 평화회담에서 유럽의 '낡은' 세력균형 체제를 근본적으로 부정하고, 그것을 집단안보체제, 민족자결주의 등을 요체로 삼는 미국의 '새로운' 국제질서로 대체하고자 했다. 세력균형 체제 때문에 제1차 세계대전이 발생했다고 판단했기 때문이다. "우드로 윌슨은 1919년 파리 평화회담에 갔을 때 비엔나 회의를 연구한 책 한권을 건네받았다. 그 책은 영국의 역사학자 C. K. 웹스터가 파리 평화회담을 위해서 특별히 준비한 것이었다.[114] 하지만 윌슨은 그 책 읽기를 거부했다. 제1차 세계대전이 만들어낸 혁명적 문제들을 다루려는 윌슨 자신이나 그 누구도 이전 세기의 비엔나 회의에서 진행된 외교로부터 배울 수 있는 것은 아무것도 없다고 판단했기 때문이다."[115] 그래서 "윌슨이 구상한 세계는 권력이 아니라 원칙에, 국가이익

---

113 권용립, 『미국 대외정책의 역사』, 329-330.

114 C. K. Webster, *The Congress of Vienna 1814–1815* (London: Oxford University Press, 1918)를 의미한다.

115 Craig, *From Bismarck to Adenauer*, xiii.

이 아니라 법률에 뿌리를 두었다. … 다시 말해서 유럽 강대국의 역사적 경험과 국제정치적 행동 양식을 완전히 전복시켰다."[116] 그러나 앞에서 검토한 것처럼 제1차 세계대전은 비스마르크 체제 그 자체 때문에 발생한 것이 아니라 비스마르크 체제의 붕괴 때문에 발생한 것이었다. 다시 말해서 "제1차 세계대전의 대재앙은 세력균형 그 자체 때문이 아니라 유럽에서 세력균형을 포기했기 때문에 발생한 것이었다."[117] 따라서 윌슨은 목욕물을 버리면서 목욕시키던 아이까지 버려버렸던 것이다. 주지하듯 "비엔나 회의에서는 오스트리아, 러시아, 프로이센, 영국이 참여한 4국 동맹(Quadruple Alliance)의 압도적 힘으로 프랑스의 어떤 침략 행위도 미연에 방지할 수 있는 세력균형 체제를 고안했다. 따라서 제1차 세계대전 승전국이 1918년 베르사유 회담에서 4국 동맹과 유사한 동맹을 결성하여 독일을 강력하게 견제했다면 세계를 제2차 세계대전의 참상으로부터 구제할 수 있었을 것이다."[118] 하지만 윌슨이 지휘한 파리 평화회담에서는 민족자결주의 원칙에 입각해서 독일 주변의 군소 국가를 모두 독립시켰다. 그러나 그런 군소 국가의 힘으로는 추후 등장할 히틀러를 견제할 수 없었다. 그래서 파리 평화회담 이후 독일의 국제정치적 지위는 제1차 세계대전 때보다 오히려 강화되는 역설을 드러냈다. 히틀러는 유럽의 세력균형으로 견제 받지 않았기 때문에 주변국을 더욱 용이하게 침략할 수 있었기 때

116 Kissinger, *Diplomacy*, 225–226.

117 Kissinger, *Diplomacy*, 226.

118 Kissinger, *Diplomacy*, 82–83.

문이다.[119] 비엔나 회의 이후 약 100년의 국제정치적 평화가 유지된 반면, 파리 평화회담 이후 약 20년 만에 제2차 세계대전이 발생했다. 이는 윌슨이 부정한 세력균형 체제의 국제정치적 적실성을 적나라하게 예증하는 사례라고 할 수 있다. 마키아벨리는 우리에게 '권력은 오직 권력으로만 대처해야 한다'고 가르쳤다.[120] 하지만 윌슨은 신념윤리에 매몰되어 마키아벨리의 가르침을 거부했는데, 그것의 대가는 제2차 세계대전이라는 인류의 대참사를 부지불식간 초빙한 것이었다.

윌슨이 견지한 신념윤리는 윌슨 개인의 윤리가 아니라 미국 대외정책의 역사 전체를 관철하는 전형적 윤리라는 점에 주목할 필요가 있다. 따라서 미국의 역대 대통령은 거의 모두가 윌슨과 유사한 신념윤리에 입각해서 대외정책을 수행했다. "윌슨주의는 실패하고 사라진 이념이 아니라 20세기 내내 미국 외교정책을 정당화하는 최고의 명분으로 남았다."[121] 그래서 9·11 이후 테러와의 전쟁을 선도했던 부시 독트린도 윌슨주의를 거의 그대로 계승한 것이었다.[122] 부시 독트린의 신념윤리가 지배하는 테러와의 전쟁 또한 십자군 전쟁으로 전개될 수밖에 없었다. 따라서 테러와의 전쟁은 궁극적으로 16세기 유럽에서 전

119 Kissinger, *Diplomacy*, 242-243.

120 각주 74번 참조.

121 권용립, 『미국 외교의 역사』, 337.

122 이현휘, 「소명으로서의 전쟁: 미국 대외정책 정신과 신의 눈물」, 『현대사회와 정치평론』, 창간호(2007), 7-59.

개된 종교전쟁과 동일한 성격을 지닌 것이었다.[123] 최근 미국이 주도하는 테러와의 전쟁, 중동의 만성적 종교전쟁 등의 해법으로 베스트팔렌 평화조약, 리슐리외의 대외정책 등을 참고할 필요가 있다는 목소리가 고조되고 있는데,[124] 이는 경청할 필요가 있다고 본다. 종교전쟁을 지배하는 신념윤리를 책임윤리로 전환시켜야만 종교전쟁의 갈등을 완화시키면서 정치적 해법을 모색할 가능성이 열리기 때문이다. 많은 학자들이 21세기 지구화 시대에서 탈베스트팔렌 질서를 역설하지만,[125] 베스트팔렌 질서의 국제정치적 타당성을 간과해서는 안 되는 까닭이 여기에 있었다.[126]

---

123 Schilling, *Early Modern European Civilization and Its Political and Cultural Dynamism*, 113.

124 Alan Philps, "Why the 1648 Peace of Westphalia Treaty Merits Scrutiny Today," *The National Opinion* (Jan. 30, 2016). Richard N. Haass, "The New Thirty Year's War," *Project Syndicate* (Jul. 21, 2014). Greg R. Lawson, "Divide and Conquer: Richelieu's Playbook for the Middle East," *The National Interest* (Mar. 19, 2015). Tziampiris, *Faith and Reason of State*, Chap. 5, "Conclusion: Reason of State and Cardinal Richelieu: Lessons for the Twenty–First Century."

125 베일리스 외, 『세계정치론』, 42–48.

126 Walter Isaacson, "Henry Kissinger Reminds Us Why Realism Matters," *Times* (Sept. 6, 2014). Walter A. McDougall, *The Tragedy of U.S. Foreign Policy: How America's Civil Religion Betrayed the National Interest* (New Haven: Yale University Press, 2016) 참조.

5. 한국 정치(시민) 윤리의 마키아벨리적 전환: 신유학적 신념윤리의 해체와 책임윤리의 실천

주권과 국가이성은 전통적 지배의 하위유형인 신분제적 가산제와 기독교적 신념윤리가 착종되어 100년 이상 유럽 전역을 휩쓸었던 종교전쟁을 국제정치적 평화로 전환시켰다. 주권은 특정 영토 내 무력을 독점함으로써 내전의 가능성을 제거했다. 또한 외세의 개입을 차단함으로써 외세와 내전이 착종되어 국제전으로 확전되던 관행을 근절시켰다. 국가이성은 국제정치를 냉정한 계산에 입각해서 국가이익을 추구하는 탈주술화의 세계로 전환시켰다. 주권과 국가이성은 세력균형을 통해서 제한전쟁과 국제정치적 평화를 유지할 수 있는 길을 열었다. 요컨대 전통적 지배를 돌파하고 합리적 지배의 지평을 열어내면서 근대 국제정치의 혁명을 성취한 것이다.

근대 국제정치는 그것의 합리적 운영을 위해 책임윤리의 실천을 요구한다. 그래야만 세력균형을 유연하게 유지하면서 국제정치적 평화를 안정적으로 유지할 수 있기 때문이다. 근대 국제정치사상에서 책임윤리가 정치가 및 시민의 윤리로 정착되어야 한다는 사실을 일관되게 강조한 이유가 여기에 있었다. 예컨대 마키아벨리는 자신의 『로마사 논고』 결론 부분에서 이렇게 얘기했다. "자기가 태어난 도시를 사랑하는 훌륭한 시민은 사사로운 원한을 잊어버리지 않으면 안 된다."[127] 책임윤리가 시민의 윤리가 되어야 한다는 얘기였다. 레이몽 아롱 역시 자신의 『평화와 전쟁』 결론 부분에서 책임윤리가 정치가 및 시민의 윤리가 되어야 한다는 사실을 다음과 같이 강조했다. "신념윤리와 책임윤리의 관계는 과거나 지금이나 크게 다르지 않다. 자신의 행위가 초래할 결과를 무시한 채 자신의 신념에만 사로잡힌 정치 지도자는 결국 자신의 정치적 책임을 방기함으로써 부도덕한 인간으로 전락한다. … 그 어떤 경우에도 책임윤리가 시민의 윤리뿐만 아니라 정치 지도자의 윤리가 되어야 한다."[128]

하지만 한국정치의 지배양식은 예나 지금이나 전통적 지배의 범위를 크게 벗어나지 못했다. 그래서 현대 한국정치 역시 가산제의 속살에 민주주의의 외피를 두른 '가산제적 민주주의'(patrimonial democracy)의 양식으로 작동한다.[129] 최근 다니엘 튜더는 '혈통숭배와 부도덕한 벼슬아치 야심이' 박근혜 정부의 파행을 낳았다면서 이렇게 말했다. "2012년 한국 대선 TV토론을 유튜브에서 한번 찾아보시라. 나는 한국어가 불완전한 외국인이지만 분명 내가 보기에도 박근혜 후보는 자신에 대한 확신이 없었으며 여러 사안에 대해 숙지하지 못했다. 그에게 투표한 사람들 대부분은 사실 그의 아버지를 찍은 것이며 비극

---

127 마키아벨리, 『로마사 논고』, 제3권, 제47장.

128 Aron, *Peace and War*, 634.

129 Norman Jacobs, *The Korean Road to Modernization and Development* (Chicago: University of Illinois Press, 1985), 52-53, 119, 297. 국민호, 「가산제적 사회질서는 한국 발전의 영원한 함정인가」, 『사회과학논평』, 제19호(2000), 173-190. '가산제적 민주주의'의 개념에 관해서는, Letitia Lawson, "Understanding Patrimonial Democracy," 『정치와 평론』, 제18집(2016), 137-174.

적인 삶에 대한 연민도 작용했다고 하는 게 솔직하지 않을까."[130] 튜더의 얘기는 현대 한국정치의 가산제적 속성을 단적으로 집어낸 것이라고 할 수 있다.

한국처럼 혈연, 학연, 지연 등과 같은 사적 유대가 강고한 가산제적 사회에서는 대내윤리와 대외윤리를 철저하게 준별한다. "씨족을 해체하지 못한 사회는 씨족 내부의 윤리와 씨족 외부의 윤리를 확연하게 구분한다(the ethics of internal and external relations are categorically distinct). 씨족 내부 구성원끼리는 조건 없이 서로서로 도와주면서 강고한 유대를 유지한다. 이와 달리 씨족 외부에서 존재하는 모든 인간은 처음부터 어떠한 윤리적 고려도 필요 없는 적대세력으로 간주한다. 따라서 이들의 이해관계가 상충할 경우 무자비하게 맞서 싸워야 할 대상으로 간주된다. 이처럼 '내집단과 외집단을 구분하는'(in-group/out-group distinctions) 습성은 현대 한국사회에서도 학연, 지연 등과 같은 사적 유대를 경계로 다양하게 실천된다."[131]

한편, 현대 한국인의 지배적 사유양식은 대체로 조선사회에 정착한 신유학적 에토스를 계승하면서 마련된 것이었다. "필자도 참석한 바가 있는 현대 유교의 영향에 대한 최근의 학술회의에서 참석자 거의 전원이 현대 한국에서 유교가 차지하고 있는 중요성을 부정하였다. 마지막에 참석자 가운데 한 학자가 자기 가정에서의 아들의 역할

---

130 다니엘 튜더, 「역사의 평가가 대통령에게 덜 가혹해지려면」, 《중앙일보》(2016. 11. 12.)

131 이현휘, 「고대 중세 시민의 역사적 전개」, 58.

과 제자와 스승의 관계에 대한 견해를 피력하였을 때 필자는 그의 그러한 견해가 바로 유교적이라는 점을 지적한 바 있다. … 한국인의 세계관은 효, 충, 그리고 예라는 유교적인 개념에 의해 여전히 영향 받고 있기 때문에 한국사회는 아직도 유교사회라고 말할 수 있다."[132]

유교가 지배하는 한국사회에서 '탈주술화'는 실현되기 어려운 일이었다. 일찍이 베버는 중국사회의 특성을 '주술의 정원'(a magic garden)이란 용어로 집약한 바 있는데,[133] 한국사회 역시 별반 다르지 않다. 중국과 한국에서 유교는 주술의 정원을 오히려 보존하는 역할을 수행했기 때문이다.[134] "(한국)정치의 결정적 순간마다 무속이 자리했던 것은 어제오늘 이야기가 아니다. … 정치권에 따르면 아직도 여러 무속·역술인이 정치인들의 조언자 역할을 하고 있다. … 정치권 이슈에 대해 무속·역술인의 상담을 필요로 하는 인물들은 정치인만이 아니다. 정치와 연을 맺은 사회 전반의 인사들이 권력의 향방과 정계 흐름에 촉각을 세우고 있다. … '부띠끄 점집'을 운영했던 역술인 C씨는 '큰 사건과 관련된 내용은 복채가 500만-1,000만원을 넘는 경우도 있다'며 …."[135] "세계를 주술로부터 철저히 해방시킨 사례는 퓨리터니즘뿐이었다. … 유교는 주술적 구원의 의미를 건드리지 않았지만, 퓨리

---

132 제임스 헌틀리 그레이슨, 강돈구 역, 『한국 종교사』(서울: 민족사, 1995), 275-276.

133 Weber, *The Religion of China*, 200.

134 Weber, *The Religion of China*, 227.

135 권경원, 「점(占)치'에 갇힌 정치 … '순실의 시대' 부르다」, 《서울경제》 (2016. 11. 4.)

터니즘은 모든 종류의 주술을 악마로 간주했기 때문이다."[136]

또한 신유학은 정통과 이단을 준별하는(闢異端) '신념윤리'를 정치윤리로 가르쳤다.[137] 주자가 진량과 논쟁하면서 철저히 견지한 윤리도 신념윤리였다.[138] 그런데 조선의 신유학은 중국이나 일본의 신유학보다 훨씬 더 독단적 성격을 지녔다. 그래서 이슬람교의 독단적 성격과 비교하는 것이 더욱 타당할 수 있었다.[139] "조선 신유학은 어느 정도 정통 이슬람교와 유사하다고 할 수 있다. 양자는 거의 모든 삶의 영역을 지배하는 행동규범(a code of behavior)을 포괄하고 있기 때문이다. 양자는 경쟁적 이념이나 이념적 다원주의를 결코 용납하지 않는다. 또한 양자는 도덕과 정치를 강력하게 결속시켰다."[140]

현대 한국의 사회윤리는 대내윤리와 대외윤리를 준별하는 가산제의 유산과 정통과 이단을 준별하는 신유학의 신념윤리가 착종되면

---

136 Weber, *The Religion of China*, 226–227.

137 Chang Hao, "On the Ching-shih Ideal in Neo-Confucianism," *Ch'ing-shih wen-t'i*, Vol. 3, No. 2 (1974), 45. 이현휘, 「정당 대변인의 '말'과 한국 정치의 관습」, (사) 한국정치평론학회 편, 『미디어와 공론정치: 정치평론이란 무엇인가?』(고양: 인간사랑, 2011), 185–196.

138 Hoyt Cleveland Tillman, *Utilitarian Confucianism: Ch'en Liang's Challenge to Chu Hsi* (Cambridge, Mass.: Council on East Asian Studies, Harvard University, 1982), 143–152.

139 자세한 내용은 Michael J. Seth, "Korean Neo-Confucianists and Islamic Reformers: A Historical Comparison," 『정치와 평론』, 19집(2016), 근간.

140 Michael J. Seth, *A History of Korea: From Antiquity to the Present* (New York: Rowman, 2011), 155.

서 자리를 잡은 것이었다. "한국사회는 확대 씨족체계에 기반을 둔 매우 분절된 부족사회다. 한국사회에서 씨족의 중요성을 강조하고 사회를 분절화시킨 것은 유교가 아니다. 한국사회는 유교와 상관없이 그런 성격을 지니고 있다. 유교는 다만 한국문화의 그러한 성격을 강화시켰을 뿐이다. 조선조 중기 이후 급진적인 사림파와 그들의 계승자들에 의해 한국문화의 사회적인 성격은 엄격한 신유학의 영향을 받았다."[141] 그런데 신념윤리는 악마로 낙인찍은 타자와 결코 타협할 수 없는 윤리다. 따라서 한국의 사회윤리는 한국사회를 지극히 독선적 사회로 만들어버렸다.[142] 세대 간, 지역 간, 여야 간, 남북 간 등등에서 극단적 적대감이 만성적으로 표출되고 있고, 그런 갈등은 끊임없이 클라우제비츠가 개념화한 '절대전쟁'으로 질주하는 양상을 보이기 때문이다. 이런 사회에서 합리적 소통은 원천적으로 불가능했다. 박승관의 용어로 '커뮤니케이션 폐쇄'(communication closure)가 심화된 사회,[143] 그래서 '사회적 커뮤니케이션'(social communication)이 총체적으로 붕괴된 사회,[144] 또 그래서 '군론'(群論)이 난무하는 사회가 오늘 우리 사회의 '민낯'인 것이다.

---

141 그레이슨, 강돈구 역, 『한국 종교사』, 275.

142 강준만, 『정치를 종교로 만드는 사람들: 야당 분열 알고나 욕합시다!』(서울: 인물과 사상사, 2016), 202, 205, 209.

143 박승관, 「한국사회의 사회적 커뮤니케이션 세계의 붕괴」, 『언론정보연구』, 30집(1993), 100-107.

144 박승관, 「한국사회의 사회적 커뮤니케이션 세계의 붕괴」, 94-100.

'사회적 커뮤니케이션 세계'의 붕괴는, (우리 사회의) 문제를 공개적으로 제기하고 그 합리적 해결방안을 제시하면서 자기 자신의 희생을 무릅쓰면서도 공동체적 선(善)의 실현을 추구하는 의인(義人)으로서의 외로운 '사회적 왯소리꾼들'이 존재하는 경우에도, 다른 사회성원들이 이들의 목소리를 향하여 기울여 줄 '사회적 귀'(ear)를 잃어버린, '청자(聽者) 없는 사회'를 만들게 한다. 귀 없는 사회(earless society)는 사회적 의견에 대한 접수능력의 상실(debasement of opinion acceptance), 즉 '사회적 커뮤니케이션 감수성'의 소멸로 특징지을 수 있는 사회이다.[145] … 군론이 지배하면 세상은 '말'이 아니라 '수'에 의존하는 '집합의지'에 의하여 지배된다. 커뮤니케이션의 진정한 주체로서의 성숙된 '개인'은 사라지고 탈개인화되고 동질화된 집단적 정체성에 의하여 함몰된 군중, 즉 '떼'(herd)가 출현한다. 공중이 변질되어 '떼'(herd) 또는 '무리'가 창궐할 때, 이들에 의하여 주도되는 여론이 곧 군론이다. … 군론이 대두하고 공론을 대체해 나가는 것은 '귀'가 쇠퇴하고 '입'만 발달하는 상황, 즉 '들림,' '들려짐,' '들려질 가능성,' 즉 'Heardability'의 상실이 낳은 병리적 여론현상의 일종으로 이해되어야 한다. … 예를 들어 설명하면, 말싸움하는 두 당사자가 서로 상대방의 낮은 'Heardability'를 극복하기 위하여 목소리를 높이면,

145 박승관, 「한국사회의 사회적 커뮤니케이션 세계의 붕괴」, 115.

> 그 결과 자신들의 목소리가 상대방에게 들려질 수 있는 가능성, 즉 'Heardability'는 더욱 낮아지게 되고, 이러한 상황은 이전보다 더 높은 목소리를 유발하지만, 오히려 'Heardability'는 더욱 낮아지게 되는 순환적 증폭상황이 발생한다는 것이다. … 그 결과 사회정치적으로 공격적, 자극적, 폭력적인 메시지와 선전방식이 발달하게 된다. 한국사회에서 범람하고 있는 선언적이고 자극적인 메시지를 담은 플래카드의 범람, 심볼 시스템의 비대화와 같은 현상들도 이러한 방식으로 설명될 수 있다고 본다.[146]

박승관이 지적한 '커뮤니케이션 폐쇄'가 심화된 한국사회, 그래서 '사회적 커뮤니케이션'이 총체적으로 붕괴된 한국사회가 바로 16-17세기 종교전쟁의 나락으로 전락한 유럽 사회의 모습이었다. "악셀 고트하르트(Axel Gotthard)에 따르면 30년 전쟁이 발발한 1618년까지 칼뱅주의와 가톨릭을 신봉하는 두 진영의 세계관은 너무도 단단하게 굳어버려서 상호 간의 소통이 더 이상 가능할 수 없었다. 이들 간의 불통(miscommunication)은 신성로마제국의 제도를 마비시킴으로써 곧바로 폭력을 초래했다."[147] 요컨대 21세기 한국사회의 갈등은 16-17세기 유

---

146 박승관, 「여론, 군론, 정론」, 강남준 외, 『디지털 시대의 사회적 소통, 매체 그리고 문화적 실천』(서울대학교 언론정보연구소, 2005), 69-70, 74-75.

147 Peter H. Wilson, "Dynasty, Constitution, and Confession: The Role of Religion in the Thirty Years War," *The International History Review*, Vol. 30, No. 3 (2008), 477.

럽 종교전쟁 시기의 갈등과 사회학적으로 동일한 성격을 지녔다. 전자는 신유학적 신념윤리의 충돌에서, 후자는 기독교적 신념윤리의 충돌에서 각각 파생된 것이었기 때문이다.

하지만 더욱 심각한 문제는 한국인의 주술적 사고방식, 가산제적 사고방식, 신유학적 신념윤리 등이 지배하는 커뮤니케이션 폐쇄가 한국 대외정책에서 실천될 때, 한국은 정치적 생존을 더 이상 기약할 수 없다는 데 있다. 그런 맥락에서 입안된 한국 대외정책은 한국이 추구해야 할 국가이성을 끊임없이 파괴하는 자기부정의 모순을 드러내기 때문이다. 예컨대 임진왜란이 발생하기 2년 전인 1590년, 선조는 정명가도(征明假道)를 요청하는 도요토미 히데요시를 '예'(禮)로써 타이르라고 명령했다.[148] 선조는 윌슨처럼 국제정치의 문제를 권력이 아니라 예라는 윤리의 시각에서 파악한 것이다. 이러한 선조의 반국가이성적 사유는 결국 임진왜란을 초래하는 원천으로 작용했다. 또한 명청 교체기 광해군은 국가이성적 사유로 조선의 안보를 일정기간 지켜냈다. 하지만 '재조지은'(再造之恩)이라는 반국가이성적 사유를 견지한 대다수의 신료들은 광해군을 몰아내고 정묘호란과 병자호란을 자발적으로 '초빙'했다. "… 천조(天朝)는 우리에게 부모의 나라이며 우리에게 재조지은을 베풀었습니다. 지금 바깥으로부터 수모를 당해 우리에게 군대를 요청했는데도 우리의 도리로 보건대 어찌 달려가 구원하지 않겠습니까? … 대체(大體)로 본다면 '부모와 자신의 의리(義理)'가 있고,

---

148 미야케 히데요시, 김세민 외 역, 『조선통신사와 일본』(서울: 지성의 샘, 1996), 59.

사정(私情)으로 말하면 반드시 갚아야 할 의리가 있으니 이로 보나 저로 보나 응원하지 않을 수 없습니다."[149] 그것뿐만이 아니다. 우리는 '한미동맹'을 '한미혈맹'으로 부르는데 익숙하다. 하지만 '혈맹'이란 표현은 가산제적 사고방식이 투영된 것으로서 국가이성에 기초한 동맹과 결코 양립할 수 없다. 이는 우리가 여전히 조선시대의 신료들처럼 미국을 가산제적 사고방식으로 바라본다는 사실을 예증한다. "많은 한국 사람들은 중국을 대신하는 장자(長子)의 나라로 미국을 생각하고 있다. 한국에 대한 미국의 정책을 비판할 때 한국 사람들은 국가간의 관계를 가족 관계의 확산으로 생각하는 유교적인 입장을 취한다."[150] 또한 박승관에 따르면 한국 대외정책에서 커뮤니케이션 폐쇄가 가장 극단적으로 표출되는 영역은 '남북관계'다. 남북분단 그 자체가 커뮤니케이션 폐쇄를 단적으로 상징하기 때문이다.

> 전체 커뮤니케이션 중에서 … 경계 내 커뮤니케이션의 상대적 활성화 정도가 현저하게 높은 상태를 우리는 '커뮤니케이션 엔도가미'(communication endogamy)로 정의한다. 이는 일반적으로 한 사회의 커뮤니케이션 구조가 비민주적이고, 폐쇄적이고, 비소통적이고, 분절적임을 보여주는 지표로 파악될 수 있다. … 우리는 오늘날 한국사회에서 커뮤니케이션 엔도가미가 지배적으로 정

149 『광해군일기』 권127 광해군 10년 윤4월 임오. 한명기, 「광해군 대외정책 재론」, 『한국불교사연구』, 제2호(2013), 201에서 재인용.

150 그레이슨, 『한국 종교사』, 276.

착되어 온 경로를 설명하는 데 가장 중요하게 고려하여야 할 사항은 지난 반세기 동안 한반도를 지배한 분단구조에서 찾아야 한다고 본다. 정녕 한반도의 분단구조 그 자체가 바로 지금까지 우리가 논의한 한국사회의 커뮤니케이션 엔도가미의 총체적·최종적 상징이며 권화(權化)인 것이다. 다시 말하면 분단구조는 한편으로는 우리 사회에 커뮤니케이션 엔도가미를 이식·증식시킨 근본적인 원인으로 작용하면서, 다른 한편으로는 바로 그 자체로서 우리 사회의 극심한 대결구조와 갈등질서의 구체적 표현방식으로서의 커뮤니케이션 엔도가미의 최종적 구현체이며 총체적 완성태로 파악될 수 있다.[151]

남북 간의 커뮤니케이션 폐쇄를 해체하고, 남한과 북한의 평화적 공존 내지 통일의 길을 개척하려면 리슐리외가 걸어간 길을 참고할 필요가 있다. 리슐리외는 '선악의 저편'(beyond good and evil)에 존재하는 국가이성에 입각해서 책임윤리를 실천하는 가운데 프랑스의 패권과 유럽의 국제정치적 평화를 동시에 성취할 수 있었기 때문이다. 특히 리슐리외는 그런 성취가 지속적인 외교적 협상을 통해서 가능했다는 사실(the need for continuous negotiation in diplomacy)을 강조했다. "국가는 간단없는 대외협상을 통해서 많은 이익을 얻을 수 있다. 단 그 협상은 반드시 정치적 분별력(prudence)에 입각해서 수행되어야만 한

151 박승관, 「한국사회와 커뮤니케이션 엔도가미」, (사) 한국정치평론학회 편, 『한국 민주주의와 언론자유 그리고 그 위기』(고양: 인간사랑, 2013), 41, 77-78.

다. 이런 사실은 직접 경험에 보지 않으면 믿기 어려울 것이다."[152] 리슐리외의 이러한 정치적 사유와 정치적 행동은 마키아벨리 이후 약 한 세기 동안 다져진 지적 토양의 산물이었다. 바로 여기에서 현대 한국 지성의 시대적, 실존적, 그리고 역사적 과제를 찾아볼 수 있다. 한국인의 영혼을 지배하는 신유학적 신념윤리를 해체하고, 한반도의 정치적 평화를 기약할 수 있는 책임윤리의 에토스를 새롭게 정착시키는 과제가 바로 그것이다. 박승관은 2007년 서울대학교 언론정보학과 대학원 '커뮤니케이션 이론' 강의에서 이렇게 말했다. "학문의 모든 세포는 비판으로 구성되어 있습니다. 니체는 유럽 문명 근간 전체를 회의했습니다. 유럽 문명의 근본적 취약성을 고발한 것이지요. 우리 사회는 행복하지 않습니다. 문명의 틀을 다시 짜야 합니다."

152 Richelieu, *The Political Testament of Cardinal Richelieu*, 94.

참고문헌

강석환. 2010. 「프랑스 종교전쟁기(1562-1598) 에티엔 파스키에를 통해서 본 '정치파' 사상의 형성과 그 성격」. 『서양사연구』 제43집.

강준만. 2016. 『정치를 종교로 만드는 사람들: 야당 분열 알고나 욕합시다!』. 서울: 인물과 사상사.

곽차섭. 1990. 「17세기 국가이성 논쟁과 마키아벨리즘: 특히 주꼴로, 세딸라, 키아라몬띠를 중심으로」. 『역사학보』 127집.

______. 1995. 「마키아벨리즘과 근대국가」. 『한국사 시민강좌』 17.

______. 1996. 『마키아벨리즘과 근대국가의 이념』. 서울: 현상과 인식.

국민호. 2000. 「가산제적 사회질서는 한국 발전의 영원한 함정인가」. 『사회과학논평』 제19호.

권경원. 2016. 11. 4. 「'점(占)치'에 갇힌 정치 … '순실의 시대' 부르다」. 《서울경제》.

권용립. 2010. 『미국 대외정책의 역사』. 서울: 삼인.

그레이슨, 제임스 헌틀리. 강돈구 역. 1995. 『한국 종교사』. 서울: 민족사.

김응종. 2012. 「장 보댕과 관용」. 『인문학연구』 46집.

마키아벨리, 니콜로. 강정인·안선재 역. 2003. 『로마사 논고』. 파주: 한길사

____________. 박상섭 역. 2011. 『군주론』. 서울: 서울대학교 출판문화원.

미야케 히데요시. 김세민 외 역. 1996. 『조선통신사와 일본』. 서울: 지성의 샘.

박상섭. 2014. 『제1차 세계대전의 기원: 패권 경쟁의 격화와 제국체제의 해체』. 파주: 아카넷.

박성환. 1999. 『막스 베버의 한국사회론』. 울산: 울산대학교출판부.

박승관. 1993. 「한국사회의 사회적 커뮤니케이션 세계의 붕괴」. 『언론정보연구』 30집.

______. 2005. 「여론, 군론, 정론」. 강남준 외. 『디지털 시대의 사회적 소통, 매체 그리고 문화적 실천』. 서울대학교 언론정보연구소.

______. 2013. 「한국사회와 커뮤니케이션 엔도가미」. (사) 한국정치평론학회 편. 『한국 민주주의와 언론자유 그리고 그 위기』. 고양: 인간사랑.

베버, 막스. 전성우 역. 2006. 『직업으로서의 학문』. 파주: 나남.

________. 전성우 역. 2007. 『직업으로서의 정치』. 파주: 나남.

보댕, 장. 임승휘 역. 2005. 『국가론』. 서울: 책세상.

부르크하르트, 야코프. 이기숙 역. 2003. 『이탈리아 르네상스의 문화』. 파주: 한길사.

서머스, 해리. 민평식 역. 1983. 『미국의 월남전 전략』. 서울: 병학사.

웨지우드, C. G. 남경태 역. 2011. 『30년 전쟁 1618-1648』. 서울: 휴머니스트.

이현휘. 2007. 「소명으로서의 전쟁: 미국 대외정책 정신과 신의 눈물」. 『현대사회와 정치평론』 창간호.

______. 2011. 「정당 대변인의 '말'과 한국 정치의 관습」. (사) 한국정치평론학회 편. 『미디어와 공론정치: 정치평론이란 무엇인가?』. 고양: 인간사랑.

______. 2013. 「고대 중세 시민의 역사적 전개: '호모 폴리티쿠스'에서 '호모 에코노미쿠스'로」. 이동수 편. 『시민은 누구인가』. 고양: 인간사랑.

______. 2015. 「전쟁과 평화: 미국 전쟁 수행 방식의 '반정치적' 성향을 사례로」. 『정책연구』 국가안보전략연구원.

임승휘. 2010. 「통치 원리로서 '국가의 이해관계': 앙리 드 로앙(Henri de Rohan)의 『크리스트교 국가와 군주들의 이해관계에 관하여』를 중심으로」. 『프랑스 연구』 제22호.

______. 2013. 「16-18세기 유럽 국가의 근대성에 대한 비판적 고찰: 새로운

패러다임을 찾아서」. 『서양사론』 제116호.
존 베일리스·스티브 스미스·퍼트리샤 오언스 편저. 하영선 외 역. 2015. 『세계 정치론』. 서울: 을유문화사.
주수만 역. 1982. 『막스 베에버어의 政治思想』. 서울: 경희대학교출판국.
튜더, 다니엘. 2016. 11. 12. 「역사의 평가가 대통령에게 덜 가혹해지려면」. 《중앙일보》.
폿지, 잔프랑코. 박상섭 역. 1995. 『근대국가의 발전』. 서울: 민음사.
하프너, 제바스티안. 안인희 역. 2016. 『비스마르크에서 히틀러까지』. 파주: 돌베개.
한명기, 2013. 「광해군 대외정책 재론」. 『한국불교사연구』 제2호.
Anderson, M. S. 1993. *The Rise of Modern Diplomacy 1450–1919.* London: Longman.
Anter, Andreas. 2014. *Max Weber's Theory of the Modern State*, trans. by Keith Tribe. New York: Palgrave.
Aron, Raymond. 1967. *Main Currents in Sociological Thought: Durkheim, Pareto, Weber*, Vol. II., trans. by Richard Howard and Helen Weaver. New York: Basic Books.
______, 1966. *Peace and War: A Theory of International Relations*, trans. by Richard Howard and Annette Barker Fox. New York: Doubleday & Co.
Asch, Ronald G. 1997. *The Thirty Years War: The Holy Roman Empire and Europe, 1618–1648.* London: Macmillan.
Baylis, John. Steven Smith, & Patricia Owens, 2014. *The Globalization of World Politics: An Introduction to International Relations.* Oxford: Oxford University Press.
Beame, Edmund Morton. 1957. "The Development of Politique

Thought During the French Religious Wars (1560–1595)," Ph.D. diss., The University of Illinois.

Bonney, Richard. 1991. *The European Dynastic States 1494–1660*. Oxford: Oxford University Press.

Botero, Giovanni. 1956. *The Reason of State*, trans. by P. J. and D. P. Waley. London: Routledge & Kegan Paul.

Bruhns, Hinnerk. 2012. "Weber's Patrimonial Domination and Its Interpretation" in Daniel C. Bach and Mamoudou Gazibo, eds., *Neopatrimonialism in Africa and Beyond*. London: Routledge.

Carvalho, Bejamin de. Halvard Leira, John M. Hobson, 2011. "The Big Bangs of IR: The Myths That Your Teachers Still Tell You about 1648 and 1919," *Millennium: Journal of International Studies*, Vol. 39, No. 3.

Cassirer, Ernst. 1946. *The Myth of the State*. New Haven: Yale University Press.

Cesa, Marco. 2014. "Introduction" in Marco Cesa, *Machiavelli on International Relations*. Oxford: Oxford University Press.

Chabod, Federico. 1964. "Was There a Renaissance States?" in Heinz Lubasz, ed., *The Development of the Modern State*. New York: The Macmillan Co.

________________. 1958. *Machiavelli and the Renaissance*, trans. by David Moore. New York: Harper & Low.

Church, William F. 1972. *Richelieu and Reason of State*. Princeton, New Jersey: Princeton University Press.

Clark, Christopher. 2009. *Kaiser Wilhelm II: A Life in Power*. New York: Penguin Books.

Clausewitz, Carl von. 1989. *On War*, ed. and trans. by Michael Howard and Peter Paret. Princeton, New Jersey: Princeton University Press.

Craig, Gordon A. 1958. *From Bismarck to Adenauer: Aspects of German Statecraft*. Baltimore: The Johns Hopkins Press.

Creppell, Ingrid. 1994. "The Genesis of Toleration as a Value," Ph. D. diss., The University of Chicago.

Croce, Benedetto. 1945. *Politics and Morals*, trans. by Salvatore J. Castiglione. New York: F. Hubner & Co.,

Croxton, Derek. 1996. "Peacemaking in Early Modern Europe: Cardinal Mazarin and the Congress of Westphalia, 1643–1648," Ph. D. diss., University of Illinois at Urbana–Champaign.

____________, 1999. "The Peace of Westphalia of 1648 and the Origins of Sovereignty," *The International History Review*, Vol. 21, No. 3.

Dahlinger, James H. 2007. *Etienne Pasquier on Ethics and History*. New York: Peter Lang.

____________, 2014. *Saving France in the 1580s: Writings of Etienne Pasquier*. New York: Peter Lang.

Dunn, Richard S. 1979. *The Age of Religious Wars, 1559–1715*, second ed. New York: W·W·Norton & Co.

Elliott, J. H. 1992. "A Europe of Composite Monarches," *Past and Present*, Vol. 137.

Ferris, Norman B. 1985. "William H. Seward and the Faith of a Nation" in Norman A. Graebner, ed., *Traditions and Values: American Diplomacy, 1790–1865*. Lanham, MD: University Press of America.

Frigo, Daniela. ed. 2000. *Politics and Diplomacy in Early Modern Italy: The Structure of Diplomatic Practice, 1450–1800*, trans. by Adrian Belton. Cambridge: Cambridge University Press.

Fuller, J. F. C. 1992. *The Conduct of War 1789–1961*. New York: Da Capo Press.

Gordon, Colin. 1991. "Governmental Rationality: An Introduction" in Graham Burchell, Colin Gordon and Peter Miller, eds., *The Foucault Effect: Studies in Governmentality*. Chicago: The University of Chicago Press.

Graebner, Norman A. and Edward M. Bennett, 2011. *The Versailles Treaty: The Failure of the Wilsonian Vision*. Cambridge: Cambridge University Press.

Gross, Leo. 1948. "The Peace of Westphalia, 1648–1948," *The American Journal of International Law*, Vol. 42, No. 1.

Haass, Richard N. Jul. 21, 2014 "The New Thirty Year's War," *Project Syndicate*.

Handel, Michael I. 2004. *Masters of War: Classical Strategic Thought*, 3rd ed. London: Frank Cass.

Hao, Chang. 1974. "On the Ching-shih Ideal in Neo-Confucianism," *Ch'ing-shih wen-t'i*, Vol. 3, No. 2.

Hart, B. H. Liddell. 1958. "Foreword" in Gerhard Ritter, *The Schlieffen Plan: Critique of a Myth*, trans. by Andrew and Eva Wilson. London: Oswald Wolff.

Haslam, Jonathan. 2002. *No Virtue Like Necessity: Realist Thought in International Relations since Machiavelli*. New Haven: Yale University

Press.

Henshall, Nicholas. 1992. *The Myth of Absolutism: Change & Continuity in Early Modern European Monarchy*. New York: Longman.

Howard, Michael. 2002. *The First World War*. Oxford: Oxford University Press.

Isaacson, Walter. Sept. 6, 2014. "Henry Kissinger Reminds Us Why Realism Matters," *Times*.

Jacobs, Norman. 1985. *The Korean Road to Modernization and Development*. Chicago: University of Illinois Press.

Kissinger, Henry. 1994. *Diplomacy*. New York: Simon & Schuster.

______________, 2014. *World Order*. New York: Penguin Press.

Knecht, R. J. 1996. *The French Wars of Religion 1559–1598*, 2ed. ed. London: Longman.

Lawson, Greg R. Mar. 19, 2015. "Divide and Conquer: Richelieu's Playbook for the Middle East," *The National Interest*.

Lawson, Letitia. 2016. "Understanding Patrimonial Democracy," 『정치와 평론』, 제18집.

Leonardo, Dalia M. 2002. "'Cut Off This Rotten Member': The Rhetoric of Heresy, Sin, and Disease in the Ideology of the French Catholic League," *The Catholic Historical Review*, Vol. 88, No. 2.

Lubasz, Heinz. 1964. "Introduction" in Heinz Lubasz, ed., *The Development of the Modern State*. New York: The Macmillan Co.

Malcolm, Noel. 2007. *Reason of State, Propaganda, and the Thirty Years' War: An Unknown Translation by Tomas Hobbes*. Oxford: Clarendon Press.

Mattingly, Garret. 1955. *Renaissance Diplomacy*. Boston: Houghton Mifflin Co.

McDougall, Walter A. 1997. *Promised Land, Crusader State: The American Encounter with the World Since 1776.* New York: Houghton Mifflin.

__________, 2016. *The Tragedy of U.S. Foreign Policy: How America's Civil Religion Betrayed the National Interest.* New Haven: Yale University Press.

Meinecke, Friedrich. 1962. *Machiavellism: The Doctrine of Raison d'État and Its place in Modern History.* New Haven: Yale University Press.

Nathan, James A. 2002. *Solders, Statecraft, and History: Coercive Diplomacy and International Order.* London: Praeger.

Nederman, Cary. "Niccolò Machiavelli," Stanford Encyclopedia of Philosophy. http://plato. stanford.edu/entries/machiavelli/

Nexon, Daniel H. 2009. *The Struggle for Power in Early Modern Europe: Religious Conflict, Dynastic Empires & International Change.* Princeton: Princeton University Press.

__________, 2006. "Religion, European Identity, and Political Concentration in Historical Perspective" in Timothy. A. Byrnes and Peter. J. Katzenstein, eds., *Religion in an Expanding Europe.* Cambridge: Cambridge University Press.

Nigro Jr., Louis J. 2012. "Theory and Practice of Modern Diplomacy: Origins and Development to 1914" in J. Boone Bartholomees, Jr. ed., *U.S. Army War College Guide to National Security Issues,* Vol. I, Theory of War and Strategy, 5th ed. Carlisle, PA: Strategic Studies Institute.

Osiander, Andreas. 2001. "Sovereignty, International Relations, and the Westphalian Myth," *International Organization*, Vol. 55, No. 2.

Philps, Alan. Jan. 30, 2016. "Why the 1648 Peace of Westphalia Treaty Merits Scrutiny Today," *The National Opinion*.

Poggi, Gianfranco. 2014. "The Westphalian Design of the Modern State system" in Poggi, *Varieties of Political Experience: Power Phenomena in Modern Society.* Colchester: ECPR.

Prestwich, Menna. 1985. "Introduction: The Changing face of Calvinism" in Prestwich, ed., *International Calvinism 1541–1715.* Oxford: Clarendon Press.

Rabb, Theodore K. 1975. *The Struggle for Stability in Early Modern Europe.* New York: Oxford University Press.

Richelieu, A. J. D. P. 1961. *The Political Testament of Cardinal Richelieu*, trans. by Henry Bertram Hill. Wisconsin: The University of Wisconsin Press.

Rohan, Henri de. 1641. *A Treaty of the Princes and States of Christendom*, trans. by Hery Hunt. London: Ric. Hodgkinsonne.

Scandal, Nukhet A. and Jonathan Fox, 2013. *Religion in International Theory: Interactions and Possibilities.* London: Routledge.

Schellhase, Kenneth C. 1992. "Botero, Reason of State, and Tacitus" in A. E. Baldini, ed., *Botero e la 'ragion di stato': Atti del Convegno in memoria di Luigi Firpo.* Florence: L. S. Olschki.

Schilling, Heinz. 2008. *Early Modern European Civilization and Its Political and Cultural Dynamism.* Waltham, MA: Brandeis University Press.

Seth, Michael J. 2016. "Korean Neo-Confucianists and Islamic Reformers: A Historical Comparison," 『정치와 평론』, 19집.

______________, 2011. *A History of Korea: From Antiquity to the Present.* New York: Rowman.

Sharma, Vivek S. 2005. "The Impact of Institution on Conflict and Cooperation in Early Modern Europe," Ph.D. diss., New York University.

Shimko, Keith L. 2007. *International Relations: Perspectives, Controversies and Readings*, 4th ed. Boston, MA: Wadsworth.

Simms, Brendan. Michael Axworthy, Patrick Milton, 26 January 2016. "Ending the New Thirty Years War," *New Statesman*.

Simms, Brendan. 2014. *Europe: The Struggle for Supremacy, From 1453 to the Present.* New York: Basic Books.

Snyder, Jack ed., 2011. *Religion and International Relations Theory.* New York: Columbia University Press.

Strayer, Joseph R. et al., 1974. *The Mainstream of Civilization since 1500*, 2nd ed. New York: Harcourt Brace Jovanovich, Inc..

Teschke, BenNo. 2006. "Debating 'The Myth of 1648': State Formation, the Interstate System and the Emergence of Capitalism in Europe-A Rejoinder," *International Politics*, Vol. 43.

______________, 2003. *The Myth of 1648: Class, Geopolitics, and the Making of Modern International Relations.* London: Verso.

Tillman, Hoyt Cleveland. 1982. *Utilitarian Confucianism: Ch'en Liang's Challenge to Chu Hsi.* Cambridge, Mass.: Council on East Asian Studies, Harvard University.

Treasure, Geoffrey. 1998. *Richelieu and Mazarin.* London: Routledge.

Tziampiris, Aristotle. 2009. *Faith and Reason of State: Lessons from Early*

Modern Europe and Cardinal Richelieu. New York: Nova Science Publishers, Inc.

Waley, D. P. 1956. "Introduction" in Giovanni Botero, *The Reason of State*, trans. by P. J. and D. P. Waley. London: Routledge & Kegan Paul.

Weber, Max. 1968. *Economy and Society: An Outline of Interpretive Sociology*, ed. by Guenther Roth and Claus Wittich. New York: Bedminster Press.

__________, 1951. *The Religion of China: Confucianism and Taoism*, trans. by Hans H. Gerth. New York: The Free Press.

Webster, C. K. 1918. *The Congress of Vienna 1814–1815.* London: Oxford University Press.

Weigley, Russell F. 1991. *The Age of Battles: The Quest for Decisive Warfare from Breitenfeld to Waterloo.* Bloomington: Indiana University Press.

Wilson, Erin K. 2012. *After Secularism: Rethinking Religion in Global Politics.* New York: Palgrave.

Wilson, Peter H. 2008. "Dynasty, Constitution, and Confession: The Role of Religion in the Thirty Years War," *The International History Review*, Vol. 30, No. 3.

____________, 1999. "European Warfare 1450–1815" in Jeremy Black, ed., *War in the Early Modern World 1450–1845.* London: Routledge.

Woloch, Isser. 1982. *Eighteenth–Century Europe: Tradition and Progress, 1715–1789.* New York: W·W·Norton & Co.

6장

전쟁과 평화: 미국 전쟁 수행 방식의 '반정치적' 성향을 사례로*

이현휘

일찍이 알프레드 노스 화이트헤드는 "세계의 역사를 놓고 볼 때 폭력을 행사하는 방법에서 특별한 능력을 보여준 종들(species)에게 최

---

* 이 논문은 〈한국미국사학회〉 제45회 전국학술대회(2015년 2월 24일–25일, 전북대학교)에서 발표하고, 『정책연구』 186호 (국가안보전략연구원, 2015년 가을), 35–83에 수록한 내용을 수정·보완한 것이다. 위 학술회의에서 지정 토론을 해주신 육군사관학교 나종남 교수님께 감사의 말씀을 드린다. 또 원고를 읽고서 좋은 논평을 해주신 경성대학교 권용립 교수님, 전남대학교 이영효 교수님, 신라대학교 김정배 교수님, 그리고 국가안보전략연구원의 한규선 박사님과 김경숙 박사님에게도 각각 감사의 말씀을 드린다.

종적 승리의 영광이 돌아간 적은 없으며, 심지어는 방어 목적의 폭력을 행사하는 경우에도 그랬다"면서 다음과 같이 갈파한 바 있다. "누군가가 폭력을 쉽게 사용하여 어떤 목적을 추구할 경우 폭력의 본성상 그가 추구하는 목적 그 자체까지 파괴하는 현상이 벌어지기 마련이다. 그런 전략이 결국 실패할 수밖에 없는 결정적 까닭은 폭력이 협력을 불가능하게 만들기 때문이다. 모든 유기체는 한편으로는 격렬하게 변화하는 환경으로부터 자신을 보호하기 위해서, 다른 한편으로는 자신의 생존에 필요한 자원을 충당하기 위해서 반드시 우호적인 친구들에 둘러싸여 삶을 영위해 나갈 필요가 있다. 따라서 '폭력의 복음'(the Gospel of Force) 그 자체는 모든 유기체의 사회적 삶과 양립할 수 없는 것이다. 여기서 '폭력'이란 가장 넓은 의미에서 '적대감'(antagonism)을 의미한다."[1] 레이몽 아롱이 자신의 국제정치이론을 집대성한 저서, 『평화와 전쟁』의 헤드노트로 선택한 몽테스키외의 금언 역시 화이트헤드의 얘기와 별반 다르지 않다. "국가들 간의 관계를 규율하는 법칙은 그 본성상 다음과 같은 원칙에 뿌리를 두어야 한다. 즉 평화 시 모든 국가는 서로 우호적으로 지낼 수 있도록 최선을 다해야 한다. 반면 전시에는 적대국의 중대한 이익(genuine interests)을 훼손하지 않으면서 전쟁의 피해를 최소화할 수 있도록 노력해야 한다."[2]

---

1 Alfred N. Whitehead, *Science and the Modern World* (New York: The Macmillan Co., 1950), 297.

2 Raymond Aron, *Peace and War: A Theory of International Relations*, trans. by Richard Howard and Annette Baker Fox (New York: Doubleday & Co.,

그러나 미국은 화이트헤드와 몽테스키외의 철학을 정면에서 거스르는 역사를 걸었다. 미국의 역사는 곧 전쟁의 역사였기 때문이다. 미국은 영국으로부터 독립한 1776년부터 2015년 현재까지 239년의 기간 중 93%에 해당하는 222년 동안 전쟁을 치렀다.[3] 그 기간 동안 미국의 평화가 10년간 연속해서 유지된 시기는 없었다. 5년간의 평화가 유지된 시기도 딱 한 번뿐이었는데, 그때는 1935년에서 1940년까지의 대공황 시기로 미국이 고립주의 정책을 취해야만 했었다.[4] 간단없는 전쟁의 역사를 걸어온 미국은 화이트헤드의 철학을 예증이라도 하는 것일까? 미국은 전쟁을 통해 20세기 세계 유일 초강대국의 지위에 도달했다. 그러나 미국의 장기(長技)인 바로 그 전쟁이 미국을 이내 쇠퇴의 길로 강제하고 있기 때문이다.

한때 미국의 성공을 가능하게 했던 전쟁이 이제는 미국의 쇠락을 강제하는 까닭을 이해하기 위해서는 미국이 수행하는 전쟁의 독특한 성격에 주목할 필요가 있다. 그러면 전쟁의 성격은 어떻게 파악할 수 있는가? 클라우제비츠에 따르면 "전쟁은 정치적 활동의 한 분야일 수

1966), vii. 원문은 Montesquieu, *The Spirit of the Laws*, trans. and ed. by Anne M. Cohler, Basia Carolyn Miller, Harold Samuel Stone (Cambridge: Cambridge University Press, 1989), 7 참조.

3 "America Has Been At War 93% of the Time – 222 Out of 239 Years Since 1776." http://www.washingtonsblog.com/2015/02/america-war-93-time-222-239-years-since-1776.html(검색일: 2015. 8. 10.)

4 "'We're at War!'-And We Have Been Since 1776: 214 Years of American War-Making."http://www.loonwatch.com/2011/12/we-re-at-war-and-we-have-been-since-1776/(검색일: 2015. 8. 10.)

밖에 없다"(war is only a branch of political activity).[5] 그래서 "정치란 … 전쟁을 잉태하는 자궁과 같은 것이다"(politics … is the womb in which war develops).[6] 따라서 미국이 수행하는 전쟁의 성격을 파악하기 위해서는 미국의 군사전략 스타일뿐만 아니라, 미국의 정치적 활동을 규율하는 독특한 정치윤리 내지 국제정치윤리까지도 함께 규명해야만 한다. 그런데 현재 학계에서 통용되는 정치학 내지 국제정치학을 통해서는 정치윤리 내지 국제정치윤리를 규명할 수 없는 심각한 문제가 있다. 정치학과 국제정치학을 포함한 사회과학은 대부분 17세기 과학혁명을 계기로 탄생한 뉴턴 패러다임의 산물이다. 뉴턴 패러다임에서는 가치와 사실을 분리시킨 후, 오직 후자만을 객관적 학문의 기초로 간주했다.[7] 하지만 윤리란 기본적으로 가치를 본성으로 갖는 개념이다. 따라서 가치를 추방한 뉴턴 패러다임에서는 윤리학이 객관적 학문의 자리를 차지할 여지가 없었다. "현대 학문은 … 윤리학과 정치철학까지 포기하고 말았다. 관찰을 통해 입증할 수 없는 윤리적 진술은 단순히 (승인할 수 있거나 없는) 느낌의 표현에 지나지 않은 것으로 간주했고, 그렇지 않을 경우 객관적 인식이 아예 불가능한 것으로 처리해버렸다."[8] 현재 국내외 대학 강의실에서 통용되는 정치학 교과서와 국제정

---

5 Carl von Clausewitz, *On War*, ed. and trans. by Michael Howard and Peter Paret (Princeton, New Jersey: Princeton University Press, 1976), 605.

6 Carl von Clausewitz, *On War*, 149.

7 뉴턴 패러다임의 특성에 관해서는, 에롤 E. 해리스, 이현휘 역, 『파멸의 묵시록: 과학적 패러다임과 일상의 사유양식』(부산: 산지니, 2009), 49–53.

8 에롤 E. 해리스, 「파멸의 묵시록: 과학적 패러다임과 일상의 사유양식」, 88.

치학 교과서에서 정치윤리와 국제정치윤리 부분이 거의 공통적으로 누락된 것은 우연이 아니었다. 하지만 우리에게 정치윤리와 국제정치윤리를 이해할 수 있는 길이 완전히 봉쇄된 것은 아니다. 막스 베버의 경우 뉴턴 패러다임의 한계를 자각하고, 가치와 사실의 긴밀한 연계에 기초를 둔 새로운 학문을 제시했는데, 유명한 그의 사회학이 바로 그것이다.[9] 베버의 사회학적 기반에는 가치가 적극 포섭되어 있기 때문에 (정치)윤리를 정초할 여지가 존재했다.[10] 또한 베버의 사회학을 중요하게 참고하면서 마련한 아롱의 『평화와 전쟁』에도 국제정치윤리

9 지금까지 세계 학계에서는 베버의 사회학에 깔린 철학적 기반을 뉴턴 패러다임에 터전을 둔 신칸트학파의 시각에서 해석했으며, 따라서 베버의 사회학을 '근대 사회과학'의 전형으로 파악했다. 그러나 베버는 그의 유명한 방법론 논문을 저술하는 가운데 뉴턴 패러다임의 한계를 정확하게 간파했으며, 따라서 뉴턴 패러다임을 근원적으로 초극한 '탈근대 사회과학'을 선구적으로 제시할 수 있었다. 베버의 방법론 논문에 관해서는, Hans Henrik Bruun and Sam Whimster, eds., *Max Weber: Collected Methodological Writings*, trans. by Hans Henrik Bruun (London: Routledge, 2012). 베버의 방법론 논문의 일부는 우리말로 번역되었다. 막스 베버, 전성우 역, 『막스 베버 사회과학방법론 선집』(파주: 나남, 2011). 베버의 사회학이 뉴턴 패러다임을 초극한 탈근대 사회과학의 선구적 성취라는 사실을 철학적으로 규명한 연구로는, Basit Bilal Koshul, *The Postmodern Significance of Max Weber's Legacy* (New York: Palgrave, 2005); Basit Bilal Koshul, *Max Weber and Charles Peirce: At the Crossroads of Science, Philosophy, and Culture* (Lanham: Lexington books, 2014).

10 베버가 정치윤리를 종합적으로 제시한 곳은, 막스 베버, 전성우 역, 『직업으로서의 정치』(파주: 나남, 2012), 103-140.

를 논의한 부분이 존재한다.[11]

이 논문에서는 정치윤리와 군사전략 측면에서 미국 전쟁 수행 방식의 '반정치적' 성향을 분명하게 파악해 보고자 한다. 먼저 베버의 사회학에서 제시된 정치윤리와 아롱이 제시한 국제정치윤리의 특성을 비교적 자세히 검토할 것이다. 기존 정치학에서 정치윤리와 국제정치윤리에 관한 논의가 대체로 누락되었고, 그로 인해 정치윤리와 국제정치윤리의 시각에서 미국의 전쟁 수행 방식을 비판적으로 검토한 연구가 국내외 학계에서 거의 전무한 사정을 감안할 때, 정치윤리와 국제정치윤리를 자세히 검토할 필요가 있다고 본다. 이어서 클라우제비츠가 제시한 군사전략의 핵심을 간결하게 소개할 것이다. 클라우제비츠의 군사전략도 단편적으로 인용되는 경우는 많지만, 그것의 핵심을 체계적으로 파악한 경우는 그렇게 많지 않다고 본다. 이 논문에서는 클라우제비츠의 연구를 대표하는 레이몽 아롱의 시각을 주로 참조하면서 논의를 전개할 것이다. 또한 베버의 정치윤리, 아롱의 국제정치윤리, 클라우제비츠의 군사전략 등의 시각에서 미국이 수행한 베

---

11 Raymond Aron, Peace and War, Part Four, "Praxeology." 아롱이 「평화와 전쟁」을 구상할 때 가장 중요하게 참조한 학자는 베버와 몽테스키외였다. 자세한 내용은, Stanley Hoffmann, "Minerva and Janus" in Hoffmann, The State of War: Essays on the Theory and Practice of International Politics (New York: Frederick A. Praeger, 1965), 22–53; Stanley Hoffmann, "Raymond Aron and the Theory of International Relations" in Hoffmann, Janus and Minerva: Essays in the Theory and Practice of International Politic (Boulder: Westview Press, 1987), 52–69.

트남 전쟁, 걸프 전쟁, 이라크 전쟁 등을 차례로 검토하면서 미국 전쟁 수행 방식의 '반정치적' 성향을 명료하게 드러낼 것이다. 그리고 그러한 반정치적 성향이 미국의 쇠퇴를 강제하는 결정적 요인 중 하나라는 점을 주장할 것이다. 끝으로 한국 정치가 미국 전쟁 수행 방식의 반정치적 성향으로부터 반면교사로 삼아야 할 부분을 간략하게 제언하고자 한다.

1. 정치윤리의 두 유형: 책임윤리와 신념윤리[12]

정치윤리의 특성을 파악하기 위해서는 먼저 정치 그 자체의 특성을 파악하는 과제를 선결시켜야만 한다. 그러면 정치란 무엇인가? 서구의 지성은 이런 종류의 질문에 아리스토텔레스의 개념론으로 답변하고자 했다. 주지하듯 아리스토텔레스에 따르면 개념은 최근류(最近類)와 종차(種差)를 통해 정의(定義)된다. 이러한 아리스토텔레스의 개념론은 서구 지성사에서 약 2,000여 년 이상 통용되었다. 하지만 아리스토텔레스의 개념론으로 정치를 정의하는 것은 불가능하다. 아리스토텔레스의 개념론에서 유(類)나 종(種)은 각각 분리된 것으로 간주

12 이 절의 내용은 2014년도 국회사무처 연구용역보고서에서 필자가 집필한 부분을 수정 보완해서 작성했다. 부남철, 이현휘, 이병택, 『국회 정치윤리 선진화 방안: 제도에서 관행으로』(사단법인 한국의정연구회, 2014. 12), 18-24.

된다. 그러나 그런 분리는 추상의 지평에서 인위적으로 설정된 것일 뿐, 구체적 실재의 지평에서는 그런 분리가 불가능하다. 그래서 화이트헤드는 아리스토텔레스 개념론에 내재한 오류를 이렇게 지적했다. "유들을 선명하게 분할할 수는 없다. 종들 또한 선명하게 분할할 수 없다. 그 어느 곳에서도 선명하게 분할할 수는 없는 것이다."[13]

사회과학 분야에서 아리스토텔레스 개념론의 한계를 선구적으로 간파한 학자는 막스 베버였다. 베버 역시 화이트헤드처럼 유나 종이 각각 분리된 형태로 존재하지 않는다고 통찰했기 때문이다. "역사적 사고의 상기한 종합들을 '최근류와 종차'라는 도식으로 〈정의〉내리는 것은 물론 난센스다. 이것은 실지로 한번 시험해보면 이해가 될 것이다. 개념의미를 확인하는 이러한 방식은 단지 삼단논법을 사용하는 교의적 학문영역에서나 찾아볼 수 있을 뿐이다. 단순히 〈서술적으로〉으로 풀어씀으로서 위의 개념들을 그 구성요소들로 〈분해〉하는 방식 역시 가능하지 않거나 또는 가능한 듯이 보일 뿐인데, 왜냐하면 이 방식에서도 해결되어야 할 문제는 어느 구성요소를 본질적인 것으로 간주할 것인지를 결정하는 것이기 때문이다."[14]

베버는 아리스토텔레스 개념론의 대안으로 '이념형'(ideal type)이라는 새로운 개념론을 제시했다. 이념형은 연구 주제에서 결정적으로 중

---

13 Alfred N. Whitehead, *Modes of Thought* (New York: The Cambridge University Press, 1956), 21.

14 막스 베버, 「사회과학적 그리고 사회정책적 인식의 '객관성'」, 막스 베버, 전성우 역, 『막스 베버 사회과학방법론 선집』(파주: 나남, 2011), 93. (번역 수정).

요한 하나의 관점 또는 몇몇 관점을 인위적으로 추출한 다음, 그런 관점을 논리적으로 종합해서 만든 추상적 구성물이다. "이념형은 해당 주제에 관련된 하나의 관점 또는 몇 가지 관점을 일면적으로 강조하면서, 이렇게 일면적으로 강조된 관점들에 부응하는 일련의 개별현상들, 즉 곳에 따라 더 많이 또는 더 적게 분산되어 불명료하게 존재하거나 또 어떤 곳에는 전혀 존재하지 않는 개별현상들을 하나의 일관된 사유상(思惟象)으로 종합함으로써 얻어진다. 이 사유상은 그 개념적 순수성에서는 현실의 어느 곳에도 존재하지 않으며, 따라서 그것은 하나의 유토피아이다. 그리고 역사적 연구의 과제는, 개개의 경우에 현실이 얼마나 이 이념상(理念象)에 가까운지 또는 먼지를 확인하는 것이다."[15]

그러면 정치의 이념형은 어떻게 구성할 수 있는가? 베버는 먼저 정치의 광범위한 의미에 모두 주목하는 대신, '국가라는 정치적 조직체의 운영 내지 운영에 영향을 미치는 활동'으로 한정해서 문제에 접근한다. 이어서 국가의 결정적 특성을 국가가 지닌 특수한 수단, 즉 '물리적 강제력'을 중심으로 파악한다. "'모든 국가는 폭력에 그 기초를 두고 있다'라고 트로츠키는 한때 브레스트-리토브스크 시에서 말한 적이 있습니다. 이것은 정말 옳은 말입니다. 만일 강제력이라는 수단을 가지지 않은 사회적 조직체들만이 존재한다면, '국가'라고 하는 개념은 사라질 것이고, 또한 특정한 의미에서 〈무정부상태〉라고 지칭

15 막스 베버, 「사회과학적 그리고 사회정책적 인식의 '객관성'」, 89-90.

할 수 있을 만한 현상이 나타날 것입니다. 물론 나는 지금 여기서 강제력이 국가가 가진 통상적 수단이라거나 유일한 수단이라고 말하고 있는 것은 결코 아닙니다. 그러나 강제력이 국가의 특유한 수단인 것은 분명합니다." 베버는 이런 판단에 기초해서 국가의 이념형을 다음과 같이 구성한다. "오늘날에는 한 특정한 영토 내에서—이 점, 즉 〈영토〉는 현대국가의 특성 중 하나입니다—정당한 물리적 강제력의 독점을 (성공적으로) 관철시킨 유일한 인간 공동체는 곧 국가라고 봐야 할 것입니다. … 오늘날 국가는 강제력을 사용할 〈권리〉의 유일한 원천입니다." 이렇게 구성한 국가의 이념형에 기초해서 정치의 이념형 또한 곧바로 구성해 낸다. "〈정치〉란 국가들 사이에서든, 한 국가 내 집단들 사이에서든, 권력에 참여하려는 노력 또는 권력배분에 대해 영향력을 행사하고자 하는 노력을 뜻한다고 말할 수 있습니다."[16]

정치윤리의 특성 역시 베버의 이념형을 통해 빠르게 파악해 볼 수 있다. 주지하듯 베버는 정치윤리를 '신념윤리'(the ethic of conviction)와 '책임윤리'(the ethic of responsibility)라는 두 개의 이념형으로 설명한다. 신념윤리는 정치적 행위자의 내적 신념을 극단적으로 강조하면서 구성한 이념형이고, 책임윤리는 정치적 행위의 결과에 대한 책임성을 극단적으로 강조하면서 구성한 이념형이다. 따라서 신념윤리는 정치적 행위의 결과를 무시할 수 있고, 책임윤리는 정치적 행위자의 내적 신념을 거스를 수 있으며, 따라서 양자는 이율배반적 성격을 띤다.[17]

---

16 막스 베버, 『직업으로서의 정치』, 18-20.

17 막스 베버, 『직업으로서의 정치』, 119.

베버는 신념윤리와 책임윤리의 차이를 이렇게 설명한다. "만약 순수한 신념에서 나오는 행위의 결과가 나쁜 것이라면, 신념윤리가가 보기에 이것은 행위자의 책임이 아니라 세상의 책임이며, 타인들의 어리석음의 책임이거나 또는 인간을 어리석도록 창조하신 신의 의지의 책임입니다. 그에 반해 책임윤리가는 바로 인간의 이러한 평균적 결함들을 고려합니다. 그는, 피히테가 정확히 지적했듯이, 인간의 선의와 완전성을 전제할 어떠한 권리도 자신에게는 없다는 입장입니다. 그는 그가 예측할 수 있는 한도 내에서의 자신의 행동의 결과를 다른 사람에게 뒤집어씌울 수 없다고 믿습니다. 그래서 그는 말할 것입니다. '이런 결과가 나온 것은 내 행동에 책임이 있다.'"[18]

베버는 책임윤리의 사례를 다음과 같이 예시한다. "… 성무(聖務) 금지령이 되풀이해 피렌체 시에 부과되었는데, … 그럼에도 불구하고 피렌체 시민들은 교회국가에 저항했습니다. … 이런 상황을 염두에 두고 마키아벨리는 … 그가 쓴 피렌체 역사의 한 아름다운 구절에서 그의 주인공의 이름을 빌려, 고향 도시의 위대함이 자신의 영혼의 구원보다 더 소중하다고 생각하는 시민들을 칭송하고 있습니다."[19] 레이몽 아롱은 이 구절을 다음과 같이 해설했다. "마키아벨리는 도시의 구원을 위해 자신의 영혼의 구원을 희생시킨 사람(the man who sacrificed the salvation of his soul for the salvation of the city)을 인용했는데, 베버는 그를 책임윤리의 상징으로 꼽곤 했다. 이는 정치가의 행동을 지배

18 막스 베버, 『직업으로서의 정치』, 120.

19 막스 베버, 『직업으로서의 정치』, 134.

하는 도덕이 보통 사람의 도덕보다 더욱 높은 차원에서 존재한다는 것을 의미한다. 물론 그런 도덕은 공적 업무를 담당하는 인간이 자신의 사적 이익을 넘어선 목적, 즉 공동체 전체의 선(a supra-individual object, i.e., the good of the collectivity)을 자신의 진정한 목적으로 견지하는 경우에 한해서만 존재할 수 있다."[20] 베버와 아롱은 개인의 양심이 지배하는 윤리와 정치 공동체를 책임지는 윤리의 성격이 완전히 다르다는 점을 강조한다. 정치적 행위는 인간의 여타 행위와 달리 무력을 합법적으로 동원할 수 있는 특성을 지닌다. 이처럼 정치에 내재된 폭력성 때문에 정치의 독특한 윤리가 요청된다. "인간이 만든 조직의 손안에 있는 정당한 폭력이라는 특수한 수단 그 자체가 정치에 관련된 모든 윤리적 문제의 특수성을 규정짓고 있는 것입니다."[21] 폭력을 본성으로 갖는 정치의 독특한 요구에 부응하는 윤리가 바로 책임윤리다. 책임윤리는 정치 공동체가 안보 위기에 처했을 때 그곳의 정치 지도자가 자신의 영혼의 구원을 먼저 추구하는 대신, 폭력을 수반한 정치적 행위가 초래할 참상을 우선적으로 고려하면서 안보를 책임지는 정치윤리다. 따라서 베버는 "정치적 행위는 폭력적 수단을 가지고 … 책임윤리 하에서 수행되는 것이며 (그런 행위는) 〈영혼의 구원〉을 위협(할 수 있다)"고 말한다.[22]

---

20 Raymond Aron, *Main Currents in Sociological Thought: Durkheim, Pareto, Weber*, Vol. II. trans. by Richard Howard and Helen Weaver (New York: Basic Books, 1967), 208.

21 막스 베버, 『직업으로서의 정치』, 129.

그러나 신념윤리는 책임윤리와 정반대로 정치 행위자의 내적 신념 내지 영혼의 구원을 우선시하며, 그런 과정에서 파생되는 행위의 결과는 철저히 무시한다. "〈결과〉를 중시하지 않는 윤리, 그것이 곧 절대윤리입니다. 행위결과의 무시, 바로 이것이 결정적으로 중요한 관점입니다."[23] 마키아벨리가 예시한 피렌체 시의 정치 지도자가 신념윤리를 실천했다면 공동체가 파괴되더라도 자신의 신념 내지 영혼을 지키는 선택을 했을 것이다. 신념윤리를 실천하는 행위자는 "선한 것에서는 오로지 선한 것만 나올 수 있고 악한 것에서는 단지 악한 것만 나올 수 있다"고 믿는다.[24] 즉 도덕적으로 순수한 동기만이 선한 행위를 실천할 수 있고, 도덕적으로 불순한 동기는 악한 행위를 실천할 수 있을 뿐이라고 확신한다. 그러나 인류의 역사나 일상의 경험을 냉철하게 분석하면 '정반대'인 경우가 더욱 많다.[25] 따라서 베버는 신념윤리를 다음과 같이 비판한다. " … 세상은 악령들에 의해 지배되고 있으며, 권력과 폭력적 강제력을 수단으로 하는 정치에 뛰어드는 자는 악마적 세력과 계약을 맺는(다.) … 정치가의 행위에서는, 선한 것에서는 선한 것만이, 악한 것에서는 악한 것만이 나오는 것이 아니라 오히려 그 정반대일 경우가 흔(하다.) … 이것을 인식하지 못하는 자는, 정치적으로는 정말 어린아이에 불과(하다.)"[26] 따라서 베버는 신념윤리로 무장한

22 막스 베버, 『직업으로서의 정치』, 135.

23 막스 베버, 『직업으로서의 정치』, 118–119.

24 막스 베버, 『직업으로서의 정치』, 123.

25 막스 베버, 『직업으로서의 정치』, 124.

사람은 종교에 귀의하는 것이 적합하며, 정치에 투신해서는 안 된다고 강조한다. "정치를 하겠다는 사람, 특히 정치를 직업으로 삼겠다는 사람이면 … 그는 모든 폭력성에 잠복해 있는 악마적 힘들과 관계를 맺게 되는 것입니다. 범우주적 인간 사랑과 자비의 위대한 대가들(은) … 폭력이라는 정치적 수단을 가지고 일한 적은 없습니다. … 자신의 영혼의 구원 또는 타인의 영혼의 구제를 원하는 자는, 이것을 정치라는 방법으로 달성하고자 해서는 안 됩니다. 정치는 전혀 다른 과업들을 가지고 있는데, 이 과업들은 폭력의 수단을 통해서만 완수될 수 있는 것들입니다."[27] 아롱 역시 신념윤리는 정치윤리가 될 수 없다고 단언한다. "분명히 신념윤리는 정치윤리가 될 수 없다. 나는 이렇게까지 말하고 싶다. 가장 순수한 형태의 신념윤리는 단지 말이나 글로 정치 게임에 참여하는 자의 도덕조차 될 수 없다고 말이다."[28] 베버는 그런데도 불구하고 행위 결과를 무시하는 신념윤리가가 정치에 투신하면 정치적으로 치명적인 죄악 중 하나인 '무책임성'을[29] 범할 수밖에 없다고 경고한다.

> 그러나 만약 이런 (정치적) 목적들을 종교적 신앙투쟁에서와 같은 순수한 신념윤리를 가지고 추구한다면, 이것은 이 목적들에

---

26 막스 베버, 『직업으로서의 정치』, 125.

27 막스 베버, 『직업으로서의 정치』, 133–134.

28 Raymond Aron, *Main Currents in Sociological Thought*, Vol. II, 210–211.

29 막스 베버, 『직업으로서의 정치』, 107.

> 손상을 입힐 뿐 아니라 또한 이 고귀한 목적들을 수세대 동안 불신의 대상으로 만들 수도 있습니다. 왜냐하면 이러한 신념윤리적 행위자에게는 결과들에 대한 책임감이 결여되어 있기 때문입니다. 순수한 신념윤리를 따를 경우 행위자는 모든 정치적 행위에 개입되어 있는 상기한 악마적 힘들을 의식하지 못합니다. 이 힘들은 무자비하며, 만약 그가 그들을 인식하지 못한다면, 이 힘들이 비단 그의 관련 행위뿐 아니라 그의 내면 전체에 대해 초래하는 결과에 그는 무력하게 내맡겨져 있을 수밖에 없습니다.[30]

또한 베버는 세상에서 수많은 신념윤리가가 떠들지만, 그들 대부분이 사실은 '허풍선이'에 불과할 뿐이라고 비판한다. "오늘날 … 갑자기 곳곳에서 신념윤리가들이 아래와 같은 구호를 외치며 다수 출현하고 있습니다. '세상이 어리석고 비열하지 내가 그런 건 아니다. 결과에 대한 책임은 나한테 있는 것이 아니라 다른 사람들에게 있으며, 나는 이 사람들을 위해 일하고 있으며 나는 이들의 어리석음과 비열함을 뿌리 뽑을 것이다.' 솔직히 말하면, 이렇게 말하는 자들에게 나는 우선 그들의 신념윤리를 뒷받침하고 있는 내적인 힘이 어느 정도인지 묻습니다. 내가 받은 인상은, 이들 열 명 중 아홉은 스스로 주장하는 것을 진정으로 느끼는 것이 아니라 단지 낭만적 감흥에 도취하고 있을 뿐인 허풍선이에 불과하다는 것입니다. 이런 자세는 인간적으로

---

30 막스 베버, 『직업으로서의 정치』, 135.

나의 관심을 끌지 않으며 또 나를 추호도 감동시키지 않습니다."[31]

하지만 진정한 신념윤리가 책임윤리와 결합할 때, 책임윤리의 도덕적 타락 가능성을 견제하는 긍정적 역할을 수행할 수도 있다. 베버는 그런 방식으로 신념윤리와 책임윤리를 종합한 윤리를 실천하는 인간이 바로 소명을 가진 정치가라고 평가한다.

> 그에 반해 한 성숙한 인간이 … 결과에 대한 책임을 진정으로 그리고 온 마음으로 느끼며 책임윤리적으로 행동하다가 어떤 한 지점에 와서, "이것이 나의 신념이오. 나는 이 신념과 달리는 행동할 수는 없소"라고 말한다면, 이것은 비할 바 없이 감동적인 것입니다. 이런 것이 인간적으로 순수한 것이며 감동을 주는 것입니다. 왜냐하면 우리들 중 내적으로 죽어 있지 않는 자라면 누구나 언젠가는 이런 상황에 처할 수도 있기 때문입니다. 이렇게 볼 때 신념윤리와 책임윤리는 서로 절대적 대립관계가 아니라 보완관계에 있으며 이 두 윤리가 함께 비로소 참다운 인간, 〈정치에 대한 소명〉을 가질 수 있는 인간의 본질을 이루는 것입니다.[32]

하지만 국제정치의 세계에서는 책임윤리가 신념윤리보다 훨씬 더 중요하다는 사실이 강조되어야만 한다. 국가가 특정 영토 내에서 무력을 독점한 공동체라는 사실을 감안할 때, 국제정치의 세계에서는

31 막스 베버, 『직업으로서의 정치』, 136–137.

32 막스 베버, 『직업으로서의 정치』, 137.

군사력의 사용이 정치적으로 정당하게, 또는 합법적으로 사용될 수 있으며(the legitimacy or legality of the use of military force),[33] 따라서 그곳은 여타 세계와 달리 전쟁의 가능성이 상존하는(to take place of within the shadow of war) 세계, 즉 전쟁과 평화가 수시로 교차될 수 있는(the alternative of war and peace) 세계다.[34] 따라서 국제정치의 세계에서는 신념윤리에서 표방하는 그 어떤 지고의 가치도 책임윤리를 통해 지켜내야 할 '정치적 평화'(political peace)를 대체할 수는 없다. 아롱이 국제정치윤리를 설명하면서 "그 어떤 경우에도 책임윤리가 시민의 윤리뿐만 아니라 정치 지도자의 윤리가 되어야 한다"고[35] 강조했던 것도 그 때문이었다. 다음 절에서 클라우제비츠의 군사전략과 함께 국제정치윤리 문제를 구체적으로 검토해 보기로 한다.

2. 클라우제비츠의 군사전략과 책임윤리

미국의 클라우제비츠(the American Clausewitz)로 불리는 버나드 브

33 Raymond Aron, "What is a Theory of International Relations?" in Raymond Aron, *Politics and History: Selected Essays by Raymond Aron*, collected, trans. and ed. by Miriam Bernheim Conant (New York: The Free Press, 1978), 171.

34 Raymond Aron, *Peace and War*, 5–6.

35 Raymond Aron, *Peace and War*, 634.

로디는 우리가 클라우제비츠를 계속해서 진지하게 연구해야만 하는 두 가지 이유를 이렇게 꼽았다. "첫째, 클라우제비츠는 항시 … 전쟁 그 자체의 근원적 성격에서 출발해서 그가 검토한 개별 문제의 근원적 차원까지 천착하고자 했다. 둘째, … 클라우제비츠의 『전쟁론』은 단순히 위대한 전쟁 연구가 아니라 진정으로 위대한 유일한 연구다."[36] 마이클 하워드 역시 버나드 브로디의 관점에 공감하면서 자신의 클라우제비츠 입문서를 이렇게 시작했다. "『손자병법』이라는 권위 있는 전쟁 연구서가 존재하는 것도 사실이다. … 클라우제비츠와 동시대를 살았던 조미니의 전쟁 연구서에도 몇몇 좋은 챕터가 존재한다. 리델 하트, 그리고 그와 동시대 인물로서 독특한 개성을 지녔던 J. F. C. 풀러의 전쟁 연구서에도 좋은 구절이 산발적으로 존재한다. 마르크스, 엥겔스, 레닌, 트로츠키 등의 저작에서도 전쟁에 관한 흥미 있는 통찰이 적지 않게 발굴되었다. … 투키디데스나 마키아벨리의 여록(obiter dicta)에서도 전쟁에 관한 날카로운 통찰을 찾아볼 수 있다. 하지만 그 누구도 클라우제비츠의 전쟁 연구와 어깨를 나란히 할 체계적인 연구를 성취하지는 못했다. 클라우제비츠를 제외한 대부분의 전쟁 연구자들은 후세에 항구적으로 영향을 줄 보편적 통찰을 추출해내기보다는, 자기 세대와 자기 자신의 사회에 적합한 특수한 조언을 제공하는 일에 더욱 많은 관심을 보였기 때문이다."[37] 따라서 이 절에서는 우

36 Bernard Brodie, "The Continuing Relevance of *On War*" in Clausewitz, *On War*, 52–53.

37 Michael Howard, *Clausewitz: A Very Short Introduction* (Oxford: Oxford Uni-

리의 논의의 주제와 관련된 클라우제비츠의 보편적 통찰을 간결하게 소개하기로 한다.

클라우제비츠의 군사전략에서 그의 보편적 통찰을 가장 잘 보여주는 개념 중 하나로는 '절대전쟁'(absolute war) 개념을 꼽을 수 있다. 클라우제비츠는 『전쟁론』 서두에서 "전쟁이란 … 자국의 의지를 적국에 강요하기 위해 무력을 행사하는 행위"(War is … an act of force to compel our enemy to do our will)로 개념화한다.[38] 그런데 모든 전쟁은 극한 상태로 확전되는 속성을 지닌다. "전쟁은 무력을 행사하는 행위인데, 그곳에서 동원되는 무력의 양에는 논리적 한계가 존재하지 않는다. 따라서 특정 국가가 자국의 의지를 적국에 강제하면 적국 역시 동일한 방식으로 적국의 의지를 자국에 강제하고자 한다. 이론적으로 보면 이런 상호관계는 반드시 극단으로 치닫도록 되어 있다."[39] 클라우제비츠는 그런 과정을 거쳐 도달한 전쟁의 극한 상태를 절대전쟁으로 간주했다. 하지만 절대전쟁은 추상의 지평에서 이론적으로 설정된 것일 뿐, 실제 현실에서는 존재하지 않는다.

현실에서 발생하는 '실제전쟁'(real war)은 그 현실에서 존재하는 다양한 변수 때문에 절대전쟁과 다른 양상으로 전개된다. 클라우제비츠는 현실에서 존재하는 다양한 변수를 총칭해서 '마찰'(friction)이라 부른다. "마찰은 실제전쟁을 페이퍼 상의 전쟁(war on paper)으로부터

---

versity Press, 2002), 1–2.

38 Carl von Clausewitz, *On War*, 75.

39 Carl von Clausewitz, *On War*, 77.

구분시켜주는 요소들과 어느 정도 유사한 개념이라고 할 수 있다."[40] 클라우제비츠는 모든 실제전쟁의 가변적 외양 이면에는 3종류의 근원적 요소가 존재한다고 분석했다.

> 전쟁은 자신의 특성을 약간만 변화시켜 주어진 상황에 적응하는 진정한 카멜레온의 속성뿐만 아니라 그 이상의 속성도 지녔다. 전쟁을 전반적으로 살펴볼 때, 그것을 지배하는 경향성은 기이한 삼위일체(a paradoxical trinity)를 이루기 때문이다. 그것은 다음과 같은 3가지 요소로 구성되었다. 첫째, 원초적 폭력, 증오심, 적대감 등이 있는데, 이들은 모두 맹목적 본능과 같다. 둘째, 우연과 확률의 작용이 있는데, 그로인해 전시에는 인간의 감정이 분방하게 표출된다. 셋째, 전쟁은 정치의 도구로 기능하는 종속적 성격을 지녔는데, 그로 인해 전쟁은 순수한 이성의 영역에도 귀속된다. 이러한 세 가지 측면의 첫 번째 요소는 특히 국민의 관심사이고, 두 번째 요소는 군 지휘관과 그의 군대의 관심사이며, 세 번째 요소는 정부의 관심사다. 전시에 불같이 타올라야 할 열정은 이미 국민한테서 존재한다. 확률과 우연의 세계에서 용기와 재능이 발휘되는 범위는 군 지휘관과 군대의 성격에 좌우된다. 하지만 정치적 목표는 오직 정부에서만 관장해야 한다. 이러한 세 가지 경향성은 세 가지 상이한 법전처럼 그들 각 주제에 깊게 뿌리를 내

---

40 Carl von Clausewitz, *On War*, 119. 절대전쟁과 실제전쟁의 의미를 명쾌하게 해설한 사례로는, Raymond Aron, *Peace and War*, 21–25.

리고 있지만, 그들 상호 간의 관계는 변할 수 있다. 어떤 이론이 이 세 가지 경향성 중에서 어느 하나를 무시하거나 그들 상호 간의 관계를 제멋대로 고정시키고자 한다면 현실과 상충하게 될 것이며, 그런 이유 하나만으로도 그 이론은 완전히 쓸모없는 것이 될 것이다.[41]

실제전쟁의 3요소에서 우리가 특히 주목해야 할 부분은 '전쟁이 정치의 도구로 기능함으로써 이성의 영역에 귀속되어야 한다는' 부분이다. 이는 정부가 이성적 능력을 발휘해서 전장의 예측 불가능한 확률의 세계와 국민의 뜨거운 열정을 정치적으로 통제할 수 있어야만 한다는 것을 의미한다. 만일 정부의 정치적 통제가 와해될 경우 실제전쟁은 자체의 논리를 따라 확전되면서 절대전쟁으로 치닫게 되기 때문이다. 그래서 클라우제비츠는 이렇게 강조한다. "전쟁은 단순한 정치적 행위가 아니라 여타의 비군사적 수단과 함께 정치적 교섭을 계속하는 진정한 정치적 수단이다. 전쟁의 독특한 성격은 단순히 그것의 수단에 내포된 독특한 성격에서 유래한다. 대체로 전쟁에서나 어떤 특별한 상황에 처한 군 지휘관은 정책의 방향과 계획이 물리적 수단과 양립하지 않으면 안 된다는 사실을 요구할 권리를 가진다. 물론

41 Carl von Clausewitz, *On War*, 89. 전쟁의 삼위일체는 클라우제비츠 군사 전략 사상에서 가장 중요한 부분에 해당한다. 이 주제를 정확하게 해설한 사례로는, Raymond Aron, "Reason, Passion, and Power in the Thought of Clausewitz," *Social Research*, Vol. 39, No. 4 (1972), 599–621.

이는 사소한 요구가 아니다. 그러나 그들의 요구가 주어진 상황에서 정치적 목적에 아무리 많은 영향력을 행사할 수 있다손 치더라도 정치적 목적 그 자체를 수정하는 선 이상으로 나가서는 절대로 안 된다. 정치적 목적이 목표이고, 전쟁은 그런 목표를 달성하는 수단이다. 전쟁이란 수단은 그 어떤 경우에도 정치적 목적과 분리되어 고려될 수 없다."[42] 이처럼 전쟁이 정치적 목적을 달성하는 수단으로 제한되어야 한다는 원칙을 '정치 우위의 원칙'(the primacy of politics)이라고 부른다.[43] 레이몽 아롱은 전시에 정치 우위의 원칙이 준수되어야만 하는

42 Carl von Clausewitz, *On War*, 87, 605.

43 Raymond Aron, *Peace and War*, 24, 28; Raymond Aron, *Clausewitz: Philosopher of War*, trans. by Christine Booker and Norman Stone (New York: A Touchstone Book, 1986), 66. 정치 우위의 원칙을 종합적으로 검토한 사례로는, Michael I. Handel, *Masters of War: Classical Strategic Thought*, third, revised and expanded edition (London: Frank Cass, 2001), 65-75; Robert Endicott Osgood, *Limited War: The Challenge to American Strategy* (Chicago, Illinois: The University of Chicago Press, 1960), 13-27. 한편, 앤튤리오 이체베리아 2세는 클라우제비츠의 삼위일체를 정치 우위의 원칙에 입각해서 해석하는 것이 잘못이라고 비판했다. 전쟁의 3가지 요소 중에서 정치를 특히 중시한 해석은 냉전 시대의 산물일 뿐이며, 클라우제비츠 자신은 전쟁의 3가지 요소를 모두 평등하게 중시했다는 것이다. Antulio J. Echevarria II., "On the Clausewitz of the Cold War: Reconsidering the Primacy of Policy in *On War*," *Armed Forces & Society*, Vol. 34, No. 1 (2007), 90-108. 하지만 이체베리아 2세의 입장을 수용할 경우, 예컨대 미국의 베트남 전쟁의 파행을 클라우제비츠 시각에서 비판적으로 분석하는 것이 불가능하다. 미국이 베트남 전쟁에서 패배한 궁극적 원인은 정치 우위의 원칙의 와해에서 연유한 것이었기 때문이다. 자세한 내용은 3절 참조.

까닭을 다음과 같이 설명했다. "사실상 정치 우위의 원칙을 견지할 경우 확전을 통제할 수 있고, 적대적 감정이 폭발하여 무자비한 만행으로 끝없이 변질되는 것을 피할 수 있다. … 국가 간의 정치적 교섭의 목적을 공동체 구성원 모두의 생존, 공동의 번영, 그리고 인간의 목숨을 구제하는 쪽에서 설정할 경우에 한해서만 '신중하게' 선택한 정치적 행위는 '합리적' 행위가 될 수 있다."[44] 그런데 아롱의 설명에서 우리가 눈여겨보아야 할 부분이 있다. 그것은 밑줄 친 부분이 '책임윤리'에 해당한다는 사실이다. 전쟁은 책임윤리에서 설정한 구체적 목적의 달성 수단으로 '제한되고'(limited war), 그런 목적을 달성할 경우 이내 '종전'(war termination)됨으로써 '확전'(escalation)을 방지할 수 있다. 따라서 아롱의 설명은 전시에 정치 지도자가 책임윤리를 실천하는 경우에 한해서만 정치 우위의 원칙이 제 기능을 발휘할 수 있다는 의미로 재해석할 수 있다. 만일 정치 지도자가 '신념윤리'를 실천할 경우, 그가 수행하는 전쟁은 신념윤리에서 추구하는 절대적 가치 내지 추상적 목적을 달성하는 수단이 된다. 하지만 전쟁을 통해 어떤 절대적 가치를 지상에서 실현한다는 것은 현실적으로 불가능하며, 그럼에도 불구하고 그런 전쟁을 계속 추구할 경우 전쟁이 장기화되면서 절대전쟁으로 확전되는 것이 불가피하다. 따라서 전시의 정치 지도자가 신념윤리를 견지할 경우 정치 우위의 원칙은 오히려 장기간의 확전을 조장하는 역할을 하게 된다. 아롱은 책임윤리가 정치가뿐만 아니라 시민까지

44 Raymond Aron, *Peace and War*, 45. 강조 추가.

도 준수해야 할 국제정치윤리라는 사실을 다음과 같이 강조했다.

> 신념윤리와 책임윤리의 관계는 과거나 지금이나 별반 다르지 않다. 자신의 행위가 초래할 결과에 무관심한 채 자신의 열정에만 사로잡힌 정치 지도자는 결국 자신의 정치적 책임을 저버리게 되며, 바로 그 이유 때문에 그는 비도덕적(immoral) 인간으로 전락한다. 무력의 사용을 무조건 거부하고, 그런 방식을 따를 경우 그 자신은 물론 그의 국가에 초래할 결과에 전혀 관심이 없는 비폭력주의자는 아주 깨끗한 양심을 가진 사람일 수는 있다. 하지만 그는 정치 세계를 떠난 사람이며, 따라서 그는 자신이 초래한 정치적 재앙이 과연 정당한 것인지를 정확하게 알아야만 한다. 그 어떤 경우에도 책임윤리가 시민의 윤리뿐만 아니라 정치 지도자의 윤리가 되어야 한다. 공리적 질서를 초월하는 신념윤리가 어떤 지고의 가치를 추구하도록 고무하고 그곳의 목표까지 결정하는 경우에도 사정은 달라질 수 없다.[45]

요컨대 국제정치 세계에서는 정치 우위의 원칙에 의해서 달성 가능한 평화, 즉 '정치적 평화'를 추구한다. 여기에서 전쟁과 평화는 이상주의자나 신념윤리가가 주장하는 것처럼 악마와 천사의 소산으로 간주되지 않는다. 다시 말해서 그 양자는 독립된 별개의 범주로 인식

45 Raymond Aron, *Peace and War*, 634. 강조 추가.

되지 않는다. 전쟁과 평화는 동질적 차원에서 존재하며, 인간의 정치적 결정과 그 결정의 성격 여하에 따라 스펙트럼 상의 위치가 정해진다. 따라서 여기에서 평화란 그야말로 인간에 의한 '정치적 평화,' 그리고 정치에 의한 '인간의 평화'를 의미한다.[46]

3. 미국의 전쟁 수행 방식과 신념윤리

미국이 베트남 전쟁에서 패배한 이유는 무엇일까? 수없이 많은 해석이 제시되었지만, 미국은 제대로 이해할 수 없었다. 그러자 미국은 1976년 클라우제비츠의 『전쟁론』을 영어로 다시 번역했다.[47] 그리고 클라우제비츠의 시각에서 베트남 전쟁을 본격적으로 분석했다. 그런 과정을 거쳐 등장한 가장 대표적인 성과가 1981년에 출간된 해리 G.

---

46 자세한 내용은, Raymond Aron, *Clausewitz*, 95-100.

47 Carl von Clausewitz, *On War*, ed. and trans. by Michael Howard and Peter Paret (Princeton, New Jersey: Princeton University Press, 1976). 이 번역본은 1960년대에 결성된 프린스턴대학교의 '클라우제비츠 프로젝트'의 결과물이다. Christopher Bassford, *Clausewitz in English: The Reception of Clausewitz in Britain and America, 1818–1945* (New York: Oxford University Press, 1994), 135. 클라우제비츠의 『전쟁론』의 영어 완역본은 1943년 처음 출간되었다. Carl von Clausewitz, *On War*, trans. by J. J. Matthijs Jolles (New York: Random House, 1943).

섬머스 2세의 『전략론』이었다.[48] 섬머스 2세는 미국이 베트남 전쟁에서 전술적으로 승리했는데도 불구하고 전략적으로 패배한 이유는 클라우제비츠가 강조한 전쟁의 삼위일체 요건을 제대로 충족하지 못했기 때문이라고 분석했다.[49] 첫째, 미국은 베트남 전쟁에서 추구하는 정치적 목적을 구체적으로 확정하지 못했다고 지적했다. 그리고 그런

---

48 Harry G. Summers, Jr., *On Strategy: A Critical Analysis of the Vietnam War* (Carlisle Barracks, Pennsylvania: Strategic Studies Institute, US Army College, 1981). 한국어 번역본으로는, 해리 섬머스, 민평식 역, 『미국의 월남전 전략』(서울: 병학사, 1983). 섬머스 2세의 베트남 전쟁 분석 이전에도 미국에서 클라우제비츠 군사전략을 단편적으로 연구한 역사가 존재한다. 미국 군사전략의 역사에서 클라우제비츠의 군사전략이 수용되는 과정을 거시적으로 개관한 사례로는, Stuart Kinross, *Clausewitz and America: Strategic Thought and Practice from Vietnam to Iraq* (London: Routledge, 2008), 23-48; Bassford, *Clausewitz in English*, 50-55. 그러나 미국 군사전략의 역사에서 등장한 이른바 '클라우제비츠 르네상스'는 1976년에 번역 출간된 클라우제비츠의 『전쟁론』에 입각해서 베트남 전쟁을 분석한 섬머스 2세의 『전략론』이 출간되면서 본격적으로 전개되었다. 자세한 내용은, Wolf Kittler, "Host Nations: Carl von Clausewitz and the New U.S. Army/Marine Corps Field Manuel FM 3-24, MCWP 3-35.5, *Counterinsurgency*" in Elisabeth Krimmer and Patricia Anne Simpson, eds., *Enlightened War: German Theories and Cultures of Warfare from Frederick the Great to Clausewitz* (New York: Camden House, 2011), 279.

49 Harry G. Summers, Jr., *On Strategy*, 1-4. 클라우제비츠의 군사전략에 입각해서 베트남 전쟁을 종합적으로 분석한 사례로는, 김원섭, 『베트남전에서 나타난 미국의 정치 및 전략적 오류의 패턴에 관한 연구: 존슨 행정부의 실패원인과 닉슨 행정부의 변화』(고려대학교 정치외교학과 대학원 박사학위 논문, 2011).

사실을 입증하기 위해 휴 아놀드의 논문을 인용했는데,[50] 그 논문에 따르면 미국이 베트남 전쟁에서 공식적으로 추구한 정치적 목적은 무려 22개에 달했다.[51] 반면, 북부 베트남은 남부 베트남을 정복해서 베트남 통일을 성취하겠다는 단 하나의 분명한 정치적 목표를 견지했다.[52]

둘째, 미국은 베트남 전쟁의 성격을 잘못 파악했다고 지적했다. 클라우제비츠는 "정치가와 군 지휘관이 수행하는 결정 중에서 전쟁 전체의 승패를 좌우하는 가장 중요한 결정은 그들이 수행하는 전쟁의 성격을 정확하게 파악하는 것이다. 그 어떤 경우에도 전쟁의 성격을 오판하거나, 전쟁의 성격에 어긋나는 전쟁을 수행하고자 해서는 안 된다. 바로 이것이 가장 중요하고 가장 포괄적인 전략의 문제다"라고 강조했다.[53] 미국은 북부 베트남이 수행하는 전쟁을 베트콩의 게릴라전을 통해서 남부 베트남 정권을 전복하려는 혁명전쟁(revolutionary war)으로 파악했다. 그래서 미국은 남부 베트남에서 활동하는 베트콩을 섬멸하는 대분란전(counterinsurgency)을 수행했다. 그러나 섬머스 2세가 파악한 북부 베트남 전쟁의 성격은 북부 베트남에 거점을 두고서 전개하는 전형적인 재래식 전쟁(conventional war)이었다. 북부 베트

---

50 Harry G. Summers, Jr., *On Strategy*, 62.

51 Hugh M. Arnold, "Official Justifications for America's Role in Indochina, 1949–67," *Asian Affairs*, Vol. 3, No. 1 (1975), 31–48.

52 Harry G. Summers, Jr., *On Strategy*, 62.

53 Carl von Clausewitz, *On War*, 88–89.

남에서는 단지 전쟁의 의도를 은폐하기 위해 남부 베트남에서 게릴라전을 전개했을 뿐이라는 것이다. 다시 말해서 미국은 북부 베트남 전투력의 '무게중심'(center of gravity)을[54] 북부 베트남에 주둔한 정규군 대신 남부 베트남에서 활동하는 베트콩으로 잘못 파악하는 오류를 범했다는 것이다. 바로 그랬기 때문에 미국이 1968년 구정공세(Tet-68)에서 베트콩을 거의 소탕한 이후에도 전쟁이 7년간이나 지속되었다고 분석했다.[55]

셋째, 미국 행정부는 선전포고를 생략함으로써 미국 국민의 전쟁 의지를 동원하는 데 실패했다. 18세기 유럽에서 전쟁은 전적으로 군주나 행정부의 소관이었다. 하지만 미국에서는 연방헌법 제1조 8항을 통해 국민을 대표하는 의회가 선전포고의 권한을 갖도록 규정했다. 이는 미국 국민의 지지가 없으면 행정부에서 전쟁을 시작하지 못하도

---

54 '무게중심'은 클라우제비츠가 뉴턴 역학에서 빌려온 개념이다. 클라우제비츠의 군사전략에서 무게중심은 일종의 '급소'와 같은 곳으로서 그곳을 공격하면 전투력 전체가 와해되는 곳을 의미한다. 클라우제비츠의 무게중심은 학자에 따라 해석이 분분한 논쟁적 개념이다. 기존의 다양한 해석의 오류를 종합적으로 검토하면서 무게중심의 정확한 의미에 접근한 사례로는, Antulio J. Echevarria II, "Clausewitz's Center of Gravity: It's Not What We Thought," *Naval War College Review*, Vol. LVI, No. 1 (2003), 108–123; Joseph L. Strange and Richard Iron, "Center of Gravity: What Clausewitz Really Meant," *JFQ*, issue 35 (2004), 20–27.

55 Harry G. Summers, Jr., "A Strategic Perception of the Vietnam War," *Parameters: Journal of the US Army War College*, Vol. 13, No. 2 (1983), 41–46; Harry G. Summers, Jr., *On Strategy*, 79–80.

록 못 박은 것이었다. 미국 연방헌법을 제정한 국부들은 대부분 독립 전쟁에 참여한 인물이었다. 그들은 미국이 당시 세계 최강의 지위에 있던 영국과 싸워서 이길 수 있었던 가장 중요한 이유는 국민의 확고한 지지 때문이었다는 사실을 경험적으로 알고 있었다. 하지만 존슨 대통령은 선전포고를 할 경우 자신이 약속한 '위대한 사회'(Great Society) 건설 프로그램에 차질을 빚을 것으로 예상했다. 그러나 북부 베트남은 프랑스와 전쟁을 치른 경험을 통해 미국의 군사전략적 약점이 미국의 '여론'에 있다는 사실을 간파했다. 당시 북부 베트남은 군사력으로 미국을 꺾을 수 없다는 사실을 잘 알고 있었다. 그래서 미국 내 반전여론을 확산시키는데 온 전력을 집중시켰다. 그리고 그 전략은 적중했다.[56] 1975년 4월 25일, 하노이에서 개최된 한 회담에서 당시 미국 측 협상 대표였던 해리 섬머스 2세는 이렇게 질문했다. "그러니까 북부 베트남은 전쟁터에서 미국을 이긴 적이 한 번도 없지 않습니까?" 그러자 베트남 측 협상 대표였던 투(Tu)는 잠시 생각 후 이렇게 대답했다. "그렇게 생각할 수도 있겠지만, 그러나 그것은 별로 중요하지 않습니다."[57] 베트남이 전투에서는 패배했지만, 미국 내 반전여론을 확산시키는 데 성공함으로써 결국 정치적 승리를 거두었다는 사실을 간결하게 표현한 답변이었다. 요컨대 "미국이 베트남 전쟁에서 패배한 까닭을 가장 간단하게 설명하면 … 미국 국민의 지지가 붕괴(a

56 Harry G. Summers, Jr., *On Strategy*, 7–19, 11–32.

57 Harry G. Summers, Jr., *On Strategy*, 1.

collapse of national will)되었기 때문이었다."[58] 요컨대 미국이 수행한 베트남 전쟁에서는 '정치 우위의 원칙'이 총체적으로 붕괴되었다.

섬머스 2세의 베트남 전쟁 분석은 미국의 학계와 군부에서 표준적인 해석으로 자리를 잡았다. 하버드대, 스탠포드대, 조지타운대 등의 여러 대학은 물론, 미국 육군대학원, 해군대학원, 공군대학원 등 다양한 군사교육 기관에서 섬머스 2세의 『전략론』을 교재로 채택했기 때문이다. 『전략론』 출판을 최종 결정했던 육군참모총장 에드워드 마이어 장군은 그의 출판허가증(imprimatur) 사본을 현역 및 퇴역 육군 장교 모두에게 배포했다. 또한 의회 군사개혁위원회 소속 하원 의원 뉴트 깅그리치(공화당, 조지아주)는 상원 및 하원 의원 모두에게 『전략론』을 배포했다.[59]

섬머스 2세의 『전략론』 출간을 계기로 미국에서 재조명 받기 시작한 클라우제비츠의 군사전략은 마침내 미국 정부의 공식적 독트린에 반영되었다.[60] 1984년 11월 28일, 레이건 행정부의 국방부 장관 캐

58 Harry G. Summers, Jr., *On Strategy*, 7.

59 Harry G. Summers, Jr., *On Strategy II: A Critical Analysis of the Gulf War* (New York: Dell Publishing, 1992), 132–133. 이 책의 한국어 번역본도 있다. 해리 섬머스, 권재상 김종민 역, 『미국의 걸프전 전략』(서울: 자작아카데미, 1995). 섬머스 2세의 베트남 전쟁 분석은 1981년 처음 제시된 이후 적어도 2004년까지는 미국 학계 및 군부의 표준적인 해석으로 군림했다. 하지만 2004년 이후부터 다양한 비판이 제기되기 시작했다. 자세한 내용은, Kinross, *Clausewitz and America*, 49–51.

60 Kenneth J. Campbell, "Once Burned, Twice Cautious: Explaining the Weinberg–Powell Doctrine," *Armed Force & Society*, Vol. 24, No. 3 (1998), 364.

스퍼 와인버그는 내셔널 프레스 클럽에서 '미국 군사력의 사용 조건'(The Uses of Military Power)이란 제목으로 연설을 했다. 그는 그 연설에서 앞으로 미국이 군사력을 사용할 때는 반드시 6가지 조건을 사전에 충족해야 한다는 이른바 '와인버그 독트린'(Weinberg doctrine)을 천명했다. 첫째, 미국이나 미국 동맹국의 중대한 이익(vital interest)이 위기에 처한 경우에만 군사력을 사용할 수 있다. 둘째, 승리에 대한 확신을 갖는 경우에만 군사력을 사용할 수 있다. 셋째, 정치적 목표와 군사적 목표를 분명하게 정의한 경우에만 군사력을 사용할 수 있다. 넷째, 전쟁의 목적과 군사력의 규모 간의 관계를 끊임없이 평가하고, 필요한 경우에는 조정해야 한다. 다섯째, 미국 국민과 의회의 확실한 지지를 획득한 경우에만 군사력을 사용할 수 있다. 여섯째, 군사력은 마지막 수단으로만 사용해야 한다. 이상의 6가지 조건은 기본적으로 클라우제비츠의 군사전략에 기초해서 구성된 것이었다.[61]

와인버그 독트린은 걸프전에서 성공적으로 검증되었다. 걸프전 당시 합참의장으로 활동했던 콜린 파웰은 와인버그 독트린의 6가지 조건이 걸프전에서 만족스럽게 충족되었다고 평가했다. 즉 "걸프전에서 미국의 중대한 이익이 확인되었고, 달성 가능한 전쟁의 목표가 분명하게 설정되었고, 그러한 목표를 달성하려는 의지가 확고하게 준비되었고, 압도적인 군사력을 신속하게 투입했고, 전쟁 개시 전에 국민과

61 PBS.org: transcript of "The Uses of Military Power." http://www.pbs.org/wgbh/pages /frontline/shows/military/force/weinberger.html(검색일: 2015. 6. 30).

의회로부터 전폭적인 지지를 획득했고, 경제적 제재를 포함한 여타의 수단을 먼저 사용한 다음 전쟁을 최후 수단으로 선택했다"는 것이다.[62] 해리 섬머스 2세 역시 클라우제비츠의 삼위일체 요건이 걸프전에서 적절하게 충족되었다고 평가했다.[63] 클라우제비츠 시각에서 걸프전을 분석한 유재익 역시 유사한 결론을 도출했다.[64] 파웰은 걸프전 이후 와이버그 독트린을 약간 보완해서 '파웰 독트린'을 제시했다. 파웰은 미국에서 전쟁을 시작하면 모든 자원과 수단을 동원해서 적을 압도할 수 있는 결정적 군사력(decisive force)을 마련해야 한다고 강조했다. 그래야만 전쟁을 빠르게 끝내서 미군의 사상자를 최소화시킬 수 있다고 판단했기 때문이다.[65]

하지만 와인버그 및 파웰 독트린은 조지 부시 2세 행정부의 이라크 전쟁 수행 과정에서 완전히 사라지고 말았다. 이라크 전쟁은 와인버그 및 파웰 독트린에서 요구했던 군사력 파견 조건을 모두 위반하면서 수행되었기 때문이다.[66] 부시 2세 행정부에서 딕 체니 부통령과 도널드 럼스펠드 국방장관은 파웰 독트린을 완전히 붕괴시키려는 의

62 Kenneth J. Campbell, "Once Burned, Twice Cautious," 366.

63 Harry G. Summers, Jr., *On Strategy II*, "Part III, The Remarkable War."

64 유재익, 『미국의 걸프전 수행 정책과 전략에 관한 연구』(고려대학교 정치외교학과 대학원 박사학위 논문, 1996).

65 Frank Hoffman, "A Second Look at the Powell Doctrine," *War on the Rocks* (February 20, 2014).

66 Michael A. Cohen, "The Powell Doctrine's Enduring Relevance," *World Politics Review* (July 22, 2009).

도를 갖고 있었다. 그런데도 부시 2세는 중요한 의사 결정 시 항시 파웰 국무장관을 무시하고 체니나 럼스펠드와 사적으로 상의하는 패턴을 취했다.[67] 그러자 이라크 전쟁은 '시간이 갈수록 베트남 전쟁을 빼닮아가면서'[68] 장기전의 수렁으로 빠져들었다.[69] 그리고 그런 가운데 미국의 국력은 점차 쇠퇴의 길을 걸었다.[70] 냉전 종식 직후 미국은 세계 유일 초강대국의 지위에 있었다. 9 11 테러가 발생하자 세계의 많은 국가는 미국의 대응책을 지지했다. 하지만 이라크 전쟁이 장기화되면서 반미 여론이 세계에 확산되었다. 또한 2008년을 기점으로 시작된 세계 금융위기의 여파로 미국 경제력은 쇠퇴의 길을 걷고 있다.[71] 1941년 2월 헨리 루스는 『라이프』에 기고한 글을 통해 20세기는 미국적 가치가 선도하는 '미국의 세기'(American Century)가 될 것으로 전망

---

67 Walter LaFeber, "The Rise and Fall of Powell and the Powell Doctrine," *Political Science Quarterly*, Vol. 124, No. 1 (2009), 82, 90.

68 권용립, 『미국 외교의 역사』(서울: 삼인, 2010), 665.

69 Ronald Bruce St. John, "Parallels Between Iraq War and Vietnam War Are Piling Up: Dead Soldiers, Dead Women, Dead Children, and Other Results of U.S. War," *The Progress Report* (April 28, 2004); Brad Wright and Jennifer Yuille, "Kennedy: 'Iraq is George Bush's Vietnam: Bush Official, GOP Respond Sharply to Senator's Criticism,'" CNN (April 6, 2004).

70 Stephen Walt, "When Did the American Empire Start to Decline?" *Foreign Policy* (August 2, 2011).

71 Richard Wike, "From Hyperpower to Declining Power: Changing Global Perceptions of the U.S. in the Post–Sept. 11 Era," *Pew Research Global Attitudes Project*, September 7, 2011; Tony Karon, "How 9 11 Provoked the U.S. to Hasten its Own Decline," *Time*, September 08, 2011.

한 바 있다.[72] 하지만 최근 앤드류 배서비치는 미국이 군사력의 한계를 자각하지 못함으로써[73] 전쟁을 영속화시키는 길을 걸었으며,[74] 그로 인해 '미국의 세기'의 조기 종언을 초래했다고 비판했다.[75]

그러면 미국이 베트남 전쟁을 계기로 천신만고 끝에 터득한 클라

---

72 Henry R. Luce, "The American Century," *Life* (February 17, 1961), 61–65. 헨리 루스의 '미국의 세기'가 동아시아에서 실천된 역정을 비판적으로 검토한 연구로는, Michael H. Hunt, "East Asia in Henry Luce's 'American Century,'" *Diplomatic History*, Vol. 23, No. 2 (1999), 321–353.

73 Andrew J. Bacevich, *The Limits of Power: The End of American Exceptionalism* (New York: Henry Holt and Co., 2008).

74 Andrew J. Bacevich, *Washington Rules: America's Path to Permanent War* (New York: henry Holt and Co., 2010).

75 Andrew J. Bacevich, ed., *The Short American Century: A Postmortem* (Cambridge, Mass.: Harvard University Press, 2012). 반면, 미국 쇠퇴론을 반박하는 주장도 없지 않다. 예컨대 조지프 S. 나이는 미국 국가 시스템의 상대적 우월성을 이유로 미국 쇠퇴론을 반박한다. 조지프 S. 나이, 박기동 역, 『미국의 세기는 끝났는가』(서울: 프리뷰, 2015). 하지만 나이는 이 논문에서 검토한 미국 전쟁 수행 방식의 '반정치적' 성향이 미국의 쇠퇴를 강제하는 측면에 관해서는 충분히 검토하지 않았다. 또한 미국이 18세기 미국을 탄생시킨 창의적 정치사상을 이후 꾸준히 혁신하는 과제를 방기함으로써 장기간에 걸쳐 쇠퇴의 길을 걸었다는 점도 간과했다. 미국이 기존 정치사상을 '답습'하는 가운데 점진적 쇠퇴의 길을 걷는 과정을 거시적으로 검토한 사례로는, 이현휘, 「소명으로서의 전쟁: 미국 대외정책 정신과 신의 눈물」, 『현대사상과 정치평론』 창간호 (2007), 7–59; 제러미 리프킨, 이원기 역, 『유러피언 드림: 아메리칸 드림의 몰락과 세계의 미래』(서울: 민음사, 2005). 미국의 쇠퇴를 사회과학이론의 시각에서 체계적으로 검토한 사례로는, 권용립, 「미국의 쇠락 요인과 전망: 담론에서 이론으로」, 『사회과학연구』 제27집 1호 (2011), 47–78.

우제비츠의 군사전략을 그토록 짧은 시간에 쉽게 망각해 버린 까닭은 무엇인가? 정답은 클라우제비츠의 군사전략이 미국의 전쟁 수행방식(American way of war)을 지배하는 '관습'으로 녹아들어가지 못한 데서 찾아볼 수 있다.[76] 미국 사회의 관습은 다양한 지적 전통을 배경으로 형성되었지만, 가장 결정적 요인으로 '캘빈주의'를 꼽을 수 있다.[77] 그런데 캘빈주의를 배경으로 탄생한 정치윤리는 '신념윤리'에 근사한 것이 된다. 베버에 따르면 "카이퍼의 신캘빈주의(the neo-Calvinism of Kuyper)는 순수한 예정설을 더 이상 주장하지 않는다. 그럼에도 불구하고 예정설은 캘빈주의에서 완전히 사라지지 않았으며, 단지 그것의 형식만 변경되었을 뿐이다. 그 어떤 상황에서도 예정설의 결정론은 '신념윤리'를 가능한 최대한으로 체계화시키고 집약시키는 수단으로 기능한다."[78] 따라서 신념윤리가 선도하는 미국의 전쟁은 항시

---

76 Antulio J. Echevarria II, "Toward an American Way of War," Strategic Studies Institute (March 2004), 13. 관습의 구조를 철학적으로 해명한 사례로는, 이현휘, 「미국 대외정책의 관습과 21세기 미중관계의 전망」, 『미국사 연구』 제29집 (2009), 161-167.

77 미국 사회의 관습을 주조한 캘빈주의의 성격을 체계적으로 검토한 사례로는, 권용립, 『미국의 정치 문명』(서울: 삼인, 2003), 125-143. 캘빈주의를 배경으로 형성된 미국 사회의 관습이 미국 외교사 및 전쟁사 전체를 관철한 모습을 종합적으로 검토한 사례로는, 이현휘, 「소명으로서의 전쟁」, 7-59; Anders Stephanson, *Manifest Destiny: American Exceptionalism and the Empire of Right* (New York: Hill and Wang, 1995).

78 Max Weber, *Economy and Society: An Outline of Interpretive Sociology*, ed. by Guenther Roth and Claus Wittich (New York: Bedminster Press, 1968), 575.

구체적 목적 대신, 지고지순한 도덕적, 윤리적, 종교적, 추상적, 절대적, 독단적 목적을 추구하는 '십자군 전쟁'으로 귀결되기 마련이었다.[79] 즉 "프로테스탄티즘이 교황의 타락한 권능에 대한 투쟁의 한계를 설정하지 않는 것과 꼭 마찬가지로 미국 또한 일반적인 주장과 달리 단지 수단의 적절성만을 고려할 뿐 투쟁의 한계를 설정하지 않는다. 따라서 미국이 수행하는 전쟁은 무제한적으로 전개되는 장엄한 투쟁이 된다. 원칙적으로 미국의 전쟁은 방법과 장소와 시간을 불문하고 발생할 수 있다. 세상은 흑과 백으로 나누어져 있기 때문에 세상의 모든 전쟁은 당연히 흑과 백 둘 중의 하나의 승리로 귀결된다."[80] 이처럼 미국이 수행하는 전쟁에서는 정치적 목적과 그것을 달성하는 전쟁이란 수단 간의 간극이 극단적으로 확대되다 보니 항시 전쟁의 성과를 정치적 목적과 연계시키는 것이 대단히 어렵게 된다.[81] 이런 어려움을 해결할 수 있는 방법으로는 1) 추상적인 정치적 목적을 구체적인 것으로 조정하는 것, 2) 전쟁 수단의 파괴력을 증가시키는 것, 3) 양자를 병행하는 것 등을 생각해 볼 수 있다. 하지만 미국이 묵수하는 신념윤리는 조정의 여지가 전혀 없는 것이기 때문에 전쟁 수단의 파괴력을 증가시키는 두 번째 방법만이 선택될 수 있을 뿐이다. 미국이 핵무기라는 극단적 파괴 수단을 개발했던 배경도 여기에 있었

79 이현휘, 「소명으로서의 전쟁」, 33-35; 권용립, 『미국의 정치 문명』, 279-291.

80 Anders Stephanson, *Manifest Destiny*, 125.

81 Antulio J. Echevarria II, "What Is Wrong with the American Way of War?" *Prism*, Vol. 3, No. 4 (September 2012), 109-115.

다. 신념윤리로 무장한 미국의 많은 정치인, 종교인, 작가들은 "미국이 핵무기를 감소시키는 대신 증가시킬 필요가 있다고 믿는다. … 핵무기조차도 정의로운 목적을 위해 사용할 수 있다. … 신은 통상 지상에서 자신의 의지를 실현하기 위해 실용적이고 세속적인 수단을 사용하기 때문이다. … 핵폭탄은 현명하신 신이 우리 미국에게 주신 놀라운 선물이다."[82] 트루먼 역시 핵무기를 신의 선물로 간주했다. 그는 히로시마에 이어 나가사키에 핵무기를 투하한 직후(1945년 8월 9일, 밤 10시), 백악관에서 발표한 대국민 담화문에서 다음과 같이 얘기했다. "우리는 핵무기를 우리의 적국이 아니라 우리에게 선물하신 신에게 감사드립니다. 우리는 신께서 그분의 방식에 따라, 그리고 그분의 목적을 위해 우리가 핵무기를 사용할 수 있도록 인도해 주시길 기도합니다."[83] 요컨대 미국이 수행하는 전쟁은 끊임없이 클라우제비츠가 제시한 절대전쟁으로 확전될 수밖에 없도록 되어 있었다.[84]

베트남 전쟁은 궁극적으로 미국 정치의 신념윤리적 관습으로부터 파생된 것이었다. 따라서 미국의 패배는 단순히 군사전략적 분석

---

82 Michael Lienesch, *Redeeming America: Piety & Politics in the New Christianity* (Chapel Hill: The University of North Carolina Press, 1993), 211.

83 Harry S. Truman, "Radio Report to the American People on the Potsdam Conference"(August 9, 1945), Harry S. Truman Library & Museum, http://www. trumanlibrary.org/publicpapers/?pid=104(검색일: 2015. 6. 1); Mattew Avery Sutton, *American Apocalypse: A History of Modern Evangelicalism*(Cambridge, Mass.: Harvard University Press, 2014), 291-292.

84 Russell F. Weigley, *The American Way of War: A History of United States Military Strategy and Policy* (Bloomington: Indiana University Press, 1973), xx-xxiii.

만으로는 이해할 수 없는 성격을 지녔다.[85] "베트남 전쟁에서 미국이 실패한 까닭을 이해하려면 먼저 미국인의 정체성이 무엇인지를 생각해 보아야만 한다. 미국인의 정체성의 조건을 이해하기 위해서 읽어볼 필요가 있는 텍스트는 허만 멜빌이 그의 소설 『백경』에서 쓴 다음과 같은 문장 하나만으로도 충분하다. '우리 미국인은 신이 선택한 특별한 존재, 즉 우리 시대의 이스라엘 민족이다. 미국은 세상의 자유를 실어 나르는 방주를 저어가고 있다.' 미국인은 이러한 생각을 단지 한 번만 표현하고 그만두지 않았다. 그것은 미국인을 베트남 전쟁으로 이끌었던 핵심적 사고방식이었기 때문이다. … '언덕 위의 도시'(a city upon a hill)라는 미국적 신화는 미국이 여타의 세상에 대해서 하나의 도덕적 모범을 제시해야 한다는 것, 그럴 경우 세상은 미국에 주의를 집중할 것이라는 사실을 함축한다. 또한 그것은 미국인이 신이 선택한 사람이라는 것, 그래서 미국인 각자는 신이 동참해서 지지해 주기 때문에 수백 명의 이교도 적들을 철저히 도륙할 수 있다는 사실을 의미한다."[86]

걸프전 역시 군사전략 대신 정치윤리의 시각에서 분석할 경우 십자군 전쟁의 성격을 드러낸다. 권용립은 걸프전의 십자군 전쟁 성격을

---

85 Loren Baritz, *Back Fire: A History of How American Culture Led Us into Vietnam and Made Us Fight the Way We Did* (New York: William Morrow and Company, Inc., 1985), 321-326.

86 Loren Baritz, *Back Fire*, 26. '언덕 위의 도시' 이념을 구체적으로 소개한 사례로는, Loren Baritz, *A City on a Hill: A History of Ideas and Myths in America* (New York: John Wiley & Sons, Inc., 1964).

다음과 같이 지적했다. "… (걸프전은) 미국, 미국인에게는 '정의의 전쟁'이었고, 미국이라는 '선'이 기독교 문명권의 국제법을 위반한 회교 문명권의 '사탄'을 응징한 현대판 십자군 원정이었다. … (걸프전은) 페르시아만의 유전과 중동 지역의 국제정치적 패권을 둘러싼 양대 문명의 충돌이라는 거창한 설명과 함께 미국 민족주의의 핵심인 선민적 우월의식의 시금석이 되었다는 또 다른 해석도 (가능하다.)"[87] 권용립의 논지는 걸프전을 지휘했던 조지 부시의 회고를 통해 구체적으로 입증할 수 있다. "부시는 그의 자서전에서 '사담 후세인에 대한 사적 적대감을 갖고 있었다'는 사실을 부인했다. 그 대신 '후세인의 과거 행동과 당시 자행했던 행동에 대해서 뿌리 깊은 도덕적 적대감을 느꼈다'고 주장했다. 부시의 시각에서 볼 때 걸프 지역의 위기는 일종의 '선과 악, 옳음과 그름'의 문제 바로 그것이었다. … 부시는 그의 행정부가 이라크의 모든 행위를 절대적으로 악한 것으로 보려하고, 미국의 모든 행위를 절대적으로 선한 것으로 보려했다는 사실을 확인해주었다. 이러한 마니교적 시각은 미국의 예외주의적 신념을 전형적으로 표현한 것이었다."[88]

이라크 전쟁 또한 미국 정치의 신념윤리적 관습으로부터 파생된 십자군 전쟁의 일종이었다. " … 부시 독트린에서 표명된 선제공격론은 표면적으로는 민주주의의 확산에 대한 신념과 미국의 압도적 군사

87 권용립, 『미국의 정치문명』, 12-13.

88 Trevor B. McCrisken, *American Exceptionalism and the Legacy of Vietnam: US Foreign Policy since 1974* (New York: Palgrave, 2003), 143-144.

력에 대한 자신감을 바탕으로 삼고 있다. 그러나 그 이면에는 미국 외교의 양대 전통이 있다. 첫째는 선과 악으로 세상을 나누고 선한 미국이 악을 응징한다는 십자군주의의 전통이다. … 둘째는 겉으로 잘 드러나지 않는 것인데, 미국 외교의 밑바닥에 있는 안보강박증이다."[89] 따라서 "조지 W. 부시는 미국 외교의 전통을 깬 대통령이 아니라 그 전통의 그늘을 벗어나지 못한 대통령이었다."[90]

하지만 미국이 수행하는 전쟁은 신념윤리가 선도한다는 바로 그 이유 때문에 '반정치적' 성격을 지닌 것이었다. 우리는 앞에서 베버가 '신념윤리로 정치적 목적을 추구할 경우 정치적 목적 그 자체를 손상시킬 뿐만 아니라, 수세대에 걸쳐 불신의 대상으로 전락시킬 수 있다' 고 경고한 사실을 확인했다.[91] 실제로 베트남 전쟁이나 이라크 전쟁이 예증했던 것처럼 절대전쟁에 근사한 미국의 전쟁 수행 방식을 통해 미국의 신념윤리가 추구하는 지고의 도덕적 가치를 지상에서 온전히 실현할 수는 없었다. 그 대신 전쟁 종결을 끝없이 지연시키면서[92] 아

---

89 권용립, 「부시독트린 재해석: 미국 외교의 변화가능성에 관하여」, 『사회과학연구』 제25집 1호 (2009), 103.

90 권용립, 『미국 외교의 역사』, 679.

91 각주 30번 참조.

92 미국이 전쟁을 조기에 종결시키지 못하는 문제를 클라우제비츠 시각에서 비판적으로 검토한 사례로는, Bradford A. Lee, "Winning the War but Losing the Peace? The United States and the Strategic Issues of War Termination" in Bradford A. Lee and Karl F. Walling, eds., *Strategic Logic and Political Rationality: Essays in Honor of Michael I. Handel* (London: Frank Cass, 2003), 249–273.

비규환의 참상만을 빚어냈을 뿐이다. 이는 미국의 전쟁이 미국의 신념윤리에서 추구하는 지고의 가치를 오히려 손상시켰을 뿐만 아니라, 이슬람 국가를 포함한 세계의 광범위한 영역에서 미국적 가치를 극단적으로 불신하는 결과를 초래했을 뿐이다. "… 이번 전쟁도 명목은 미국과 이라크 국민을 위한 '자유의 전쟁'이다. 그러나 미국을 위협할 미래의 적을 싹부터 자르려는 '전쟁의 자유'만 엿보이는 이 전쟁은 2백년 넘게 미국을 속박해온 도덕주의의 변질 내지는 자발적 포기를 뜻한다. 그것은 이 초법적 전쟁이 미국의 정신은 인류의 대의라는 건국신화에 바탕을 둔 전통적 미국의 '고상한 위선'을 마침내 포기한 최초의 전쟁이기 때문이다. … 외계 문명이 보면 장난감에 불과할 미사일 몇 개로 우주만큼 광활한 인간 마음속에서 자라날 증오와 테러를 진압하려는 한, 미국이 꿈꾸는 평화는 오지 않는다. 그 꿈을 이루려면 미래의 이라크 아닌 과거의 미국과 먼저 전쟁해야 한다."[93]

미국 정치의 신념윤리는 궁극적으로 캘빈주의의 예정설에 뿌리를 둔 것이었다. 그러나 예수는 인류 보편의 사랑의 복음을 설파했을 뿐, 예성설을 얘기한 적은 없다. 예정설은 예수의 심원한 통찰을 지성적으로 곡해한 후대 신학자의 산물이었다. 그리고 그런 예정설은 예수조차 이해할 수 없는 '반종교적' 교리였을 뿐이다. 따라서 미국은 예정설에 뿌리를 둔 신념윤리로 십자군 전쟁을 반복하는 대신, 예정설 그 자체를 근원적으로 혁신하는 '새로운 종교개혁'을 감행해야만 한

93 권용립, 「미래 아닌 과거와 전쟁하라」, 《뉴스위크》 575호(2003. 4. 16.)

다. 그래서 예수의 사랑의 복음을 복원하고, 끊임없이 십자군 전쟁을 강제하는 신념윤리를 정치적 평화를 보장하는 책임윤리로 대체하는 지적 모험에 헌신해야만 할 것이다. 이런 과제를 방기할 경우, 그래서 미국 사회에서 통용되는 작금의 사유의 양식을 계속해서 묵수할 경우, 미국은 장기간에 걸쳐 쇠퇴하는 길을 걸을 것이기 때문이다.[94]

4. 책임윤리와 국제정치적 평화

레이몽 아롱은 그의 『평화와 전쟁』에서 대외정책의 이념형을 '외교 및 군사전략적 행위'(the diplomatic-strategic behavior)로 제시했다.[95] 여기에서 외교는 국가가 평화 시에 선택할 수 있는 전형적 수단인데, 그것의 요체는 무력의 사용을 배제하고서 상대국을 설득할 수 있는 역량이다(the art of convincing without using force). 반면, 군사전략은 국가가 전쟁 시에 선택할 수 있는 전형적 수단인데, 그것의 요체는 최소 비용으로 적대국을 정복시킬 수 있는 역량이다(the art of vanquishing at the least cost). 그런데 아롱은 외교와 군사전략을 상호 긴밀하게 연계시키면서 대외정책의 이념형을 구성했다. 이는 외교와 군사전략이 국가

---

94 자세한 내용은, 이현휘, 「소명으로서의 전쟁」, 31-47; 이현휘, 「화이트헤드의 '통찰'로 돌아가라」, 『화이트헤드연구』 제15집 (2007), 110-118.

95 Raymond Aron, *Peace and War*, 88-93.

가 상보적으로 선택할 수 있는 두 가지 수단이라는 점을(complementary aspects of the single art of politics) 강조하고자 했기 때문이었다. 평화 시에는 외교가 대외정책의 주축이 되지만 유사시를 대비한 군사전략적 고려 또한 배제할 수 없으며, 전쟁 시에는 군사전략이 대외정책의 주축이 되지만 동맹국의 관리 등과 같은 외교적 노력 또한 배제할 수 없기 때문이다. 따라서 대외정책에서 외교와 군사전략은 전적으로 상대적인 관계(an entirely relative one)에 놓인다.[96]

그런데 신념윤리가 대외정책을 지배할 때, 외교 및 군사전략 행위에서 '외교' 부분을 부지불식간 경시하거나 포기하는 문제를 야기한다. 신념윤리는 기본적으로 '악마'와 손을 잡을 수 없는 윤리다. 그래서 악마로 간주되는 적대국을 외교적 파트너로 인정하는 것이 사실상 불가능하게 된다. 하지만 외교를 포기한다는 것은 곧 대외정책에서 평화적 수단을 스스로 포기하고, 전쟁의 수단인 군사전략에만 배타적으로 집착한다는 것을 의미했다. 더욱이 신념윤리가 지도하는 군사전략은 제한전쟁을 쉽게 바이패스하면서 절대전쟁으로 확전될 수밖에 없도록 되어있다. 신념윤리에서 추구하는 도덕적, 추상적, 절대적 가치 등으로는 전쟁의 목적을 어떤 구체적 수준으로 '제한'하는 것이 어렵기 때문이다.

신념윤리의 지배를 받는 미국의 대외정책은 평화적 수단인 외교를 쉽게 포기하고, 전쟁의 수단인 군사전략에 강박적으로 집착하며,

96 Raymond Aron, *Peace and War*, 24.

전쟁을 시작했을 경우 결국 절대전쟁에 근사한 십자군 전쟁을 끊임없이 반복하는 '모범적' 사례라고 할 수 있다. 스티븐 월트는 제2차 세계대전 이후 미국 대외정책이 성취한 성공적 사례를 다음과 같이 6가지로 꼽았다. 1) 마샬 플랜, 2) 브레튼우드 체제, GATT, WTO 창설, 3) 핵 비확산 레짐 구축, 4) 1972년 중국개방, 5) 이집트-이스라엘 간 평화협정 체결, 6) 독일 통일. 그러면서 6가지 성공사례의 공통점을 군사전략에 거의 의존하지 않은 '외교적' 결단(diplomatic initiative)의 산물로 꼽았다. 하지만 최근 미국 대외정책은 외교를 경시하고 군사전략을 중시하는 패턴을(a tendency to shoot first and talk later) 보이는데, 베트남 전쟁, 이라크 전쟁, 아프간 전쟁 등의 사례에서 볼 수 있는 것처럼 그런 정책은 모두 실패로 돌아갔다고 평가했다.[97] 또한 제프리 루이스는 '좋지 않은 외교적 협상이 외교를 완전히 포기하는 것보다 좋은 까닭'을 설명하면서 미국의 북핵 협상을 실패 사례 중 하나로 꼽았다. 즉 부시 2세 행정부는 북한을 악마시하면서 외교적 협상을 포기했는데, 그런 정책적 선택은 오히려 북한의 핵 보유를 도와주는 결과를 초래했다는 것이다.[98]

---

97 Stephen Walt, "Which Works Best: Force or Diplomacy?" *Foreign Policy* (August 21, 2013).

98 Jeffrey Lewis, "Why a 'Bad' Deal with Iran is Better than No Deal at All," *Foreign Policy* (March 11, 2015). 도널드 그레그 역시 미국의 신념윤리가 강제한 냉전 시기 CIA 간부의 소련 악마화 정책, 베트남 전쟁 시기 존슨 행정부의 호찌민 악마화 정책, 이라크 전쟁 시기 부시 2세 행정부의 후세인 악마화 정책 등이 모두 실패로 돌아갔음을 지적하고, 작금의 국내외 한반도 전문가들

그러나 더욱 심각한 문제는 신념윤리를 강변하면서 절대전쟁에 근사한 전쟁을 주도한 세력은 인류 역사에서 모두 패망하거나 끝없는 쇠퇴의 길을 걸었다는 사실에 있다. 신성로마제국은 가톨릭을 신교세력에게 강요하면서 30년 전쟁이라는 유럽 최후의 종교전쟁을 주도했다. 하지만 전쟁에 패한 신성로마제국은 약 250여 년간 300여개의 군소 영방으로 분열되는 역사를 걸어야만 했다. 그 결과 독일은 민족 단위의 정치문화를 개발하지 못한 채 편협한 지방주의에 고착된 삶을 살아야만 했다.[99] 나폴레옹은 자유와 평등이라는 계몽주의적 신념을 강변하면서 유럽 전역을 정복했지만, 유럽인으로부터 '정치적 정당성'(legitimacy)을 확보하지 못한 나폴레옹 제국은 결국 붕괴되고 말았다.[100] 빌헬름 2세는 독일의 민족주의를 강변하면서 제1차 세계대전에 뛰어들었고, 히틀러 역시 같은 이유로 제2차 세계대전에 뛰어 들었지만 모두 패망하고 말았다.[101]

이 드라이브하는 김정은 악마화 정책을 책임윤리를 실천하는 정책으로 전환할 것을 촉구하고 있다. "한반도의 분단은 끝낼 수 있고 또 반드시 끝내야 하는 비극이다. 그것은 서로 계속하고 있는 악마화가 대화로 바뀌고 화해가 이뤄질 때에만 실현될 수 있다." 도널드 P. 그레그, 차미례 역, 『역사의 파편들: 도널드 그레그 회고록』(파주: 창비, 2015), 449-464.

99 Henry Kissinger, *Diplomacy* (New York: Touchstone, 1994), 65; Henry Kissinger, *World Order* (New York: Penguin, 2014), 23.

100 Henry Kissinger, *A World Restored: Metternich, Castlereagh, and the Problems of Peace 1812–1822* (Boston: Houghton Mifflin, 1957), 4.

101 박상섭, 『제1차 세계대전의 기원: 패권 경쟁의 격화와 제국체제의 해체』(파주: 아카넷, 2014), 32-93; Kissinger, *Diplomacy*, 288-318.

그럼에도 불구하고 미국은 민주주의, 자유, 인권 등을 인류 보편의 가치로 강변하면서 악의 축(Axis of Evil)의 정권교체(regime change) 등을 지향하는 십자군 전쟁을 멈추지 않는다. 그러나 민주주의, 자유, 인권 등은 대외정책의 주제가 될 수 없다. 그런 가치를 무력이라는 정치적 수단을 통해 지상에서 구현하는 것이 현실적으로 불가능하기 때문이다. 스티븐 월트 역시 필자와 같은 이유로 '민주주의, 자유, 그리고 애플파이 등은 대외정책의 주제가 될 수 없다'고 강조한다.[102] 레이몽 아롱은 오래전에 인권이 대외정책의 주제가 될 수 없다는 사실을 다음과 같이 강조한 바 있다.

> … 인권을 위해 투쟁하는 대부분의 사람들은 세계 곳곳에서 항의를 하며 권력의 희생자를 옹호합니다. 이것은 유익하고 존경할 만한 일이며 나도 참여하고 싶습니다. 하지만 여기에 입각하여 외교정책을 수립할 수는 없는 일입니다. 미국의 경우에 그럴 수는 없으며 프랑스의 경우도 마찬가지입니다. 프랑스는 각 국가가 인권을 어느 정도 준수하느냐에 따라 그의 친선관계나 외교정책을 수립할 수는 없는 것입니다. 오직 동맹국의 덕행만을 보고 그의 외교정책을 수립했다는 나라는 역사상 하나도 없었습니다. … 국제정치에는 항상 부도덕한 요소들이 있게 마련입니다. 왜냐하면

102 Stephen Walt, "Democracy, Freedom, and Apple Pie Aren't a Foreign Policy," *Foreign Policy* (July 1, 2014).

외교란 어느 정도 전쟁이라고 볼 수 있기 때문입니다.[103]

국제정치적 평화는 신념윤리를 강매함으로써 손쉽게 획득할 수 있는 값싼 '상품'이 아니라, 온갖 역경에도 불구하고 책임윤리를 꿋꿋하게 실천하는 시시포스의 노력을 통해 가까스로 성취할 수 있는 소중한 '가치'다. 유럽은 종교개혁의 추상적 이념이 일상의 삶을 규율하는 에토스로 정착하기 시작한 16세기 중반부터 가톨릭파, 루터파, 칼뱅파 등이 난립하는 이른바 교파화 시대(Konfessionalisierung, the process of confessionalization)에 진입하게 된다.[104] 그리고 그렇게 난립한 교파들은 곧바로 유럽의 종교전쟁을 촉발시켰다. 그 당시는 종교와 정치가

103 레이몽 아롱, 김종호 역, 『참여자와 방관자』(서울: 홍성사, 1982), 302. 책임윤리 시각에서 미국의 대북 인권정책을 비판적으로 검토한 사례로는, Gavan McCormack, "Human Rights and Humanitarian Intervention: The North Korean Case," 『정치와 평론』 제16권 (2015), 151-171; Gavan McCormack, "Criminal States: Soprano vs. Britons," *Korea Observer*, Vol. 37, No. 3 (2006), 487-511; C. Kenneth Quinones, "Dealing with North Korea: Can Balloons and Confetti Change North Korea?" 『정치와 평론』 제15권 (2014), 117-121.

104 Heinz Shilling, "Confessional Europe" in Thomas A. Brady, Jr., Heiko A. Oberman, and James D. Tracy, eds., *Handbook of European History 1400–1600 Late Middle Ages, Renaissance and Reformation*, Vol. II (Leiden: Brill, 1995), 641-681. 교파화 개념에 관해서는, 황대현, 「16-17세기 유럽의 '교파화 과정'에 대한 연구사적 고찰: '사회적 규율화'의 첫 단계로서의 교파화 과정 패러다임에 대한 독일 사학계의 논의를 중심으로」, 『역사교육』 제100권 (2006), 293-321 참조.

긴밀하게 연결되어 있었다.[105] 따라서 종교전쟁은 각 교파에서 묵수하는 신념윤리가 정치와 착종되면서 촉발된 것이었다. 종교전쟁은 신념윤리가 개입되었기 때문에 쉽게 절대전쟁으로 치달을 수밖에 없었고, 그래서 전쟁 종결도 용이하지 않았다. 종교전쟁이 무려 100여 년간 유럽 전역을 휩쓴 것도 그 때문이었다. 그런 종교전쟁의 와중에서도 평화의 싹을 틔운 것은 책임윤리였다. 유럽은 1555년 아우스부르크 평화협정(Peace of Augsburg)에서 이른바 '쿠이우스 레지오, 에이우스 레리지오'(cuius regio, eius religio) 원칙, 즉 '영주의 종교가 곧 영민의 종교다'(whose realm, his religion)라는 원칙에 합의함으로써 가톨릭파와 루터파가 평화적으로 공존할 수 있는 길을 열었다. 종교전쟁은 A 종교를 믿는 영방 X가 B 종교를 믿는 영방 Y의 내정에 개입해서 A 종교로 개종할 것을 강요하고, 영방 Y는 그런 강요를 거부하는 형식으로 전개되었다. 하지만 적어도 가톨릭을 믿는 영방과 루터교를 믿는 영방 사이에서는 '쿠이우스 레지오, 에이우스 레리지오' 원칙에 따라 개종을 강요하는 행위를 중지할 수 있었고, 그래서 정치적 평화를 확보할 수 있었다.[106] 종교와 정치를 분리하는 책임윤리가 그런 평화를 가능하게

105 Philip S. Gorski, "Calvinism and State-Formation in Early Modern Europe" in George Steinmetz, ed., *State/Culture: State–Formation after the Cultural Turn* (Ithaca: Cornell University Press, 1999), 147.

106 아우스부르크 평화협정의 국제정치적 의미에 관해서는, Andrew Bradley Phillips, "Soldiers of God – War, Faith, Empire, and the Transition of International Orders from Calvin to Al Qaeda," Ph.D. dissertation, Cornell University (2008), 173-174.

했던 것이다. 유럽은 30년 전쟁의 참화를 겪은 후 1648년 베스트팔렌 평화협정을 체결하면서 칼뱅파까지 포함한 정치적 평화 방안을 마련했다. 베스트팔렌 평화협정에서는 '쿠이우스 레지오, 에이우스 레리지오' 원칙에서 한걸음 더 나아가 종교를 개인의 신념 문제로 간주하는 단초를 열었다(the beginnings of a 'privatization' of religion). 즉 영방 단위의 종교적 자유를 개인 단위의 종교적 자유로 전환시킴으로써(from body of believer to body of beliefs) 정치와 종교의 분리를 더욱 심화시켰다.[107] 이런 추세는 이후 유럽 정치의 '세속화'(secularization)로 계승되면서 국제정치적 평화의 길을 개척하는 데 결정적으로 기여했다.[108] 물론 유럽은 베스트팔렌 평화협정을 체결한 이후에도 수많은 전쟁을 치렀다. 하지만 전쟁의 양상이 달라졌다. 예컨대 18세기에 발생한 전쟁은 7년 전쟁을 제외하면 모두 제한전쟁으로 치러졌다.[109] 18세기 이후

---

107 Andrew Bradley Phillips, "Soldiers of God," 226–233.

108 자세한 내용은, Heinz Schilling, "War and Peace at the Emergence of Modernity: Europe between State Belligerence, Religious Wars and the Desire for Peace" in Klaus Bussmann and Heinz Schilling, eds., *1648 – War and Peace in Europe: Politics, Religion, Law and Society*, Vol. 1 (M nster: Veranstaltungsgesellschaft, 1998), 17–20; Heinz Schilling, *Early Modern European Civilization and Its Political and Cultural Dynamism* (Hanover: University Press of New England, 2008), 78–86; Theodore K. Rabb, *The Struggle for stability in Early Modern Europe* (New York : Oxford University Press, 1975), 74–82.

109 Russell F. Weigley, *The Age of Battles: The Quest for Decisive Warfare from Breitenfeld to Waterloo* (Bloomington: Indiana University Press, 1991), 167–168; Keith L. Shimko, *International Relations: Perspectives, Controversies & Readings*, 4th ed. (Boston, Mass.: Wadsworth, 2007), 6–7.

전면전쟁(total war)이 발발한 경우는 모두 베스트팔렌 평화협정을 거스르면서 강행된 것이었으며, 종전 후 국제정치적 평화를 회복하는 노력은 모두 베스트팔렌 평화협정으로 회귀하는 패턴 속에서 모색되었다. 그래서 키신저는 "베스트팔렌 체제의 천재성과 그 체제가 전 세계로 확산될 수 있었던 까닭을 베스트팔렌 평화협정 조항이 국가 내부의 본질을 문제 삼지 않고, 국가 간의 교섭 절차에만 착안한 점(procedural, not substantive)"에서 찾았다. 즉 "어떤 국가가 베스트팔렌 평화협정의 기본 요건만 수용하면, 국제체제를 통해 외국의 간섭으로부터 보호를 받으면서 그 국가 자체의 문화, 정치, 종교, 국내정책 등을 자율적으로 영위할 수 있는 국제 시민 국가의 일원으로 인정받을 수 있었다"는 것이다.[110]

하지만 신념윤리가 지배하는 미국의 대외정책과 전쟁 수행 방식은 궁극적으로 17세기 유럽 종교전쟁의 시기로 퇴행하는 것이었다. 17세기 유럽 교파화 과정 연구를 대표하는 하인츠 쉴링 역시 미국 대외정책 스타일을 다음과 같이 비판한다. "최근 미국이 악의 축(the axis of evil) 발언을 할 때, 테러리즘, 인권 위반, 민주주의의 결핍 등과 같이 순수 세속적인 문제를 지목하는 것이 분명하다. 하지만 나는 적어도 미국 사회의 어떤 부문에서 (주지하듯 미국사회는 대단히 종교적인 성향을 지녔다) 사용하는 그런 용어의 함의는 과거의 종말론적 묵시록적 전통의(the tradition of the eschatological-apocalyptic thinking of the past) 일부

110 Henry Kissinger, *World Order*, 27.

를 지칭하는 것이 아닌가 생각해 본다. 따라서 미국이 수행하는 테러와 전쟁은 근대 초기의 종교전쟁 전통과 딱 들어맞는다고 할 수 있으며 …."[111]

지금까지 검토한 내용이 한국 정치에 던지는 함의는 크게 두 가지다. 첫째, 한국 정치는 신념윤리의 지배를 받는 미국 대외정책과 전쟁 수행 방식을 맹목적으로 '답습'해서는 아니 된다. 물론 미국은 한국에게 가장 중요한 나라다. 하지만 한국 정치가 미국의 '반정치적' 행위까지 답습한다는 것은 정치적 판단이 아니라 종교적 판단의 결과이며, 그런 종교적 판단을 통해서 한국의 정치적 평화를 보장받을 수는 없다. 미국의 역사가 그런 사실을 예증한다. 주지하듯 미국은 프랑스의 도움으로 독립전쟁을 승리로 이끌 수 있었다. 그래서 프랑스에 우호적인 정서가 미국 사회에 팽배했다. 하지만 조지 워싱턴 정부는 영국과 비밀리에 제이조약(Jay Treaty, 1794) 등을 체결하면서 경제교류의 길을 열었다. 또 프랑스가 영국과 전쟁하면서 미국에 도움을 요청했을 때, 워싱턴은 그 요청을 거절하고 영국과 프랑스 사이에서 '고립주의'(Isolationism) 노선을 견지했다. 프랑스에 우호적인 감정을 지닌 미국 사회는 워싱턴 행정부를 격렬하게 비판했다. 하지만 워싱턴은 미국 사회의 비판 여론에 휘둘리지 않았다. 오히려 그의 고별사에서 미국 사회를 다음과 같이 설득했다. "… 타국을 습관적으로 미워하거나 습관적으로 좋아하는 감정에 매몰된 민족은 어느 정도 노예근성을

---

111 Heinz Schilling, *Early Modern European Civilization and Its Political and Cultural Dynamism*, 113.

지녔다고 말할 수 있습니다. 그런 민족은 적대감의 노예일 수도 있고, 애착심의 노예일 수도 있는데, 두 경우 모두 민족의 의무와 민족의 이익을 제대로 파악하지 못하도록 만드는 강력한 힘을 지녔습니다."[112] 미국의 국가이익을 우선시한 워싱턴의 책임윤리가 유럽 열강이 각축하는 와중에서 약소국 미국의 정치적 생존을 가능케 했던 것이다.

둘째, 한국인의 DNA에 각인된 신념윤리를 자각적으로 상대화하는 노력이 필요하다. 주지하듯 한국은 지구상에서 신유학의 영향을 가장 많이 받는 나라다. "사실 나는 한국만큼 유교적인 나라는 없다고 본다."[113] "조선조 중기 이후 급진적인 사림파와 그들의 계승자들에 의해 한국문화의 사회적인 성격은 엄격한 신유학의 영향을 받았다. … 한국인의 세계관은 효, 충, 그리고 예라는 유교적 개념에 의해 여전히 영향 받고 있기 때문에 한국사회는 아직도 유교사회라고 말할 수 있다."[114] 그런데 신유학이 빚어낸 정치윤리는 '신념윤리'에 근사한

---

112 George Washington, "The Farewell Address" (September 17, 1796) in Burton Ira Kaufman, ed., *Washington's Farewell Address: The View from the 20th Century* (Chicago: Quadrangle Books, 1969), 26. 국제정치적 현실주의 시각에서 워싱턴 고별사의 의미를 체계적으로 해석한 고전적 연구로는, Felix Gilbert, *To the Farewell Address: Ideas of Early American Foreign Policy* (Princeton, New Jersey: Princeton University Press, 1961).

113 제임스 헌틀리 그레이슨, 「유교가 한국인 정체성 상실 불렀다」, 《문화일보》(2001. 4. 20.)

114 제임스 헌틀리 그레이슨, 강돈구 역, 『한국 종교사』(서울: 민족사, 1995), 275-276.

것이 된다.[115] 그래서 현대 한국의 정치윤리도 신념윤리가 지배한다.[116] 그 때문에 한미관계는 미국의 청교도적 신념윤리와 한국의 신유학적 신념윤리가 착종되면서 강력한 유대관계를 형성했던 것이다. 그런데 신념윤리의 본질이 종교윤리라는 점을 감안하면, 한미관계는 본질적으로 정치적 관계가 아니라 종교적 관계였다. 그래서 김준형이 한미관계의 '근본주의적 속성'을 통찰한 것은[117] 정확한 통찰이었다고 평가할 수 있다. 한미관계의 본질이 종교적 관계라는 사실은 국제정치학의 동맹이론으로는 그것의 특성을 적절하게 설명할 수 없다는 점을 함축한다. 일찍이 영국의 정치가 팔머스톤 경은 동맹의 본질에 관한 견해를 다음과 같이 피력한 바 있다. "영국에게는 영원한 동맹국도, 영원한 적대국도 없다. 오직 영국의 국가이익만이 영원하게 지속되며(Our interests are eternal and perpetual), 바로 그러한 국가이익을 추구하는 것이 영국의 의무다."[118] 그런데 팔머스톤이 제시한 영국의 의무를 성공

115 Chang Hao, "On the Ching-shih Ideal in Neo-Confucianism," *Ch'ing-shih wen-t'i*, Vol. 3, No. 1 (1974), 45; Hoyt Cleveland Tillman, *Utilitarian Confucianism: Ch'en Linag's Challenge to Chu Hsi* (Cambridge, Mass.: Harvard University Press, 1982), 143-152.

116 자세한 내용은, 이현휘, 「정당 대변인의 '말'과 한국 정치의 관습」, (사)한국정치평론학회, 『미디어와 공론정치: 정치평론이란 무엇인가?』(고양: 인간사랑, 2011), 173-213.

117 김준형, 「국제정치의 근본주의 현상과 한반도 평화」, 『백석저널』 제3호 (2003), 59-62.

118 팔머스톤이 1848년 3월 1일, 영국 하원 연설 중에 한 얘기다. Henry Kissinger, *World Order*, 27-28, 380.

적으로 실천하기 위해서는 정치가가 반드시 국가이익을 우선시하는 '책임윤리'를 견지해야만 한다. 그리고 국제정치학의 동맹이론 역시 국가이익을 전제로 구성되었다는 점을 감안할 경우,[119] 책임윤리에 입각해서 운영되는 동맹관계만을 적절하게 설명할 수 있었다. 이 얘기는 신념윤리를 근간으로 작동하는 한미관계의 특수성은 국제정치학의 동맹이론으로 적절하게 설명할 수 없었다는 사실을 함축한다. 많은 국제정치학자들이 한미관계를 연구하면서 당혹감을 감추지 못하는 까닭이 여기에 있었다. 예컨대 서재정은 이렇게 말한다. "한미동맹은 매우 예외적이다. … 동맹국 군대 사이에 협조와 조정은 하되, 일방의 군대가 상대방의 군대를 지휘한다는 것은 전시에도 보기 힘든 일이다. 그런 상황이 50년 넘게 지속되고 있다는 것은 국제정치학적 관점에서 '경이로운' 일임에 틀림없다. 더욱 경이로운 예외적 사실은 이상과 같은 모든 예외적인 현실들이 한미관계에서는 당연한 일로 받아들여진다는 점이다. … 보편적 군사동맹 이론을 연구하고, 동맹의 역사적 유형을 공부하는 필자에게 한미동맹의 이러한 예외적 예외성은 혼란스러운 것이었다."[120] 하지만 서재정은 책임윤리에 입각해서 구성된 동맹이론으로 신념윤리를 근간으로 작동하는 한미관계를 이해하려는 오류를 범하고 있었다. 반면, 국제정치학 대신 한국 종교사를 깊이 연

119 국제정치학의 동맹이론을 심층적으로 검토한 사례로는, Stephen Walt, *The Origins of Alliances* (Ithaca: Cornell University Press, 1987).

120 서재정, 이종삼 역, 『한미동맹은 영구화하는가: 군사동맹에서의 군사력, 이해관계 그리고 정체성』(파주: 한울, 2009), 5-8.

구한 그레이슨은 한미관계의 실상을 다음과 같이 정확하게 이해하고 있었다. "현대 한국인의 세계에 대한 견해, 특히 미국과 한국의 관계에 대한 견해, 정치지도자들에 대한 태도와 비판, 가족과 친구, 그리고 다른 성별에 대한 견해는 모두 유교로부터 영향 받았다. 많은 한국 사람들은 중국을 대신하는 장자(長子)의 나라로 미국을 생각하고 있다. 한국에 대한 미국의 정책을 비판할 때 한국 사람들은 국가 간의 관계를 가족 관계의 확산으로 생각하는 유교적인 입장을 취한다. 이와 마찬가지로 정부의 수반도 가장(家長)의 개념으로 이해한다."[121] 하지만 우리는 신념윤리를 근간으로 작동했던 조명관계(朝明關係)가 조선을 정묘호란과 병자호란으로 몰고 간 사례를 선명하게 기억한다. 신념윤리가 반정치적 윤리였다는 사실을 감안할 경우 쉽게 예견할 수 있는 정치적 파국이었다. 따라서 한국인의 DNA에 각인된 신념윤리를 상대화하고, 책임윤리의 시각에서 한미관계를 끊임없이 정치적으로 판단하는 것, 바로 거기에 21세기 한국의 정치적 평화를 기약할 수 있는 길이 있었다.

121 제임스 그레이슨, 강돈구 역, 『한국 종교사』, 276.

참고문헌

권용립. 2011. 「미국의 쇠락 요인과 전망: 담론에서 이론으로」. 『사회과학연구』 제27집 1호.

______. 2010. 『미국 외교의 역사』. 서울: 삼인.

______. 2009. 「부시독트린 재해석: 미국 외교의 변화가능성에 관하여」. 『사회과학연구』 제25집 1호.

______. 2003. 「미래 아닌 과거와 전쟁하라」. 《뉴스위크》 575호(2003. 4. 16).

______. 2003. 『미국의 정치 문명』. 서울: 삼인.

그레그, 도널드 P. 차미례 역. 2015. 『역사의 파편들: 도널드 그레그 회고록』. 파주: 창비.

그레이슨, 제임스 헌틀리. 2001. 「유교가 한국인 정체성 상실 불렀다」. 《문화일보》(2001. 4. 20).

____________________. 강돈구 역. 1995. 『한국 종교사』. 서울: 민족사.

김원섭. 2011. 「베트남전에서 나타난 미국의 정치 및 전략적 오류의 패턴에 관한 연구: 존슨 행정부의 실패원인과 닉슨 행정부의 변화」. 고려대학교 정치외교학과 대학원 박사학위 논문.

김준형. 2003. 「국제정치의 근본주의 현상과 한반도 평화」. 『백석저널』 제3호.

나이, 조지프 S. 박기동 역. 2015. 『미국의 세기는 끝났는가』. 서울: 프리뷰.

리프킨, 제러미. 이원기 역. 2005. 『유러피언 드림: 아메리칸 드림의 몰락과 세계의 미래』. 서울: 민음사.

박상섭. 2014. 『제1차 세계대전의 기원: 패권 경쟁의 격화와 제국체제의 해체』. 파주: 아카넷.

베버, 막스. 전성우 역. 2012. 『직업으로서의 정치』. 파주: 나남.

______. 전성우 역. 2011. 『막스 베버 사회과학방법론 선집』. 파주: 나남.

______. 2011. 「사회과학적 그리고 사회정책적 인식의 '객관성'」. 베버, 막스. 전성우 역. 『막스 베버 사회과학방법론 선집』. 파주: 나남.

부남철·이현휘·이병택. 2014. 『국회 정치윤리 선진화 방안: 제도에서 관행으로』. 사단법인 한국의정연구회.

서재정. 이종삼 역. 2009. 『한미동맹은 영구화하는가: 군사동맹에서의 군사력, 이해관계 그리고 정체성』. 파주: 한울.

섬머스, 해리. 권재상·김종민 역. 1995. 『미국의 걸프전 전략』. 서울: 자작아카데미.

______. 민평식 역. 1983. 『미국의 월남전 전략』. 서울: 병학사.

아롱, 레이몽. 김종호 역. 1982. 『참여자와 방관자』. 서울: 홍성사.

유재익. 1996. 「미국의 걸프전 수행 정책과 전략에 관한 연구」. 고려대학교 정치외교학과 대학원 박사학위 논문.

이현휘. 2011. 「정당 대변인의 '말'과 한국 정치의 관습」. (사)한국정치평론학회. 『미디어와 공론정치: 정치평론이란 무엇인가?』. 고양: 인간사랑.

______. 2009. 「미국 대외정책의 관습과 21세기 미중관계의 전망」. 『미국사 연구』 제29집.

______. 2007. 「소명으로서의 전쟁: 미국 대외정책 정신과 신의 눈물」. 『현대사상과 정치평론』 창간호.

______. 2007. 「화이트헤드의 '통찰'로 돌아가라」. 『화이트헤드연구』 제15집.

해리스, 에롤 E. 이현휘 역. 2009. 『파멸의 묵시록: 과학적 패러다임과 일상의 사유양식』. 부산: 산지니.

황대현. 2006. 「16-17세기 유럽의 '교파화 과정'에 대한 연구사적 고찰: '사회적 규율화'의 첫 단계로서의 교파화 과정 패러다임에 대한 독일 사학계의 논의를 중심으로」. 『역사교육』 제100권.

Arnold, Hugh M. 1975. "Official Justifications for America's Role in Indochina, 1949-67." *Asian Affairs*. Vol. 3, No. 1.

Aron, Raymond. 1986. *Clausewitz: Philosopher of War*, trans. by Christine Booker and Norman Stone. New York: A Touchstone Book.

__________. 1978. "What is a Theory of International Relations?" in Raymond Aron, *Politics and History: Selected Essays by Raymond Aron*, collected, trans. and ed. by Miriam Bernheim Conant. New York: The Free Press.

__________. 1972. "Reason, Passion, and Power in the Thought of Clausewitz." *Social Research*. Vol. 39, No. 4.

__________. 1967. *Main Currents in Sociological Thought: Durkheim, Pareto, Weber*, Vol. II. trans. by Richard Howard and Helen Weaver. New York: Basic Books.

__________. 1966. *Peace and War: A Theory of International Relations*, trans. by Richard Howard and Annette Baker Fox. New York: Doubleday & Co..

Bacevich, Andrew J. ed. 2012. *The Short American Century: A Postmortem*. Cambridge, Mass.: Harvard University Press.

__________. 2010. *Washington Rules: America's Path to Permanent War*. New York: Henry Holt and Co..

__________. 2008. *The Limits of Power: The End of American Exceptionalism*. New York: Henry Holt and Co..

Baritz, Loren. 1964. *A City on a Hill: A History of Ideas and Myths in America*. New York: John Wiley & Sons, Inc..

__________. 1985. *Back Fire: A History of How American Culture Led Us into Vietnam and Made Us Fight the Way We Did*. New York: William Morrow and Company, Inc..

Bassford, Christopher. 1994. *Clausewitz in English: The Reception of Clausewitz in Britain and America, 1818–1945*. New York: Oxford University Press.

Brodie, Bernard. 1976. "The Continuing Relevance of *On War*." in Clausewitz, *On War*.

Bruun, Hans Henrik and Sam Whimster. eds. 2012. *Max Weber: Collected Methodological Writings*, trans. by Hans Henrik Bruun. London: Routledge.

Campbell, Kenneth J. 1998. "Once Burned, Twice Cautious: Explaining the Weinberg-Powell Doctrine." *Armed Force & Society*. Vol. 24, No. 3.

Clausewitz, Carl von. 1976. *On War*, ed. and trans. by Michael Howard and Peter Paret. Princeton, New Jersey: Princeton University Press.

______________. 1943. *On War*. trans. by J. J. Matthijs Jolles. New York: Random House.

Cohen, Michael A. 2009. "The Powell Doctrine's Enduring Relevance." *World Politics Review* (July 22).

Echevarria II, Antulio J. 2012. "What Is Wrong with the American Way of War?" *Prism*. Vol. 3, No. 4 (September).

______________. 2007. "On the Clausewitz of the Cold War: Reconsidering the Primacy of Policy in *On War*." *Armed Forces & Society*. Vol. 34, No. 1.

______________. 2004. "Toward an American Way of War."

Strategic Studies Institute (March).

__________. 2003. "Clausewitz's Center of Gravity: It's Not What We Thought." *Naval War College Review.* Vol. LVI, No. 1.

Gilbert, Felix. 1961. *To the Farewell Address: Ideas of Early American Foreign Policy.* Princeton, New Jersey: Princeton University Press.

Gorski, Philip S. 1999. "Calvinism and State-Formation in Early Modern Europe." in George Steinmetz, ed., *State/Culture: State-Formation after the Cultural Turn.* Ithaca: Cornell University Press.

Handel, Michael I. 2001. *Masters of War: Classical Strategic Thought*, third, revised and expanded edition. London: Frank Cass.

Hao, Chang. 1974. "On the Ching-shih Ideal in Neo-Confucianism." *Ch'ing-shih wen-t'i.* Vol. 3, No. 1.

Hoffman, Frank. 2014. "A Second Look at the Powell Doctrine." *War on the Rocks* (February 20).

Hoffmann, Stanley. 1987. "Raymond Aron and the Theory of International Relations." in Hoffmann. *Janus and Minerva: Essays in the Theory and Practice of International Politics.* Boulder: Westview Press.

__________. 1965. "Minerva and Janus." in Hoffmann. *The State of War: Essays on the Theory and Practice of International Politics.* New York: Frederick A. Praeger.

Howard, Michael. 2002. *Clausewitz: A Very Short Introduction.* Oxford: Oxford University Press.

Hunt, Michael H. 1999. "East Asia in Henry Luce's 'American Century.'" *Diplomatic History.* Vol. 23, No. 2.

Karon, Tony. 2011. "How 9·11 Provoked the U.S. to Hasten its Own Decline." *Time* (September 08).

Kinross, Stuart. 2008. *Clausewitz and America: Strategic Thought and Practice from Vietnam to Iraq.* London: Routledge.

Kissinger, Henry. 2014. *World Order.* New York: Penguin.

____________. 1994. *Diplomacy.* New York: Touchstone.

____________. 1957. *A World Restored: Metternich, Castlereagh, and the Problems of Peace 1812–1822.* Boston: Houghton Mifflin.

Kittler, Wolf. 2011. "Host Nations: Carl von Clausewitz and the New U.S. Army/Marine Corps Field Manuel FM 3-24, MCWP 3-35.5, *Counterinsurgency.*" in Elisabeth Krimmer and Patricia Anne Simpson. eds. *Enlightened War: German Theories and Cultures of Warfare from Frederick the Great to Clausewitz.* New York: Camden House.

Koshul, Basit Bilal. 2014. *Max Weber and Charles Peirce: At the Crossroads of Science, Philosophy, and Culture.* Lanham: Lexington books.

____________. 2005. *The Postmodern Significance of Max Weber's Legacy.* New York: Palgrave.

LaFeber, Walter. 2009. "The Rise and Fall of Powell and the Powell Doctrine." *Political Science Quarterly.* Vol. 124, No. 1.

Lee, Bradford A. 2003. "Winning the War but Losing the Peace? The United States and the Strategic Issues of War Termination." in Bradford A. Lee and Karl F. Walling, eds., *Strategic Logic and Political Rationality: Essays in Honor of Michael I. Handel.* London: Frank Cass.

Lewis, Jeffrey. 2015. "Why a 'Bad' Deal with Iran is Better than No Deal at All." *Foreign Policy* (March 11).

Lienesch, Michael. 1993. *Redeeming America: Piety & Politics in the New Christianity.* Chapel Hill: The University of North Carolina Press.

Luce, Henry R. 1961. "The American Century." *Life* (February 17).

McCormack, Gavan. 2015. "Human Rights and Humanitarian Intervention: The North Korean Case." 『정치와 평론』 제16권.

__________. 2006. "Criminal States: Soprano vs. Britons." *Korea Observer.* Vol. 37, No. 3.

McCrisken, Travor B. 2003. *American Exceptionalism and the Legacy of Vietnam: US Foreign Policy since 1974.* New York: Palgrave.

Montesquieu. 1989. *The Spirit of the Laws*, trans. and ed. by Anne M. Cohler, Basia Carolyn Miller, Harold Samuel Stone. Cambridge: Cambridge University Press.

Osgood, Robert Endicott. 1960. *Limited War: The Challenge to American Strategy.* Chicago, Illinois: The University of Chicago Press.

Phillips, Andrew Bradley. 2008. "Soldiers of God–War, Faith, Empire, and the Transition of International Orders from Calvin to Al Qaeda." Ph.D. dissertation, Cornell University.

Quinones, C. Kenneth. 2014. "Dealing with North Korea: Can Balloons and Confetti Change North Korea?" 『정치와 평론』, 제15권.

Rabb, Theodore K. 1975. *The Struggle for Stability in Early Modern Europe.* New York: Oxford University Press.

Schilling, Heinz. 2008. *Early Modern European Civilization and Its Political and Cultural Dynamism*. Hanover: University Press of New England.

______________. 1995. "Confessional Europe." in Thomas A. Brady, Jr., Heiko A. Oberman, and James D. Tracy, eds., *Handbook of European History 1400–1600 Late Middle Ages, Renaissance and Reformation*. Vol. II. Leiden: Brill.

______________. 1988. "War and Peace at the Emergence of Modernity: Europe between State Belligerence, Religious Wars and the Desire for Peace." in Klaus Bussmann and Heinz Schilling, eds., *1648–War and Peace in Europe: Politics, Religion, Law and Society*, Vol. 1. Münster: Veranstaltungsgesellschaft.

Shimko, Keith L. 2007. *International Relations: Perspectives, Controversies & Readings*, 4th ed. Boston, Mass.: Wadsworth.

St. John, Ronald Bruce. 2004. "Parallels Between Iraq War and Vietnam War Are Piling Up: Dead Soldiers, Dead Women, Dead Children, and Other Results of U.S. War." *The Progress Report* (April 28).

Stephanson, Anders. 1995 *Manifest Destiny: American Exceptionalism and the Empire of Right*. New York: Hill and Wang.

Strange, Joseph L. and Richard Iron. 2004. "Center of Gravity: What Clausewitz Really Meant." *JFQ*, issue 35.

Summers, Jr., Harry G. 1992. *On Strategy II: A Critical Analysis of the Gulf War*. New York: Dell Publishing.

______________. 1983. "A Strategic Perception of the Vietnam War." *Parameters: Journal of the US Army War College*. Vol. 13, No. 2.

____________________. 1981. *On Strategy: A Critical Analysis of the Vietnam War.* Carlisle Barracks, Pennsylvania: Strategic Studies Institute, US Army College.

Sutton, Mattew Avery. 2014. *American Apocalypse: A History of Modern Evangelicalism.* Cambridge, Mass.: Harvard University Press.

Tillman, Hoyt Cleveland. 1982. *Utilitarian Confucianism: Ch'en Linag's Challenge to Chu Hsi.* Cambridge, Mass.: Harvard University Press.

Walt, Stephen. 2014. "Democracy, Freedom, and Apple Pie Aren't a Foreign Policy." *Foreign Policy* (July 1).

______________. 2013. "Which Works Best: Force or Diplomacy?" *Foreign Policy* (August 21).

______________. 2011. "When Did the American Empire Start to Decline?" *Foreign Policy* (August 2).

______________. 1987. *The Origins of Alliances.* Ithaca: Cornell University Press.

Washington, George. 1969. "The Farewell Address"(September 17, 1796) in Burton Ira Kaufman, ed., *Washington's Farewell Address: The View from the 20th Century.* Chicago: Quadrangle Books.

Weber, Max. 1968. *Economy and Society: An Outline of Interpretive Sociology,* ed. by Guenther Roth and Claus Wittich. New York: Bedminster Press.

Weigley, Russell F. 1991. *The Age of Battles: The Quest for Decisive Warfare from Breitenfeld to Waterloo.* Bloomington: Indiana University Press.

__________________. 1973. *The American Way of War: A History of United*

States Military Strategy and Policy. Bloomington: Indiana University Press.

Whitehead, Alfred N. 1956. *Modes of Thought.* New York: The Cambridge University Press.

__________. 1950. *Science and the Modern World.* New York: The Macmillan Co., Wike, Richard. 2011. "From Hyperpower to Declining Power: Changing Global Perceptions of the U.S. in the Post-Sept. 11 Era." *Pew Research Global Attitudes Project* (September 7).

Wright, Brad and Jennifer Yuille. 2004. "Kennedy: 'Iraq is George Bush's Vietnam: Bush Official, GOP Respond Sharply to Senator's Criticism.'" CNN (April 6).

"America Has Been At War 93% of the Time-222 Out of 239 Years Since 1776." http://www.washingtonsblog.com/2015/02/america-war-93-time-222-239-years-since-1776.html(검색일: 2015. 8. 10.)

Harry S. Truman, "Radio Report to the American People on the Potsdam Conference," Harry S. Truman Library & Museum (August 9, 1945), http://www.trumanlibrary. org/publicpapers/?pid=104. (검색일: 2015. 6. 1.)

PBS.org: transcript of "The Uses of Military Power." http://www.pbs.org/wgbh/ pages/frontline/shows /military/ force/ weinberger.html(검색일: 2015. 6. 30.)

"'We're at War!'-And We Have Been Since 1776: 214 Years of American War-Making." http://www.loonwatch.com/2011/12/we-re-at-war-and- we- have-been- since- 1776/(검색일: 2015. 8. 10.)

7장

다문화시대의 공존:
영국, 프랑스, 독일의 제노포비아와 사회통합*

장명학

1. 지구화와 인종갈등

금세기 초 최대의 화두는 단연 '세계화' 또는 '지구화'(globalization)라고 할 수 있다. 이처럼 전방위적으로 진행되어온 자본주의적 세계

* 이 글은 『국제문제연구』(국제문제조사연구소, 2006 겨울)에 실린 필자의 졸고 「세계화와 인종갈등: 영국, 독일, 프랑스의 제노포비아와 그 대응정책을 중심으로」를 대폭 수정·보완하여 작성하였다.

화 과정은 전 지구적 차원에서 자본 및 노동력의 국제적인 이동을 심화시켜왔다. 다만 이러한 세계화는 지난 2008년 미국의 금융위기 이후 잠시 주춤하긴 했지만 자본과 노동력의 국제이동이 수그러든 것은 결코 아니다. 특히 노동력의 국제적인 이주는 지속적으로 증가해왔다. 국제이주기구(IOM)의 보고서에 의하면, 2010년 당시 국제이주민이 이미 2억1천만 명을 넘어섰으며, 이러한 증가 추세가 지속된다면 2050년에는 국제이주 노동자의 수가 지금의 약 2배 가까이 늘어날 것으로 예측되고 있다.[1] 이처럼 국제적인 이주 추세는 동시에 자국에 들어온 이주노동력을 거부하는 외국인혐오증, 즉 '제노포비아'(Xenophobia) 현상을 심화시켜왔다. 이러한 현상이 특히 심화되고 있는 대표적인 지역이 서유럽이다. 그중에서도 특히 유럽의 선진 3개국인 영국, 독일 그리고 프랑스는 세계화 과정이 불러온 제노포비아 현상이 확산되고 있는 대표적인 국가들이다.

유럽 각국에서 제노포비아와 연관되어 나타난 현상이 바로 현지인과 이주민들 사이에 일어난 각종 폭동이나 테러 등이다. 2005년 11월 프랑스 파리에서 시작된 이민2세 청소년들에 의한 폭동사건은 무려 2주 가까이 지속되면서 차량 수천 여 대를 불태웠다. 프랑스 전역을 뒤흔든 이 사건이 일어나기 몇 달 전인 2005년 7월에는 영국 런던의 지하철과 버스에서 폭탄테러가 동시에 발생했다. 그리고 무려 57명의 무고한 생명들을 무더기로 앗아갔다. 그뿐이 아니다. 2004년 3

---

1 IOM, *World Migration Report 2010. The Future of Migration: Building Capacities For Change* (Geneva, 2010). XIX.

월 11일에는 191명의 사망자와 무려 1천5백 명에 달하는 부상자를 낸 스페인의 마드리드열차 폭파사건이 터졌고, 또 그해 11월 2일에는 이슬람여성 처우문제를 비판적으로 영화화한 네덜란드의 영화감독 테오 반 고흐(Theo van Goch)가 무슬림 근본주의 청년에 의해 피살되었다. 그런가 하면 프랑스 국가인권자문위원회(NCCHR)의 보고에 따르면, 2003년 833건에 달했던 인종차별적 폭력사건이 이듬해엔 1,565건으로 약 2배 증가했고, 그 피해자는 대부분이 무슬림이거나 또는 유대인들이었다.[2] 그뿐 아니라 2005년 10월에는 덴마크의 한 신문이 이슬람의 창시자 마호메트를 풍자하는 만화를 게재해 이슬람세계를 발칵 뒤집어 놓았다.[3] 주로 이슬람 문화권을 향한 이러한 비판들은 역으로 폭력행위를 유발하기도 했다. 최근에 와서는 2015년 1월 프랑스 파리의 만평잡지사 '샤를리 에브도' 편집인들 살해와 그해 11월의 파리 연쇄테러 그리고 이듬해의 프랑스 남부의 휴양지 니스 테러 및 브뤼셀 공항 테러 등은 유럽연합의 시민들을 위협하는 이슬람극단주의 세력들의 테러행위로 밝혀졌다. 최근의 이러한 테러행위는 특히 시리아와 이라크 등지에 터를 마련한 이슬람국가(IS)처럼 종교를 배경으로 한 이슬람극단주의에 의한 테러였다.

어쩌면 이처럼 장황하게 늘어놓은 일련의 사건들이 아무런 연관이 없는 것처럼 느껴질 수도 있겠다. 그러나 현재 유럽 사회에 거주하는 이슬람계 이민자들을 겨냥한 이러한 최근의 사건들과 이에 대한

2 《한겨레》, 2005. 3. 23 참조.

3 《중앙일보》, 2006. 11. 20 참조.

폭력적인 반응들은 결코 우연한 사건들이 아니다. 그만큼 유럽 사회는 현재 토박이와 이민자들 사이의 갈등이 폭발적으로 증대되고 있다는 것을 반증하고 있다. 특히 제2차 세계대전 이후 유럽 사회에 대규모적으로 유입된 외국인 노동이민자들은 본토인들과의 문화적, 종교적인 차이 등으로 인한 인종갈등을 심화시켜 왔다. 무엇보다도 이러한 갈등 현상들이 최근에는 유럽 각국에서 극우주의 정당들이 준동하는 토양으로 작용하고 있다는 사실에서 문제의 심각성이 있다.

이처럼 현재 유럽 사회에서 심화되고 있는 '외국인혐오증' 현상, 즉 제노포비아 현상은 유럽통합의 견인차인 독일과 프랑스 그리고 영국을 비롯한 다수의 국가들에서 심각한 사회적인 문제로 등장했다.[4] 제노포비아, 즉 잠재적이거나 현재적인 외국인혐오증 또는 이방인혐오증[5]으로 번역되는 이 용어는 자신과 자기 집단의 정체성과 구별되는 모든 이질적인 요소를 지닌 인간 내지 인간집단들을 배척하며 공포스러운 존재로 인식하는 경향을 총칭한다. 유로바로미터(Eurobarom-

---

4 지금 영국은 올해 초 유럽연합에서 탈퇴를 선언했지만 그렇다고 제노포비아 현상이 사라진 것은 결코 아니다.. 서유럽 15개국의 제노포비아와 인종주의에 대한 연구동향에 관해서는 Juergen R. Winkler, "Ursachen fremdenfeindlicher Einstellungen in Westeuropa. Befunde einer international vergleichenden Studie," *Aus Politik und Zeitgeschichte*. B 26(2003), 33-38 참조.

5 여기서 외국인혐오증은 말 그대로 외국인을 그 대상으로 하는 적대감의 표현이다. 반면에 이방인혐오증이라는 용어는 외국인혐오증을 포함하는 좀더 포괄적인 개념이다. 이방인혐오증은 자신이 속한 공동체의 관습에서 일탈하는 모든 이질적인 경향을 적대시하는 성향을 지칭한다. 이에 대해서는 Christoph Butterwegge, *Rechtsextremismus* (Freiburg, Basel, Wien. 2002), 12-13 참조.

eter) 여론조사에 의하면, 2000년대 초 유럽 밖의 국가들에서 온 이민자들에 대한 거부반응이 유럽연합 회원국 시민들의 약 1/3에 달했지만, 2015년 현재 이러한 거부감은 유럽연합 회원국 시민들의 약 1/2 이상인 56%에 달할 정도로 급격히 늘어났다. 그만큼 유럽 외 지역에서 온 이민자들에 대한 제노포비아적 반응은 오늘날 유럽연합 시민들이 당면한 가장 큰 문제로 부각되고 있다.

그러면 현재 유럽 사회의 통합을 저해하는 잠재적인 불씨를 안고 있는 외국인혐오증 현상은 왜 발생하고 있는가? 이 문제에 대한 보다 적절한 해답을 구하기 위해서는, 먼저 제노포비아와 전통적인 인종주의(racism)가 지닌 본질적인 차이를 인식하는 것이 필요하다. 그러나 이제까지의 연구들은 제노포비아 현상을 인종주의와 구별하지 않고 동일한 의미로 사용하고 있다. 문제는 이처럼 인종주의와 제노포비아를 개념적으로 구별하지 않고 사용할 경우, 현재 서구 선진국에서 나타나는 외국인혐오증에 대한 보다 정확한 인식과, 그 바람직한 대처방안 등을 모색하기가 어렵다는 점을 인식해야 할 것이다.

전통적인 인종주의와 제노포비아를 구별해야 하는 이유는 다음과 같다. 첫째, 유럽에서 국민국가의 형성과 함께 등장한 인종주의는 전통적인 '타인종배척주의'로서, 이는 식민지경영에 필요했던 노동인력의 '강제적인 동원'에 의존했던 제국주의시대의 유산이라는 점이다. 반면에 제노포비아는 노동력이동과 인력공급이 '자발적으로' 이루어지고 있는 현대세계에서 발생하는 현상이기 때문에 인종주의와는 그 발생배경을 달리하고 있다. 둘째, 인종주의 개념은 고도로 발전된 현대과학도 검증할 수 없는 유색인종에 대한 백인종우월주의라는 단순한 편견에 토대를 두고 있다. 지역적으로도 인종주의는 서구 백인사회에 국한되어있는 현상이다. 그러나 제노포비아는 상대적으로 발전된 선진국에 유입된 이민자들이 존재하는 곳은 어디에서든지 발생할 수 있다는 점에서 인종주의와는 구별되는 현상이다. 이러한 관점에서 볼 때, 제노포비아는 서구 백인사회에 국한되었던 인종주의와는 달리, 지구촌 전역으로 확산될 잠재성을 내포하고 있는 '현대적'인 현상인 것은 분명하다.

이러한 맥락에서 볼 때, 이민자들과 본토인들 사이에서 심화되고 있는 유럽의 인종갈등은 인종주의보다는, 오히려 제노포비아의 확산으로 설명하는 것이 보다 설득력이 있을 것이다. 그리고 이러한 시각은 영국, 독일 그리고 프랑스 등을 비롯한 현재의 유럽 상황에 대한 보다 적절한 이해를 가능케 할 것이다.

나아가 이러한 제노포비아 현상은 세계화의 진행과정 속에서 서구 이외의 선진산업국에서도 얼마든지 국내의 정치·사회적 갈등과 불안정을 초래할 수 있고, 동시에 국가 간의 외교적인 마찰과 분쟁을 유발할 수 있는 불씨이기도 하다. 그리고 제노포비아 문제를 정확히 인지하지 못한다면, 현재 순조롭게 진행되어온 유럽연합의 정치적인 통합이 실패할 수도 있을 것이다.[6]

이처럼 유럽통합의 잠재적인 위험성으로 떠오른 제노포비아는 왜 지금 그리고 유럽에서 심화되고 있는가? 이 물음에 적절히 대답하기

---

6 Sara De Master and Michael K. Le Roy, "Xenophobia and the European Union." *Comparative Politics*. Vol. 32, No. 4(2000).

위해서는 먼저 다음과 같은 사항들을 숙지하는 것이 필요하다. 첫째, 서유럽 선진국들은 제2차 세계대전 직후부터 산업발전을 위한 노동력 부족현상을 외국인노동력 이민을 통해서 해결했고, 이러한 수십 년에 걸친 대규모적인 이민노동자들이 유럽 사회에 정착하게 된 것이 현재의 제노포비아적인 현상의 원인으로 작용하게 되었다. 둘째, 냉전 체제의 붕괴와 함께 '신자유주의적' 시장경제의 지구화는 급속하게 확산되기 시작했다. 아울러 시장경제의 지구화추세는 자본뿐만 아니라 국제적인 노동력의 이동을 더욱 촉진시켰고,[7] 이는 다시금 국민국가의 노동시장에서의 자국민과 외국인노동력 사이의 경쟁상황을 유발하지 않을 수 없게 했다. 셋째, 외국인노동력 이민자, 즉 이방인들의 문화적, 종교적 이질감은 자국민들의 '타자' 또는 이방인에 대한 '잠재적인 경멸감 내지 공포감 그리고 이와 연관된 적대감,' 다시 말해서 외국인혐오증 또는 제노포비아라는 집단적 심리현상으로 발전할 가능성이 높다는 사실을 간과해서는 안될 것이다.[8]

---

7 케슬즈(S. Castles)는 지난 20여 년간 전세계적인 인구이동의 추세와 유럽내의 소수인종집단의 문제란 남·북반구 사이에서 심화되고 있는 경제적, 사회적, 인구학적 불균형이 원인이라고 강조한다. Stephen Castles. "Migrations and Minorities in Europe. Perspectives for the 1990s: Eleven Hypotheses," John Wrench and John Solomos. eds. *Racism and Migration in Western Europe* (Oxford: Berg Publishers, 1993), 17-34 참조.

8 이에 대해서는 Manfred Clemenz, "Aspekte einer Theorie des aktuellen Rechtsradikalismus in Deutschland. Eine sozialpsychologische Kritik," Hans-Dieter Koenig hrg, *Sozialpsychologie des Rechtsextremismus* (Frankfurt/M., 1998), 126-127 참조.

이 글은 이러한 배경을 염두에 두면서 영국, 독일 그리고 프랑스의 사례를 중심으로 제노포비아의 원인, 경과 및 그 대응방안들을 보다 체계적으로 살펴보고자 한다. 영국, 프랑스, 독일 3국은 유럽에서 가장 큰 이민국들이라는 점에서 공통적이다. 지역적으로도 유럽에 위치하고 있으며 인접국들인 이들 3국은 영토에서 대동소이하고, 인구수의 측면에서는 통일 독일이 8천여 만 명에 달하고, 프랑스와 영국은 약 5~6천만 명으로 엇비슷하다. 경제적으로는 선진공업국들로서 삶의 수준 또한 크게 차이가 나지 않는다. 정치적으로는 민주정치제도가 정착되어 있고, 유럽연합 내에서의 영향력도 크게 차이가 나지 않는다고 할 수 있다.[9]

그러나 이들 3국은 초기 자본주의제도의 발전에 있어서 시간적인 차이가 존재하였다. 그에 따라 이주사와 이주정책에서도 차이를 보이고 있다. 영국으로의 노동력이동 및 이민은 영연방이라는 구식민지 지역에서의 이동으로, 영국 본토인들과의 차별성이 크지 않을 뿐만 아니라 연방 안에서의 이동이라는 특성을 나타내는 반면, 독일은 전후 1950년대의 급속한 경제부흥과정에서 단기간 내에 수많은 외국인 노동력을 도입해야 하는 처지에 놓여 있었다. 그리고 프랑스는 이들 양국 사이의 중간적인 모습을 보이고 있다. 이에 따라 제노포비아 현상의 배경이 되는 요인에 있어서도 이들 국가 사이에는 많은 차이가 있다.

9 비교연구 방법론에 대해서는 김웅진 외, 『비교정치론강의 1』(파주: 한울, 1997) 참조.

이 글의 전개 순서는 다음과 같다. 우선, 제2차 세계대전 이후 영국, 독일 그리고 프랑스의 경제부흥과 외국인노동력의 이주과정을 간단히 살펴본 후(제2절), 둘째 외국인노동력의 유입과 아울러 점차 확산되어온 제노포비아 현상과 극우주의 세력의 등장의 연관문제 등에 대한 체계적인 분석을 거쳐(제3절) 셋째 영국, 독일 그리고 프랑스 정부 차원에서 진행된 동화와 다문화적 이주민 통합정책을 특히 시민권의 차원을 중심으로 살펴보면서 그 공과를 고찰한 후(제4절), 유럽에서 최근에 새로이 주목받고 있는 상호문화주의적 이주민 통합 방안을 살펴볼 것이다(제5절).

2. 영국, 프랑스, 독일로의 이민

먼저 영국의 이민 역사는 산업혁명과 함께 한다. 산업혁명의 발상시인 영국은 산업현장에 필요한 외국인 노동력의 이주를 가장 일찍 받아들이기 시작했던 나라이다. 이미 18세기 말부터 진행된 아일랜드인 이민은 1861년 당시에는 60여만 명에 달했고, 그 후 1914년까지 동유럽 각국으로부터 약 12만 명의 유태인들이 이주해 와서 정착했다. 뿐만 아니라 흑인선원들을 중심으로 한 유색인 이민자들은 영국 남부지역의 항구도시들인 리버풀(Liverpool), 브리스틀(Bristol) 그리고 런던(London) 등지를 중심으로 정착하기 시작했다.

그 후 제2차 세계대전 개전 당시에는 영국으로 망명한 폴란드인들을 받아들이기도 했으나, 특히 전후부터 노동인력의 심각한 부족 현상에 직면하게 되었다. 이 때문에 영국정부는 전후부터 1951년까지 다시금 10여 만 명의 아일랜드인과 에스토니아, 리투아니아 그리고 라트비아 등 발틱 3국과 유고 등지로부터 7만여 명에 달하는 전쟁난민들을 집단 수용하면서 유럽자원노동자(European Volunteer Workers: EVWs)란 명칭하에 산업현장에 투입시켰다. 문제는 이러한 노동인력 충원도 전후의 신속한 경제부흥을 위해서는 턱없이 모자랐다는 사실에 있다. 이에 영국정부는 영연방에 소속됐던 홍콩을 비롯하여 인도, 파키스탄 등 남아시아국가와 중미의 자메이카 등 카리브해 지역으로부터 유색인 노동인력들을 대거 불러들이기 시작했다. 이중 특히 중미의 카리브지역에서 불러들인 아프리카계 흑인들인 아프로-카리비안(afro-caribian)들은 1961년까지 도합 무려 30여만 명에 달한다. 이들이 대거 이주할 수 있었던 근거는 1948년 당시에 제정된 영국국적법(British Nationality Act)에 따른 것으로서, 영연방 소속 국가의 주민은 영국 시민권을 지니고 있었고, 따라서 이들이 영국에 들어와 정착할 합법적인 권리를 지니고 있었기에 부족한 인력을 공급하기 위한 정부의 이주정책에 아무런 문제가 되지 않았다. 뿐만 아니라 영국으로 이주하는 외국인 노동력에는 동서냉전 당시의 정치적인 난민들도 한 몫을 했다. 동구 공산권 국가인 헝가리(1956년)와 체코(1968년) 등지에서의 민주화 운동이 실패로 돌아간 후 공산권을 탈출했던 난민들을 영국정부는 정치적인 측면에서 이들을 환영하고 받아들였다. 그 후 1975년에는 베트남이 패망하자 보트피플(boat people)로 불리던 난민들을 1만여 명 받아들였다. 그러나 1989년을 즈음하여 동구권 사회

주의국가들의 연쇄붕괴 이후에는 이들 지역으로부터의 난민유입을 엄격히 통제하고 있다.[10]

그러나 이들 식민지 출신이나 아시아의 유색인 노동자들은 유럽 출신의 백인 이주자들에 비해 상대적으로 열악한 대우를 받게 된다. 그럼에도 불구하고 영국 정부는 산업현장에서의 심각한 노동력 부족을 충족시키기 위해서 유색인들의 이민을 적극 추진할 수밖에 없었다. 즉 유색인 이민의 주된 이유로서는 1) 산업현장의 노동인력 보충, 2) 영연방의 종주국인 영국이 유색인이민을 규제할 경우, 인종차별을 주도한다는 부정적인 평가에 봉착할 우려뿐만 아니라, 3) 유색인에 대한 이민 통제가 영국국내법과 국제법에 저촉될 수 있다는 고민 등을 반영한 것이다.

이와 같이 경제적인 필요에 의한 이민은 지금도 열려 있다. 지구화 또는 세계화의 추세는 영국의 장기적인 국가경쟁력 강화를 위해서도 다시금 값싼 노동인력과 함께 고급두뇌들을 수입하는 조치로 발전하게 된다. 이를 위해 2001년부터 영국의 노동당 정부는 선별적으로 노동허가(work permit)를 발급해, 통제와 규제 중심의 노동이민정책을 기업이나 산업현장의 수요를 충족시키는 방향으로 전환시켰다. 현재 영국에서 본토출신이 아닌 이주자들은 도합 약 570여 만 명에 달하고 있는데, 이는 영국 총인구의 약 1할을 웃도는 비율을 차지하고 있다. 그리고 이들 중 유럽계가 아닌, 아시아, 아프리카 등지에서 온

10 영국으로의 노동력 이민의 역사에 대해서는 김수행, 「영국의 제노포비아 현상에 대한 연구」, 『유럽의 제노포비아』(문화과학사, 2006), 43-46 참조.

유색인 이민자들이 약 320여만 명에 달하는 데, 이들은 영국전체 인구의 약 6%를 차지하고 있다.[11]

영국과 마찬가지로 프랑스의 경우에도 경제발전 문제와 외국인 노동력의 유입현상은 긴밀한 연관관계에 놓여있다. 특히 18세기 말까지 프랑스는 인구증가를 통한 국력향상을 추구했고, 이에 주로 이탈리아나 스페인 등과 같은 남부유럽과 기타 동부유럽 등지에서의 이민을 적극 받아들였다.[12] 그 후 1905년부터 동유럽의 폴란드에서 농업노동자와 광산노동자들이 이주해왔다. 제1차 세계대전 당시에는 식민지였던 북아프리카, 특히 알제리 출신 이슬람교도들이 프랑스의 전시병력 확충을 위해 대거 몰려왔다. 그리고 전쟁에 참전한 이들 북아프리카 출신 흑인들에게는 프랑스의 시민권이 부여되었고, 따라서 프랑스 사회에 정착하는 데 아무런 장애는 없었다.

그리고 제2차 세계대전 이후에는 영국, 독일과 마찬가지로 프랑스 또한 전후복구를 위한 노동력의 부족에 시달리게 되었다. 이 전쟁에서 프랑스는 청장년층 약 60여만 명이 사망했기에 전후의 경제재건을 위한 노동인력의 심각한 부족현상에 직면하게 되었다. 따라서 프랑스 정부는 전쟁으로 인해 감소된 인구를 보충하기 위한 정책의 일환으로 외국인 노동인력의 이민을 적극 추진했고, 이를 통해 급속한 경제성장을 달성할 수 있었다. 이러한 추세는 경제성장이 순조롭던 1970년

11 이 점은 김수행, 「영국의 제노포비아 현상에 대한 연구」, 46-47을 참조.

12 19세기 말까지의 프랑스의 이민정책에 대해서는 설동훈, 『노동력의 국제이동』(서울대출판부, 2000), 95 각주 27 참조.

대 초반까지 확대된 이민정책이 지속되었다. 이로써 1970년대 당시 프랑스에는 60여만 명의 알제리인, 14만 명에 달하는 모로코인 및 9만 명에 달하는 튀니지인 등 약 83만여 명에 달하는 북아프리카 계통의 이주민들을 정착시키는 결과를 낳게 되었다.[13] 이처럼 북아프리카 지역, 특히 마그레브 지역으로부터 이슬람계 노동인력이 대거 유입되면서 이에 대한 프랑스 국민들의 반발 또한 만만치 않게 증가했다. 게다가 당시 프랑스의 경제성장은 침체기에 들어섰고, 이에 따라 실업률 상승과 함께 노동시장에서의 여건도 어렵게 되었다. 이 때문에 프랑스정부는 이민유입 정책을 중단하기에 이르렀고, 1974년을 고비로 하여 외국인 이민은 급속히 감소했다. 이는 1968년에서 1973년 사이에 외국인 노동자의 입국이 80여만 명에 달했는데 반해, 이듬해인 1974년부터 1980년 사이에는 약 19만 명 정도로 감소한 것을 보더라도 명백하다. 현재 프랑스 거주 외국인은 전체 인구의 약 7% 정도를 점유하고 있으나, 전반적으로 보아 이러한 외국인 비율은 약간씩의 증가 내지 감소 추세를 반복하고 있다.

프랑스의 동쪽에 위치한 패전국 독일도 노동인력난에 시달리기는 마찬가지였다. 제2차 세계대전 종전 직후부터 1950년대까지 독일은 전후 복구사업에 필요한 노동인력의 심각한 부족현상에 직면했다. 왜냐하면 독일은 청장년층의 대부분을 전쟁의 와중에 잃어버렸기 때문이다. 이로 말미암아 산업현장에 필요한 노동인력은 절대적으로 부족

13 뿐만 아니라 이미 신생독립국이 된 세네갈, 말리, 모리타니 등 서부아프리카의 구식민지 지역 흑인들도 다수 유입되었다.

했다. 우선 서독은 1955년에 이탈리아 정부와 국가 간 계약을 필두로 본격적으로 외국인 노동력 충원을 시작하게 되었고, 이로써 1960년 당시 독일거주 외국인 노동자는 68만여 명에 달했다. 그러나 1961년 베를린 장벽의 구축은 동독을 비롯한 동유럽에서의 정치난민의 유입을 봉쇄시켜버렸다. 따라서 노동인력 충원문제는 독일정부의 최우선적인 과제로 부각되었다. 이에 서독 정부는 스페인과 그리스(1960년), 터키(1961년), 포르투갈(1964년), 튀니지(1965년), 유고슬라비아(1968년) 그리고 한국(간호사 1969년, 광부 1970년) 등과 국가 간 협정을 통해 '초빙노동자'(Gastarbeiter)라는 이름하에 외국인 노동력을 본격적으로 수입했다. 이로써 "라인강의 기적"이라 불리던 독일의 경제성장기에는 외국인 노동자는 이미 350만 명을 넘어서게 된다.[14]

이처럼 고도의 경제성장기에는 내외국인을 막론하고 생산현장에 투입되어야 할 막대한 노동력이 필요했고, 독일로의 외국인 노동력 유입과 충원은 이러한 필요에 의해 진행됐다. 그러나 마냥 경기가 좋지만은 않았기 때문에 경제침체기에는 생산현장에서의 노동력이 감소되지 않을 수 없었다. 이와 함께 서독에서 정부차원의 외국인 노동력 수입은 1973년의 오일 쇼크와 맞물려 사실상 종결 단계에 도달했

14 이들 외국인 노동자들은 1950년부터 1970년대 당시까지 제조업 중심의 수출주도형 국가로 발돋움하던 독일의 경제성장에 커다란 공헌을 하게 된다. 즉 이들 이주노동자는 '라인강의 기적'이라 불리는 서독경제의 급속한 발전에 결정적인 공헌을 한 것으로 평가되고 있다. 이에 대해서는 The Federal Government's Comissioner for Foreigners' Issues, *Facts and Figures on the Situation of Foreigners in the Federal Republic of Germany* (Berlin. 1999), 19 참조.

고, 이는 특히 외국인노동력의 유입규제로 나타났다. 우선 미등록 외국인노동력에 대한 단속을 강화했고, 아울러 기존 외국인노동력의 가족초청조차 규제하기 시작했다. 1974년에 채택된, 외국인에 대한 '체류허가제'는 외국인 이민자에 대한 사실상의 출국을 강요하는 정책을 의미했다. 나아가 서독정부는 1983년부터는 외국인 노동력의 '귀국촉진정책'을 강력히 추진하였다. 이러한 서독정부의 외국인 인력정책은 일시적인 효과를 나타내 한동안은 외국인 노동자의 수가 감소하는 성과를 보기도 했다.

그러나 서독정부의 외국인 노동자수 감소 노력은 전반적으로 볼 때 그다지 큰 효과를 보지는 못했다. 오히려 순수 독일인들보다 높은 출산력을 드러낸, 체류 외국인들의 혼인과 출산에 의한 급속한 인구증가 때문에 1980년대 이후부터는 독일의 총인구 대비 외국인 비율은 점차 증가했다. 예를 들면 서독정부에 의한 외국인 노동력 귀국촉진정책에도 불구하고, 1973년 당시 396만여 명이었던 외국인 수는 1982년에는 466만여 명으로 오히려 증가했고, 통일 이후에도 꾸준히 증가해 2004년에는 약 7백30만여 명에 달했다. 이 인구수는 독일 내 전체 인구 8천2백여만 명의 약 9%를 차지한다. 국가별로는 2003년 말 기준으로 볼 때, 전체 외국인 중 약 25.6%를 차지하는 터키인이 187만여 명으로 가장 많고, 그 뒤를 이어 유럽연합국 출신의 외국인이 약 184만여 명에 달한다.[15] 그리고 독일 체류 외국인들의 상당수는

15 아울러 구 유고연방 출신의 외국인 수는 전체 외국인 중 13.7%를 차지하는 약 100여만 명 정도이다. 이는 The Federal Government's Comissioner for For-

대도시에 거주하고 있다. 프랑크푸르트(Frankfurt)에는 외국인들이 도시 전체 인구의 약 30% 이상을 차지하고 있으며, 기타 베를린, 뮌헨, 슈투트가르트, 함부르크 그리고 쾰른 등 대도시에는 외국인이 약 20% 이상을 차지하고 있다.

이처럼 독일의 대도시에 거주하는 외국인 노동력의 수요 증감은 경기부흥이나 침체와 깊은 연관이 있다. 지난 2008년 미국의 금융 위기는 유럽의 경제상황에도 적지 않은 영향을 미쳤는데, 이는 유럽의 경기침체를 불러왔다. 경기침체는 내외국인을 막론하고 일자리 수를 감소시키는 결과를 불러왔다. 비록 외국인 노동자들이 내국인들이 꺼려하는 3D업종에 종사하곤 하지만, 이는 실업상태인 내국인들에게는 눈엣가시처럼 보이지 않을 수 없다. 세기말 이후 유럽 각국에서 준동하는 극우세력들은 바로 이러한 내국인 실업자들을 중심으로 한 외국인혐오증 내지 제노포비아를 빌미로 자국민들의 지지를 호소하고 또 그 세력을 확장해나가고 있다. 이와는 달리 경기침체와 실업으로 경제적 여건이 약화된 이주노동자들은 도시외곽의 값싼 주택지에 집단으로 거주하면서 그들 나름의 불만이 축적되었고, 이는 급기야 앞서 언급된 각종 폭동들을 유발시키는 원인이 되었던 것이다. 즉 원주민과 이주민 사이의 갈등은 제노포비아의 심화와 각종 폭동으로 나타났던 것이다.

---

eigners' Issues, 19-20 참조.

3. 제노포비아와 극우주의

먼저 영국의 경우, 가장 최초이자 대표적인 외국인혐오증 내지는 외국인배척주의는 1958년의 노팅엄(Nottingham)과 런던의 노팅힐(Notting Hill)에서 흑인에 대한 백인들의 공격사태로 일어난 대규모 도시폭동을 들 수 있다. 인종폭동(racial riot)이라고 지칭되는 이 사건은 무엇보다도 흑인들에 대한 영국본토인의 문화적 편견, 좀 더 자세히 말하자면, 백인우월주의에 기인하고 있다. 이는 1958년 당시의 여론조사에서도 백인의 약 71%에 달하는 절대다수가 백인과 유색인의 혼합을 반대했다는 사실에서도 여실히 드러나고 있다. 물론 이러한 외국인혐오 경향은 현재에도 유색인들에 대한 다양한 형태의 차별대우로 나타나고 있다. 백인들에 비해 유색인들이 당하는 차별대우는 범죄인에 대한 사법절차나 이민자와 그 후속세대의 취업문제, 그리고 주택 및 교육 등에서 나타나고 있다.[16]

먼저 취업문제와 관련해서는 흑인이나 아시아인은 직장을 얻거나 직업훈련을 받기가 매우 어렵다. 비록 많지는 않지만, 소수의 고용주들은 흑인이 무기력하다는 고정관념을 떨쳐버리지 못하고 있으며, 아울러 그들은 백인노동자 또한 유색인과 함께 일하는 것을 꺼려하기 때문에 유색인 고용에 난색을 표명한다. 뿐만 아니라 흑인은 자신이

16 이에 대한 상세한 설명은 김수행, 「영국의 제노포비아 현상에 대한 연구」, 특히 50−52 참조.

지닌 자격조건과 기능수준보다 낮은 직업에 고용되고 동일한 직업에서 백인보다 임금이 적으며, 동일한 업종에 오랫동안 남아있었다. 실업 또한 백인보다 훨씬 빠른 속도로 증가했고 실업률도 훨씬 높은 수준이었는데, 특히 영국에서 태어난 영국 시민이며 영국에서 교육을 받았기 때문에 고용에 대한 법적·언어적·문화적 장벽이 없음에도 불구하고 이민 2~3세의 실업률은 놀라울 정도로 높았다.

이를 종합해보면 영국사회에서 외국인혐오증인 제노포비아는 백인들 사이에서 존재하는 것이라기보다는 유색인 이민자들에 대한 인종차별로 드러나는 경향이 강하다. 이러한 배경을 고려하면서 영국에서의 인종폭동의 특징을 살펴보면 다음과 같다. 즉 인종폭동은 대체적으로 인종차별적 극우세력들이 유색인의 분노를 자극하고 이에 유색인들이 대규모로 들고일어나 극우성향의 백인들이나 경찰과 대치하면서 인근 슈퍼마켓 등을 습격해 상품들을 훔쳐가는 형태로 전개된다. 1958년의 인종폭동 이후 극우단체인 국민전선(National Front)과 유색인 사이의 충돌은 1976년 4월 매닝엄(Manningham)에서 시작되어, 런던의 우드그린(Wood Green)과 루이샘(Lewisham) 및 사우스홀(South Hall) 등지에서 지속적으로 일어나 영국사회의 골칫거리가 되고 있다. 1980년대 이후에는 런던의 브릭스톤(Brixton)에서[17], 그 후인 1995년 6월 브래드퍼드(Bradford)에서는 영국사회에서는 최초로 아시아계 청년

17 1981년 4월에 일어난 이 폭동에 의해 145개 상점이 파괴되었고 28채의 주택이 불탔으며, 민간인 65명, 경찰 299명이 부상했으며 도합 82명이 체포되었다.

들과 경찰 사이에 싸움이 벌어졌다. 토니 블레어의 노동당정부하인 2001년 4월에서 7월 사이에는 브래드퍼드, 올덤(Oldham) 등지에서 아시아계 청년들이 영국민족당(British National Party) 등 극우세력들에 대항해 싸웠다. 그런데 이 폭동들은 이전과는 다른 양상을 띠고 있다. 물론 이 폭동은 영국민족당과 기타 극우주의자들이 유색인들을 자극함으로써 폭동이 시작되었지만, 폭동의 진행과정 속에서는 특히 서로 다른 인종집단들 사이의 충돌 또한 발생했으며, 이 폭동 이후에 처음으로 '다문화사회'(multicultural society)라는 용어들이 강조되기 시작했다는 점이 주목을 끌고 있다.

어쨌든 이러한 끊임없는 폭동사태의 배경에는 외국인혐오증, 특히 인종주의를 앞세우는 극우세력들이 도사리고 있다. 나중에 정치세력으로도 발전한 영국의 극우세력들로서는 1967년에 등장한 민족전선(National Front)과 이 민족전선으로부터 분리해 1982년 설립된 영국민족당(British National Party)이 있다. 이 당의 초대 당수였던 틴달(J. Tyndall)은 인종폭동을 부추긴 혐의로 세 번이나 옥살이를 했고, 현재의 당수 그리핀(Nick Griffin)도 외국인혐오증을 부추긴 혐의로 유죄판결을 받은 바 있다. 그리고 1992년에 모집된 '18전투단'(Combat 18)은 영국민족당의 호위부대 역할을 담당하면서 유색인 거주지 등지에서 테러를 마다 않았다. 이들 극우세력들은 영국 민족의 우수성과 순수성을 유지해야 한다고 강조하면서 최종적으로는 세계를 지배해야 한다고 이념을 신봉하고 있다. 이들은 외국계 이민자들, 특히 유색인들은 영국을 떠나 자기들의 고향으로 돌아가야 한다고 선전한다.

다만 이들 극우세력들의 힘은 상대적으로 취약했으며, 따라서 영국 의회선거에서 유권자의 표를 얻지 못했다. 그것은 과거의 식민주의에 대한 반성과 함께 민주시민 교육의 광범위한 시행, 인종주의를 배척하는 정부기구와 민간단체들에 의한 인종평등 사상의 확산 등의 이유 때문에 국민의 지지를 받을 수 없었다.[18] 또 다른 이유로서는 영국 정부의 강력한 이민 억제정책과 난민수용에 관한 강한 억제정책을 들 수 있다. 제노포비아, 즉 외국인혐오증은 그것이 백인이든 유색인이든 불문하고 특히 지속적으로 유입되는 외국인 이민자들 때문에 증가하는 경향이 강하다. 이러한 측면에서 볼 때 영국정부의 강력한 이민 억제정책과 난민수용 억제정책은 영국에서 제노포비아에 터를 둔 극우정당의 등장을 어렵게 하고 있다. 그만큼 1979-97년까지 영국정부가 취해온 일련의 '난민 및 이민 억제법'은 유럽에서 가장 강력한 난민유입억제법의 지위를 고수하고 있다.

영국과 달리 프랑스의 경우 극우세력의 정치화, 특히 극우정당의 세력이 상대적으로 그리고 지속적으로 강화되어왔다. 바로 그 결과가 지난 2002년 대통령 선거에서 프랑스 사회를 충격의 도가니로 몰아넣었던 대이변을 낳았던 것이다. 왜냐하면 프랑스의 극우정당인 '국

---

18 참고로 영국에서 활동하는 반인종주의적 단체들을 열거하면 다음과 같다. Anti-Nazi League; Commission for Racial Equality; Institute of Race Relations; National Assembly Against Racism; Searchlight; Racial Harassment; Black Information Link; Black Police Association; The Chronicle; Immigration Index; Joint Council for the Welfare of Immigrants; Positive Action on Housing; Amnesty International UK; United Kingdom Council for Human Rights 등이 그것이다.

민전선'(Le Front National; FN)의 당수 장 마리 르펜(J.-M. Le Pen)이 전체 유권자의 17%를 득표하여 사회당의 조스팽(Jospin) 후보(16%)를 물리치고 2위를 차지함으로써 대통령선거 결선투표에까지 진출했기 때문이다. 프랑스의 경우 이민자에 대한 제노포비아 현상과 극단화된 외국인 혐오적인 태도를 기치로 내건 국민전선(FN)의 급부상은 빠르게 확산되는 프랑스 내의 제노포비아를 이해하는 데 지극히 중요하다. 왜냐하면 공격적인 이민반대정책을 기치로 내걸었던 국민전선은 1972년 창당 당시에만 하더라도 주목받지 못했던 하나의 극우 소수정파에 지나지 않았기 때문이다.

당시 고성장을 거듭하던 프랑스 경제는 1973-74년의 오일쇼크를 계기로 장기적인 침체기에 접어들게 되었다. 그리고 이를 계기로 프랑스는 10년이 훨씬 넘게 고실업 상태가 지속되었다. 경기침체의 장기화와 실업문제의 해결책이 요원해보이면서 국민들의 불만과 불안심리가 프랑스사회에 팽배해졌다. 극우정당 국민전선의 급속한 정치적 성장은 바로 이러한 경제적인 위기의 산물이었다. 전통적인 대중정당의 경제위기 관리능력에 실망한 다수의 유권자들이 '프랑스인들의 프랑스'를 내세우는 국민전선의 주장에 동조하기 시작한 것이다. 국민전선의 주장이 외국인혐오증을 부추기는 점은 명백했으나, 이들이 내건 '프랑스인 우선주의'는 실업이나 불안정 고용상태에 놓인 다수의 프랑스인들에게는 매력적인 정치구호가 아닐 수 없었다.

국민전선은 특히 프랑스인의 정체성을 보호하기 위해서는 프랑스의 문화 및 역사와 다른 길을 걸어온 마그레브와 아프리카 출신의 흑인 이민자들을 프랑스 사회에서 추방하는 길밖에 없다고 주장한다.

국민전선은 이민규제정책의 필요성을 강조하며, 이민자와 실업자를 일치시키는 선동도 마다하지 않는다. 즉 "200만 명의 외국인 이민자 = 200만 명의 프랑스인 실업자"라는 구호는 1980년대 당시 국민전선을 상징하는 대표적인 정치 슬로건이었다. 그뿐만 아니라 국민전선은 이민자들의 밀집지역인 도시근교에서 발생하곤 하는 이민 2세들의 가벼운 범죄행위들을 정부가 제대로 대응하지 않는다고 비난하면서, 급증하는 이민자들로 인한 사회적 위협을 부각시켰다. 이와 동시에 국민전선은 이민자들의 상이한 삶의 양식을 문화의 '차이'가 아닌, 문화적 '위협'으로 둔갑시켜 프랑스인들로 하여금 과장된 피해의식을 사회적으로 확산시키고자 하였다.

국민전선은 이처럼 꾸준히 성장을 통해 최근에는 프랑스의 제3당으로 급부상했다. 국민전선은 현재 초대 당수인 장 마리 르펜(Jean-Marie Le Pen)의 막내딸이자 변호사인 마린 르펜(Marine Le Pen)이 이끌고 있으며 내년 대선에 출마할 예정이다. 그녀는 반이민·반난민·반이슬람의 기치를 내걸고 기존의 좌·우파 정치세력들을 공히 비판한다. 유럽의 대표적 극우정당인 국민전선은 다시금 2014년 5월에 있었던 유럽의회 선거에서 전체의 26%에 달하는 득표율로 프랑스 제1정당의 지위에 올라섰다. 그리고 같은 해 9월 상원의원 선거에서는 최초로 상원의원 2명을 당선시켜 세력을 날로 강화시키고 있다.[19]

---

19 내년 4월에 실시될 프랑스 대통령 선거에 대한 한 여론조사에 의하면 우파 성향의 제1야당인 공화당의 프랑수아 피용 후보가 지지율 30~31%, 극우정당 국민전선의 당수 마린 르펜 후보가 24~25%를 얻을 것이며, 양자 모두 과반

이처럼 극우세력이 막강한 정치세력으로 부상한 프랑스와 달리 독일, 특히 통일 이전 서독의 경우 외국인혐오증이 등장하게 된 계기는 1970년대의 오일쇼크와 이로 인한 경기침체의 여파였다. 서독의 경기침체는 이민자 노동력에 대한 부정적인 반응인 '외국인혐오증'(Auslaenderfeindlichkeit)으로 표면화되어 독일사회에 정착하게 된다.[20] 이러한 경향은 1980년대까지 지속되었는데, 외국인 노동이민자에 대한 혐오증은 독일통일 이후에 보다 극명하게 드러난다. 왜냐하면 통일 비용을 적절히 예상하지 못했던 정부의 실책은, 동독 재건을 위한 엄청난 재원 투입에도 불구하고 동독 경제를 회생시키지 못했다. 이로 인한 사회경제적인 상황 악화는 외국인혐오증을 확대, 증가시키는 중요한 요소로 작용했다. 경제적인 불만에서 비롯된 정부에 대한 총체적인 비난은 점차 이민노동자들에 대한 혐오적인 태도로 발전하게 되었고, 이는 독일 거주 이민자들에게 모든 원인을 뒤집어씌우는 '속죄양'의 역할을 떠맡게 하는 결과로 나타났다. 특히 구 서독지역과는 달리 구 동독지역의 주민들이 지닌 외국인혐오증의 정도는 훨씬 높다. 뿐만 아니라 동독 주민의 경우, 외국인혐오적인 태도는 여러 연령층에 균일하게 분포되어 있다.[21] 통일 이후의 경제 상황은 동서독 지역의

수에 이르지 못하기 때문에 5월에 있을 2차 결선투표에 진출할 것이라고 한다. 《서울신문》, 2016. 12. 6.

20 외국인혐오증에 대한 보다 자세한 논의는 Christoph Butterwegge, *Rechtsextremismus,* 12–13 참조.

21 이에 대해서는 Wolfgang Benz, *Auf dem Weg zum Buergerkrieg?* (Frankfurt am Main, 2001), 44–45 참조.

제노포비아 현상의 정도에도 차이를 드러내고 있다.[22] 그리고 독일통일 이후에 조사된 대부분의 연구결과들은 주민들의 교육정도나 계층적인 차이와 외국인혐오증의 정도가 밀접한 상관관계가 있음을 드러내주고 있다. 예를 들면 제노포비아를 수반하는 태도는 교육정도가 높은 공무원이나 사무원들에 비해, 상대적으로 교육정도가 낮은 집단에 속하는 실업계 고교생들과 노동자들 그리고 농부들에게서 보다 두드러지게 나타나고 있다.[23]

이러한 외국인혐오증을 빌미로 성장한 독일의 극우정당 현황을 살펴보면 다음과 같다. 우선 전후에 히틀러의 나치당(NSDAP)은 해체되었다. 그러나 1949년 정치활동의 자유가 보장되자 나치세력들이 재

---

22 구 동독 주민들에 비해 상대적으로 경제적인 안정을 유지하고 있는 구 서독 주민들의 경우는 외국인혐오증의 정도가 낮다. 예를 들면, 1998년의 경우 구 동독 성인의 48% 그리고 청소년의 경우 50%가 "일자리 배정은 독일인들에게 우선권을 보장해야 한다"는 요구를 당연시하는 반면, 서독인들의 그것은 약 28% 그리고 서독 청소년들의 경우 약 21%가 이에 동의하고 있다. 뿐만 아니라, 외국이민자들이 독일인들의 일자리를 앗아간다거나 사회보장부금의 부담을 가중시킨다는 비난을 하는 동독인들은 약 55%, 서독인들은 약 30%를 나타내고 있다. 독일 내에서의 일자리가 부족할 경우, 이민자들은 자신의 고향으로 돌아가야 한다는 주장에는 동독인들의 40% 그리고 서독인들의 24%가 찬성하고 있다. Juergen R. Winkler, "Formen und Determinanten fremdenfeindlicher Einstellungen in der Bundesrepublik Deutschland," van Deth, Jan & Rattinger, Hans & Roller, Edeltraut hrg, *Die Republik auf dem Weg zur Normalitaet?. Wahlverhalten und politische Einstellungen nach acht Jahren Einheit* (Opladen, 2000), 359–367 참조.

23 이에 대해서는 Juergen R. Winkler, "Formen und Determinanten fremdenfeindlicher Einstellungen in der Bundesrepublik Deutschland," 359, 382 참조.

집결, 재조직화한 '사회주의제국당'(SRP)은 전후 독일 최초의 극우정당이었지만, 1952년 연방헌법재판소(Bundesverfassungsgericht)의 판결에 의해 정치활동이 금지돼 해체되었다. 그 후 독일경제가 극도의 침체기에 도달했던 1966-67년 당시 극우세력들이 다시금 결성한 정당이 '독일민족당'(NPD)인데, 이들은 외국인 초빙노동자의 유입에 반대함으로써 무려 7개의 지방의회에 의원들을 내보낼 정도로 세력을 과시했다. 그러나 1971년 지방의회 선거에서 주민들로부터 외면당해 참패함으로써 세력이 약화됐다. 극우파들이 다시금 정치세력으로 규합해서 본격적으로 활동을 재개한 것은 1980년대 중반에 창당된 '공화당'(Republikaner)과 '독일민족연맹'(DVU)의 등장 이후부터이다. 독일통일 이후 첫 선거인 1993-94년의 선거에서 이들 양대 극우정당은 통일 이후 진행된 사회경제적인 위기상황에 편승해서 지방의회 의석을 장악할 수 있게 되었다. 이들의 발호는 통일 이후 불거져 나온 여러 문제들을 신속하게 해결해내지 못한 기존 대중정당들인 사민당(SPD)이나 기민당(CDU)의 무능력에 실망한 일반 주민들의 불만에 힘입은 바가 컸다.[24]

문제는 독일통일 이후 빈발하였던 극우 신나치세력들의 외국인 난민이나 이민자들에 대한 테러행위의 과격성이다. 극우파에 의한 외국인 테러 상황은 통일 이후 급속히 증가했다. 통일 후 채 3년이 안돼 구 동독의 뤼벡(Luebeck)과 묄른(Moelln) 등 여러 지역에서 일어난 외

---

24 이 점은 Hans-Gerd Jaschke, *Rechtsextremismus ind Fremdenfeindlichkeit* (Wiesbaden. 2001), 101 참조.

국인 테러행위들은 전 세계의 시민들을 경악케 했다. 특히 주목할 점은 전체 범죄행위 중에 독일 인구의 약 20%를 차지하는 구 동독지역에서 극우주의자들에 의한 범죄행위만 무려 50%에 달하고 있다는 점이다.[25] 그럼 외국인 테러에 있어서 구 동독지역과 구 서독지역의 차이는 왜 존재할까? 통일 이전의 동독정권 당시에는 극우주의자들이 없었을까? 최근에 밝혀진 사실이지만, 이미 동독 시절에도 1천여 명의 스킨헤드와 어림잡아 1만5천 명에 달하는 극우파들이 동독의 국가안보국인 '슈타지'(Stasi: Staatssicherheitsdienst)와 경찰에 의해 철통같이 감시되고 있었다.[26] 따라서 구 동독지역에서 만연한 극우 테러행위는 동독 시절부터 축적되어온 극우세력들이 통일 이후의 혼란을 틈타, 사회적 약자인 외국인 이민자들을 희생양으로 삼아 테러행위를 일삼는 것에 다름 아니다. 바로 이러한 극우세력에 의한 다양한 테러양상은 통일 이후 독일인들의 제노포비아와 긴밀히 연관되어 있다.

이처럼 1970년대 이후 외국인혐오증에 의거한 극우정치 세력은 지속적으로 있어왔다. 다만 이들은 프랑스의 민족전선(NF)처럼 지속적인 정당으로 성장하지는 못하고 있다는 점이 주목할 만한데, 그 이유는 연방 및 지방의 헌법수호청이나 경찰의 지속적이고도 체계적인

---

25 이에 대해서는 Wolfgang Edelstein, "Die Ausbreitung einer rechten Jugendkultur in Deutschland," Felix Buechel Judith Glueck u. a. (Hg.), *Fremdenfeindlichkeit und Rechtsextremismus. Dokumentation einer multidisziplinaeren Vortragsreihe* (Opladen, 2002), 11–13 참조.

26 동독의 극우주의에 관한 보다 자세한 논의는 Wolfgang Edelstein, "Die Ausbreitung einer rechten Jugendkultur in Deutschland," 17–18 참조.

대응과 동시에 아직은 제3제국에 대한 부정적인 시민의식이 지배적이기 때문이다. 나아가 독일이 전후 시행한 국민들에 대한 다양한 정치교육, 즉 시민교육의 영향이 적지 않기 때문이기도 하다.

최근에는 '독일을 위한 대안당'(AfD; 약칭 '대안당')이라는 또 다른 이름의 극우정당이 돌풍처럼 등장했는데, 이들은 독일의 반난민 정서, 특히 '반이슬람'을 기치로 하며 2013년 창당된 신생 극우정당이다. 이라크와 시리아에서 벌어지는 이슬람국가(IS)의 학정에 시달린 난민들의 독일 유입이 2015년 한 해에만 무려 1백만 명을 넘어섰을 정도였다. 이러한 연방정부의 대규모적인 난민수용정책을 신랄하게 비판하는 대안당은 이미 독일 연방 16개 주 중 8개 주 의회에 입성했다. 대안당은 경기침체와 난민유입 그리고 이슬람극단주의 테러에 반대하는 강령을 내걸고 우파성향의 국민들의 지지를 확보했던 것이다. 2016년 3월초 대안당은 총인구 1천만 명이자 독일 내 3번째 인구를 보유한 주인 바덴뷔르템베르크 지방선거에서 득표율 15.1%로 제3당에 올랐고, 라인란트팔츠 주에서도 12.6%를 얻으며 역시 제3당이 됐다.

극우정당 대안당의 승리는 최근 몇 년간 독일에 대규모로 유입되고 있는 이슬람 난민들에 대한 반감과 난민들에 의한 테러와 범죄를 걱정하는 독일 국민들의 반이민 정서에 기인하는 바가 크다. 더욱이 2015년 프랑스의 파리에서 발생한 연쇄 테러를 비롯하여 2016년 프랑스의 휴양지 니스에서의 테러 그리고 벨기에 브뤼셀 공항 테러 등과 같이 유럽 전역을 공포로 몰아넣고 있는 이슬람극단주의자들에 의한 각종 테러도 극우 정당의 세력 확산에 힘을 실어주고 있다.[27] 기존의 이민자 통합에 대한 노력과 함께 제노포비아의 확산 문제와 극우세력의 발호에 대한 각국 정부들의 그간의 대응책을 살펴보면 다음과 같다.

4. 동화와 다문화의 이주민 통합정책

전후 유럽 사회의 이주민 통합정책은 제국주의 시대의 동화주의(assimilationism)에 입각하기보다는 다문화주의(multiculturalism)적 관점에서 추진되어 왔다고 할 수 있다. 동화주의는 이주민들이 자신들의 소수문화를 포기함으로써 다수를 차지하는 본토인들의 주류 문화에 적응하고 융합되게끔 하는 정책을 지향했다. 반면에 다문화주의는 현지인의 주류문화와 이주민의 소수문화를 공히 인정하면서 사회적인 통합을 추구하고자 하는 경향을 지녔다. 특히 서유럽 각국에서 시행된 이민정책과 이주민의 시민권 부여정책은 동화와 다문화적 관점이 혼용되곤 했지만, 대체적으로 다문화적 관점이 강하게 적용되곤 했다. 이를 구체적으로 살펴보면 아래와 같다.

먼저 영국의 경우, 제노포비아로 인한 현지인과 이주민 사이의 갈등을 해소하고 이주민 통합을 위해서 정부 차원에서는 무엇보다도 다

---

27 《한겨레》, 2016. 5. 2.

음과 같은 이민 및 시민권 정책을 시행해왔다.

첫째, 영국은 이민 억제정책을 점차 강화해왔다. 1950년대 말의 불경기는 유색인 이민자들에 대한 혐오증을 점차 증가시켰고, 따라서 이민자들을 본국으로 돌려보내라는 요구가 쏟아져 나왔다. 이에 영국 정부도 특히 1958년의 인종폭동을 계기로 '이민법'(Immigration Act)을 점차적으로 강화하기 시작했다. 1962년에 와서 영국의 보수당 정부는 유색인을 '동화'시키는 데는 한계가 있기 때문에 유색인 이민을 규제하는 '영연방이민법'(Commonwealth Immigrants Act)을 제정했다. 그러나 이 법 또한 영연방 소속 사람들은 누구나 영국에 이민할 수 있는 가능성이 열려 있었다. 따라서 우간다의 독재자 이디 아민(Idi Amin)의 폭정을 피해 1965–67년에 우간다 거주 인도인들이 대거 영국 본토로 이주했다. 사안이 생각했던 것처럼 돌아가지 않자 이번에는 좌파정당인 노동당 정부 주도로 제정된 '1968년의 영연방이민법'이다. 이 이민법은 영국 국민이나 영연방 시민이라도 이민 허가를 받아야 하는데, 그 핵심은 백인은 받아들이면서도 특히 흑인과 아시아계 시민들은 배제하는 데 있었다. 그 후 70년대까지 보수당과 노동당 정부 모두 이민법을 강화하는 데 앞장섰다. 특히 1981년에 개정된 국적법에 의하면, 영국과 영연방의 시민권을 1) British Citizen, 2) British Dependent Territories Citizen, 3) British Overseas Citizen 등 세 가지 범주로 구별하였다. 핵심은 대부분의 아시아 출신 영국 시민을 British Overseas Citizen으로 분류해 영국 본토에 거주할 권리를 제한하는 데 있었다. 나아가 1986년과 1988년에 이민법이 더욱 강화되었다. 1980년대 말에는 동구의 체제변혁기에 몰아닥친 다수의 정치적 망명자 유입을 통제하는 '1999년의 이민·피난민법'(Immigration and Asylum Act)을 제정하기까지 이르렀다.[28]

둘째, 외국인 이민자에 대한 또 다른 중요한 정책은 '인종차별금지법'(Race Relations Act)의 제정이다. 이 법은 1965년 노동당에 의해 제정됐고, 1976년에 개정되어 인종평등위원회(Commission for Racial Equality)를 설치했다. 그러나 본토인 노동자의 권익을 대변하던 노동당 정부는 2000년에 와서는 한편으로는 인종차별금지법을 제정하고, 다른 한편으로는 이민통제를 더욱 강화하기 위해 법 개정을 단행했다. 즉 '2000년의 인종관계법'에 의하면, 1) 공공기구는 인종차별 행위가 발생하지 않도록 예방해야 하고, 2) 공적 기능을 수행할 때 공공기구는 불법적인 인종차별을 제거할 뿐만 아니라, 각 인종그룹 사이에 기회균등과 좋은 관계를 증진하는 것에 특별히 신경을 써야 한다고 규정하고 있다. 나아가 인종차별금지법은 인종차별을 직접적인 인종차별, 간접적인 인종차별과 신고나 증언에 대한 부당대우 등으로 나누어 처벌한다. 나아가 직장이나 주택 및 교육 등 서비스 제공에 있어서의 차별을 행하는 개인 및 공공기관도 처벌 대상이 된다.

이처럼 전후부터 현재까지 영국정부는 법 제도적인 측면에서 볼 때, 한편으로는 외국인법의 지속적인 강화를 통해서 그리고 다른 한편으로는 소수인종 차별금지법을 통해서 문화적 다양성을 인정하는, 따라서 다문화주의적 방향에서 이주민의 사회통합을 추구해왔다. 원

28 Christa Boswell, *European Migration Policies in flux*, 3rd Ed. (London: Blackwell Publishing, 2003), 15–17 참조.

래 식민종주국이었던 영국은 전전에는 대체로 동화주의를 추구했으나, 전후부터는 다양한 소수민족의 문화와 종교의 권리를 보장해왔다. 따라서 영국은 프랑스나 독일과 같이 단순한 동화정책보다는 소수 민족의 문화적 다양성의 인정하는 다문화주의를 지향하는 정책을 지향해왔다고 할 수 있다.

나아가 이러한 다문화정책은 구체적으로는 기존의 이민자들 중 유색인 청년들에 대해서는 취업 및 사회보장제도의 확대를 통한 이주민 통합의 노력으로 나타났다. 특히 일정 정도의 소수 인종 이민자들에게는 경찰관이나 공직사회에의 취업문을 개방해 이들을 통합하려는 노력도 기울여왔다. 이러한 노력의 결과로 점차적이지만 유색인 이민자들은 직접 노동조합과 압력단체 등에 가입해서 정치적인 힘을 과시할 수 있게 되었고, 또한 정당에 가입해서 국회의원이 되기도 했다. 1987년 총선에서는 노동당 소속의 흑인 및 아시아계 국회의원이 처음으로 4명씩이나 탄생했다. 그 후 1992년에는 23명의 유색인이 입후보해 노동당 4명과 보수당 1명 도합 5명의 국회의원이 당선했다. 1997년 총선에서는 도합 9명의 유색인 의원이 당선됐으며, 2001년 총선에서는 12명이 당선됐다.

종합해보면 보수당과 노동당을 불문하고 영국정부는 당면한 이민문제에 대해서는 강한 억제정책을 실시했다. 1997년 토니 블레어가 집권한 이래 노동당도 '제3의 길'을 내세우면서 점점 기존의 이민자들 보호에서 관심이 멀어지고 있는 것 또한 사실이다.[29] 왜냐하면 신자유주의적 세계화의 진행에 발맞춰 노동당 정부도, 노동력의 국제적인 이동문제를 실용적인 차원에서 접근하고 있는 것은 분명하다. 왜냐하면 영국정부도 이제는 이민을 경제적인 이익과의 연관성 속에서 고려하고 있기 때문이다. 현재 고령화사회에 봉착한 영국의 주요 경제 분야에서는 노동부족 현상이 나타나고 있다. 따라서 고급인력에 대해서는 필요한 경우, 노동허가(work permit) 제도를 적용하여 영국 기업이 적극적으로 해외두뇌를 유치하는 데 도움을 주는 방향으로 정부의 역할을 규정하고 있다. 전반적으로 보면 영국도 이민문제나 노동허가 문제의 경우에 있어서 기업의 이익진흥과 국가 경제발전의 관점이 지배적인 비중을 차지하고 있는 것이 분명하다.

영국에 비해 프랑스의 이주민 내지 이민자 정책은 어떠할까. 앞서 언급했듯이 2002년 프랑스 대선에서 사회당을 누르고 제2당의 위치에 올라서기도 했던 극우정당 국민전선(FN)은 지금까지 평균 10~20% 정도의 안정적 지지를 지속적으로 확보해왔다. 따라서 현재의 집권정당인 사회당이나 공화당(이전의 명칭은 대중운동연합)은 어쨌든 이제까지 애써 무시해왔던 국민전선의 제노포비아적 선동과 사회적인 호응 현상을 제도적인 차원에서 해소하는 노력을 기울이지 않을 수 없었다. 이러한 점은 프랑스정부가 전통적으로 취해왔던 이민정책의 두 가지 기조, 즉 이민자 통제와 이주민의 사회적 통합이라는 차원에서 이해될 수 있다.

우선 1970년대 초반까지 유지되었던 프랑스의 개방적 이민정책은 북아프리카 지역인 마그레브에서 이슬람인들이 대거 이민해오자 동

29 이에 대해서는 김수행, 「영국의 제노포비아 현상에 대한 연구」, 67-68 참조.

화능력의 한계에 처하게 되었고, 프랑스 정부는 일단 이민정책을 중단했다. 나아가 프랑스정부의 이민통제정책은 외국인들의 체류자격을 억제하는 방향으로 법제화하는 경향을 나타내기 시작했다. 즉 비자 발급 심사나 프랑스 국내에서의 거주지 증명, 체제비용 증명 등과 같은 입국조건들을 정책적으로 보다 강화하고, 불법이민자들에 대해서는 강제 추방하는 조치 등을 추가해서 이민법을 강화시켰다. 1980년에 제정된 보네(Bonnet) 법안도 불법이민자에 대한 대책과 외국인의 입국과 거주에 관한 권리들을 규정하는 내용을 포함하고 있었다.

하지만 이러한 이민 억제 내지 통제정책의 강화 속에서도 기존의 이민자들을 프랑스 사회에 효과적으로 동화시켜 이주민을 통합하려는 노력도 병행됐다. 왜냐하면 프랑스 정부가 통제와 동화라는 양대 정책을 동시에 추진한 이유로서는 불법이민을 마구잡이식으로 억제만 하는 정책이 능사는 아니라는 점을 깨달았기 때문이다. 다시 말해서 이민을 효과적으로 100% 통제하는 것은 현실적으로 불가능했기 때문이다. 이러한 배경에서 이민자들을 프랑스 사회에 동화시키려는 노력은 좌파 미테랑 정부가 등장한 후인 1984년의 이민법이었다. 이 법은 이민자의 통합을 보다 용이하게 한 것이 그 특징이다. 구체적인 내용으로는 1) 고용과 체류의 권리를 분리하고, 2) 3년 이상 프랑스 국내에 거주한 모든 외국인은 유효기간 10년의 장기체류증인 '레지던스 카드'를 취득할 수 있으며, 아울러 이 카드는 유효기간이 만료되면 자동 갱신되기 때문에 실질적으로 영주권을 부여하는 것과 같았고, 3) 이 법은 이민자들을 필요시에 투입하는 노동자원이 아니라 이제는 프랑스 사회의 구성원으로 인식함으로써 이민자들의 본국 송환을 목표로 했던 과거의 이민정책과는 실질적으로 구별되고 있었다. 사회당 정부의 이러한 외국인 이민자 통합정책은 프랑스에 장기 체류해온 10여만 명에 달하는 기존의 불법이민자들에게 영주권 취득을 용이하게 했고, 아울러 프랑스 사회의 구성원으로 정식 편입하는 효과를 낳게 되었다.[30]

나아가 프랑스의 사회당 정부는 소수민족의 문화적 다양성을 용인하면서 이주민들을 효과적으로 통합하는 데 주력했던 것이다. 즉 전후 프랑스에서는 다양한 소수민족의 문화와 종교의 권리가 보장되었다. 따라서 프랑스는 문화적인 측면에서 볼 때, 단순한 동화정책보다는 다문화주의를 지향하는 정책을 옹호하는 국가로 분류된다. 문화적 다양성의 인정은 프랑스 사회에서 주류문화와 소수 이민자 문화가 공존하는 다문화사회의 특성을 보여주고 있다.

다만 프랑스 정부는 신규 이민자들에 대해서는 보다 엄격한 이민정책을 구사했다. 1986년에는 내무장관 파스쿠아(Pasqua)가 1980년의 보네(Bonnet) 법안을 더욱 강화한 법안을 제안해서 통과되었다. 이 법에 의하면 학생의 체류자격도 점차 강화하여 학업이 끝나면 프랑스에 체류할 수 있는 모든 가능성을 원천 봉쇄했다. 뿐만 아니라 불법체류 외국인의 강제 축출에 대한 결정을 지루한 법적 절차에 맞춰 심사하는 사법부 대신, 신속하고도 효율적으로 집행하는 행정부의 관할 하에 두도록 했다. 이로써 프랑스를 떠나는 외국인의 숫자를 단기간 내

30 이에 대해서는 이환식, 「프랑스의 제노포비아 현상」, 『유럽의 제노포비아』(문화과학사, 2006), 152-153참조.

에 증가시키는 효과를 가져왔다.[31] 그리고 1997년에 통과된 새 '국적법'은 속지주의 원칙을 적용하였는데, 프랑스 국내에서 외국인 부모에게서 태어난 자녀들은 만 18세가 되면 자동으로 국적을 취득할 수 있게 했다.

요컨대 프랑스의 이주민 정책은 1970년대와 80년대를 거치면서 이슬람권 이주민들의 급격한 증가와 함께 점차 이민을 억제하는 방향으로 가닥을 잡았고 이를 강화하는 차원에서 입법과 정책집행이 이루어졌다. 다만 현재 프랑스 전체 인구의 약 7%에 달하는 기존의 이주민들에 대해서는 보다 포용적인 이주민 정책에 역점을 두었다. 프랑스의 기존 외국인 이주민들은 현지인들에 비해 상대적으로 취업 및 경제활동 영역에서 상당히 열악한 상황에 놓여있다. 이 때문에 프랑스는 과거와는 달리 보다 인간적인 이주민 통합정책을 펴고 있는데, 예를 들면 사회 각 영역에서의 소수민족의 문화적 다양성을 인정하면서 이들을 다시금 프랑스 사회에 통합하고자 노력해온 것이 그것이다. 그리고 새로운 국적법 시행을 통해 외국인 이민자들을 보다 적극적으로 프랑스 사회에 통합하려는 노력을 기울이고 있다.[32]

프랑스와 함께 독일 또한 이민자 통합을 위해 애써 왔다. 앞서 말

31 Michel Wieviorka, "Does France Represent a Unique Case, or is it Representative of a Trend?," John Wrench and John Solomos, *Racism and Migration in West Europe* (Oxford: Berg Publishers, 1993), 30–34 참조.

32 장세훈, 「서유럽 정치지형의 변화와 극우파의 정치세력화: 독일과 프랑스를 중심으로」, 『입법자료분석』 제13권 (1992. 12), 32–64 참조.

했듯이 2004년 독일에 거주하는 외국계 이민자 수는 약 7백30만여 명에 달하며, 전체 인구의 약 9%를 차지하고 있다. 그리고 출생률은 감안하면 독일 인구는 2040년까지 지속적으로 감소할 것이기 때문에 앞으로도 독일은 지속적으로 외국인 이주민의 노동력에 의존해야 할 것이다.[33] 이를 위해 독일정부도 제노포비아와 극우주의에 대한 대응 방안을 모색하고 있는데, 그중 중요한 것으로서는 1) 외국인 노동이민자에 대한 국적권 부여와 2) 지방정치 수준에서의 참정권 허용 등을 통한 외국인 통합정책을 시도하고 있다.

먼저 독일은 원래 영국, 프랑스와 달리 혈통주의에 근거한 국적권을 유지해왔다. 독일정부는 이미 1978년부터 최소한 8년간 중단 없이 합법적으로 취업한 외국인에게는 무기한으로 특별노동허가를 부여하고, 1980년부터는 18세 이전에 부모와 함께 서독에 입국한 외국인 이민자의 자녀들을 5년 기간의 특별노동허가를 부여해 외국인 이주민의 신분을 안정화시키고자 했다.[34] 그러나 이러한 다소 수동적인 이민정책은 2000년 1월 1일부로 새로이 마련된 국적법에 의해 획기적으로 변화하게 되었다. 이에 따르면 독일 태생 외국인 아동들은 부모 중 한 쪽이 적어도 8년 이상 독일에 합법적으로 거주했고 무기한 체류허가나 영주권을 소유하고 있으면 자동적으로 국적을 취득한다. 이로써 전통적으로 혈통주의(*ius sanguis*)에 근거를 둔 독일의 국적권이 출생지

---

33 Christa Boswell, *European Migration Policies in flux*, 17–19 참조.

34 이에 대해서는 임현진·설동훈, 『외국인근로자 고용허가제 도입방안』(노동부, 2000), 85 참조.

역(*ius soli*)에 근거한 국적권으로 확장되는 계기를 마련하게 되었다.[35] 사민당과 녹색당 연정에 의해 2000년 1월 개정 발효된 국적법에 의하면 현재 약 730만 명에 달하는 독일 거주 외국인 중 약 절반에 해당하는 300내지 400만 명이 독일국적 취득 자격을 획득하게 된다.[36]

둘째, 지방정치 수준에서의 참정권 허용문제이다. 전체 외국인의 약 25%에 달하는 유럽연합 소속국 출신 외국인들은 1995년부터 시, 구 등의 지역의회와 유럽의회의 구성원에 대한 선거권이 부여됐다. 그러나 비유럽계, 즉 유럽연합 회원국이 아닌 외국인은 아직은 연방 차원이든 지방, 즉 주정부 차원이든 참정권이 없다. 따라서 독일에서 외국인의 정치 참여는 제한적으로만 반영되고 있기 때문에 다수의 터키계 이민자 등을 비롯한 비유럽연합국가 출신 외국인 이민자들을 포용하는 보다 효과적인 외국인통합정책은 아직도 미흡한 실정이다.

전후 독일에 이민이 시작된 이래 다양한 소수민족의 문화와 종교의 권리는 이제까지 독일에서 잘 보장되어 왔다. 따라서 이러한 측면에서 보면 독일은 영국이나 프랑스와 함께 단순한 동화정책보다는 다

---

35 혈통주의에서 속지주의로의 전환에 대한 논의는 Anita Boecher & Dietrich Thraenhardt, "Einbuergerung und Mehrstaatigkeit in Deutschland und den Niederlanden," Dietrich Thraenhardt und Uwe Hunger, hrg. *Migration im Spannungsfeld von Globalisierung und Nationalstaat*. Leviathan Sonderheft 22 (Wiesbaden, 2003), 122–123 참조.

36 이에 대한 좀 더 자세한 논의는 John Wrench and John Solomos, "Race and Racism in contemporary Europe," John Wrench and John Solomos. ed. *Racism and Migration in Western Europe* (Oxford: Berg Publishers, 1993), 11–12 참조.

문화주의를 지향하는 정책을 옹호하는 국가로 분류된다. 문화적 다양성의 인정은 독일사회에서 주류문화와 소수 이민자 문화가 공존하는 다문화사회의 특성을 보여 왔다고 할 수 있다.

이제까지의 논의를 종합해보면 영국, 프랑스 그리고 독일에서의 이주민 통합정책과 문화정책상의 특성은 동화에 주력했다기보다는 대체적으로 다문화주의적 관점에 역점을 두었다고 할 수 있다. 이들 3개국은 국적 취득에 관한 사항 외에도 1) 지방 및 국가적 차원에서의 정치적 대표권을 포함하는 소수자의 정치적 권리, 2) 소수자들의 다양한 종교적 및 문화적 권리, 3) 소수자의 권리보호와 시민권 확보를 위해 많은 노력을 기울여왔다. 물론 유럽연합 외의 이주민들에게는 이러한 권리의 보장에 있어서 다소 취약한 측면이 있었음을 부정할 수는 없을 것이다.[37]

그러나 이러한 3개국 정부의 다문화 지향적인 정책에도 불구하고 본토인 내지 현지인과 이주민 사이의 사회적 통합과 공존은 현재 적지 않은 어려움에 처해 있다. 최근에는 시리아에서의 이슬람국가(IS)의 준동과 학정에 시달린 이슬람 난민들이 1백만 명 정도 독일에 대규모로 수용되고 있기에 독일 국민들의 반발이 극심하다. 최근 독일에서 돌풍을 일으킨 신생 극우정당 '독일을 위한 대안당'(AfD)은 시리아의 이슬람국가(IS)의 학정을 피해 들어온 이슬람 난민들이 1백만 명을 넘어서자, 난민 유입 차단과 국경통제 강화를 촉구하면서 급속히

37 이에 대한 좀 더 자세한 논의는 John Wrench and John Solomos, "Race and Racism in contemporary Europe," 11-12 참조.

세력을 불려나갔다. 그리고 영국에서는 2016년 초 반유럽연합 및 반이민을 기치로 내건 극우 영국독립당(UKIP)의 수장 나이절 패라지가 '브렉시트'(영국의 유럽연합·EU 탈퇴) 캠페인을 성공적으로 이끌어냈다.[38] 그리고 프랑스의 국민전선(FN)은 '프랑스인들의 프랑스'를 내세우며 외국인혐오증을 부추겼다. 도시근교에서 발생하곤 하는 이주민 2세들의 가벼운 범죄행위들을 문화 차이가 아닌, 문화적 '위협'으로 둔갑시켜 프랑스인들의 공포의식을 확산시킴으로써 프랑스 정계에서 제3당의 지위를 공고히 했다. 이러한 영, 불, 독을 중심으로 한 유럽 사회의 다문화적 사회통합 노력의 어려움과 정치적 불안의 확산은 이제까지의 정책에 대한 반성과 새로운 대안 마련의 필요성을 증가시켰다고 할 수 있다.

5. 다문화주의에서 상호문화주의로

지금까지의 논의를 요약해보면 다음과 같다. 즉 일찍이 식민지를 경영했넌 영국과 프랑스는 제2차 세계대전 직후부터 극심한 국내 노동인력 부족현상을 충족시키기 위해 이들 식민지 출신의 이민노동자들을 받아들여 정착시켰다. 이러한 과정 속에서 식민지 출신의 유색

38 《뉴시스》, 2016. 12. 6.

인 이민자들은 일찍부터 노동시장에서 본국인들과 경쟁관계에 돌입하지 않을 수 없었다. 물론 경제적 상황이 좋을 때는 문제가 크게 부각되지 않았다. 하지만 경제상황이 좋지 않을 경우, 노동시장에서의 일자리를 둘러싼 무한경쟁 상황의 지속은 사회적 소수자인 유색인 이민자들에 대한 혐오나 외국인 배척주의로 나타났고, 이는 궁극적으로 제노포비아, 즉 외국인혐오증이나 인종주의 등에 의한 인종갈등으로 치닫곤 했다. 문화적인 차이나 종교적인 차이 등과 같은 인종 갈등 양상은 특히 영국의 경우에는 인종적으로 소수자 그룹인 유색인들에 의한 대규모적인 폭동으로 나타나곤 했다. 반면에 식민지 경영의 경험이 취약한 독일의 경우에는 겉보기와는 달리 전혀 다른 양상으로 외국인혐오증과 인종 갈등이 드러나곤 하는데, 그것은 이민자들에 대한 극우파들의 일방적인 테러행위로 나타났다. 무엇보다도 전후의 독일은 경제부흥을 위해 상당히 짧은 기간 동안에 주로 터키인들을 중심으로 한 이주노동자를 불러들였으나 경제상황의 호불호에 따라 독일 내 거주 이민자들의 입지가 종속되었다고 할 수 있다.

이러한 배경에서 영국, 독일 그리고 프랑스 등 3개국의 정치문화와 정당체제는 제노포비아 현상을 반영하기도 하지만 동시에 제노포비아가 정치적으로 어떻게 이용되었는지를 보여준다. 중도좌파 정당들과는 달리 보수적인 우파정당들은 대체적으로 이러한 제노포비아 현상을 자당의 득표율 제고 및 지지율 상승을 위해 이용하곤 한다.[39]

---

39 통일 직후인 1991/92년 당시 독일에서 외국인혐오증이 폭발적으로 증가한 현상의 이면에는 '정부'가 난민들과 이들의 상황을 침소봉대하고, 광범하면서도

이러한 현상은 영국의 극우정당 민족전선(NF)이 보수당의 대처가 장기집권하고 있을 당시에 거의 힘을 쓰지 못했다는 사실을 보더라도 명백하다. 반면에 프랑스의 극우정당 국민전선(FN)은 강력한 우파세력의 집결력 부재를 틈타 정치적으로 급속히 성장할 수 있는 발판을 구축했다고 평가되고 있다.

나아가 각국별 이민정책을 살펴보면, 영국과 프랑스는 원래 과거 식민지에서 온 이민자들을 우대조치하며, 시민권을 부여하기도 한다. 일반적으로 이들 양국은 일방적인 동화보다는 다문화적 관점에서 소수문화의 존재를 인정함으로써 주류와 소수문화가 공존하는 이주민 정책을 시행해왔다. 구체적으로는 이민자의 영구적인 이주와 가족의 재결합도 허용하는 정책으로 나타났다. 다만 다른 유럽국가에서 온 이주자들은 식민지에서 온 이민자들보다 상대적으로 적은 권한만 부여받았다. 이와는 달리 독일의 경우 처음에는 엄격한 '초빙노동자' 정책에 따라 가족의 재결합을 인정하지 않았고, 매우 제한적인 귀화 조건하에서 국적권 취득을 허용했다. 그러나 현재 독일은 국적권 취득에서 다소 완화된 정책을 시도하고 있으며, 영국과 프랑스처럼 가족 재결합과 주거개선에도 노력해왔다. 전반적으로 보아 유럽국가들 사이에는 이민정책이 수렴하는 경향을 보이고 있는데, 이러한 추세는 앞으로는 유럽연합 차원에서의 통합된 이민정책으로 나타날 것이다.

공격적인 캠페인을 주도했다는 점이 지적되고 있다. 이에 대해서는 D. Thränhardt, "The Political Uses of Xenophobia in England, France, and Germany," *Party Politics*, 1. Jg (1995)를 참조.

이민정책의 변화와 함께 눈여겨보아야 할 점은 최근에 와서 변화 추세를 보이고 있는 이주민 통합정책이다. 특히 제2차 세계대전 이후 산업에 투입해야 할 노동력이 긴급히 필요해서 다수의 외국인 노동이민자들을 끌어들였던 유럽은 고도성장을 통한 안정을 되찾음으로써 이주노동자들의 처우방안을 고민하게 되었다. 특히 영국, 독일, 프랑스 등의 당면 과제는 첫째, 이주노동자들을 다시금 자신들의 고국으로 돌려보내거나 아니면 둘째, 노동이민자들을 주류사회에 동화시키거나 그것도 아니면 셋째, 주류사회의 본토인들과 이주민들이 함께 공존하는 방안을 모색하고 이를 정책적으로 실행하는 방안이었다. 그리고 전후의 유럽 사회는 이들 중 첫 번째는 지속적인 저렴한 노동력의 필요성과 인권침해의 문제 등의 이유 때문에 채택하기 어려웠고, 그 대신에 두 번째와 세 번째 방안을 고려하면서 주로 세 번째 방안을 채택했다.

이러한 배경에서 서유럽의 대표적인 이민 국가들인 영국, 프랑스, 독일이 전후부터 지금까지 추진해온 문화적인 측면에서의 이주민 통합정책은 대체로 이주 노동자들을 자국민 사회에 동화(assimilation)시키려 했다기보다는 이주노동자들의 고국 문화, 즉 그들의 고유한 문화적 관습을 존중하는 정책을 실시해왔다. 달리 말하자면 본토인들의 주류문화에 일방적으로 동화시키기보다는 이주노동자들의 다양한 소수문화를 존중하면서 이들을 주류사회의 문화와 함께 공존하는 하나 또는 여러 소수 문화집단으로 용인하는 정책을 구사하면서 이주노동자들과 더불어 살아가는 건전한 사회의 건설을 추구해왔던 것이다. 그리고 이러한 정책들을 일반적으로 다문화 사회를 지향하는 정책 또는 다문화주의(multiculturalism) 정책이라고 불러왔으며, 이를 제국주의 구시대의 일방적인 동화주의(assimilationism) 정책을 극복할 수 있는 바람직한 정책으로 받아들였던 것이다.

그러나 세기말 유럽 각국에서는 제노포비아의 확산과 함께 극우 세력이 준동했고, 밀레니엄을 거치면서 본토인과 이주민 사이에 폭동과 테러가 빈발했다. 특히 2001년 미국의 9·11테러가 초래한 유럽 내 반이민 정서는 기존의 다문화정책에 대한 성찰과 재고를 요구하게 하였다. 이러한 사정 때문에 다문화주의 또는 다문화정책 자체는 이제 소수 이민자와 다수 본토인에게서 공히 부정적으로 평가되곤 했다. 그 이유는 다문화주의라는 용어는 본토인들의 주류문화에 비해 소수만이 향유하는 이민자문화를 특징짓고 구별해주며, 따라서 강자인 주류문화에 비해 비주류내지 약자의 문화이자 저급한 문화로 구분해주는 용어로 인식되곤 했기 때문이다. 뿐만 아니라 다문화정책의 이름으로 지원되는 이민자 지원 사업에 대해 본토인들은 자신들의 세금을 소수 이민자들에게 퍼부어준다고 비난하였고, 이민자들 또한 이러한 다문화정책에 따른 지원 사업이 이민자들에 대한 본토인들의 사회적 편견을 조장한다고 비판했던 것이다. 더욱이 최근에는 이들 국가에서 이슬람극단주의 테러가 기승을 부리고 있는 상황을 고려해볼 때, 다양성이 존중되어왔다고 자부했던 유럽 사회에서 더 이상 이러한 다문화주의적 이민자 포용정책이 이제 한계에 도달했을 뿐만 아니라 그 효력을 상실했다는 인식이 다수 유럽인들에게 확산되었다.[40]

이러한 이유 때문에 유럽 사회는 금세기에 들어오면서 이민자 정책의 방향 전환을 시도하게 되는데, 그것은 다름 아닌 '상호문화주의'

(interculturalism)에로의 전환이라고 할 수 있다. 상호문화주의는 원래 1960년대에 캐나다의 퀘벡주가 연방에서 분리·독립해 나가려고 했을 때, 이에 반대하면서 연방 잔류를 추구했던 프랑스계 민족주의 세력이 제기했던 용어이다.[41] 그 후 연방 차원에서 1971년 캐나다 정부는 다양한 민족들을 통합하는 정책원리로서 다문화주의를 공식적으로 채택했다. 그러나 퀘벡주에서 다수를 차지하는 프랑스계 민족은 연방정부의 다문화정책은 캐나다 내 프랑스계 민족을 여러 소수 민족들 중 하나로 간주하게 되는 결과를 초래한다면서 격렬히 반발했다. 그러면서 이들 캐나다의 프랑스계 민족은 연방의 다수를 차지하는 영국계 민족과 결코 차이가 없는 동등한 국가구성원임을 강조했다. 따라서 프랑스계 민족은 영국계와 프랑스계가 상호 간에 대등한 위치에서 교류하면서 사회통합을 이루는 상호문화주의를 선호했던 것이다. 요컨대 이들은 캐나다 인구의 다수를 점하는 주류 민족에 속하는 영국계와 상대적으로 소수민족이긴 하지만 자신들의 동등한 대우를 요

40 특히 독일의 메르켈 수상, 영국의 캐머런 수상 그리고 프랑스의 사르코지 대통령 등도 2010년에서 2011년 사이에 각기 자국의 이민자들에 대한 다문화주의적 포용정책의 문제점을 공개적으로 천명하곤 했다. 뿐만 아니라 유럽의회 차원에서도 유럽 사회의 기존의 다문화 정책의 실패를 인정했던 것이다. 이에 대한 자세한 논의는 오정은, 「유럽의 상호문화정책 연구: 상호문화도시 프로그램을 중심으로」, 『다문화와 평화』 제6권 (2012), 특히 38-39 참조.

41 캐나다에서 상호문화주의가 등장한 배경에 관한 논의는 Cory Blad and Philippe Couton, "The Rise of an Intercultural Nation: Immigration, Diversity and Nationhood in Quebec," *Journal of Ethnic and Migration Studies*, Vol. 35, No. 4 (2009), 645-667 참조.

구하는 프랑스계 민족 사이의 긴장된 관계를 보다 합리적으로 통합하기 위해서는 연방정부의 다문화주의에 입각한 정책을 폐기하고 상호문화주의 정책을 도입해야 한다고 강조했던 것이다.[42]

요컨대 캐나다에서 시작된 상호문화주의는 여러 민족이 함께 공존하는 사회통합의 원리인데, 그 핵심은 다양한 여러 민족들이 상호 동등한 입장에서 타 민족의 고유한 문화를 이해하고 존중하는 개방적인 자세를 견지하면서 사회통합을 이루어야 한다는 논리에 있다. 이와는 달리 오늘날 다문화주의는 그 핵심에 있어서 다양한 민족들의 문화를 동등하게 고려하기보다는 지배적인 본토박이의 주류문화가 이민자의 비주류 혹은 소수문화로 구분하고, 이를 용인하고 관용하면서 궁극적으로는 비대칭적인 관계에서 공존하고자 하는 경향을 나타내고 있다는 비판을 받곤 한다. 반면에 상호문화주의는 민족들 간의 다양한 차이를 인정할 뿐만 아니라 이들 사이의 동등한 존중을 통해 공존하는 사회통합 정책이라고 할 수 있다. 이러한 맥락에서 오늘날 상호문화주의는 특히 다민족 국가에서 여러 민족문화들 사이의 상하관계를 부정하고, 동등한 지위에서 상호 간에 상대방 문화를 존중하고 상호 교류하는 데 주안점을 두고 있는 새로운 이념이라고 할 수 있다. 이러한 맥락에서 보면, 이제까지 다문화주의 또는 이의 정책적 반영인 다문화 정책이 무엇보다도 한 국가 내의 다양한 문화들 사이의 수동적이고도 단순한 '공존'에 역점을 두어왔다면, 상호문화주

42 Gérald Bouchard, "What Is Interculturalism?" *McGill Law Journal*, Vol. 56, No. 2 (2011), 462.

의의 관점은 다양한 문화들 사이의 대등한 상호작용과 '교류'를 강조하는 데 그 핵심이 있다.[43]

전후에 유럽 각국이 채택한 전통적인 다문화 정책의 결과는 유럽의 여러 나라들에서 형성된 '게토'로 불리는 이민자 밀집 거주 지역에서도 엿볼 수 있다. 다문화 정책은 원래의 긍정적인 취지와는 달리, 주류 사회의 용인과 관용 속에 비주류 사회의 구성원들인 이주민들을 결과적으로는 도시의 외곽에 자신들만의 공간을 서서히 구축하게 한 부정적인 결과를 초래했다. 왜냐하면 이주민들에 의한 집단거주 지역의 형성은 달리 말하면 토박이 현지인들과의 접촉이나 교류의 부재를 의미하며, 함께 거주하기보다는 자신들만의 공간을 구축함으로써 사회적 통합에 역주행하는 결과를 초래했기 때문이다. 현재 유럽 사회 곳곳에서 나타나고 있는 본토인과 이주민 사이의 갈등과 폭동 그리고 연이은 끔찍한 테러는 바로 이러한 교류와 소통이 배제된 문화적인 고립에서 비롯되는 현상이라는 점에 문제의 심각성이 있다.

이러한 맥락에서 볼 때 상호문화주의는 현재의 유럽 사회가 당면한 바로 이러한 문제의 심각성을 해결하기 위한 적절한 대안으로 부상한 것이 아닐까 생각된다. 즉 다문화 정책과는 달리 지금 시도되고 있는 상호문화 정책은 본토인과 분리되어 이민자들끼리 특정 구역에 집단 거주하는 것을 경계한다. 왜냐하면 다수의 현지인들과 격리된 특정 이주민들만의 집단거주 지역 형성은 다양한 문화들 사이의 소

---

43 이에 대해서는 오정은, 「유럽의 상호문화정책 연구: 상호문화도시 프로그램을 중심으로」, 42-43 참조.

통과 교류를 방해함으로써 현지인과 이주민 사이의 격리현상을 심화시킬 수 있기 때문이다. 따라서 상호문화정책이 역점을 두는 것은 일반적으로 학생들에게는 기숙사 그리고 일반인들에게는 공공 임대아파트 등과 같은 집단거주 시설에 소수 민족별 거주가능 할당제를 도입함으로써 소수 민족들에 의한 게토 형성, 즉 집단 거주 지역 구축을 사전에 방지하는 데 있다. 이처럼 상호문화주의에 의거한 이민자 통합정책은 현재 유럽 사회에서 기존의 다문화 정책의 한계를 보완하는 바람직한 대안으로 평가받고 있다. 이러한 배경에서 현재 유럽의 주요국들인 영국, 프랑스, 독일은 전후에 시행했던 다문화정책이 초래한 문제들을 해결하기 위해 새로이 상호문화주의의 관점에서 이주민 통합을 시도하고 있다. 이러한 정책적인 변화의 사례들 중 하나로서는 현재 유럽 전역으로 확산되고 있는, 무엇보다도 현지인과 이주민의 '교류'를 통한 상호 공존을 지향하는 상호문화도시 프로그램을 들 수 있다.[44]

나아가 이러한 정책적인 전환은 시민교육의 차원에서도 시도되고 있다. 유럽의 상호문화교육은 이미 프랑스와 독일에서 많이 연구되어 왔는데, 특히 유럽연합 차원에서는 상호문화주의를 다문화사회의 정책적 대안으로 제시하면서 적극적으로 상호문화교육을 실천하는 데 역점을 두고 있다. 이제까지 다문화교육의 주안점이 타 문화를 교육해서 그 문화를 수용내지 관용하도록 했던 점을 반성하면서, 상호문

---

44 유럽의 상호문화도시 프로그램에 대한 보다 상세한 설명은 오정은, 「유럽의 상호문화정책 연구: 상호문화도시 프로그램을 중심으로」, 45-57 참조.

화교육은 지금까지의 소극적인 공존방안 모색을 넘어서고자 한다. 즉 상호문화주의에 입각한 교육은 상이한 다수의 문화집단들 간의 대화와 교류를 조장함으로써 다문화 사회에서 더불어 살아가는 방법을 직접 체험하고 익혀나가게 하는 데 보다 큰 역점을 두고 있다.

참고문헌

김수행. 2006. 「영국의 제노포비아현상에 대한 연구」. 『유럽의 제노포비아』. 서울: 문화과학사.

김웅진 외. 1997. 『비교정치론강의 1』. 파주: 한울.

설동훈. 2000. 『노동력의 국제이동』. 서울: 서울대출판부.

오정은. 2012. 「유럽의 상호문화정책 연구: 상호문화도시 프로그램을 중심으로」. 『다문화와 평화』 제6권.

이환식. 2006. 「프랑스의 제노포비아 현상」. 『유럽의 제노포비아』. 서울: 문화과학사.

임현진·설동훈. 2000. 『외국인근로자 고용허가제 도입방안』. 노동부.

장명학. 2006. 「독일의 제노포비아 현상에 대한 연구」. 『유럽의 제노포비아』. 서울: 문화과학사.

______. 2006. 「세계화와 인종갈등: 영국, 독일, 프랑스의 제노포비아와 그 대응정책을 중심으로」. 『국제문제연구』. 국제문제조사연구소.

장세훈. 1992. 「서유럽 정치지형의 변화와 극우파의 정치세력화: 독일과 프랑스를 중심으로」. 『입법자료분석』 제13권.

《뉴시스》. 2016. 12. 8.

《중앙일보》. 2006. 11. 20.

《한겨레》. 2005. 3. 23 및 2016. 5. 2.

Blad, Cory and Couton, Philippe. 2009. "The Rise of an Intercultural Immigration, Diversity and Nationhood in Quebec." *Journal of Ethnic and Migration Studies*. Vol. 35, No. 4.

Benz, Wolfgang. 2001. *Auf dem Weg zum Buergerkrieg?* (Frankfurt am Main).

Boecher, Anita & Thraenhardt, Dietrich. 2003. "Einbuergerung und Mehrstaatigkeit in Deutschland und den Niederlanden." Dietrich Thraenhardt und Uwe Hunger, hrg. *Migration im Spannungsfeld von Globalisierung und Nationalstaat*. Leviathan Sonderheft 22 (Wiesbaden).

Bouchard, Gérald. 2011. "What Is Interculturalism?" *McGill Law Journal*. Vol. 56, No2.

Brochmann, Grete. 2002. "Citizenship and Inclusion in European Welfare States: The EU Dimension." Sandra Lavenex and Emek M. Ucarer (eds.). *Migration and Externalities of European Integration* (Lexington Books).

Castles, Stephen.1993. "Migrations and Minorities in Europe. Perspectives for the 1990s: Eleven Hypotheses." John Wrench and John Solomos. eds. *Racism and Migration in Western Europe* (Berg Publishers).

Christa, Boswel. 2003. *European Migration Policies in flux*. 3rd Ed. (London: Blackwell Publishing).

Butterwegge, Christoph. 2002. *Rechtsextremismus* (Freiburg, Basel, Wien).

Clemenz, Manfred. 1998. "Aspekte einer Theorie des aktuellen Rechtsradikalismus in Deutschland. Eine sozialpsychologische Kritik." Hans-Dieter Koenig hrg, *Sozialpsychologie des Rechtsextremismus* (Frankfurt/M.).

De Master, Sara and Le Roy, Michael K.. 2000. "Xenophobia and the

European Union." *Comparative Politics.* Vol. 32, No. 4.

Edelstein, Wolfgang. 2002. "Die Ausbreitung einer rechten Jugendkultur in Deutschland." Felix Buechel Judith Glueck u. a. (Hg.). *Fremdenfeindlichkeit und Rechtsextremismus. Dokumentation einer multidisziplinaeren Vortragsreihe* (Opladen).

Bouchard, Gérald. 2011. "What Is Interculturalism?" *McGill Law Journal.* Vol. 56, No2.

IOM. 2010. *World Migration Report 2010. The Future of Migration: Building Capacities For Change* (Genova).

Jaschke, Hans-Gerd. 2001. *Rechtsextremismus und Fremdenfeindlichkeit* (Wiesbaden).

Jordan, Bill, Bo, Strath and Triandafyllidou, Anna. 2003. "Contextualising immigration policy implementation in Europe." *Journal of Ethnic and Migration Studies.* Vol. 29, No. 2.

Thränhardt, Dieter. 2005. "The Political Uses of Xenophobia in England, France, and Germany." *Party Politics.* 1.Jg.

Wieviorka, Michel. 1993. "Does France Represent a Unique Case, or is it Representative of a Trend?" John Wrench and John Solomos, *Racism and Migration in West Europe* (Oxford: Berg Publishers).

Winkler, Juergen R.. 2000. "Formen und Determinanten fremdenfeindlicher Einstellungen in der Bundesrepublik Deutschland." van Deth, Jan & Rattinger, Hans & Roller, Edeltraut hrg.. *Die Republik auf dem Weg zur Normalitaet?. Wahlverhalten und politische Einstellungen nach acht Jahren Einheit* (Opladen).

Winkler, Juergen R.. 2003. "Ursachen fremdenfeindlicher Einstellungen in Westeuropa. Befunde einer international vergleichenden Studie." *Aus Politik und Zeitgeschichte*. B 26.

Wrench, John and Solomos, John. 1993. "Race and Racism in contemporary Europe." John Wrench and John Solomos. ed. *Racism and Migration in Western Europe* (Oxford: Berg Publishers).

The Federal Government's Comissioner for Foreigners. 1999. *Issues, Facts and Figures on the Situation of Foreigners in the Federal Republic of Germany* (Berlin).

8장
종교와 포용의 문명

이병택

1. 지구촌 문명과 하위문화들

문명(civilization)은 라틴어의 *civilis, civis, civitas*로부터 파생된 용어이다. *civitas*가 그리스의 *polis*를 대체한 라틴어라고 간주한다면, 문명이란 단어에는 저급하거나 야만적인 형태의 삶과 자신들의 삶을 구분하려는 잠재적인 의도가 드러나 있다고 할 수 있다. 아리스토텔레스와 키케로는 *polis*와 *civitas*를 다른 정치체제보다 더 나은 혹은 더 우월한 정치체제로 간주한다. 이런 시각에서 문명은 선진화된 형태의 문화로 간주되고 한다. 한편 그 동사 형태인 civilize는 근대계몽주의로부터 시작되었다. 사실상 오늘날 문명에 대한 관념은 근대계몽주의의 용법으로부터 더 큰 영향을 받지 않았나 생각된다. 왜냐하면 동사적 형태의 문명은 근대에서 강조되는 진보나 진화의 관념을 반영하고 있기 때문이다. 고대인들은 제한이나 한계(*pera*)의 관념을 존중하기 때문에 문명은 '최선의 형태'(the best form)에 의해서 규정된다. 오늘날의 문명에 대한 용법은 한계가 없는 무한 진보의 관념에 의해서 크게 규정되는 것으로 생각된다.

무한진보의 관념이 가장 잘 나타난 곳은 '물질'이란 관념의 탄생과 밀접하게 연결되어 있다. 물질문명이라는 브로델(Fernand Braudel)[1]의 말을 굳이 빌지 않더라도, 오늘날 굳건한 믿음의 대상이 된 과학기술은 '끝이 없는'(endless) 진보의 이미지에 의해서 추동되고 있으며, 역으로 과학기술은 끝없는 진보의 관념을 인간생활에 불어넣고 있다. 세계문명(global civilization)의 등장은 무엇보다도 근대 물질문명의 발전에 빚진 바가 크다. 이런 의미에서 물질문명에 기초한 근대의 세계문명은 알렉산더의 군사적 정복에 의한 헬레니즘시대나 로마의 팽창으로 특징지어질 수 있는 팍스 로마나(*Pax Romana*)와는 다른 형태의 관념이라고 짐작된다. 끝없는 발전에 의해서 규정되는 물질문명은 제 1, 2, 3 … 의 물결 등으로 호명되기도 한다. 앞으로 어떠한 물결이 다시 불어 닥칠지 사람들은 기대와 우려 속에서 살고 있다. 새로움에 대한 열광과 뒤처지지 않을까 하는 우려가 뒤섞인 채 살아가는 근대인의

---

1 페르낭 브로델, 주경철 역, 『물질문명과 자본주의』(서울: 까치, 2010), 전6권.

모습에는 일종의 역설이 자리하지 않나 생각된다.

근대에 일어난 통신과 운송기술의 비약적 발전은 먼 나라에 대한 거리감이 사라진 지구의 이미지를 생겨나게 했다. 1965년 맥루한(Marshall McLuhan)이 조어한 "지구촌"(global village)이란 단어는 기술문명에 기초한 현대인들의 세계에 대한 느낌을 잘 전달하고 있다. 지구촌의 용어에는 소통의 신속함과 빠른 확산을 통해서 이질적인 문화들 간의 이해가 증대할 것이란 낙관론이 자리하고 있다. 이런 낙관론은 인간의 용도를 위해서 자연자원을 무한정 개발해 사용할 수 있다는 베이컨적인 낙관론과 떨어질 수 없다고 생각된다. 그리고 가난, 무지, 억압으로부터 인간을 해방시킬 수 있다는 계몽주의의 낙관론 또한 근대인의 세계관에 큰 영향을 주었다.

지구촌 현상은 '세계문명'의 관념과 밀접한 관계가 있는 것처럼 생각된다. 각 문화들 간의 소통의 증대는 서로의 이질성을 줄이면서 차이보다는 동질성을 증대시킬 것이란 기대를 낳았다. 개별 국가를 구성하는 기구보다는 지구 전체에 해당하는 사안을 조정할 국제기구가 더 이상 멀리 떨어진 것이 아니라 우리 지각의 중심을 차지하게 될 날이 멀지 않았다는 예견이 가능했다. 이것은 마치 자신의 삶이 실제로 진행되는 지방정부보다는 여러 가지 의식을 통해서 자신들의 삶에 영향을 주는 민족국가의 경험과도 비슷할 것이다. 문명을 이끄는 거시적인 측면에서 볼 때, 지구촌은 인간의 행위를 특정한 방향으로 이끌 수 있는 신화의 지위를 획득하기에 충분한 것이라 보인다. 문명을 지탱하는 기저의 원인은 사람들에게 영감을 불어넣는 신화가 되어야 할 것이기 때문이다.[2] 지구촌 신화의 영향 아래에 이런저런 특정한 개별 국가에 의해 삶이 규정되지 않는 '세계시민'(cosmopolitan citizen)의 이념이 제기되기도 한다. 고전적 정치의 중심을 차지하던 '사내의 특징'(*andreia*)이 쇠퇴하고 인간의 유적 특징(*anthropos*)을 강조하는 아담 스미스(Adam Smith)의 경제적 인간 이후에, 어떻게 보면 지구촌 시대의 등장은 자연스런 현상일지도 모른다. 그리고 지구촌 시대에는 고전철학을 특징짓던 인간의 도덕적 덕성(virtue)은 대단히 형식적이고 추상적인 행위규범으로 대체될 것이다.

그럼에도 불구하고 과학기술에 기초한 확장적인 지구촌 문명의 이면에는 여전히 지역문화나 국가적 삶에 기초하는 문화들이 강력하게 생존하고 있다. 문화의 구분은 시대에 따라서 다른 방식으로 진행되었기는 하지만 문화의 구분 자체가 부재한 적은 없었다. 서구라는 역사적 범주는 그와 다른 문화를 열등한 것을 간주하기도 했고, 이에 맞서서 동양의 의의를 강조하는 사고유형도 있었다.[3] 때로는 우월한 것으로 간주되는 문화에 맞서서 자신의 문화를 대등한 것으로 상정하려 하거나, 나아가서는 자신의 문화를 더 우월한 것으로 간주하려는 경향이 혼재하면서 문화 간의 소통이 진행되었다. 오늘날 유행되고 있는 '다문화' 같은 용어는 문화의 우위에 대한 존재론적 구분들

---

2 Michael Oakeshott, *Hobbes on Civil Association* (Indianapolis: Liberty Fund, 1975). 오크숏에 의하면 홉스의 철학은 근대인의 꿈을 가능하게 한 신화를 만들었다.

3 Stefan Tanaka, *Japan's Orient* (Berkeley/Los Angeles/London: University of California Press,1993). 특히 제2장 동양사의 등장에 대한 부분을 참조.

을 함의하지 않는 것으로 상정되지만, 개별 국가에서 현실적으로 나타나는 타문화에 대한 편견이나 비하는 여전히 정치적 난제가 되고 있다. 지구촌 현상 아래에서의 다문화 구분은 특히 개별 국가 내에서 여러 상이한 문화들이 공존해야 하는 상황을 지시한다. 여러 가지 이유에서 다른 국가에 정착하는 이주민의 증가는 다문화의 문제를 새로운 시각에서 제기하고 있다. 그리고 근대국가의 틀 속에 포섭되어 유지되던 민족구분은 최근 스코틀랜드의 독립 찬반투표에서 나타나듯이 지속적으로 생존하고 있다. 이와는 대조적으로 다수의 소수 문화를 특정한 틀 속에서 통합해야 하는 중국의 조건은 중화라는 옛 질서 관념의 새로운 생존조건이 되고 있다.

지구촌이란 포괄 현상의 맞은편에 작동하는 문화의 새로운 분화 현상은 국제질서를 규정하던 냉전의 논리가 쇠퇴함으로써 가속화되고 있다. 중첩적인 포괄과 분화의 문화적 현상은 흥미로운 관찰의 대상이다. 어떤 사람은 정치적 규정력이 약화될 경우 평화가 찾아오는 것이 아니라 정치 이외의 인종적·종교적 규정들이 사람들의 삶을 새롭게 지배하게 될 것이라 주장하기도 한다.[4] 또 혹자는 인간 본성에 주목하면서 고대의 도시국가가 인간에게 적절한 정치적 생활공간이라 생각하기도 한다. 다시 말하면 근대의 민족국가는 사실상 고대의 도시국가와 유사한 정치적 사물로서 이해되어야 한다는 말이다. 반면에 지구촌은 인종이나 민족의 규정력보다는 유적인 존재로서의 인류

---

4 Chantal Mouffe, *Democratic Paradox* (London New York: Verso, 2010).

(mankind)의 규정력이 강하게 작동하는 포괄적 공간이 될 것이다.

지구촌 시대에 나타나는 한 가지 흥미로운 현상은 종교의 부각이다. 한편으로는 세속적 문명이 가져오는 삶의 피상화 현상을 비판하면서 삶의 충만을 위한 종교의 중요성이 언급된다. 특히 테일러는 삶의 의미를 해석할 유의미한 지평 혹은 틀로서의 종교의 필요성을 강조한다.[5] 그의 연구는 서구 근대화의 중요한 특징으로 해석되던 세속화를 이해의 전체 맥락의 문제로 파악한다는 점에서 새로운 관점을 제공한다. 그러나 다른 한편으로 탈냉전이 진행됨으로써 삶에 대한 정치적 규정력이 약화되면서 종교의 정치적 규정력이 강화되는 현상이 일어나고 있다. 종교적 교리를 정치투쟁에 이용하는 것은 이에 대한 비근한 사례가 될 것이다. 사실상 근대의 정치철학이 종교비판으로 시작하는 이유는 종교의 정치화 현상 때문이었다. 종교적 도그마는 세계의 이해에 있어서 포괄적이고 보편적인 성격을 가지고 있기 때문에, 실험의 정신을 강조하는 과학의 정신과 갈등을 유발했으며, 자결을 강조한 민족국가의 성격과도 잘 맞지 않았다. 이런 측면에서 보면 지구촌 시대에는 새로운 형태의 종교비판이 요구되는 것이 아닌지 자문해 보아야 할 필요가 있다고 생각된다.

---

5 Charles Taylor, *A Secular Age* (Cambridge, Massachusetts, and Lodon: The Belknap Press of Harvard University Press, 2007).

2. 문명과 종교

인류사에 등장한 큰 문명들은 포괄적 성격의 종교를 동반했었다. 그 이외에도 인간의 공동생활에 종교가 없었던 적은 없었다. 그만큼 인간의 생활은 종교와 밀착되어 있다고 할 수 있다. 그러나 종교현상이 무엇이냐에 대한 의견은 어떠한 합의점을 찾기 힘들 것이다. 종교는 신의 관념으로부터 시작한다는 점은 대체로 의견의 일치가 이루어질 수 있으나, 신의 존재가 어떠냐에 대해서는 의견들이 대단히 다르다. 그럼에도 불구하고 문명과 종교의 밀접한 관계를 언급하는 데는 문제가 없을 것이다. 세속의 시대라고 불리는 근대의 문명도 종교를 배제하고서는 설명할 수 없는 측면이 있을 것이다. 비근한 예로 베버는 자본주의 기원을 프로테스탄트 윤리에서 찾고 있다. 아이러니하지만 비종교적 시대인 세속시대의 기원조차도 종교에 영향을 받았다고 한다면, 종교의 영향을 받지 않은 정신세계를 찾기는 쉽지 않을 것이다.

종교의 역할에 대해서는 시대와 장소에 따라서 상이한 의견들이 존재한다. 때때로 종교는 사회 쇠퇴의 주요한 원인으로 비난받기도 했다. 기독교는 로마의 군사적 강인함을 크게 훼손시켰다는 비난을 받았다. 그러한 기독교 비판을 다시 반박하기 위해서 아우구스티누스는 엄청난 지적인 노력을 『신의 도성(*The City of God*)』에서 보여준다.[6] 때때로 종교는 사회·정치적 갈등의 주요한 원인으로 비판받기도 한다. 종교적 도그마가 십자군 전쟁처럼 외부에 대한 공격의 도화선으로 작용하기도 하며, 혹은 오늘날 국제분쟁에서 나타나듯이 종교는 폭력을 정당화하는 이념으로 지목되기도 한다. 다른 한편으로 종교는 사회 내부적으로 구성원들을 결합시키는 응집력으로 기능하기도 한다. 종교는 사회구성원들을 결집시키는 사회적 규범을 강화하는 데 기여했으며, 위압적 자연을 통제할 수 있게 하는 희망을 불어넣기도 했다. 그리고 제례 의식은 공동체의 정체성을 확립하는 데 기여하기도 했다.[7]

헌팅턴은 종교적 정체성의 끈질긴 지속성을 탈냉전 시대에 다시 확인하고 있다. 탈냉전 시대의 도래에 따른 국제질서의 변화 속에서 헌팅턴은 문명의 충돌이라는 자극적인 주제를 제기했다. 그에 따르면 냉전질서를 구성하던 정치적 구분들이 힘을 상실하면서 사람들은 새로운 방식으로 그들의 집단적 정체성을 구성하려 했다. 그러나 여기서 사람들이 정체성 구성에 손쉽게 이용할 수 있는 요소들은 과거로부터 지속되었던 문명적 요소들이었다. 헌팅턴은 "종교가 문명을 규정하는 중심적 특징이다"라고 주장한다.[8] 이 주장을 뒷받침하기 위해서 그는 "위대한 종교는 위대한 문명이 놓이는 기반이다"라는 도슨(Christopher Dawson)의 말을 인용한다. 더불어 그는 베버(Max Weber)의

---

6 St. Augustine, *The City of God* (London: Penguin Books, 1972).

7 프랜시스 후쿠야마, 함규진 역, 『정치질서의 기원』(서울: 웅진지식하우스, 2012), 59-63.

8 Samuel P. Huntington, *The Clash of Civilizations and the Remaking of World Order* (New York: Touchstone, 1996), 47.

세계종교 구분이 대체로 주요한 문명들과 결합되어 있다는 점을 지적한다. 그러나 그의 흥미로운 문제제기에도 불구하고 헌팅턴의 논의에서는 종교가 어떠한 방식으로 문명을 핵심적으로 규정하는지의 설명은 발견하기 쉽지 않다. 특히 근대의 정치질서가 종교적인 주장을 배제하려는 노력으로부터 태동했다는 점을 염두에 둔다면 그의 주장이 함의하는 바는 상당히 혼란스럽게 느껴진다.

정치사상사의 측면에서 한 가지 추측은 가능할 것 같다. 베버는 종교를 '에토스'(*ethos*)의 관점에서 분석한다. 아리스토텔레스에 의하면 "윤리(*ethikê*)는 에토스의 산물이다." 그리고 에토스는 영어로 습관으로 번역되곤 한다. 다시 말하면 에토스는 관성으로 인해서 오랜 시간 지속되는 어떤 것이다. 그렇기 때문에 에토스는 인간의 단순한 의지로 구성할 수 있는 홉스적인 의미의 '문화'보다 더 끈질기고 다루기 힘든 어떤 것이다. 이런 의미에서 본다면 헌팅턴이 주장하는 문명의 끈질긴 속성은 정치사상적 측면에서 상당히 단단한 기반 위에 서 있는 것이다. 위와 같은 방식으로 문명을 바라본다면 헌팅턴의 문명충돌은 예상가능한 시나리오가 될 것이다. 이 점은 그가 '질서'(order)를 바라보는 시선과 일맥상통하는 것이라고 생각된다. 질서에서 그가 초점을 두는 것은 사회가 급격하고 분열적인 사회적·경제적 변화를 견뎌내는 조건에 있다.[9]

---

9 Samuel P. Huntington, *Political Order in Changing Societies*, with a new forwarded by Francis Hukuyama (New Haven and London: Yale University Press, 2006), xix.

헌팅턴과 달리 뮐러(Harald Muller)는 베버의 에토스 분석보다는 근대 계몽주의의 노선을 따르기 때문에 문명의 공존을 낙관적인 시선으로 바라볼 수 있다.[10] 따라서 여기서 문제가 되는 것은 문명의 충돌이냐 아니면 공존이냐의 자극적인 주제를 상기하기보다는, 그 밑에 깔려있는 문명을 바라보는 기본 전제를 이해하는 것이 더 중요하다고 생각된다.

> [뮐러는] 세계상을 구성하는 종교가 정치나 경제적 차원과 병치되어 개념화되고 있다는 점, 그러면서 그것의 변화 가능성을 낙관하고 있다는 점, 따라서 쉬운 것은 아니지만 기본적으로 대화를 통해 문명의 공존 과제를 성취할 수 있다는 관점, 그리고 그러한 공존은 궁극적으로 근대 서구 문명에 수렴되는 형태로 유도되어야 한다는 관점 등을 견지하고 있다.[11]

위의 인용을 좀 더 부가적으로 설명해 보자. 서구 근대철학은 현재의 감각자료에 절대적 우위를 두고서 지각이론을 진행시켰다. 그렇기 때문에 과거나 미래는 현재지각의 파생적 산물로 이해되었다. 현재의 지각에 기초해서 인간의 '합리적' 행위가 추론되었고, 급기야는 현재의 쾌락을 최대화시키는 것이 합리적 행위라는 결론에 이르게 되었다. 그리고 의지를 강조하는 흐름은 오랜 시간 속에서 형성되고 일단

---

10 하랄트 뮐러, 이영희 역, 『문명의 공존』(서울: 푸른 숲, 2000).

11 이현휘, 「문명의 '충돌'과 '공존'」, 《고대 대학원 신문》(2000. 4. 3).

형성된 이후에는 잘 바뀌지 않는 습관의 중요성을 간과하게 했다. 따라서 서구 근대철학의 사유를 통해서 종교나 문화와 같이 세계상을 구성하는 요소의 전반적인 의미를 밝혀내기는 대단히 힘든 일이 되었다.

그러나 종교가 문명을 구성하는 데 중요한 역할을 한다는 사실을 받아들인다고 하더라도, 종교가 구체적으로 어떻게 문명을 구성하는 데 역할을 하는 것인지는 논하기가 힘든 일이다. 그렇기 때문에 종교에 대한 가장 일반적인 접근법은 일종의 우주론이라고 할 수 있다. 인간의 문명에는 특정한 우주론이 전제되어 있으며, 그 문명 속에 사는 사람은 그 우주론이 제공하는 사유의 일반적 특징을 체득하고 있다고 말할 수 있다. 그러나 우리가 실제적으로 연구할 수 있는 것은 각각의 종교가 문명을 형성하는 데 어떠한 역할을 했는지 개별적으로 연구하거나, 이런 개별적 연구들을 비교함으로써 일반적인 특징을 추론하는 것으로 한정된다. 종교를 중심으로 문명을 논하는 기념비적 작품은 베버의 『프로테스탄티즘의 윤리와 자본주의 정신』[12]이 거론되었고, 최근 테일러(Charles Taylor)는 『세속의 시대(*A Secular Age*)』에서 종교와 문명의 근대적 관계와 그 새로운 전개를 모색하는 방대한 저작을 남겼다. 특히 테일러는 세속의 시대를 사는 사람들이 삶의 의미가 있는 것인지 회의하고 있으며 그 의미가 무엇인지 찾고자 한다고 본다. 따라서 그는 종교를 삶의 의미를 찾을 수 있는 "내재적 틀"(imma-

12 막스 베버, 김덕영 역, 『프로테스탄티즘의 윤리와 자본주의 정신』(서울: 길, 2010).

nent framework)과 연결시킨다. 여기서 내재성은 더 높은 차원의 삶이 일상적 삶의 양식 밖이 아니라 그 속에서 발견되어야 함을 뜻한다.[13]

종교가 문명이나 개인의 삶에 미치는 긍정적인 효과뿐 아니라 부정적인 영향도 흔히 관찰된다. 오늘날도 자신이 믿는 신을 절대적인 것으로 간주하는 행동양식을 목도할 수 있다. 이런 태도는 때로는 다른 종교에 대한 공격으로, 때로는 종파 간의 첨예한 싸움으로 나타나곤 한다. 종교적 믿음의 차이로 인해서 생기는 싸움을 완화시키기 위해서 근대문명은 종교적 믿음을 사적인 영역으로 환원하는 전략을 제도화시켰다. 이른바 로크가 주장한 '분리'(separation)의 전략이다. 이 전략은 근대적인 종교와 정치의 관계를 수립하는 데 상당한 성공을 거두었고, 아직까지 더 나은 전략은 창의되지 못한 듯하다. 다른 한편으로 보면 근대문명은 '주의'(-isms)로 물든 시대였다고 할 수 있다. 종교 간의 신념 투쟁에 이어서 거대한 정치적 주의 투쟁이 진행되었던 시대였다. 이제 정치적 주의 투쟁이 퇴조하면서 다시 새로운 종교적인 신념 투쟁의 전운에 대한 예언이 나오고 있다. 신념을 순화시키는 일은 인간의 이기심을 순화시키는 것만큼이나 어려운 일일 것이다. 특히 초월적 신을 상정하는 종교가 시민생활의 기초가 되는 관용의 태도를 보인 적은 극히 드물었다. 이런 점에서 보면 위에서 언급한 헌팅턴의 논제는 여전히 반추할 가치가 있다고 생각된다.

인간을 종교적 동물이라고 본다면, 종교성을 부정하는 것보다는

---

13 Charles Taylor, *Sources of the Self* (Cambridge, Massachusetts: Harvard University Press, 1989), 23.

그것을 시민적 방향으로 틀어주는 것이 나을 것이다. 아담 스미스(Adam Smith)는 인간의 자리적(自利的) 활동을 해방시키면서도 그것이 가져올 부정적 결과를 완화시키기 위해서 교육, 여가 등 전인적 인간성 유지를 위한 제도의 필요성을 말했다. 시장경쟁에 지친 사람들은 교육을 통해서나 혹은 여가를 통해서 자신을 회복하고자 하는 열기가 생길 수밖에 없을 것이다. 이것은 교육이나 레저산업의 성장 배경이 될 수 있다. 마찬가지로 삶의 의미가 무뎌져 가는 오늘날에 있어서 종교는 사람들의 정신에 안식을 주는 쪽으로 많이 기울어가고 있는 듯하다. 인문학 열풍이나 종교적 체험의 욕구는 우리 사회에 일고 있는 개인적인 힐링의 열풍과 무관하지 않을 것이다. 인간의 생활이 극도로 확대된 지구촌 시대에 아이러니하게도 사람들은 각자의 내면적인 평안을 추구하는 것이다. 어떻게 보면 이런 현상은 헬레니즘 시대에 정치로부터 소외된 사람들에게 개인의 내적인 평안의 길을 제공한 에피쿠로스학파나 스토아학파의 모습과 유사성을 보여준다.

3. 종교와 정치

인간집단의 정치적 역량이 성장하기 전에는 종교가 사람들 사이의 유대를 형성하고 유지하는 데 큰 기여를 했다. 이러한 시각에서 키케로는 '종교'(*re-ligio*)를 사람들을 묶어 주는 유대로 해석했다. 제도로서의 수도원은 가난한 자들을 구휼하고, 생산지의 현물을 거래할 수 있는 장으로서, 자선(charity)을 베풀면서 사회적 유대를 유지시키는 역할을 담당하기도 했다. 종교가 사회유지의 기능을 담당했던 점을 염두에 둔다면, 종교가 문명의 발전에 일방적으로 부정적 영향력을 행사했다고 비난하는 일은 과도한 것일 수 있겠다. 달리 생각해 보면 계몽만이 인간의 미신적인 성향을 적절하게 통제할 수 있는 수단이라고 간주하는 것은 지나치게 단순한 사고이다. 공포가 인간의 사고를 통제하는 데 훨씬 더 나은 수단이라고 홉스의 리바이어던은 말하지 않았는가! 리바이어던과 같이 사람들에게 공포를 일으키는 인위적 사물이 없다면, 자연적 공포심이나 경외심이 그 역할을 대신 맡는다고 해도 이상한 점은 없을 것이다.

아래에서는 영국에서 종교와 정치의 관계를 흄(David Hume)의 논의를 통해서 정리해 본다. 흄은 종교가 정부의 역할을 거의 대신하는 상황으로 로마의 영국 정복 이전의 브리턴인의 모습을 제시한다. 흄이 묘사하는 브리턴인의 공동생활에서 우리는 사제통치의 일면을 본다.

> 브리턴인은 여러 작은 나라 혹은 부족으로 나누어져 있었다. 그들은 무기와 가축을 유일한 재산으로 가진 군사적 민족이었기에, 일단 자유의 맛을 본 후에는 그들의 군주나 우두머리가 폭압적 권위를 확립하기가 불가능했다. 그들의 정부는 군주적이었음에도 켈트족의 다른 나라와 마찬가지로 자유로웠다. 일반사람들은 그 선조인 골족 나라들보다도 서로에 대해 더 많은 자유를 향유했던 것처럼 보인다. 각 국가는 그 내부에 파벌들로 분리되었다.

각 국가는 이웃 국가들에 대한 시기와 증오로 추동되었다. 그 민족에게 평화의 기예는 아직 알려져 있지 않았고 전쟁이 주요 관심사였고 주요 야심의 대상을 형성했다.

브리턴인의 종교는 통치의 가장 큰 부분의 하나였다. 사제인 드루이드(Druids)는 그들에게 대단한 권위를 점하고 있었다. 제단에서 주제하고, 종교적 의무를 지시하는 것 이외에도, 그들은 젊은이의 교육을 관장하였다. 그들은 전쟁과 세금의 면제를 향유했다. 그들은 시민적 범죄행위와 관련된 재판 관할권을 점했다. 그들은 사적인 사람들 사이뿐 아니라 국가들 사이의 논쟁을 결판 지었고, 그들의 판결에 복종하길 거부하는 사람은 가장 심한 형벌에 노출되었다. 그에게는 파문의 형이 내려졌다. 그는 희생제의나 공적 예배에 접근이 금지되었다. 그는 일상의 생활사에 있어서도 동료 시민들과 교제가 금해졌다. 그와의 동석은 불경하고 위험한 것으로 모두가 멀리했다. 그에게는 법의 보호가 거부되었다. 그리고 죽음 자체도 그가 노출된 비참과 오명으로부터 벗어날 받아들일 만한 구제였다. 이런 식으로 그렇게 거칠고 사나운 사람들 사이에 느슨하기 마련인 통치의 끈은 그 미신의 공포에 의해서 다행이도 보강되었다.

어떤 종류의 미신도 드루이드의 것보다 더 공포를 주는 것은 없었다. 성직자들은 현세에서 심한 형벌을 부과할 힘을 갖고 있는 것 이외에도 영원한 영혼의 윤회를 주입했다. 그럼으로써 그들은 겁 많은 신봉자의 두려움만큼이나 그 권위를 확장시켰다. 그들은 어두운 작은 숲이나 다른 비밀스러운 은거지에서 의식을 거행했다. 그리고 그들의 종교에 더 큰 비밀을 던지기 위해서 그들은 입문자에게만 교리를 전했으며, 그리고 그것을 글로 옮기는 것을 엄격히 금함으로써 그 교리가 불경한 속인의 검토대상으로 항시 노출되지 않게 했다. 인간희생제의도 그들 사이에 행해졌다. 전리품은 흔히 그들의 신성에 바쳐졌다. 그리고 그들은 신성한 헌납의 일부를 감히 몰래 숨기고자 한 사람을 가장 심한 고문으로 처벌했다. 이런 보물을 그들은 숲과 산림 속에 보관했고 그것을 지키는 것은 종교의 공포로 충분했다. 인간의 탐욕에 대한 이런 확고한 정복은 그들이 사람들을 가장 놀랍고 가장 격렬한 노력으로 추동하는 것보다도 더 주목할 만한 것으로 간주될 수 있다. 어떤 우상숭배도 고대의 골인과 브리턴인의 것만큼 사람들을 누르지는 못했다. 그리고 로마인은 정복 후 그 종교가 권위를 유지하는 동안은 그런 나라들을 그 주인의 법과 제도에 화해시킬 수 없음을 발견하고 마침내 형벌 법령으로 그 종교를 폐지하지 않을 수 없었다. 이것은 그 관용하는 정복자들이 다른 경우에 실행해 본 적이 없는 폭력이었다.[14]

위의 묘사에서 주목할 점은 종교가 위협하는 공포뿐 아니라 종교가 부가하는 '통치의 끈'에 대한 언급이다. 사실상 계몽주의자일 경우에는 종교의 미신성과 폭력만을 언급했을 것이다. 그러나 흄은 놀랍

14 David Hume, *The History of England* (Indianapolis: Liberty Fund, 1983), Vol. I, 6–7.

게도 미신적 공포에 의해서 통치의 끈이 "다행히도 보강되었다"고 서술하고 있다. 이런 특징은 외눈박이식의 계몽주의적 시선을 벗어날 수 있을 때 종교와 정부의 역할을 제대로 이해할 수 있다는 점을 시사한다. 두 번째로 주목할 점은 종교의 폐지는 일종의 정복에 맞먹는 폭력이 요구된다는 암시이다. 위의 두 가지 점은 흄의 영국사에서 정부와 종교의 관계를 이해하는 데 대단히 중요한 길잡이가 된다.

로마의 정복 이후 브리턴인의 종교를 대신해서 기독교가 서서히 전파되고 정착되었다. 기독교가 확립된 이후로 로마 교황이 강력한 영향력을 행사하기 시작했다. 노르만의 정복(1066년) 이후 노르만의 왕들은 로마의 사제통치로부터 벗어나려고 노력했다. 그 대표적인 시도는 헨리 2세(Henry II, 1133-1189)가 베킷(Thomas a Becket)이라는 자기 사람을 캔터베리대주교로 앉히려는 것이었다. 베킷은 소지주의 아들로 태어났지만 헨리의 비호 하에서 비약적으로 출세한 인물이다. 그러나 헨리의 기대와는 정반대로 베킷은 대주교가 된 이후 성직자들의 힘을 제한하려던 헨리에 반기를 든다. 헨리는 강력한 군주였지만 베킷을 제대로 제어하지 못했고 교황을 등에 업은 그와 반목하면서 20여 년 동안 힘겨루기를 했다. 그러던 중 헨리의 수하 기사들에 의해서 1170년 베킷은 살해된다. 그의 죽음에 커다란 애도의 물결이 일었고 헨리는 공개적인 참회를 해야만 했다. 헨리와의 갈등과정에서 베킷은 성인의 칭호를 얻게 된다. 특히 헨리는 클라런던 헌정(Constitution of Clarendon)을 통해서 성직자를 종교재판에 회부하는 것이 아니라 민정재판관에 의해서 재판을 받게 하였다.

교권과 속권의 갈등은 귀족들이 존 왕(1166-1216)에 대항하는 과정에서 극명하게 표출된다. 귀족들은 교황에 대한 복종을 명분으로 왕에 대한 복종을 잠시 유보한다. 두 권위의 존재는 복종의 문제를 보다 신축적으로 사고할 수 있는 여지를 준 것이다. 이에 궁지에 몰린 존 왕은 교황에게 도움을 요청하였고, 교황의 특사가 영국과 프랑스 사이에 중재자로 나선다. 교황특사 팬돌프(Pandolf)를 맞아 존 왕은 영국과 아일랜드를 교황에게 양도하는 굴욕을 받아들이고, 팬돌프는 그의 앞에 뿌려놓은 돈을 발로 짓밟는 오만함을 보이기도 했다. 흄에 따르면 그 당시 이것을 무례로 알아챈 사람은 더블린(Dublin) 대주교였다.

계속되는 교황청의 무례와 수탈로 인해서 영국인들의 교황에 대한 저항의식도 점차 강렬해져 갔다. 종교개혁 이전에 이미 존 위클리프(John Wycliffe: 1320년경–1384)가 로마교회의 타락을 비판했고, 리처드 2세를 폐위하고 왕위에 등극한 헨리 4세(1366–1413)도 일찍이 위클리프의 교리에 심취했던 것으로 알려져 있다. 여기서 주목할 것은 헨리 4세의 등극에서 흄의 영국사에 처음으로 인민의 동의가 등장한다는 점이다. 흄의 기술에 따르면 헨리 4세는 인민의 동의를 그의 왕위에 대한 정통성으로 내세우지는 못했지만 그의 마음속에 그려보았을 것이다. 영국사에서 로마교황의 권위에 대한 저항은 인민의 동의에 기초한 왕의 권위에 대한 지지로 이어지는 경향이 있었다.

헨리 8세로부터 본격적으로 시작된 종교개혁의 과정을 통해서 위계적인 사제주의는 점차 사라진다. 화려고 거창한 의례는 폐지되거나 간소화되고, 격식은 시민생활에 적합한 예의로 바뀌며, 신을 친근하게 '당신'(Thou)으로 부르는 습관은 위계적 관계를 보다 평등한 관계로 변화시킨다. 대헌장을 통해서 무조건적인 복종은 더 이상 통용될 수 없었고, 그 이후로 대중정부의 경향이 점차 가시화되어 갔다. 이런 경향은 교황이라는 초월적 권위에 대한 저항과도 밀접하게 연결되어 있다. 대헌장 이전의 왕들은 자의적인 권력을 휘둘렀다. 그러다 대헌장 이후 헨리 3세는 처음으로 법의 지배를 받게 되었다. 그러나 귀족의 예기치 못한 반란 등의 위험에 대처하기 위해서는 왕에게 법의 구속을 벗어나 행동할 수 있게 하는 국왕대권이 허용되지 않을 수 없었다. 국왕대권은 교황의 권위 행사를 모방한 것으로 법의 구속에도 불구하고(*nonobstante*) 권위를 행사한다는 의미를 갖는다.

종교개혁으로 인해서 위계적 권위의 축소나 파괴가 진행되었지만, 그런 질서를 대체하는 새로운 질서의 등장은 가시화되지 못했다. 변혁의 속도와 변혁의 결과 사이에는 간극이 생기지 않을 수 없었다. 기존 질서의 파괴로 인한 손실은 명백하게 느껴졌지만 개혁에 따른 수혜는 가시적으로 나타나지 않았다. 다른 각도에서 보면 계속 커져가는 변화의 욕구를 질서 있게 수용하는 데 따르는 어려움이 생겼다. 청교도는 엘리자베스 치세의 후기부터 의회 내에서 차츰 정치세력으로 성장하였다. 흄에 따르면 엘리자베스는 대단히 대중적 성격에 맞는 통치를 했지만, 그녀가 죽을 때까지 왕의 권위를 대단히 무시하는 청교도인의 오만한 태도와 화해할 수 없었다고 한다. 찰스 1세의 경우에는 '내가 왕이네'(self-love) 하는 태도를 벗어던지지 못한 결과 통치 과정에서 뻣뻣함을 드러냈다. 인민들이 자유를 욕구할 때 찰스는 그 흐름을 거역하면서 가톨릭의 미신으로 빠져들고 결국 파국을 맞게 된다. 다른 한편으로 청교도인의 오만함은 나름대로 대가를 치러야 했다. 오만함이 권위 자체를 무시하는 방향으로 진행되었을 때, 결국은 연쇄적인 하극상에 이르게 되었다. 종교적·정치적 권위가 모두 허무어진 상태에서 유일하게 가능한 통치는 크롬웰에 의한 일인독재였다.

권위의 수립은 권위의 파괴보다 더 어려운 일이다. 사람들은 권위의 파괴에 더 열광하는 경향이 있는 것도 사실이다. 종교적·정치적 권위의 파괴에 동반된 열광주의가 영국사회를 뒤덮었다. 사람들은 저마다 자신이 꿈꾸는 왕국을 설파하고 남을 설득시키려 했다. 해방의 자유로운 공기를 마시면서 사람들의 행위는 한계의 감각을 상실하였다. 이런 상태를 통치할 수 있는 것은 무력에 근거한 일인통치이다. 그러나 일인 군사 통치는 지속될 수 있는 성질의 통치형태가 아니다. 마치 광적인 성격의 믿음은 미신과는 달리 오래 그 성질을 유지하기 힘든 것처럼. 해방의 공기에 시민적 방향감각과 한계를 수립하고 정착시킬 과제가 남은 것이다.

흄에 의하면 종교의 성격에 따라서 자유헌정에 적합한 것이 있고 그렇지 않은 것이 있다. 미신적 성격의 종교는 자유헌정에 적합하지 않은 것으로 영국사에서 판명되었고, 열성주의적 성격의 종교는 안착하는 데 시간이 걸리기는 하지만 자유헌정의 동반자가 될 수 있었다. 열성주의는 광신적 성격(fanaticism)을 벗어던질 때 온건한 자유헌정의 동반자가 되었다. 열성주의의 불편한 점들은 청교도 혁명에 대한 반성을 통해서 교정되었고, 1688년 명예혁명에서는 미신적 성격의 정치적·종교적 교리들이 교정되었다. 두 차례의 혁명을 통해서 영국은 안정과 자유의 두 원리가 법적인 틀 내에서 안착되기에 이른다.

위에서 개략적으로 묘사한 종교와 정치의 발전과정은 특수한 성격의 것이기도 하지만, 크게 보면 다른 사회에도 적용될 수 있는 일반적 관점을 제시한다고 생각된다. 사제주의 통치의 문제점, 그리고 사제주의를 극복하는 과정에서 발생하는 문제의 틀, 그리고 시민적 방향감각의 수립과 정착의 문제는 후발국들이 겪어야 했던, 혹은 겪어야 할 문제들임에 틀림없다. 물론 그런 발전방향이 유일한 것이냐는 질문에 대해서 대답할 수 없을 것이다.

한국사회는 해방의 공기를 몇 차례 맡으면서 정치적 민주화를 이끌어 오고 있지만 아직까지 시민적 태도의 수립과 정착 면에서는 가야 할 길이 많이 남아 있다. 한국사회의 발전을 가로막고 있는 것으로 정치의 후진성이 회자되고 있기는 하지만, 시야를 넓혀 본다면 한국사회에서 종교의 근대화 운동은 한 번도 일어난 적이 없다는 점을 지적할 수 있다. 아직까지도 한국사회는 사제주의의 문제점을 종교 내부에서 개혁하려는 열성적 시도가 미약했다고 생각된다. 사제주의에 대한 문제제기는 계속해서 있었지만 그 개혁은 지지부진한 상태에 있다. 특히 교회의 세습은 북한에서 일어나는 권력세습을 연상시키기에 충분하다고 보인다. 사실상 더 큰 문제는 신자들이 그러한 교회 세습을 묵인하고 있다는 점일 것이다. 이러한 묵인이 무엇을 의미하는 것인지를 곰곰이 따져본다면 한국사회의 문제가 하나둘씩 부각될 수 있을 것이다.

사실상 정치와 종교가 밀접한 관계를 맺게 된 가장 큰 이유는 권위의 문제 때문이다. 권위는 사람들의 의견에 의존한다. 종교는 사람들의 믿음에 가장 큰 영향을 미치기 때문에, 종교의 권위는 정치적 권위에 대한 인식에 대단히 큰 영향을 준다. 권위에 대한 질문과 평가를 차단하는 미신적 믿음은 통치자에 대한 무조건적 복종과 친화성을 가진다. 이런 이유 때문에 영국의 스튜어트 국왕들은 가톨릭에 대한 선호를 끝내 버리지 못했다. 새로운 양식의 권위가 수립되지 않은 상태에서 스튜어트 국왕들의 선택은 어떻게 보는 자연스러운 인간행동의 성향이라고 할 수 있다. 국왕대권의 근거가 되는 권위는 교황의 권위를 모방한 것이다. 또한 화려하고 웅장하며 근엄한 종교의식은 권위의 신비화에 도움을 주는 장치들이다. 이런 장치들은 국왕과 인민 사이의 큰 거리감을 유지하는 데 중요한 역할을 한다.

종교개혁에 있어서 가장 큰 요점은 신과 개인 사이의 거리감을 줄이는 데 있다. 신은 친근하게 당신(Thou)이라는 호칭으로 불린다. 신과의 거리가 줄어드는 상황에서 사람들 사이의 거리가 줄어들지 않는다면 이상할 것이다. 인민과 귀족 사이의 거리가 줄어들고, 마침내는 인민과 국왕 사이의 거리도 줄어들게 된다. 국왕의 권위는 더 이상 베일에 감싸여 있는 신비한 것이 아니게 되는 것이다. 신비한 권위가 사라진 상황에서 정치적 권위의 근거를 어떠한 것으로 사고할 수 있는 것일까? 신성한 계약의 관념을 세속적인 관념으로 탈바꿈하는 것은 상상할 수 있는 일이다. 그러나 다른 한편으로는 통치자의 권위로부터 초월성을 배제함으로써 권위의 수립 자체가 힘들어지는 정치적 상황도 생길 수 있다. 모든 사람이 자신이 꿈꾸는 왕국을 외침으로써 사회적 구심점이 사라질 수 있기 때문이다. 다시 말하면 권위의 안정적 수립이 불가능하기 때문에 사회적 혼란이 가속화되는 상황이 연출될 수 있다는 말이다. 요컨대 권위에 대한 초월적 접근과 내재적 접근은 모두 나름의 난점을 가지고 있다. 근대는 초월적 권위를 부정함으로써 시작되었으나 그 자리를 대신할 새로운 권위의 수립은 각각의 정치공동체에 큰 과제로 제기되었다.

4. 종교의 시민적 책임

계몽철학자들은 대체로 교회가 사회에 미치는 순기능보다는 역기능을 지적하였다. 마르크스는 종교를 심지어 '아편'에 비유했을 정도이다. 종교가 정치의 문제에 개입할 때면 대체로 박해의 칼날이 세워졌다. 흄이 지적하듯이 일신교 종파에서 관용을 교리로 내세운 사례는 드물었다는 점도 지적할 수 있다. 그럼에도 불구하고 관용의 원칙은 깊은 종교적 명상에 대한 자유로부터 기원했다는 점은 아이러니이다. 합리적인 원칙이 비합리적인 사고로부터 유래된 것이다. 인간 행위의 합리적인 측면은 존중되어야 할 일이다. 그러나 합리적인 행위가 합리적인 것으로부터 기원했다고 생각한다면 어리석은 일이 될 것이다.

시민사회의 운영원리에서 볼 때 종교의 내면심사 요건은 사람들의 양식과 신뢰를 해치는 최대의 걸림돌이었다. 대심문관이란 호칭은 내면심사에 시달리는 우울하고 음침한 사회적 분위기를 전달한다. 내면심사의 흥미로운 사항은 내면심사를 하면 할수록, 개인의 내면은 드러나는 것이 아니라 오히려 감추어지고, 인간의 행위는 형식화되어 가는 현상이 생긴다는 점이다. 홈즈 판사(Justice Oliver W. Holmes)가 밝히는 보통법의 발전방향을 보면 법의 판단기준은 내면심사로부터 감각에 명백한 사물들로 향한다. 인간내면의 조사는 시민사회의 법 원칙으로 수립될 수 없음을 말하는 것이다. 그리고 경험상으로 볼 때 자유로운 분위기에서 인간의 내면은 더 잘 드러난다. 덧붙여 말하면 종교적 색체로 물든 싸움에서 자기편은 성스러운 집단으로, 반대편은 도덕과 정신면에서 결함이 있는 집단으로 간주된다. 이러한 심적인 상태는 정치적 경쟁자와의 타협을 원천적으로 불가능하게 한다.

오늘날 종교의 필요는 점차 줄어들고 있다. 복지가 높은 북유럽의 나라들에서 교회의 쇠퇴가 현저하다는 점은 흥미롭다. 어떻게 보면 교회의 쇠퇴는 개인의 복리에 대한 관심이 높은 세속시대의 특징인지도 모르겠다. 근대사회는 사회 전체의 행복을 극대화하기 위해서 개인의 고유한 죽음의 문제를 제거하려는 경향을 가진다. 개인의 죽음을 행복 계산에 포함시킨다면 전체의 복리는 낮아질 것이기 때문이다. 그러나 "모든 사람은 느닷없이 죽음에 직면한 자기 자신을 발견하게 되는 시점에 이르게 된다. 그리고 그 순간 자신은 철저히 혼자뿐이라는 사실을, 즉 개인뿐이라는 사실을 알게 된다. 만약 … 그가 앞으로 어디로 갈지 모른다면, … 그의 실존은 의미가 없는 것이 되고 만다."[15] 그렇다면 근대인에게 종교생활(religiosity)의 중요성은 더 커지는 것이 아닐까?

이런 시각에서 종교의 시민적 책임을 거론하는 것은 꽤 중요한 일

---

15 피터 드러커, 이재규 역, 『피터 드러커 강의』(서울: 랜덤하우스, 2011), 27-28.

인 듯하다. 종교와 정치공동체와의 가장 큰 갈등은 복종의 우선순위에 있었다. 통치자에 대한 복종보다는 신에 대한 복종이 높고 우선하기 때문이다. 각 시대마다 신에 대한 복종과 정치공동체에 대한 복종을 나름 지혜롭게 분할하는 기지가 발휘되었다. 로마시대에 아우구스티누스는 정부를 '필요악'으로 규정하면서 정치공동체에 대한 복종의 근거를 마련하였다. 신라의 원광법사는 살생을 금하는 불교의 교리를 '살생유택'으로 풀어냄으로써 정당한 전쟁의 활로를 제공했다. 비슷하게 독립전쟁 시기에 펜실베이니아 퀘이커 교도들은 자신들의 교리를 벗어나지 않기 위해서, 화약을 '밀'(wheat)로 고쳐 입법을 통과시켰다. 이런 지혜는 종교적 도그마로 점철될 수 있었던 시대에 정치적 활로를 열어주는 주는 것이었다.

정치적 사물은 실천적 성격을 갖는다. 실천적 사물은 숙고할 수 있는 가능성에 열려 있어야 한다. 아리스토텔레스에 의하면 "필연적으로 있거나 있게 될 사물" 혹은 "발생하거나 하게 될 가능성이 없는 사물"은 숙고의 대상에서 제외된다. 그리고 "가능한 사물의 경우에도 숙고의 조언은 보편적으로 적용될 수 없다."[16] 이런 관점에서 보면 칸트나 롤즈가 말하는 이른바 실천이성은 숙고의 대상에 적용될 수 없는 것이다. 실천이성은 필연적으로 있거나 있게 될 사물과 관련된다. 따라서 실천이성은 우리 사회가 겪고 있는 양심적 병역거부의 문제 등에 신선한 활로를 제공하지 못할 것이다.

---

16 Aristotle, *Rhetoric* (Cambridge, Massachusetts, and London, England: Harvard University Press, 1926), 89.

양심적 병역거부에 대해서 월저(Michael Walzer)는 근대의 프로테스탄트에서 나타난 개인의 깊은 신앙심을 인정하는 전반적인 논조를 유지하면서도, 징병의 면제 특권이 사회의 특정한 계층에 집중될 경우 생길 수 있는 사회적 적개심을 우려한다.[17] 근대화의 과정에서 정·교의 갈등을 겪으면서 큰 사안에 대한 대략적인 타협을 본 서구사회의 논의를 우리 사회에 직접 적용하기는 힘든 측면이 있다. 한때 식을 줄 모르던 종파적 열의가 존경받을만한 행위양식, 경건함, 자기절제, 그리고 종파적 규율로 정착되면서, 다른 사람들로부터 그 진실성을 인정받은 역사적 경험이 월저 논의의 근간에 놓여 있다는 인상을 받는다.

우리 사회의 종파들은 정치보다도 더 후진적 성향을 보인다. 우선 교회의 재산을 세습하는 현상을 지적할 수 있다. 한국정치는 큰 문제점을 안고 있지만 그럼에도 정권이양이라는 역사적인 사건을 경험하기도 했다. 종파는 가장 먼저 세습의 관행을 끊어야 했음에도 대단히 저급한 방식으로 축재하고 세습하는 모습은 개탄을 넘어서 안타깝기까지 하다. 그러면서도 북한 체제에 대해서는 적개심이 가득찬 비난을 퍼붓는 모습을 보면 앞뒤가 바뀌어도 한참 바뀌었다고 생각하지 않을 수 없다. 시민적 규율이 없는 한국사회의 모습에 가장 큰 책임을 느껴야 할 곳이 종교단체라 할 수 있다.

---

17 Michael Walzer, *Essays on Disobedience, War, and Citizenship* (Cambridge, Massachusetts, and London, England: Harvard University Press, 1970), 120–145.

정치학자들은 종교가 그 사회의 정치문화에 큰 영향을 미친다고 말하기도 한다. 종교적 관행은 건전한 시민문화를 유지하는 데 큰 역할도 하고, 예배하는 장소는 사람들의 상호작용을 원활하게 함으로써 퍼트남(R. Putnam)이 말한 사회적 자본(social capital)을 형성하는 데 공헌한다. 버바(S. Verba)에 의하면 모임을 조직하는 등의 교회에서 일어나는 일을 해본 적이 있는 사람들은 정치에 참여의식이 더 크다. 이런 관점에서 보면 한국 종교의 가장 큰 문제는 시민윤리에 어느 정도 부합하는 종교의 규율을 수립하는 일일 것이다.

둘째, 아직도 몇몇 종파는 공존과 관용의 정신보다는 박해의 정신을 유감없이 발휘하고 있다. 타 종교의 사원에 난입하여 불경스런 행위를 하거나 자기 종파의 우월성을 과시하기도 한다. 심지어 복음의 이름으로 타 국가에까지 위와 동일한 행위를 자행하기도 한다. 이러한 폭력적 행위는 사회적 공분을 사기도 하고, 타 종교 집단으로부터 직접적으로 보복을 당하기도 한다. 특히나 정부가 위험지역으로 분류해 여행을 금지시킨 지역으로 선교를 나섰다가 납치되는 변을 당하기도 한다. 그러면서도 사건의 해결을 정부의 책임으로 돌리는 일관성이 없는 행동양식을 보였다. 이러한 행위양식은 순교적(영웅적) 행위의 욕구와 무책임이 결합된 대단히 부조리한 행위라고 할 수 있다. 이것은 책임을 지는 시민의 모습과 동떨어진 행동이다.

시민적 제도의 핵심은 악의 원인을 뿌리 뽑는 데 있는 것이 아니라 그 효과를 줄이는 데 있다. 철학자들이 인간의 마음에서 악을 뿌리 뽑으려 했지만 그것은 더 큰 악을 만드는 것으로 귀결되었다. 이러한 교훈을 가장 잘 나타낸 것이 다름 아닌 정치적 문서인 『연방백서

(*Federalist Paper*)』이다. 미신이나 광신을 인간 본성으로부터 떼어 낼 수 없다. 청교도는 미신을 완전히 몰아내기 위해서 모든 장식물이나 의례까지 없애려 했었다. 그러나 그런 장식물이나 의례 없이 일상인의 종교생활은 가능하지 않다는 점을 경험했다. 종교생활에서 미신을 완전히 걷어내려는 시도보다는 적절한 교정책을 찾는 것이 인간 본성에 더 적합할지도 모른다. 나아가 종교에서 순교자는 결코 모자랐던 적이 없다는 점도 기억하자. 피를 봄으로써 순교자를 양산하는 것보다는, 순교적 행위에 대한 무관심이 훨씬 더 효과적인 사회정책이 될 것이다. 관용의 태도와 무관심의 태도는 다른 것일 테지만, 때로는 겹침 현상이 생길 것도 같다.

참고문헌

드러커, 피터. 이재규 역. 2011. 『피터 드러커 강의』. 서울: 랜덤하우스.

뮐러, 하랄트. 이영희 역. 2000. 『문명의 공존』. 서울: 푸른숲.

베버, 막스. 김덕영 역. 2010. 『프로테스탄티즘의 윤리와 자본주의 정신』. 서울: 길.

브로델, 페르낭. 주경철 역. 2010. 『물질문명과 자본주의』. 서울: 까치.

이현휘. 2000. 「문명의 '충돌'과 '공존'」. 《고대 대학원 신문》(2000. 4. 3).

후쿠야마, 프랜시스. 함규진 역. 2012. 『정치질서의 기원』. 서울: 웅진지식하우스.

Aristotle, *Rhetoric* (Cambridge, Massachusetts, and London, England: Harvard University Press, 1926).

Hume, David. 1983. *The History of England.* Indianapolis: Liberty Fund.

Huntington, Samuel P. 2006. *Political Order in Changing Societies*, with a new forwarded by Francis Hukuyama. New Haven and London: Yale University Press.

__________. 1996. *The Clash of Civilizations and the Remaking of World Order.* New York: Touchstone.

Mouffe, Chantal. 2010. *Democratic Paradox.* London · New York: Verso.

Oakeshott, Michael. 1975. *Hobbes on Civil Association.* Indianapolis: Liberty Fund.

St. Augustine. 1972. *The City of God.* London: Penguin Books.

Tanaka, Stefan. 1993. *Japan's Orient.* Berkeley/Los Angeles/London: University of California Press.

Taylor, Charles. 2007. *A Secular Age.* Cambridge, Massachusetts, and Lodon: The Belknap Press of Harvard University Press.

______. 1989. *Sources of the Self.* Cambridge, Massachusetts: Harvard University Press.

Walzer, Michael. 1970. *Essays on Disobedience, War, and Citizenship.* Cambridge, Massachusetts, and London, England: Harvard University Press.

9장
글로벌 사이버 세계의 위험*

송경재

1. 지구적 네트워크

정보화와 세계화로 인해 지구는 이제 하나의 마을로까지 인식되고 있다. 자신의 집 안방에 누워 있어도, 컴퓨터의 마우스 클릭이나 엔터 버튼 하나로 또는 스마트폰(smart phone)으로 전 세계에서 일어나

* 이 장의 주요 내용은 필자의 「지구 사회운동의 동학: 글로벌 사이버 행동주의(cyber activism)를 중심으로」, 『21세기정치학회보』 제21집 1호 (2011)에 실린 내용을 수정 보완한 것이다.

는 사건들을 모두 알 수 있는 시대에 우리는 살고 있는 것이다. 이러한 변화를 학자들은, 중세에서 근대로의 전환을 가져왔던 산업혁명에 비견하고 있다. 정보사회학자 카스텔(Castells)은 정보혁명이 야기한 지구화의 과정이 기존의 산업혁명에 비견되는 변화이며 이는 네트워크 기반 사회에서 필수불가결한 것으로 보았다. 이른바 정보혁명(information revolution)의 시대에 우리는 살고 있는 것이다.[1]

정보화로 인해 확장된 인식의 범위는 단지 물리적·지리적인 측면뿐만 아니라 사회의 구조변화에 많은 영향을 미치고 있다. 이제 바야흐로 지구화·정보화는 인간의 인식범위를 협소한 지역이나 민족국가 개념에서 이른바 시·공간의 제약이 없는 지구사회(global society)라는 무대로 확장시켰다. 이 글에서 제시하고 있는 지구적 네트워크(global network)라는 개념은 새로운 용어이지만, 이미 현실에서 자주 나타나고 있다. 정보화의 속도가 빨라지면서 시민사회 역시 지역과 국민국가 단위를 벗어나면서 새로운 행위자로 등장한 지 오래다. 지구적 네트워크의 형성을 가능하게 한 것은 정보화, 특히 인터넷의 영향이 크다고 하겠다. 그런 맥락에서 이러한 지구적 네트워크는 이미 현실에서 작동하고 있으며 이를 기반으로 하는 시민사회는 전 지구적인 운동 행위자로 부각되고 있다.

지구적 네트워크는 초기에는 시민운동 차원에서 활용되기 시작했다. 시민사회에서 네트워크가 주목을 받은 사건은 인터넷이 상용화된

---

1 Manuel Castells, *The Internet Galaxy : Reflections on the Internet, Business, and Society* (Oxford: Oxford University Press, 2001).

초기부터 시작되었다. 인터넷이라는 지구적 네트워크를 활용한 시민운동은 1990년대 초반부터이다. 가장 유명한 사건은 바로 1994년 사파티스타 민족 해방군(Ejército Zapatista de Liberación Nacional; EZLN)의 저항운동이다. 사파티스타 민족 해방군은 초기 PC통신과 인터넷이라는 지구적 네트워크가 구축되면서 지역의 문제가 지구적 문제로 승화한 경우라고 할 수 있다. 초기에 이들은 멕시코의 한 지역 내에서 발생한 사회주의 계열의 지역 반란군으로 알려졌다. 하지만 지구적 네트워크를 사파티스타 민족 해방군이 활용하면서 양상은 전혀 다른 방향으로 흘렀다. 사파티스타 민족 해방군이 봉기한 이유와 그들이 NAFTA와 정부가 주도하는 신자유주의에 반대하는 이유, 그리고 멕시코 정부의 반농민적인 정책 등이 세계에 알려졌고 이들은 전 세계 양심적인 시민사회로부터 지지를 이끌어냈다. 이 사례는 지구적 네트워크를 이용하여 멕시코의 한 지역 문제를 세상과 공유하고 발전시켜 국제사회에 경종을 울렸고, 나아가 멕시코 정부의 무력진압에 반대하는 지구적 운동으로까지 발전했다. 이 사건은 지역 이슈(local issue)와 세계적인 이슈가 인터넷을 활용해 전 세계적인 지지를 받으면서 시민사회의 참여의 도구가 되어 저항과 단결을 가능케 한 사례이다. 이후 다양한 지구적 시민운동에서 네트워크는 시민들에게 강력한 무기가 되었고 이에 따라 전 세계적인 연락망이 구축되었다.

지구적 네트워크가 민주주의를 확산하는 데 기여한 또 다른 사례는 2011년에 진행된 중동의 민주화운동 과정이다. 중동 민주화운동 과정은 튀니지, 이집트를 거쳐 리비아, 시리아 등에 이르기까지 다양한 국가 내적인 문제가 중첩적으로 나타났기 때문에 이것이 반드시 지구적 네트워크의 영향만이라고 볼 수는 없을 것이다. 하지만 운동이 촉발되면서 많은 이들이 정보를 공유하고 집합적인 직접행동에 나서게 된 이면에는 인터넷이라는 지구적 네트워크의 힘을 무시할 수는 없다. 특히 정권의 무능과 부패를 공유하기 시작했던 초기 시민들은 인터넷을 활용한 SNS(Social Networking Sites)를 통해 정보를 공유했고 반독재, 반정부라는 인식을 공유하게 되었다. 그리고 이들의 노력으로 다른 나라로 실상을 알리면서 세계의 양심세력으로부터 지지를 이끌어냈고, 나중에는 미국과 유럽의 지지도 이끌어 냈다. 이 과정에서 유용하게 사용된 것이 바로 SNS를 매개로 하는 지구적 네트워크이다.

이와 같이 지구적 네트워크의 구축은 지구적 범위에서 강력한 여론을 주도했고 일부이지만 민주화 과정에서 기여한 것은 사실이다. 그런 맥락에서 정보통신기술(Information and Communication Technologies; 이하 ICT)을 매개로 하는 지구적 운동은 세계 도처에서 사회변화를 꾀하는 지지의 동원과 조직화, 그리고 정치적 집합행동을 위한 저항 도구가 되었다고 할 수 있다.

한편, 이러한 지구시민사회 네트워크는 시민운동이나 저항운동에만 한정되지 않는다. 재난구호나 긴급한 인도적인 문제가 발생할 경우 지구적 네트워크가 위력을 발휘하기도 한다. 특히 대재난사건에서 이러한 흐름은 잘 나타난다. 대표적으로 2004년 인도양에서의 대형 쓰나미,[2] 2010년 아이티 대지진과 2011년 동일본 대지진에서 등장한 세계적인 구호 네트워크의 구축은 새로운 방식의 지구적 구호운동으로 주목받기도 했다. 지구화와 정보화라는 변화의 물결이 저항에서 협력, 구호에 이르기까지 다양한 양식의 네트워크 운동으로 발전하고 있음을 알 수 있다.

이처럼 정보화로 인한 지구사회로의 인식의 확장은 인류에게 새로운 도전과 기회를 제공했다. 하지만 다른 한편에서는 과연 정보혁명이 세계 발전에 긍정적인 기능을 했는지에 대한 우려의 목소리도 있다. 본 장에서는 지구화·정보화로 가능하게 된 지구적 네트워크에 주목해, 인터넷 네트워크가 어떻게 글로벌 시민사회에 영향을 미치고 있는지를 주요한 사례를 바탕으로 분석하고자 한다. 본 연구에서는 지구적 네트워크 범죄들 중에서 최근 문제가 되고 있는 글로벌 감시, 사이버 테러, 사이버 도박 등을 살펴보고, 지구적 협력의 사례도 같이 살펴볼 것이다. 그리고 마지막으로 이러한 지구적 네트워크가 세계시민으로서 사이버 공간에서 어떻게 발전해야 하는지와 그 올바른 방향성에 대해서 모색해 보도록 하겠다.

구성은 다음과 같다. 먼저 다음 2절에서는 지구적 네트워크의 실제적인 사례들 중에서 부정적인 위험요인에 대해 살펴본다. 그리고 3절에서는 지구적 네트워크의 협력의 사례를 사회운동과 소셜 펀딩으로 제시한다. 그리고 마지막 4절에서는 지구화 시대, 세계시민으로 살기 위한 방법으로 사이버 공간에서의 지구시민사회 네트워크를 어떻게 이용하고 활용할 것인가를 제시하고자 한다.

2 Don Ebery, *The Rise of the Global Civil Society* (New York : Encounter Books, 2008), 7.

2. 지구적 네트워크 범죄

1) 글로벌 감시

글로벌 감시는 최근 전 세계적으로 많은 논란을 불러일으킨 사건이다. 감시(surveillance)의 문제가 단순히 일국 차원에서 진행되는 것이 아니라 글로벌 차원에서 국가 간에 치열하게 진행되고 있으며 정치인들만이 아니라 일반인들도 여기의 대상이 된다는 점에서 사회적으로 많은 논란이 되었다. 이는 지구적 네트워크의 구축으로 인한 글로벌망이 전 세계 어디에나 연결되어 있기 때문이다.

> 독일 시사잡지 슈피겔이 전 미국 중앙정보국 직원 에드워드 스노든이 제공한 자료를 토대로 보도한 내용에 따르면 TAO는 침투하기 어려운 국가 지도자나 첨단 기업의 정보 네트워크를 다양한 우회 접근 경로로 뚫어 정보를 빼내는 임무를 수행한다. NSA는 TAO가 국가안보의 핵심 조직이라고 인정했다는 것. 특히 TAO의 기술개발 부서는 각종 네트워크, 컴퓨터 스마트폰에 침투해 정보를 빼낼 수 있는 최첨단 정보기구를 개발하는 곳으로 '007' 영화에 등장하는 장비 개발 연구팀 '큐'(Q)의 현대판으로 볼 수 있다.
>
> TAO는 인터넷 접속자가 세계 인구의 2%에 불과하던 1997년 NSA 내부 조직으로 창설됐다. NSA 건물 안에는 TAO 요원

들이 일하는 비밀 층이 있으며 보안 허가가 있어야만 출입할 수 있다. 요원들은 다른 NSA 직원보다 훨씬 젊은 컴퓨터 신동들로 이뤄졌으며 키스 알렉산더 국장을 비롯한 NSA 고위 지도부가 직접 선발한다. 알렉산더 국장이 바쁜 일정에도 1년에 수차례씩 해커 콘퍼런스에 참석하는 것도 TAO 인재를 발굴하려는 목적이라고 슈피겔은 전했다.

요원들은 마이크로소프트(MS) 윈도 프로그램의 에러 발생 메시지를 이용해 정보를 해킹하고 피싱 수법으로 바이러스를 심어 정보를 빼내기도 한다. 최근에는 트위터 등 소셜네트워크를 통해 정보를 빼내는 '퀀텀' 프로그램을 개발해 해킹 성공률을 크게 끌어올렸다. 한국 삼성, 중국 화웨이 등 글로벌 첨단기업도 TAO의 표적으로 이들 기업 제품에 사용자도 모르게 정보를 빼낼 수 있는 악성코드를 설치한다.

TAO는 NSA의 메릴랜드 본부, 텍사스, 하와이, 조지아, 콜로라도 5곳에 지부가 있다. 정확한 인원은 알려지지 않았지만 가장 빠르게 성장하는 텍사스 지부는 2008년 60여 명에서 2014년 270명으로 늘어날 예정이다.[3]

이와 같이 글로벌 감시는 국가나 개인이 타국의 국가 지도자나 첨단 기업의 정보를 훼손하거나 심지어는 감시할 수 있는 데 사용할

3 《동아일보》, 2013. 12. 31.

수 있다는 점에서 국제사회에서 파장이 큰 사건이었다. 특히 이는 국가 간 외교 갈등을 불러일으키기도 하는 등 정치문제화되었다. 이후 스노든은 이 정보를 유출했다는 혐의로 미국으로부터 수배를 당했다. 하지만 그의 정보가 사실로 드러남에 따라 독일과 유럽의 각 나라에서 미국에게 사이버 감시 활동을 멈추라는 비난에 직면해있다. 하지만 분명한 것은 기술적으로는 이미 글로벌 감시가 가능하다는 것이다. 따라서 지구적 차원에서 네트워크가 구축되었기 때문에 이를 우회하거나 회피해서 다른 나라의 사람이나 정치지도자의 정보를 열람할 수 있게 되었다는 점에서 감시의 문제가 단순히 일국 차원이 아닌 글로벌 차원에서 고민해야 함을 알려준 사건이라 할 수 있다.

2) 사이버 테러

이미 사이버 테러는 먼 나라 이야기가 아니다 한국에서도 사이버 테러의 징후가 발견되고 있으며 제3국을 우회한 다양한 네트워크 접속이 발견되고 있다. 여전히 결정적인 증거로 인해 북한의 소행이라는 부분은 미비하지만 많은 전문가들은 최근 몇 년간 있었던 사이버 공격 중에서 북한 등의 적대국가에서 진행되었다는 의혹을 제기하고 있다. 사이버 테러는 영화나 공상과학소설의 이야기가 아닌 바로 우리들의 문제가 된 것이다. 이 역시 지구적 네트워크의 연결로 인한 역작용이자 위험이라 할 수 있다.

사이버 테러는 한 가지 형태가 아니다. 최근에는 사이버 테러가 다양한 영역으로 발전하고 있다. 직접적인 유형의 테러로는 Stuxnet이나[4] DDos 공격,[5] 해킹이나 봇넷 같은 사례와 전통적인 테러리즘의 병참과 관련하여서는 사이버 공간을 이용하여 테러리즘의 인력 채용, 프로파간다의 유포, 교육, 훈련, 재정 지원, 지휘, 통제, 물자 조달 등의 공격 지원활동을 수행하는 유형과 양상을 보이고 있다. UNODC의 경우, 이를 테러리즘의 사이버 공간의 이용이라고 명명하며 별도의 범주로 분류하여 중요한 사이버 테러리즘 문제의 하나로 다루고 있다. 이에 윤해성 등의 연구에 따르면, 세계적인 추세도 사이버 테러를 보다 본질적인 안보의 위협으로 인식하고 있으므로 이를 보다 전략적으로 접근하여 체계적이고 포괄적인 정책과 대응방안을 고찰해야 할 필요성이 존재하게 된다.[6]

> 사이버 테러(cyber terror)는 전산망을 이용해 데이터베이스화되어 있는 군사, 행정, 인적 지원 등 국가 주요 정보를 파괴·변형하는 것을 뜻한다. 21세기의 테러는 정보화시대의 발전과 함께 전산망의 파괴로 집중되고 있으며 앞으로 직접적인 타격보다는

---

4 발전소·공항·철도 등 기간시설을 파괴할 목적으로 제작된 컴퓨터 바이러스로, 2010년 6월 벨라루스에서 처음으로 발견되었다(출처: 두산백과).

5 해킹 방식의 하나로서 여러 대의 공격자를 분산 배치하여 동시에 '서비스 거부 공격'(Denial of Service attack; DoS)을 함으로써 시스템이 더 이상 정상적 서비스를 제공할 수 없도록 만드는 것을 말한다(출처: 두산백과).

6 윤해성·윤민우·Joshua Freilich·Steven Chermak·Robert G. Morris·김일수, 『사이버 테러의 동향과 대응 방안에 관한 연구』(한국형사정책연구원, 2012), 285-287에서 재인용.

군사통신과 금융권에 대한 사이버 테러의 비중이 급격히 높아질 것으로 전망되고 있다.

최근 대한민국은 이러한 사이버 테러가 지속적으로 발생하고 있는데 방송사와 금융사 등 6개사가 악성코드로 인한 해킹으로 전산마비 등을 일으켰으며, 대북 보수단체 홈페이지 14곳의 자료 삭제, YTN 계열사 홈페이지 자료서버 파괴 등 일련의 소행들이 북한의 해킹으로 추정된다고 정부는 밝혔다. 북한은 2009년 청와대와 백악관 등 한미 35개 주요 사이트를 마비시켰으며 2011년에는 국가정보원과 금융사 등 40개 사이트까지 마비시킨 전례가 있다. 2012년에는 한국의 언론지인 중앙일보를 해킹해 홈페이지 변조 및 신문 제작 시스템을 삭제까지 행했으며 지금도 사이버 테러의 공세를 멈추지 않고 있다.

또한 가장 최근인 지난 2013년 4월 10일 농협 인터넷뱅킹이 중단되어 전산처리가 중단됐었고 연이어 같은 날 KBS의 홈페이지가 접속되지 않는 이상을 보였었다. 북한은 이미 1990년대 중반부터 사이버 테러의 중요성을 깨닫고 컴퓨터 영재들을 해커 양성에 힘을 쏟고 있으며 북한 총참모부 산하 정보통제센터가 직접 사이버 테러를 지휘하는 등 그 위협을 키우고 있다. 연이은 사이버 테러로 인해 국민들은 피해를 호소하며 IT 강국이라는 대한민국의 보안체계에 허점이 노출되고 있는 것 아니냔 비난여론이 커져갔으며 현재 정부는 민·관·군으로 이뤄진 합동 대응팀을 구성해 사이버 테러에 대한 조사 및 대응책을 강구하고 있다.[7]

한국에서와 달리 미국을 둘러싼 사이버 테러는 이미 보편화된 지 오래다. 가장 멀리는 1998–99년에 미국 국방부(펜타곤)와 항공우주국(NASA) 컴퓨터가 1년 넘게 해킹 당해 핵무기 정보가 유출됐다. '달빛 미로'(Moonlight Maze)라 명명된 이 사건은 러시아 해커의 소행으로 여겨졌으나 범인의 신원조차 파악하지 못해 엄청난 충격을 안겼었다. 이제 사이버 상에서 발생하는 사이버 테러는 다양한 방법으로 확산되고 있다. 최근에 많이 사용하는 방법은 악성코드로 인한 것이다.

> 최근 이란과 중국의 전력 시설에 영향을 미치는 '스턱스넷'(Stuxnet)이라는 악성코드가 발견돼 '사이버미사일'이라 불리며 세계적인 핫 이슈가 되고 있다. 스턱스넷은 원자력·전기·반도체·통신·교통 등 주요 산업기반시설 제어시스템에 침투해 오작동을 일으키고 시스템을 마비시킬 수 있다. 이미 국내 산업시설의 제어시스템에도 감염 가능성이 있다는 보도가 있었다. 스턱스넷은 이란과 중국의 문제만이 아닌 전 세계적인 문제로 확산되고 있으며 향후 유사한 사례가 증가할 것으로 예상되고 있다.[8]

이상 살펴본 바와 같이 사이버 테러는 더 이상 먼 미래의 이야기가 아니기 때문에 착실하면서도 철저한 대응을 통해 국가 차원의 안정성을 유지할 수 있도록 꾸준한 노력이 필요하다. 그리고 국제협력과

---

7 《당진신문》, 2013. 4. 15.

8 《중앙일보》, 2010. 10. 15.

관련하여 양자협력의 중요성과 장점에 대하여 국가 간 범죄인도와 법적원조, 컴퓨터 범죄를 통제하는 법률에서 큰 차이가 있다는 사실로 인하여 다자간공동정책(mutilateralism)의 필요성이 대두되고 있다. 더욱이 사이버 테러의 위험을 가진 국가는 주요시설의 안전을 확보하는 동시에, 타 국가들과의 파트너십을 구축해야 할 것이다.[9]

3) 사이버 도박

전 세계적으로 최근 가장 골치 아픈 것 중의 하나가 바로 사이버 도박이다. 사이버 도박은 국경이 없이 전 세계적으로 접속이 가능하기 때문에 단속하기가 쉽지 않다. 무엇보다 도박이 논란이 되는 것은 도박이 가지고 있는 중독(addiction) 때문이다. 도박은 이미 오프라인에서도 심각한 중독으로 인해 사회적인 논란을 야기하고 있다. 그것이 인터넷에서 손쉽게 접근할 수 있다는 점에서 국가 차원에서는 인터넷 도박을 규제하고 있는 국가가 많다.

> 2011년 4월 15일 미국 법무부는 대대적인 불법 도박 단속을 통해 포커스타스 (PokerStars), 풀 틸트 포커 (Full Tilt Poker), 앱솔루트 포커 (Absolute Poker)의 설립자들을 체포했다. 이들의 죄목은 은행 사기, 돈 세탁, 불법 도박 등이었다. 그 여파로 포커스

9 윤해성·윤민우·Joshua Freilich·Steven Chermak·Robert G. Morris·김일수, 『사이버 테러의 동향과 대응 방안에 관한 연구』, 285–287.

타스는 미국인들에게 온라인 포커를 제공할 수 없게 되면서 이용자의 29%를 잃었고, 풀 틸트 포커는 36%를 잃었다고, 온라인상의 포커 트래픽을 전문으로 모니터 하는 포커스카우트(Poker-Scout)는 밝혔다. 그에 따르면 미 법무부의 단속으로 두 사이트를 합친 포커 트래픽이 작년 같은 기간에 견주어 16% 정도 낮아졌지만 그럼에도 여전히 세계 1, 2위의 인터넷 포커 사이트로 군림하고 있다. 두 사이트의 규모가 워낙 커서, 큰 판돈을 노리는 유명 도박꾼들은 여전히 두 사이트를 선호한다고 포커스카우트는 밝혔다. 파티포커(PartyPoker) 사이트를 소유한 비윈파티(Bwin.party)의 공동 CEO인 짐 라이언(Jim Ryan) 씨는 "포커스타스의 경우 100만 달러 상금이 보장된 토너먼트가 있다"라면서 "파티포커는 그런 식의 이벤트를 꾸릴 만한 역량이 안 된다"라고 말했다. 지난 5월20일의 데이터에 따르면 포커스타스는 시장 점유율 3위인 파티포커보다 6배 이상 더 많은 온라인 현금 도박꾼들을 끌어들이고 있었다. 풀 틸트 포커는 파티포커보다 3배 더 많았다.[10]

하지만 이것이 글로벌 차원으로 확산된다면 문제는 달라진다. 국기별로 법 조항과 처벌이 다르기 때문에 이를 현실적으로 규제하기란 어렵다. 실제로 사이버 도박에 대한 미국의 입장은 제대로 정리되지 않은 상황이다. 표면적으로는 사이버 도박에 대해 적극적으로 반대

---

10 《엠토크》, 2011. 6. 29. http://m-talk.inews24.com/php/news_view_mtalk.php?g_menu=383100&g_serial=584692.

입장이다. 그래서 2006년에 '불법 인터넷 도박 시행법' 등을 제정하여 규제하고 있다. 그러나 한편으로는 미국 내에서 막강한 로비단체라고 할 수 있는 도박업체들이 합법적으로 운영이 되고 있는 주(state)도 있기 때문에 오프라인과 사이버 공간에서의 규제양식의 차이가 있다는 비판도 존재한다. 예컨대 대규모 카지노장이 오프라인인 라스베이거스에서는 공공연히 영업하고 있는데 사이버 도박을 단속한다는 것은 근거가 미약한 것이다. 그리고 이들이 상당한 정치 로비집단이기 때문에 전면적인 금지가 쉽지 않은 것이 사실이다. 하지만 일반 국민들의 정서가 있기 때문에 다수의 미국 정치인들의 정서는 사이버 도박에 대해 비판적이다.

국내적 차원도 문제이지만 글로벌 사이버 도박의 경우 문제는 더욱 심각해진다. 문제는 도박도 있지만 거래되는 돈이 음성적으로 악용될 소지도 있다. 돈세탁이나 불법송금 등으로 국제적 문제를 야기할 수도 있다. 그런데 이에 대한 단속이 쉽지 않은데 특히 국제적 공조나 협력이 있다면 가능하겠지만 오프라인과 달리 사이버 공간에서는 이를 단속하기가 쉽지 않은 것이 사실이다. 하지만 글로벌 차원의 도박의 문제점을 인식하고 공조에 나서고도 있다.

호주와 미국이 인터넷 도박 사이트 불법행위에 대한 공조수사에 착수했다. 호주연방경찰(AFP)은 미국 연방수사국(FBI)과 공동으로 세금을 제대로 내지 않고 있는 것은 물론 관련 법규를 준수하지 않는 인터넷 도박 사이트들에 대해 수사에 나섰다고 일간 시드니 모닝헤럴드가 전했다. AFP는 이들 인터넷 도박 사이트를 이용하는 호주인이 한해 70만 명에 달하고 있고 이들이 날리는 돈은 무려 10억 호주달러(1조 1천 500억 원 상당)에 이르는 것으로 추정하고 있다.

수사 대상 인터넷 도박 사이트는 포커스타스와 풀틸트포커 등이다. 현행 법규는 호주에서 이들 사이트 이용이 금지돼 있지만 호주인들은 오래전부터 이를 이용해 왔다. 이들 사이트 운영자들은 돈세탁이나 불법송금 등을 통해 돈을 빼돌린 혐의로 기소됐다.[11]

앞으로도 이러한 사이버 도박단속 문제는 일국 차원을 넘어서 국제적인 협력과 연대가 필요한 부분이다. 사실 사이버 도박은 성인들과 청소년들에게 노출되기 쉽다는 점에서 위험성이 크다. 여기에 중독의 문제까지 결부된다면 사회적인 손실은 더욱 크다. 그리고 대부분의 불법자금들이 검은 돈으로 흘러가서 독재국가의 정치자금이나, 테러 단체의 자금줄 역할을 할 수 있다는 위험성도 존재한다. 따라서 이에 대한 글로벌 위험은 더욱 커지고 있는 실정이다.

11 《디지털타임즈》, 2011. 5. 30. http://www.dt.co.kr/contents.html?article_no=2011053002019954604013.

3. 글로벌 시민 협력

지구적 네트워크의 구축이 앞서 살펴본 바대로 위험만이 존재하는 것이 아니다. 지구적 네트워크의 구축은 단점과 동시에 장점도 존재한다. 특히 시민사회운동이나 지구적인 협력이 필요한 영역에서 발견된다. 지구적 네트워크의 개별 관리주체는 여전히 국가가 국가 단위의 루트서버를 운영하면서 기간 통신망은 조절할 수 있지만 이를 우회할 수 있는 다양한 방식이 등장하고 있다. 실제 2011년의 중동 민주화운동 과정에서 튀니지와 이집트에서는 인터넷 망을 차단하고 심지어는 전화선도 차단했다. 하지만 스마트폰을 위시로 한 태블릿 PC 등의 스마트 기기(smart device)가 발전하면서 이를 우회하거나 위성전화를 사용하는 방식으로 네트워크에 접속했다.[12]

중동 민주화운동 과정에서도 확인했지만 지구적 네트워크는 향후 더욱 차단하기 쉽지 않을 것이다. 국가나 시장에 의해 네트워크 운영권이 주도되었던 1990년대와는 다르게 자율과 참여, 개방, 공유를 토대로 하는 웹 2.0(web 2.0) 방식이 활성화되면서 지구적 네트워크는 더욱 분산된 구조로 우회하여 접근이 가능하다. 그만큼 다양한 형태

12 지구적 네트워크의 구축과 중동 민주화운동과 관련한 내용은 김유향·조희정, 「튀니지의 자스민 혁명과 SNS의 역할」, 『이슈와 논점』 제192호 (국회입법조사처, 2011)과 김유향·조희정, 「이집트의 정치격변과 인터넷 차단의 정치효과」, 『이슈와 논점』 제193호 (국회입법조사처, 2011)를 참조.

로의 네트워크 분산이 가능한 것이다. 물론 앞서도 살펴본 바와 같이 이러한 네트워크의 특성을 악용한 테러조직들이 인터넷 네트워크를 이용하기도 한다. 하지만 지구적 네트워크는 지구적인 가치를 실현하기 위한 정보통으로서 그 역할을 수행한다면 향후에도 다양한 방식으로 존재할 것이다. 그리고 지금과 같은 이슈 중심적인 네트워크가 아닌 상시적인 네트워크의 구축도 논의되고 있다는 점을 감안하면 지구적 네트워크는 향후 더욱 많은 주목을 받을 것이다.

대표적으로 논의될 수 있는 것이 과거 소수에 의해 주도되었던 이슈가 네트워크를 통한 확산이 가능하고 이것이 외부에 알려지면서 민주적 감시 효과가 나타났다. 실제 지구적 네트워크의 구축으로 인해 과거 일부 권위주의 정부에서 자행되었던 무차별한 진압이나 폭력 등이 현저히 사라졌다. 물론 아직도 권위주의 국가에서는 민간인을 대상으로 한 시위에 발포나 반인권적인 진압을 자행하기는 하지만 과거처럼 묵인되는 것이 아니라 시민들의 자발적인 참여를 통해 지구적 네트워크에서 확산이 가능하게 된 것이다. 여기에서는 대표적인 지구적 네트워크의 구축으로 인한 협력 사례를 2가지 제시하고자 한다. 하지만 이들 사례 이외에도 많은 지구적 협력의 가능성이 발견되고 있으며 특히 사회운동 차원에서 네트워크의 활용은 다양하다.

1) 반FARC 네트워크 운동[13]

13 반FARC 운동 사례는 필자가 2011년 『21세기정치학회보』 제21집 1호에서 발표한 「지구 사회운동의 동학: 글로벌 사이버 행동주의(cyber activism)를 중심

2007년 2월과 7월 두 차례의 지구적인 네트워크 운동이 발생했다. 그것은 콜롬비아무장혁명군(Fuerzas Armada Revolucionarias de Colombia; 이하 FARC)에 대한 지구적인 반대 운동이다. 이는 최근 부각되고 있는 SNS가 적용된 지구적 네트워크에 참여한 시민들의 노력의 결과이다. 당초 1964년 만들어진 콜롬비아무장혁명군은 초기 사회주의의 이념을 주창하는 콜롬비아 좌익단체로 시작되었다. 콜롬비아무장혁명군은 등장 초기에는 상당한 지지세를 가지고 있었으며 남미의 특성상 사회주의 좌익단체로 활동했다. 그렇지만 FARC는 이후 변질되어 실제로는 코카인 거래, 납치, 방화, 살인단체로 알려져 있다. 이들은 2000년대까지 16,000명 병력으로 남부 정글지대를 무법 통치하고 있으며 코카인과 인질납치가 주요 수입원이 될 정도로 전 세계적인 지탄을 받고 있었다.

이 단체에 대한 비판의 목소리가 커지게 되자 정부군에서도 강경 대응하게 되었다. 그러자 이 단체는 보다 과격한 방식으로 자신들의 투쟁을 이어나가게 된다. 그렇지만 이에 반대하는 지구적 네트워크가 구성되고 이들이 다시 오프라인 시위로 확산되면서 새로운 국면에 들어서게 된다. 그 시작은 개인의 페이스북(Facebook.com)이었다.[14] 페이스북은 좁은 세상 네트워크(small world network)를 기반으로 친구의 친구를 연계해주는 네트워크 서비스이다. 전 세계적으로 2014년 현재

으로」를 바탕으로 보완적인 조사를 통해 작성한 것임을 밝혀둔다.

14 Don Tapscott, *Grown Up Digital: How the Net Generation Is Changing Your World* (New York: McGraw-Hill, 2008).

10억 명을 넘을 정도로 광범위한 사용자를 가지고 있다.

본격적인 지구적 네트워크의 가동은 2007년 초 FARC가 11명의 국회의원을 인질로 붙잡고 있다가 살해한 사건이 일어나면서 운동은 시작된다. 이러한 비참한 현실을 목도한 콜롬비아 출신 엔지니어 오스카 모랄레스(Oscar Morales)는 페이스북에 'FARC에 저항하는 100만 개의 목소리'라는 커뮤니티를 구성했다. 전 세계적인 공분을 가지고 있는 FARC의 반인도적인 범죄에 저항하는 목소리는 페이스북에서 쉽게 결집했다. 이 그룹의 회원 수는 불과 몇 주 만에 26만 명 이상으로 불어났다.[15]

이들은 페이스북이라는 지구적 네트워크를 활용하여 인도주의적인 차원에서 전 세계적인 인질납치 중단과 인질석방 운동을 조직하기로 논의하고 직접 행동에 돌입한다. 과정에서 수많은 참가자들이 확보되고, 사이버 상에서 서명운동을 조직하고, 구체적인 구호와 행동요령을 토론한다. 이런 성과를 바탕으로 오프라인에서의 시위도 결정한다. 지구시민사회 네트워크에서 시작된 인권관련 이슈가 네트워크 내에만 머무른 것이 아니라 오프라인까지 확장된 것이다.

그 결과 2007년부터 FARC를 규탄하고 반인륜적인 인질납치에 대한 지구적 시민운동이 확산되기 시작했다. 이 운동은 직접

---

15 Don Tapscott, *Grown Up Digital: How the Net Generation Is Changing Your World.*

행동으로까지 연결되어 오프라인에서의 평화시위도 진행되었다. 가장 주목할 만한 것은 2월 4일, 콜롬비아 27개 도시와 전 세계 104개 도시에서 시위가 진행되었다. 흰색 티셔츠를 입은 수백만의 콜롬비아 국민들이 본국과 해외에서 약 480만 명이 시위에 참가한 것으로 알려졌다.[16]

그리고 이러한 오프라인 세계 시위는 더욱 발전하여 콜롬비아 독립기념일인 7월 20일 수도 보고타를 비롯한 콜롬비아 내 1,000여 개의 크고 작은 마을과 프랑스 파리, 영국 런던, 미국 워싱턴 등 세계 주요도시에서 FARC의 인질 석방을 촉구하는 대규모 시위가 벌어졌다. AFP통신에 따르면 이날 시위가 벌어진 도시는 라틴아메리카 30곳, 유럽 22곳, 아시아 6곳, 미국 27곳, 캐나다 4곳, 호주 2곳에 달한다.[17]

이와 같이 최근에는 더욱 발전된 웹 기술인 SNS를 활용하여 참여 행동주의적인 조직과 동원이 가능하다. 지구적인 차원에서의 네트워크는 시민이 자원을 활용하여 주류조직을 물리치는 민주적 도구로 기능한 것이다.[18] 이 사례는 중동의 민주화 운동의 과정에서도 아주 유사하게 나타난다. 그리고 FARC 사례에서 나타난 흥미로운 현상은

---

16 《CNN》, 2008. 2. 05; 《BBC》, 2008. 2. 4.

17 《세계일보》, 2008. 7. 21.

18 Clay Shirky, *Here Comes Everybody: The Power of Organizing Without Organizations* (USA: Penguin Books, 2008).

네트워크를 기반으로 온라인이건 오프라인이건 활동이 진행된다는 점이다. 정보의 교환이나 오프라인 운동의 조직화 등의 단계에 가면 온라인과 오프라인이 순환적인 관계를 가지면서 통합된다. 이는 상호작용(interactivity)으로 표현되지만 온라인에서의 활동 강화가 오프라인에서의 활동 강화로 나타나고 다시 이것이 온라인으로 수렴하는 방식이라고 할 수 있다. 실제 사례에서 살펴본, 반FARC 시위에 참여한 시민과 NGO들은 서로 멀리 떨어진 상태에서 수백 가지 시위 전략들을 조율하면서 시간대를 가로질러 페이스북으로 힘을 규합했다. 그리고 그것을 2008년 2월 4일 각 지역에서 오프라인의 행진으로 표출했다. 그리고 이 장면은 SNS인 유튜브와 페이스북을 통해서 다시 온라인에서의 지지 글, 항의 사이트 방문 등 사이버 시위로 확산된다.[19]

이와 같은 지구적 네트워크의 구축은 시민운동이 활성화되면서 운동에 내재된 신념에 대한 동의와 운동 의제에 대한 공감에 기초한 집단적 정체성구축에 큰 기여를 한다. 지구적 네트워크는 그런 맥락에서 지역의 조그마한 이슈도 지구적 의제가 될 수 있다. 이러한 흐름은 아마 더욱 확대될 것이다. SNS가 등장하면서 전 세계적인 이슈의 진파와 확산이 가능해졌기 때문이다.

19 송경재, 「지구 사회운동의 동학: 글로벌 사이버 행동주의(cyber activism)를 중심으로」.

2) 글로벌 소셜 펀딩

소셜 펀딩(social funding)이란 SNS가 등장하면서 주목받고 있는 용어이다. 주로 공동의 이해관계나 목적을 위해서 하는 소규모 후원이나 투자 등을 말한다. 과거의 전통적인 기부방식은 특정 단체를 통해서 기부를 하거나 아니면 직접 일정한 금액을 기부해야 하는 어려움이 있었다. 무엇보다 기부의 일반적인 취지에는 동감하지만 특정한 분야에 나의 기부가 쓰이길 원하는 사람들 같은 경우는 기부의 만족감이 조금 낮았던 것이 사실이다. 자신의 기부금이 어떻게 쓰이는지 모르니 사회적 단체를 믿기 어렵다는 생각 때문에 기부를 꺼려왔던 잠재적 기부자들이 이제는 자유롭고 투명한 참여방법을 찾은 것이다. 자신이 원하는 모금 이벤트를 찾아 원하는 만큼 후원하면 된다. 이처럼 후원자들이 자신들이 관심을 가지고 있는 사안에 대해 단체를 통하지 않고 후원자들이 직접 기부한다는 점은 기존 방식과 큰 차이를 보인다. 그리고 이것이 이른바 SNS라고 하는 네트워크를 타고 연결이 된다.[20]

과거에도 인터넷 모금이라는 것이 존재했다. 하지만 인터넷 모금이 초기에는 일부 사람들에 의해 구걸행위로까지 이용되기도 했다. 하지만 SNS는 신분이 어느 정도 공유되고 친분이 있는 사람들끼리 공동의 목표를 이루기 위한 행사를 하거나, 아니면 특정한 단체를 지

20 인터넷과 같은 정보통신기술을 활용한 플랫폼을 통해 다수의 개인들로부터 자금을 모으는 행위이며 이를 크라우드 펀딩(crowd funding)이라고도 한다.

원하거나 자연재해로부터 피해를 입은 사람들을 효과적으로 기부할 수 있게 해준다. SNS로 간단하게 접속이 가능하고 자신이 관심을 가지고 있는 사안에 대해서는 미리 등록을 하면 실시간으로 정보를 알려준다. 이러한 방식은 단지 국가 차원에서만 이루어지고 있는 것은 아니다. 글로벌 차원에서의 다양한 소셜 펀딩도 가능하다.

대표적인 소셜 펀딩 사이트로는 미국의 〈킥스타터닷컴(Kickstarter.com)〉, 〈스타트썸굿닷컴(Startsomegood.com)〉 등이 있다. 국내에서는 〈위제너레이션〉이 대표적이다. 특히 기술·예술·문화적 영역의 투자 개념보다 나눔을 목적으로 하는 사회적 사업모금에 집중하고 있는 소셜 펀딩 사이트들이 있는데 〈위제너레이션〉과 〈아름다운 재단〉에서 운영하는 〈개미스폰서〉가 있다. 그리고 소셜 펀딩은 아니지만 SNS로도 단체들인 월드비전, 굿네이버스, 유니세프 등의 국제기구에도 참여할 수 있다.

소셜 펀딩 회사 〈위제너레이션〉의 사업과정을 살펴보면 다음과 같다.

① 비영리단체와 함께 모금 캠페인 생성(ex. 재단과 함께하는 노숙인들을 위한 쉼터마련) + 유명인사와의 이벤트 생성(ex. 모금액을 달성할 경우 기부자들 중 당첨된 사람과 함께 만남의 시간) + 기업 매칭기부(ex. 기업이 모아진 기부액과 같은 액수의 돈을 기부).

② 전달식 및 실제전달 & 기사화(기업의 후원을 받았을 경우) or 유명인사와의 만남 이벤트 & 기사화(유명인사와 함께 기획한 경우).

③ 기부자의 직접전달 및 후기 작성, 블로그/SNS/뉴스레터 알림.

④ 사용계획 및 내역, 꾸준한 정보 업데이트(SRWite 2013/02/01

http://www.srwire.co.kr/bbs/board.php?bo_table=sr_se&wr_id=42).

모금활동은 자선활동 외에도 상품 개발에 대한 투자 등 다양한 목적으로 이루어진다. 투자자들에게 이익금의 일부를 돌려주는 방식도 있고 공익을 위해 기부한 기부자들에게 이벤트 참여 및 소통의 모임 등 여러 혜택을 제공하기도 한다. 이를 통해 투자자들과 기부자들의 만족도를 높이고 지속적인 기부로 이어질 수 있게 한다.

〈그림 9-1〉 위제네레이션(http://wegen.kr/campaign/) 홈페이지 화면

한편, 기존 오프라인 단체들도 적극적으로 네트워크를 활용한 글로벌 사업을 진행하기도 한다. 대표적인 단체가 〈Foundation Center(http://www.foundationcenter.org/)〉로서, 1956년에 설립된 이 단체

는 기부자, 모금가, 기부단체로 하여금 자선분야에 있어 가장 광대하고 데이터를 손쉽게 얻을 수 있도록 돕는 곳이다. 최근에는 인터넷을 적극적으로 활용하여 지구적 네트워크 차원의 정보공유를 하고 있다. 관련분야의 연구보고서부터 시작하여 기부제안서 쓰기, 잠재적 기부자 발굴, 기부 관련 트렌드(뉴스), 관련 워크숍 및 트레이닝 등 수많은 데이터가 올라와 있다.[21]

한편, 최근에는 국제적인 재난 상황에서 소셜 펀딩이 많이 등장한다. 미국에서도 2012년 허리케인 샌디가 미국을 강타하였을 때, 전 세계적으로 〈인디고고〉, 〈고펀드미〉, 〈크라우드라이즈〉와 같은 크라우드펀딩 사이트를 통해 수십억 원의 자금이 모여 재난을 신속하게 지원하였다. 2014년의 세월호 참사와도 관련하여 글로벌 차원의 소셜 펀딩이 진행되기도 했다.

> 최근 세월호 참사와 관련하여 〈인디고고〉에서 진행되는 "Full Page NYT Ad Denouncing the South Korean Government" 캠페인이 대표적이다. 이 일은 재미교포 주부들에 의해 시작되었다. 멀리 타국에서 모국이 당한 엄청난 참사와 그 현실에 답답해하다가, 여성 커뮤니티 게시판에 관련 글을 게재하였고 400명이 넘는 사람들이 동참 의사를 밝히면서 일이 확산되었다. 세월호 참사에 대한 정부와 언론의 잘못된 대응자세를 명확히 알리고 개선

21 아름다운 재단 기부문화연구소 홈페이지, http://bfarch.tistory.com/369.

을 요청하기 위해 《뉴욕타임즈》에 광고를 준비하고 있으며 관련 비용을 크라우드 펀딩을 통해 마련하고 있는 것이다. 목표금액 58,273달러로 4월 29일에 시작한 펀딩은 5월 2일 현재 2,400여 명이 참여하여 약 11만 달러가 모아지고 있다.[22]

4. 사이버 위험의 해법 찾기

지구적 네트워크는 정보화의 발전으로 인해 새롭게 부각되고 있다. 21세기 들어 ICT이 급격히 발전하면서 최근에는 유선 데스크톱에서 무선의 스마트폰으로까지 네트워크가 복잡해지고 있다. 그야말로 실시간으로(realtime) 전 세계와 소통할 수 있는 네트워크가 구축된 시대에 우리는 살고 있는 것이다. 그만큼 자신이 관심을 가지고 있는 지구적 이슈에 대한 접근성이 커지고 있다는 이야기다. 이제 우리는 대한민국에 살지만 생각은 유럽으로, 눈은 아프리카 등으로 향하고 있다.

우리는 지구적 네트워크가 이중적인 측면이 있는 것을 확인했다. 첫 번째는 새로운 글로벌 차원의 위험이 될 수 있다. 지구적 네트워크의 속성으로 인해 전통적인 오프라인에서의 행위와 함께 새롭게 대두

22 크라우드 산업연구소, http://www.crowdri.org/Article/Details/1171.

되는 사이버 공간에서의 일탈과 국제적·사회적 분쟁이 늘고 있다. 이번 장에서 살펴본 글로벌 감시, 사이버 테러, 사이버 도박 이외에도 음란물, 마약류 유통, 무기 밀매 등에 지구적 네트워크가 활용되고 있다. 아울러 집단만이 아니라 일개인 차원에서도 얼마든지 불법적인 목적으로 사용될 수가 있다. 지구적 네트워크의 구축은 개인끼리의 불법거래가 가능하고 다양한 방식의 사이버 위험에 직면해 있다.

두 번째 측면은 지구적 네트워크가 가지고 있는 강점도 있다는 것이다. 기존의 전통적 시민사회운동의 법칙을 변화시키고 있으며 보다 많은 시민들이 관심을 가지고 지구적 문제의 해결에 도움을 주고 있다. 지구적 네트워크가 가지는 가장 큰 특징은 시민사회운동 분야에서 글로벌 운동의 한계가 시공간이라는 물리적인 제약을 가지고 있던 시민들이 정치자원(political resources)의 한계를 극복하고 광범위하고 폭넓은 형태의 정보와 참여, 온라인-오프라인에서 다양하게 동원하는 네트워크가 가능하다. 지구적 네트워크를 기반으로 하는 글로벌 이슈가 주목받고 있는 이유는 전통적 사회운동과 다른 방식의 저항주의와 행동주의가 가능하기 때문이다.[23]

뿐만 아니라 소셜 펀딩의 사례에서도 확인할 수 있지만 개인의 사회적 참여 방식의 기부도 가능한 것을 확인했다. 이는 국내적 차원도

23 Lance Bennett, and Amoshaun Toft, "Identity, technology, and narratives: transnational activism and social network," in Chadwick, Andrew and Howard, Philip (eds.), *Routledge Handbook of Internet Politics* (London and New York: Routledge, 209), 246-260; 송경재, 「지구 사회운동의 동학: 글로벌 사이버 행동주의(cyber activism)를 중심으로」.

가능하지만 글로벌 차원에서도 가능하다. 재난시의 환경보호나 국제 구호 분야에서는 다양한 지구적 네트워크를 구축해 상시적인 사업이나 운동을 수행할 수 있는 토대가 마련된 것이다. 이제 개인들도 지구적인 문제에 관심을 가지고 자신의 의견을 피력하고, 토론하고, 운동에 참여할 기제를 마련한 것이다.

이제 우리도 지구적 네트워크에서 세계시민으로 살기 위한 노력이 필요하다. 우리의 ICT 환경은 물리적인 한계를 넘어서는 인식과 동질성을 가진 네트워크를 구축할 수 있고 직접 참여가 가능하다. 이러한 환경의 변화에 조응하기 위해 새로운 가치로서의 세계시민으로 살기 위한 노력들이 요구된다. 그렇다면 우리 앞에 놓인 사이버 공간에서의 세계시민으로 살기 위한 방법은 무엇이 있을까? 이를 지구시민으로서의 시민성 공유, 가치와 규범의 확립, 문화 다양성의 존중이란 3가지 차원에서 접근하고자 한다.

첫째, 지구적 이슈에 대한 정보를 쉽게 얻는 구조에서 보편적인 지구시민으로서의 시민성 공유가 필요하다. 지구시민사회 네트워크는 단순히 시민운동을 위한 ICT 네트워크가 아니라 지구적인 이슈에 대한 정보를 공유할 수 있다는 장점이 있다. 이를 통해 지구적인 관점에서 시민이 될 수 있는 시민성에 대한 공유가 필요하다. 지구사회는 이미 경제적인 관계만이 아니라 정치·사회·문화적으로 얽혀있다. 예컨대, 한국의 음악과 드라마가 아시아를 넘어 북미와 유럽, 남미에까지 진출하고 있다. 이는 지구인이 공유할 수 있는 감성의 공유지역이 존재하고 시민의식 또한 마찬가지이다. 피부색과 종교, 나이는 달라도 지구적인 문제에 대하여 논의하고 고민할 수 있는 시민성의 확립은 지구시민사회 네트워크에서 세계시민으로서 얻을 수 있는 좋은 정보일 것이다.

둘째, 일국 차원의 시민성과 함께 세계시민으로서의 가치와 규범을 정립해야 한다. 과거 근대의 문을 열었던 웨스트팔리아 체제 이후 형성된 국민국가(nation state) 개념은 이제 보다 새롭고 광범위하게 확장될 필요가 있다. 물론 21세기 지구화 시대에도 국민국가가 해체되지는 않을 것이지만 인류의 보편적인 가치에 대한 모색은 계속되고 있다. 이에 세계시민으로의 사치와 규범의 정립문제가 대두될 것이다. 현재 암묵적으로 동의된 가치와 규범의 내용으로는 평화, 인권, 환경, 빈부격차해소, 평등 등의 가치이지만 이는 점차 확대될 것이다. 고로 한국 사람으로서의 정체성 확립과 함께 지구촌의 일원으로서 지구시민으로 살기 위한 가치와 규범의 정립이 요구된다.

셋째, 문화적 상대성에 대한 이해와 이를 통한 교류, 특히 인터넷을 통한 교류 활성화를 위한 노력이 필요하다. 문화적 상대성은 지구시민으로 살기 위한 가장 중요한 이해일 것이다. 타인의 문화를 인정하고 그 기반에서 상호 협력과 교류를 활성화시켰을 때 지구시민사회 네트워크는 보다 강화될 것이다. 그리고 이러한 지구시민사회 네트워크의 강화는 선순환으로 문화적 상대성을 확대할 수 있을 것이다. 이런 과정이 반복적으로 진행될 때 지구시민으로서의 소양과 덕목을 갖출 수 있을 것이다.

참고문헌

김유향·조희정. 2011.「튀니지의 자스민 혁명과 SNS의 역할」.『이슈와 논점』제192호. 국회입법조사처.

____________. 2011.「이집트의 정치격변과 인터넷 차단의 정치 효과」.『이슈와 논점』제193호. 국회입법조사처.

송경재. 2011.「지구 사회운동의 동학: 글로벌 사이버 행동주의(cyber activism)를 중심으로」.『21세기정치학회보』제21집 1호.

윤해성·윤민우·Joshua Freilich·Steven Chermak·Robert G. Morris·김일수. 2012.『사이버 테러의 동향과 대응 방안에 관한 연구』. 한국형사정책연구원.

Bennett, Lance and Amoshaun Toft. 2009. "Identity, technology, and narratives: transnational activism and social network." in Chadwick, Andrew and Howard, Philip. (eds.), *Routledge Handbook of Internet Politics.* London and New York: Routledge.

Castells, Manuel. 2001. *The Internet Galaxy : Reflections on the Internet, Business, and Society.* Oxford University Press.

Chadwick, Andrew. 2006. *Internet Politics: States, Citizens, and New Communication Technologies.* New York & Oxford: Oxford University Press.

Ebery, Don. 2008. *The Rise of the Global Civil Society.* New York: Encounter Books.

Shirky, Clay. 2008. *Here Comes Everybody: The Power of Organizing Without*

Organizations. USA: Penguin Books; 송연석 역. 2008. 『끌리고 쏠리고 들끓다』. 서울: 갤리온.

Tapscott, Don. 2008. *Grown Up Digital: How the Net Generation Is Changing Your World.* New York: McGraw-Hill.

저자 소개

이동수

서울대학교 정치학과에서 학사와 석사학위를 받았고, 미국 밴더빌트대학교(Vanderbilt University)에서 정치학 박사학위를 취득하였다. 대통령직속 녹색성장위원회 위원, 대통령실 정책자문위원, 경희대학교 공공대학원장과 교무처장을 역임하였고, 현재 경희대학교 공공대학원 교수로 재직 중이다. 『행복과 21세기 공동체』(편저), 『시민은 누구인가』(편저), 『민주주의 강의 4: 현대적 흐름』(공저), *Political Phenomenology*(공저), 「지구시민의 정체성과 횡단성」, 「민주주의의 이중성」, 「그리스 비극에 나타난 민주주의 정신」, 「소통정치와 미디어」 등의 저서와 논문이 있다.

이명원

서울시립대학교 국문과를 졸업하고, 동대학원에서 석사학위를, 성균관대학교에서 박사학위를 받았다. 1993년 〈문화일보〉 신춘문예 평론 부문에 당선, 문학평론가로 활동하고 있다. 〈상상비평상〉, 〈성균문학상〉, 〈한국출판문화상〉을 수상했다. 한국작가회의 대변인, 실천문학사 주간, 서울디지털대 문예창작학부 교수를 역임하고, 현재 경희대학교 후마니타스 칼리지 교수로 있다. 저서에는 『시장권력과 인문정신』, 『말과 사람』, 『연옥에서 고고학자처럼』, 『타는 혀』 등이 있으며, 「문학의 탈정치화와 포스트 담론의 파장」, 「김현의 문학비평과 기독교사상」, 「류큐왕국 시기 오키나와의 지배 – 종속 관계」 등의 논문을 발표했다.

김윤철

서강대 정치학 박사. 경희대학교 후마니타스칼리지 교수로 재직 중이며, 〈시민교육〉, 〈문명전개의 지구적 문맥Ⅰ, Ⅱ〉, 〈정치의 인문학적 탐색〉을 강의하고 있다. 한국사회여론연구소 소장과 국회의장 직속 국회의원 특권내려놓기 추진위원회 위원을 지냈으며, 현재 참여사회연구소 부소장을 맡고 있다. 《경향신문》, 《내일신문》, 《프레시안》 등에 칼럼을 쓰고 있다. 『헬조선 3년상 喪 想 尙』, 『정당』, 『평화와 복지, 경계를 넘어』(공저), 『시민은 누구인가』(공저), 『인문정치와 주체』(공저), 『한국의 정치사회적 지배담론과 민주주의의 동학』(공저), 「한국 시민의 실존양식」, 「사회의 '전환'과 새로운 주체의 '발견'에 관한 단상」, 「대항이념적 가치관에 바탕한 능동적 사회주체 모형의 탐색」, 「'개별 정당의 위기' 분석을 위한 이론적 모색」등의 저서와 논문이 있다.

이현휘

고려대학교 산업공학과를 졸업하고 동교 정치외교학과 대학원에서 석사 및 박사 학위를 받았다. 현재 경희대 NGO 국제연구소 연구교수로 재직 중이다. 주요 역서 및 논문으로 『이데올로기와 미국외교』(공역), 『파멸의 묵시록 : 과학적 패러다임과 일상의 사유양식』, 「소명으로서의 전쟁 : 미국 대외정책 정신과 신의 눈물」, 「미국 대외정책의 관습과 21세기 미중관계의 전망」, 「화이트헤드와 근대 세계관의 철학적 성찰」, 「북한 레짐 체인지? 칸트의 영구평화론, 윌슨주의, 그리고 국제정치적 파국」 등이 있다.

장명학

서울대학교 철학과와 동 대학원 정치학과를 졸업했다. 독일 베를린자유대학교(Freie Universitaet Berlin)에서 정치학 박사학위를 취득하고 현재 경희대학교 NGO국제연구소 연구교수로 재직하고 있다. 학문적 관심분야는 서양 근대정치사상, 공화주의와 민주주의 그리고 시민사회와 NGO 등이며 한국정치평론학회 편집이사로 활동하고 있다. 주요 논문으로는 「헤겔의 권력개념」, 「하버마스의 공론장이론과 토의 민주주의」, 「지구화시대 한국의 공화민주주의」, 「해방정국과 민주공화주의의 분열」, 「제국과 영방의 긴장 속의 신상로마제국 정부」 등이 있다.

이병택

서울대학교 정치학과를 졸업하고, 동 대학원에서 석사학위를, 럿거스대학교(Rutgers University)에서 박사학위를 받았다. 현재 동북아역사재단 연구위원으로 있다. 연구논문으로는 「흄의 법사상」, 「정파의 대립과 법치」, 「유럽통합과 장 모네의 정치사상」, 「자유주의와 공동성」, 「리처드 2세의 폐위와 헨리 4세의 등극」 등이 있다.

송경재

경기대학교 경제학과를 졸업하고 경희대학교 일반대학원에서 「한국의 사이버 공동체와 정치 참여에 관한 연구」 논문으로 정치학 박사학위를 받았다. 신문발전위원회 연구위원, 방송통신심의위원회 통신분과 특별위원 등을 역임했으며 현재 경희대학교 인류사회재건연구원에 교수로 재직하고 있다. 전공분야는 시민사회와 사회적 자본, 전자민주주의, 인터넷 정치과정이다. 주요 논문으로는 「사회적 자본과 지역 사이버 커뮤니티의 민주주의(2015)」, 「한국의 웹캠페인 규제와 선거법 개정의 정치적 해석(2015)」, 「네트워크사회 소셜 시티즌의 사회적 자본(2015)」 등이 있다.

지구촌과 세계시민
−세계시민 되기

발행일 1쇄 2017년 2월 20일
지은이 이동수 편
펴낸이 여국동

펴낸곳 도서출판 인간사랑
출판등록 1983. 1. 26. 제일−3호
주소 경기도 고양시 일산동구 백석로 108번길 60−5 2층
물류센타 경기도 고양시 일산동구 문원길 13−34(문봉동)
전화 031)901−8144(대표) | 031)907−2003(영업부)
팩스 031)905−5815
전자우편 igsr@naver.com
페이스북 http://www.facebook.com/igsrpub
블로그 http://blog.naver.com/igsr
인쇄 인성인쇄 **출력** 현대미디어 **종이** 세원지업사

ISBN 978−89−7418−359−2 93340

이 도서의 국립중앙도서관 출판시도서목록(CIP)은 서지정보유통지원시스템 홈페이지(http://seoji.nl.go.kr)와
국가자료공동목록시스템(http://www.nl.go.kr/kolisnet)에서 이용하실 수 있습니다.(CIP제어번호: CIP2017002465)